HISTOIRE

DES

RÉPUBLIQUES ITALIENNES

DU MOYEN AGE.

TOME I.

Édition autorisée par les Éditeurs-Propriétaires soussignés.

N. B. *Tout exemplaire qui ne serait pas revêtu de la signature ci-dessus, sera considéré comme contrefaçon.*

Autres Ouvrages

DE

M. SIMONDE DE SISMONDI,

Publiés par MM. TREUTTEL et WURTZ, et qui se trouvent aux adresses ci-contre.

HISTOIRE DES FRANÇAIS, in-8°, tomes I à XXIV, 1821 à 1840. 192 fr. « c.
(L'ouvrage entier formera environ 30 forts volumes.)
PRÉCIS DE L'HISTOIRE DES FRANÇAIS (abrégé du grand ouvrage), 2 forts volumes in-8°. 1839. 16 «
JULIA SÉVÉRA, ou l'an 492. (Tableau des mœurs du temps de Clovis), 3 volumes in-12. 1822. 7 50
DE LA LITTÉRATURE DU MIDI DE L'EUROPE, nouvelle édition revue et corrigée, 4 vol. in-8°. 1829. 28 «
HISTOIRE DE LA CHUTE DE L'EMPIRE ROMAIN ET DU DÉCLIN DE LA CIVILISATION, de l'an 250 à 1000, 2 vol. in-8°. 1835. 15 «
ÉTUDES SUR LES SCIENCES SOCIALES, 3 vol. in-8°, 1836 et 1837. 22 «
On vend séparément chacun des trois volumes, savoir :
Tome 1er, **ÉTUDES SUR LES CONSTITUTIONS DES PEUPLES LIBRES**. 7 50
Tomes 2 et 3, **ÉTUDES SUR L'ÉCONOMIE POLITIQUE**. 15 «

Imprimerie d'Amédée GRATIOT et Cⁱᵉ, rue de la Monnaie, 11.

HISTOIRE

DES

RÉPUBLIQUES ITALIENNES

DU MOYEN AGE

PAR

J. C. L. SIMONDE DE SISMONDI.

NOUVELLE ÉDITION.

TOME PREMIER.

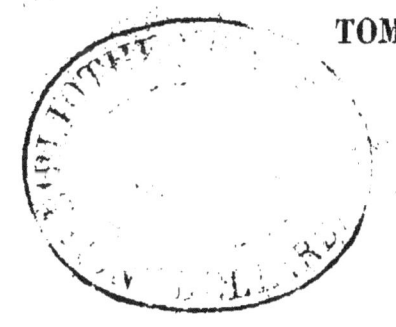

Paris

FURNE ET Cᵉ, LIBRAIRES-ÉDITEURS
55, RUE SAINT-ANDRÉ-DES-ARCS;
TREUTTEL ET WURTZ, LIBRAIRES
17, RUE DE LILLE.

1840

NOTICE

SUR

LA VIE ET LES OUVRAGES

DE

M. DE SISMONDI.

M. SIMONDE DE SISMONDI (JEAN-CHARLES-LÉONARD), membre du conseil représentatif de la république de Genève, et de plusieurs académies et sociétés savantes, est né à Genève, le 3 mai 1773, d'une des plus anciennes et des plus nobles familles de la ville de Pise. Ses ancêtres jouèrent un rôle important au moyen âge, et plus d'une fois leur nom est cité par l'auteur des *Républiques italiennes*.

Vers la fin du xv° siècle, à la suite des guerres sanglantes des Guelfes et des Gibelins, qui désolèrent pendant si longtemps l'Italie, cette famille vint s'établir en Suisse, où depuis elle paraît être restée constamment. Mais en 1785, M. de Sismondi fut obligé, par les révolutions qui eurent lieu en Suisse à cette époque, de quitter sa nouvelle patrie pour retourner dans celle de ses pères. Il reprit alors son nom, dont l'orthographe s'était modifiée par un long séjour sur les frontières de France : de *Sismondi* on a fait *Sismonde*, puis enfin *Simonde*. Plus tard il réunit les variantes de son nom patronymique, en souvenir des vicissitudes de sa famille.

En 1792, il passa en Angleterre, où il demeura deux ans, et ne revint en Suisse qu'en 1794. De nouvelles tribulations l'y attendaient. Arrêté comme ennemi du gouvernement révolutionnaire, il fut jeté en prison, puis condamné à payer une amende considérable; après quoi, rendu à la liberté, il repassa en Toscane. Mais les persécutions l'y suivirent. Il était suspect tout à la fois aux Français qui occupaient ce pays en vainqueurs, et aux Italiens subjugués. La position n'était pas tenable; aussi, après après avoir lutté quelque temps sans succès contre les dangers d'une situation si difficile, il rentra à Genève en 1800.

Le malheur abat les âmes vulgaires, mais il élève et fortifie celles qui luttent avec courage : il mûrit la raison et le jugement, il met en jeu les ressorts de l'esprit, il développe les facultés morales.

Au milieu de toutes ses vicissitudes, M. de Sismondi, quoique jeune encore, avait déjà beaucoup écrit : la plupart de ses ouvrages sont datés des divers lieux de ses exils. Ils ont été publiés successivement à Genève, à Londres et à Paris.

Désormais plus tranquille, il put se livrer exclusivement à son amour pour la science. Nous ne le voyons plus sortir de l'obscurité de la vie privée que dans une circonstance qui fit briller toute la noblesse de son caractère. M. de Sismondi n'aimait pas le gouvernement de l'empereur : cependant, durant les Cent jours, séduit apparemment par l'espoir que ce grand homme profiterait des terribles leçons de la fortune, et qu'il était sincèrement résolu à modifier sa puissance, il quitta son rôle d'opposant, ou tout au moins d'indifférent, pour applaudir vivement à l'*Acte additionnel*. Cette nouvelle profession de foi fut consignée dans un écrit ayant pour titre : *Examen de la constitution française*. Il le terminait en exprimant le vœu que tous les Français se ralliassent autour de l'homme qui pouvait seul sauver l'indépendance nationale et relever la gloire de la patrie. Cette brochure fut remarquée, et l'adhésion loyale de M. de Sismondi au gouvernement de Napoléon eut du retentissement ; aussi ne tarda-t-il pas à apprendre que son nom figurait sur la liste des membres de la Légion d'Honneur. Mais il refusa cette honorable distinction, et dans une lettre écrite au duc de Bassano il déclara son intention formelle de ne recevoir jamais ni faveur ni récompense. Cette démarche put déplaire, mais on dut assurément rendre hommage à la délicatesse de M. de Sismondi. C'est ainsi, en effet, qu'un écrivain consciencieux et fidèle aux principes qu'il défend, doit consacrer son indépendance.

Délivré des préoccupations de la politique, M. de Sismondi retourna à ses études favorites. Il travaillait sans cesse : il étudiait les mœurs, la constitution, l'histoire de tous les pays qu'il parcourait. « Je n'ai point « épargné ma peine, dit-il lui-même [1], pour arriver à

---

[1] Voyez l'Introduction à l'*Histoire des Républiques italiennes du moyen âge*, pag. xvii.

« connaître la vérité. J'ai vécu en Toscane, patrie de
« mes ancêtres, presque autant qu'à Genève et en France;
« j'ai parcouru l'Italie dans diverses directions, et j'ai
« visité presque tous les lieux qui furent le théâtre de
« quelque grand événement. J'ai travaillé dans presque
« toutes les grandes bibliothèques; j'ai visité les archives
« de plusieurs villes et de plusieurs couvents...... J'ai
« fait aussi le tour de l'Allemagne pour y rechercher les
« monuments historiques; enfin je me suis procuré à
« tout prix les livres qui répandent quelque lumière sur
« les temps et les peuples que j'ai entrepris de faire
« connaître. »

M. de Sismondi s'est occupé d'histoire, de politique et
d'économie. Dans ces diverses branches de la science sociale, il s'est montré à la fois philosophe sincèrement
touché des intérêts de l'humanité, historien savant, publiciste profond, et en toute matière écrivain consciencieux. L'âge n'a pas refroidi cette noble ardeur scientifique, ni ralenti ses opiniâtres travaux; aussi peut-on le
compter au nombre des hommes les plus laborieux et
des auteurs les plus féconds qui aient jamais existé. Son
Histoire des Républiques italiennes, l'un de ses premiers

ouvrages, aurait pu seule suffire aux travaux et à la vie d'un homme ordinaire. Avant la publication de ce grand ouvrage, tout n'était que confusion et chaos dans l'histoire de l'Italie au moyen âge. Ainsi que le dit l'auteur dans son Introduction : « Les républiques italiennes, « dont l'affranchissement s'opéra graduellement du « x^e au xiie siècle, ont eu, pendant toute leur durée, l'in- « fluence la plus marquée sur la civilisation, sur le com- « merce, sur les arts, sur la balance politique de l'Eu- « rope. Cependant elles étaient demeurées inconnues au « commun des lecteurs, parce que personne n'avait en- « trepris encore de les faire marcher ensemble dans une « histoire générale et de les réunir sous un seul point « de vue. » M. de Sismondi osa le premier aborder une tâche aussi effrayante ; et après vingt-deux années de recherches et de travaux pénibles, il a pu enrichir le domaine de l'histoire de ce livre remarquable.

Son *Histoire des Français*, dont les douze premiers volumes furent publiés de 1821 à 1828, et qui est parvenue maintenant au tome XXIV, est encore un des plus beaux monuments historiques qu'il soit donné à la science et à l'intelligence humaine d'élever. M. de Sismondi travaille en ce moment à le finir. L'immensité d'un tel travail avait un instant effrayé cet homme infatigable et courageux : arrivé à l'âge de soixante-sept ans, il craignait de faiblir sous le fardeau qu'il s'était imposé. Mais ce n'était là qu'un de ces découragements passagers qui viennent quelquefois assaillir les écrivains, et que fait oublier bien vite l'enthousiasme de la science. M. de Sismondi a repris sa tâche laborieuse, et il est permis d'espérer que l'homme qui a suffi à tant de travaux, pourra mettre la dernière main à cette importante histoire, qu'on peut comparer, pour l'érudition et les recherches, aux œuvres colossales des bénédictins.

L'un de nos historiens les plus illustres, M. Guizot, dans son *Cours d'histoire moderne*, a jugé avec sévérité l'*Histoire des Français* de M. de Sismondi. Mais on ne juge ainsi d'ordinaire que les ouvrages des grands écrivains : d'ailleurs, à côté de la critique se trouve l'éloge, et nous ne saurions citer un résumé plus complet et plus succinct des jugements qu'on peut porter sur cet ouvrage. « De toutes les histoires de France, dit M. Guizot, « la meilleure est sans contredit celle de M. de Sismondi. « Je n'ai garde de prétendre en discuter ici les mérites

« et les défauts. Cependant j'ai besoin de vous dire en
« quelques mots ce que vous y trouverez, surtout ce que
« je vous conseille spécialement d'y chercher. Consi-
« dérée comme exposition critique des institutions, du
« développement politique, du gouvernement de la
« France, l'*Histoire des Français* est incomplète, et laisse,
« je crois, quelque chose à désirer ; dans les volumes
« qui ont paru, les deux époques les plus importantes
« pour la destinée politique de la France, le règne de
« Charlemagne et celui de saint Louis, sont au nombre
« peut-être des plus faibles parties du livre. Comme his-
« toire du développement intellectuel, des idées, quel-
« que chose manque également à la profondeur des re-
« cherches et à l'exactitude des résultats. Mais, soit
« comme récit des événements, soit comme tableau des
« vicissitudes de l'état social, des rapports des différentes
« classes entre elles, et de la formation progressive de
« la nation française, l'ouvrage est très distingué, et vous
« y puiserez une riche et solide instruction. Peut-être y
« souhaiterez-vous encore un peu plus d'impartialité et
« de liberté dans l'imagination ; peut-être la réaction
« des événements et des opinions contemporaines s'y
« laisse-t-elle quelquefois trop entrevoir ; ce n'en est pas

« moins un vaste et beau travail, infiniment supérieur à
« tous ceux qui l'ont précédé; et vous serez, en le lisant
« avec attention, très bien préparés aux études que nous
« avons à faire en commun. »

J'ajouterai à cette citation quelques mots de M. de Barante qui consacrent un des principaux mérites de l'*Histoire des Français*. « L'illustre auteur des *Républiques*
« *italiennes*, dit-il, a su le premier dépouiller les commen-
« cements de notre histoire des fausses couleurs dont elle
« avait toujours été revêtue. »

Il serait difficile de dire à quelle école historique appartient M. de Sismondi. Ce serait d'ailleurs, à notre avis, une question tout à fait oiseuse et dont la solution, en supposant qu'on puisse la résoudre, ne satisferait tout au plus qu'un seul parti, tandis qu'en la laissant en litige, tout le monde peut être content; car cet historien est un de ces hommes graves et considérables que toutes les écoles se disputent. Nous pouvons toutefois rechercher quelle est la méthode de M. de Sismondi, et de quelle façon il traite l'histoire.

On sait qu'il existe, indépendamment de ces mille et

mille nuances qui diversifient l'esprit et le talent de chaque historien, deux grands systèmes généraux, l'analyse et la synthèse. Ces deux systèmes, qui procèdent en sens inverse, ont chacun leurs avantages et chacun leurs dangers ; car il est de la nature de tout système, lorsqu'il devient exclusif, de conduire à l'erreur. M. Guizot, dans son *Histoire de la civilisation française*, a parfaitement caractérisé ces deux manières d'envisager l'histoire. Voici comment il s'exprime :

« Nous rencontrons ici la grande question, la question
« si souvent et si bien traitée, mais non encore épuisée,
« peut-être, des deux méthodes, l'analyse et la synthèse.
« Celle-ci est la méthode primitive, la méthode de création;
« l'autre est la méthode de seconde date, la méthode scien-
« tifique. Si la science voulait procéder suivant la méthode
« de création, si elle prétendait saisir les faits dans l'ordre
« suivant lequel ils se produisent, elle courrait grand ris-
« que, pour ne pas dire plus, de ne se point placer en dé-
« butant à la source pleine et pure des choses, de n'en pas
« embrasser le principe tout entier, de ne se prendre qu'à
« l'une des causes d'où les effets dérivent, et, engagée
« alors dans une voie étroite et fausse, elle s'égarerait de

« plus en plus, et au lieu d'arriver à la création véritable,
« au lieu de trouver les faits tels qu'ils se produisent réel-
« lement, elle n'enfanterait que des chimères sans valeur,
« malgré la puissance intellectuelle qu'on aurait dépensée
« à les poursuivre, mesquines au fond, sous une apparence
« de grandeur.

« D'autre part, si la science, en procédant du dehors au
« dedans selon la méthode qui lui est propre, oubliait que
« ce n'est pas là la méthode primitive et féconde, que les
« faits en eux-mêmes subsistent et se développent dans un
« autre ordre que celui où elle les voit, elle pourrait arri-
« ver à oublier que les faits la précèdent, à méconnaître le
« fond même des choses, à s'éblouir d'elle-même, à se
« prendre en quelque sorte pour la réalité, et à n'être bien-
« tôt plus qu'une combinaison d'apparences et de termes,
« aussi vaine, aussi trompeuse que les hypothèses et les
« déductions de la méthode contraire [1]. »

M. de Sismondi se maintient avec bonheur au milieu

---

[1] M. Guizot. *Histoire de la Civilisation française depuis la chute de l'empire romain jusqu'en* 1789. T. Ier, 2e leçon, p. 43. (Édit. de 1829.)

de ces écueils; il évite le plus souvent les deux excès contraires parce qu'il ne se préoccupe ni de l'un ni de l'autre des deux systèmes. Mais il semble que ce n'est pas chez lui le résultat d'une habile tactique, d'une manœuvre étudiée; c'est un heureux instinct qui le guide; il est presque toujours admirablement servi par la rectitude de ses idées, par la solidité de son jugement. Il comprend les faits plutôt qu'il ne les explique ; il voit les conséquences des faits plutôt qu'il ne les interprète. En un mot, il a plus de jugement que de sagacité; il a moins d'esprit que de logique. Et, il faut l'avouer, ce sont là les qualités les plus précieuses du véritable historien. L'esprit défigure souvent l'histoire en faisant dire aux faits autre chose que ce qu'ils signifient, en tirant des déductions forcées de causes toutes naturelles.

Mais les écoles historiques ne se distinguent pas seulement par ces deux méthodes, l'analyse et la synthèse ; il est aussi des manières différentes d'envisager l'histoire quant à son but. Les uns veulent que l'historien *raconte*, les autres veulent que l'historien *enseigne*. De là deux écoles : l'école *pittoresque* et l'école *dogmatique* : d'un côté les peintres, de l'autre les philosophes. C'est exactement la reproduction des deux sectes littéraires : les classiques et les romantiques.

Tous les historiens du siècle dernier sont de l'école dogmatique, et, disons-le, ils ont poussé si loin les conséquences de leur système, qu'ils sont tombés souvent dans l'abus. L'histoire n'était plus qu'un thème banal qui servait de prétexte à la déclamation, aux rêveries métaphysiques, aux utopies gouvernementales, aux axiomes philosophiques. Les faits, sacrifiés au syllogisme, n'étaient plus pour l'historien qu'une partie accessoire de son œuvre. Il fallait avant tout raisonner. L'esprit du xviii° siècle, de ce siècle qui amena la Révolution française, le voulait ainsi. On discutait partout, dans les romans, sur le théâtre : à plus forte raison l'histoire devait ouvrir une vaste arène aux discussions de toute espèce. Aussi devint-elle un éternel et triste sermon.

Cet état de choses devait naturellement amener plus tard une réaction. On comprit que les faits ont aussi leur éloquence et que l'enseignement de l'histoire résulte plutôt des événements eux-mêmes que des réflexions de l'écrivain. On vit donc la nécessité d'une *restauration*. Mais on ne sut pas toujours se tenir en garde contre l'esprit de réforme; et la tendance au perfectionnement entraîna au radicalisme. Ainsi procède toujours l'intelligence humaine : ce n'est qu'après de longues oscillations qu'elle finit par arriver au point exact vers lequel elle tendait.

La nouvelle école outrepassa le but où il fallait s'arrêter. Comme l'a fort bien dit M. de Barante dans la préface de son *Histoire des ducs de Bourgogne*, « lorsqu'on « étudie le passé, on ne veut pas seulement se donner le « plaisir passager d'un récit plus ou moins vivant; on ne « lit pas le témoignage du vrai dans le même esprit que les « scènes plus ou moins naturelles d'un roman; on y cher- « che une instruction solide, une connaissance complète « des choses, des leçons morales, des conseils politiques, « des comparaisons avec le présent. » Or, ce que l'on cherche, c'est-à-dire la morale de l'histoire, ne se rencontre que bien rarement dans les ouvrages des prétendus réformateurs. Ils ont reconnu, il est vrai, la puissance des faits; mais ils ont cru que leur mission devait se borner à raconter fidèlement. Pour eux, le seul mérite de l'historien c'est l'exactitude, je dirai plus, c'est la minutie; car à force de se préoccuper exclusivement des faits, ils s'attachent souvent à reproduire les détails les plus futiles, les plus indifférents, sous prétexte de donner à leur œuvre une couleur locale, et il devient alors difficile de distinguer au milieu de ce pêle-mêle les faits généraux, les points essentiels qui résument une époque et en fixent le véritable caractère.

Quintilien a dit en parlant de l'histoire : *Scribitur ad narrandum, non ad probandum.* Mais ce précepte, il ne faut pas le pousser à l'extrême. D'ailleurs, Quintilien ne prétend pas que l'histoire ne doive rien prouver ; il cherche seulement à établir que les formes du style historique ne sont pas les mêmes que celles du style oratoire. En effet, l'orateur a une opinion à soutenir, à défendre, à faire prévaloir ; tous ses efforts doivent tendre à ce but : *prouver.* L'argumentation est donc son plus puissant auxiliaire ; l'historien doit prouver aussi quelque chose ; mais, avant tout, il doit raconter, et c'est là ce que veut dire Quintilien. Puis, s'il comprend véritablement sa haute mission, s'il a la puissance de l'accomplir, il sait tirer de tous les faits les graves enseignements qu'ils comportent, il éclaire le présent par le passé, il met en relief les belles actions qu'il faut suivre, les erreurs, les abus, les vices contre lesquels il faut se tenir en garde; en un mot, il fait servir son œuvre à l'instruction et au perfectionnement de l'humanité; autrement, que deviendrait la philosophie de l'histoire?

Ce n'est pas à dire que la morale historique doive nécessairement se formuler comme une leçon débitée par un professeur de philosophie. On sent que je parle ici du but que se propose l'historien et non pas des moyens à l'aide desquels il peut l'atteindre. Ainsi tel historien qui n'accompagne son récit d'aucune réflexion personnelle, moralise mieux son lecteur que tel autre qui a recours à d'interminables discussions; parce que le premier sait faire parler les faits eux-mêmes et les présente de telle sorte que le lecteur en fasse spontanément son profit, tandis que le second veut lui imposer ses convictions et le rebute souvent par son despotisme. Entrer ainsi à tout propos dans des dissertations philosophiques, ce serait d'ailleurs renouveler l'abus que nous reprochions, il n'y a qu'un instant, aux écrivains du xviiie siècle.

Enfin, il est encore un autre abus dans lequel sont tombés la plupart des anciens historiens, mais dont on a fait maintenant bonne justice. Autrefois on ne s'occupait que de l'histoire des rois, on se souciait fort peu de l'histoire des peuples ; cela devait être dans un temps où le roi pouvait dire : « l'État, c'est moi, » et où la royauté était réputée d'institution divine ; il n'y avait alors que des historiographes, et si quelquefois, à de longs intervalles, il apparaissait un homme d'un esprit supérieur qui sût faire au peuple la part qui lui est due, il ne trouvait jamais de nombreux imitateurs [1].

[1] « S'il est un genre de littérature auquel l'entier développement des doctrines classiques ait porté un coup funeste, c'est assurément le genre historique. Nos historiens ont toujours perdu de vue le peuple. On dirait, à les lire, que les grands événements qu'ils nous retracent ne se sont jamais passés qu'entre deux rois, leurs armées et leurs cours. C'était moins la liberté de dire qui leur manquait, que l'indépendance d'esprit. Dociles imitateurs de deux littératures nées d'un autre ordre de choses et d'idées, ils cherchaient l'idéalité même dans les événements de l'histoire ; ils les voulaient réduire au système de l'unité......

« L'histoire, si on la conçoit comme elle était jadis, est toujours guindée et dédaigneuse ; elle rejette tout ce qui est de l'homme ; elle ne voit jamais que le héros ; elle fait presque de la statuaire. Jamais sa gravité ne s'est déridée : elle n'a vu la vie que sous un aspect sérieux. C'est une sibylle sans emportements et sans ivresse. Elle parle de haut, elle prophétise. Et pourtant, s'il y a tant de choses dans la vie de l'homme, que de choses n'y a-t-il pas dans la vie des peuples ! Rien n'est absolu dans

« Aujourd'hui que les principes politiques ne sont plus les mêmes, qu'une grande révolution a mis en lumière les intérêts de l'humanité, que le peuple exerce une action puissante sur le gouvernement de l'État, soit par la presse, soit par la représentation nationale, aujourd'hui cet abus ne peut plus exister, même chez les nations qui sont restées soumises au pouvoir despotique, parce qu'elles subissent forcément l'influence et le contrôle des nations devenues libres.

M. de Sismondi a gardé quelques-unes des anciennes traditions, tout en se conformant aux exigences du progrès. Il a bien la gravité des historiens du siècle dernier, mais il n'a pas leur ton sentencieux et pédantesque. Ses allures sont plus naïves et moins doctorales. Il fuit la déclamation et l'emphase : il évite avec soin les théories

---

la nature, car la nature n'a point de système. Dans les événements les plus tristes, elle fait trouver place aux incidents les plus comiques ; elle fait naître le rire auprès des larmes. Mais l'historien ne voit rien, ne veut rien voir d'humain ; il pousse du bout de son compas tout ce qui pourrait animer son triste procès-verbal ; c'est un greffier de cour d'assises, qui n'enregistre que le dire des juges et celui de l'accusé ; il n'a point d'oreilles pour les témoins. » M. REY DUSSUEIL. Voyez son *Essai sur le roman historique* qui précède sa traduction des *Fiancés* de MANZONI.

abstraites. Il raconte et enseigne en même temps, et ses enseignements sont souvent d'une haute portée. Jamais il ne perd de vue la philosophie de l'histoire; jamais il ne met en oubli les intérêts de l'humanité. Il saisit avec naturel et expose sans prétention tout ce qui peut instruire, tout ce qui peut moraliser; et il ne donne pas à la partie morale de son œuvre plus de développement qu'elle ne doit en avoir.

Quant à sa manière de raconter les faits, il les présente toujours avec netteté et précision, dans un ordre logique. Quoique profondément érudit, il ne fait point parade de sa science, en surchargeant ses récits de détails fatigants et puérils. Il sait éclaircir avec un instinct merveilleux les mystères d'une époque; il choisit avec un discernement rare les autorités historiques sur lesquelles il doit s'appuyer.

Son style est simple et exact : il a parfois de la noblesse, sans recherche; s'il manque souvent de vivacité et d'éclat, il est toujours d'une lucidité remarquable.

Dans la plupart des ouvrages de M. de Sismondi, lorsqu'il discute les institutions des peuples, on voit percer son penchant pour l'aristocratie. Il est cependant partisan de la liberté, et il sait élever de nobles et généreux accents pour la défendre; mais trouvant dans les souvenirs de sa famille deux fois les traditions des républiques aristocratiques, il soumet la pratique de cette liberté à des conditions presque incompatibles avec les principes qui dominent aujourd'hui dans la majeure partie des états de l'Europe.

Après avoir examiné les travaux historiques de M. de Sismondi, autant que pouvait nous le permettre le peu d'étendue de cette notice, il convient de jeter un coup d'œil rapide sur les ouvrages qu'il a publiés touchant l'économie politique : car, ainsi que nous l'avons dit en commençant, M. de Sismondi est à la fois un des premiers historiens et un des économistes les plus distingués de ce siècle. Si ses divers écrits se recommandent, en général, par les vastes lumières qu'il sait toujours répandre sur son sujet, il faut reconnaître dans ses livres sur l'économie un caractère tout particulier de haute utilité sociale. L'ouvrage intitulé *Nouveaux principes d'économie politique* est surtout remarquable sous ce rapport. Dans la première édition, publiée en 1819, M. de

Sismondi attaqua vigoureusement les doctrines alors en vogue. Les partisans de ces doctrines relevèrent le gant avec vivacité, et mirent tout en œuvre pour les défendre. Ces hostilités firent grande rumeur ; mais dans cette polémique, dont la *Revue encyclopédique* fut le théâtre, les adversaires de M. de Sismondi eurent le tort de ne pas observer les ménagements que leur commandaient le savoir et le caractère de leur antagoniste. Heureusement pour M. de Sismondi, il eut pour lui l'opinion de tous les hommes graves et impartiaux ; bien plus, il trouva de puissants auxiliaires dans les faits mêmes qui sont venus justifier ses théories prophétiques. En effet, de 1819 à 1825 et 1826, éclatèrent, principalement dans la Grande-Bretagne, ces désastres industriels qui l'ont mise à deux doigts de sa perte et énervée pour longtemps. Or, M. de Sismondi les avait prévus, et avait démontré qu'ils devaient être la conséquence nécessaire de la production illimitée. Il alla lui-même en Angleterre voir de ses yeux l'effrayante et trop juste confirmation de ses savantes prévisions. Frappés de la sagesse de ses vues, les Anglais, obligés de réformer leurs notions d'économie politique, lurent avec empressement son livre, dont la seconde édition s'est écoulée entièrement en Angleterre. C'est aujourd'hui encore leur évangile.

Quant aux adversaires de M. de Sismondi, forcés dans leurs derniers retranchements, au lieu de s'avouer franchement vaincus, ils recoururent de nouveau aux injures : système de discussion qui n'a pas peu contribué à les décréditer.

Nous jetterons un coup d'œil rapide sur les matières importantes traitées dans ce livre, qui assure à M. de Sismondi des droits impérissables à la reconnaissance de son siècle et aux hommages de la postérité. Le deuxième volume de cet ouvrage, particulièrement, renferme les idées les plus remarquables dont l'auteur ait enrichi la science économique.

« Le numéraire est signe et gage et mesure des valeurs. « Ce n'est pas de lui qu'on fait usage, mais de la chose « qu'il représente. » Après avoir établi cette vérité, sur laquelle il est d'accord avec ses adversaires, M. de Sismondi examine la proportion qui s'établit entre le numéraire et la richesse, ainsi que la différence essentielle qui existe entre le numéraire et le capital. Dans le langage commun, le numéraire est toujours pris pour le capital ; ce sont cependant deux choses bien distinctes : l'auteur procède au développement de ses preuves avec lucidité et précision.

L'intérêt est le fruit du capital et non celui de l'argent. L'homme qui prête un capital, prête la cause première du travail : la proscription de l'usure par les casuistes est fondée sur une grande erreur, celle de prétendre que l'argent est improductif.

L'auteur parcourt le système des monnaies; il disserte sur les monnaies d'or, d'argent et de cuivre ; il passe ensuite aux lettres de change, et développe leur utilité et leur effet dans la circulation. Il attaque hardiment l'abus des banques et du papier-monnaie, né de la confusion du revenu avec le capital. Il soutient et prouve d'une manière tout-à-fait péremptoire que le crédit ne crée point les richesses dont il dispose ; que c'est une illusion de croire que les banques puissent augmenter le capital national : une banque ne prête que ce qu'elle a emprunté. Les billets forcent l'exportation du numéraire correspondant qu'ils remplacent. Aux yeux de l'un des partisans les plus distingués de l'opinion contraire (M. Ricardo), la monnaie est dans l'état le plus parfait quand elle se compose uniquement de papier, tout comme les canons de carton des Chinois, qui, dit-il, peuvent très bien servir à les défendre. M. de Sismondi fait un tableau plein de vérité des crises qui changent le papier des banques en papier-monnaie.

Sur le chapitre de l'impôt, les vues de l'auteur offrent également une série de développements lumineux et du plus grand intérêt. Il commence par dire qui doit le payer. Il indique le but naturel des gouvernements, et soutient qu'il n'y a pas de moyens équitables d'établir l'impôt sur le travail, source de tout revenu. Il s'élève contre l'établissement social qui protége le riche plus que le pauvre, quoique le premier paie proportionnellement beaucoup moins; il dit comment l'impôt doit atteindre le revenu; selon lui, il ne doit jamais frapper sur le numéraire, mais tout salaire et tout revenu qui procurent des jouissances de luxe sont essentiellement imposables. Le système de l'impôt unique lui paraît offrir, dans son assiette, de graves difficultés. L'impôt sur le revenu des capitaux circulants n'en présente guère moins, car l'intérêt de l'argent échappe presque toujours aux recherches du fisc. Relativement à l'impôt sur les consommations, M. de Sismondi voudrait le voir peser particulièrement sur les loyers, les domestiques, les ouvriers improductifs, les équipages, les chevaux, les chiens, les meubles et les productions des arts.

Tout en reconnaissant que ces idées sont justes, qu'un impôt somptuaire serait équitable, il nous semble toutefois que ce système, bon en théorie, est, en pratique, à peu près impossible à cause de la difficulté du recouvrement. Tout ce qui est meuble est d'une possession trop éphémère pour qu'on en fasse l'objet d'un impôt solide. En matière de contributions, le fisc, à défaut de paiement de la part des contribuables, doit pouvoir saisir la chose imposée ; or, comment saisir les meubles qui passent de main en main avec tant de rapidité, et dont l'aliénation est si facile? Que si, pour la perception de cet impôt, on immobilise en quelque sorte la chose imposée entre les mains de celui qui la possède, on tombe alors dans un inconvénient fort grave, car on gêne, je dirai plus, on détruit réellement le commerce. Un autre obstacle aux lois somptuaires, c'est l'impossibilité de déterminer, le plus souvent, ce qui constitue le luxe, car la même chose peut être un objet de luxe entre les mains de celui-ci, et un objet de première nécessité pour celui-là ; et comme, dans un système fiscal sagement organisé, tout doit être de droit strict pour ne rien laisser à l'arbitraire, il faut reconnaître que là où il y a doute, et matière à controverse, il ne saurait y avoir lieu à un impôt qui, juste en principe, deviendrait, par les difficultés de son application, odieux et par conséquent inexécutable.

M. de Sismondi passe ensuite aux emprunts. L'économie est la vie des gouvernements : elle est difficile dans les gouvernements constitutionnels, c'est ce qu'il prouve *ipso facto*, mais il n'en dit pas toutes les raisons. L'invention des emprunts est funeste : ils augmentent la force des oppresseurs et atténuent la résistance des opprimés. L'auteur considère cette importante question sous toutes ses faces, et conclut en affirmant que toute nation qui emprunte escompte son avenir, que l'emprunt est une ruine rejetée sur la postérité, un abîme creusé pour elle. Il renvoie les partisans de cette illusion désastreuse à la leçon que l'Angleterre donne aux autres peuples.

Après avoir épuisé cette matière, il traite de la population, et commence par établir que « le but de l'é-

« conomie politique est de trouver la proportion entre la
« population et la richesse qui peut assurer aux hommes
« le plus de bonheur. » La population se règle sur le
revenu, et c'est une horrible calamité pour une nation
quand sa population dépasse son revenu. Envisageant
la question dans toutes ses conséquences et dans tous
ses rapports avec la politique, la religion, les droits et
la liberté des peuples, il veut, contre l'opinion d'Adam
Schmith, que les gouvernements protégent la population
contre la concurrence; il discute l'hypothèse où la population agricole a besoin de cette protection, et, selon
lui, l'ouvrier a droit à la garantie de son bien-être de la
part de celui qui l'emploie; tandis qu'au contraire les
salaires restreints par les gros fermiers et les manufac-
turiers, mettent une partie considérable de la population
à la charge des communes, qui paient en plus au gros
fermier et au millionnaire ce que ceux-ci paient en
moins à la population sur et pour sa subsistance. Il dé-
plore cette injustice criante, et ne voit qu'un moyen de
venir efficacement au secours de la classe ouvrière; c'est
d'associer les ouvriers aux bénéfices provenant de leurs
journées employées aux travaux agricoles et dans les
manufactures.

M. de Sismondi émet le vœu de voir partager les communes. Il voudrait que la législation intervînt pour amener lentement et sans secousse ce résultat qui serait d'intéresser toute la population à la prospérité nationale, en la faisant participer à la propriété. Il ne s'agit là de rien moins que d'une grande révolution sociale. Cette question irritante est une des plaies de notre époque, et il est difficile de prévoir par quels moyens on arrivera à sa solution.

Enfin M. de Sismondi termine son ouvrage par des considérations sur le phénomène nouveau que présente l'état des nations opulentes, où la misère publique ne cesse de s'accroître avec la richesse matérielle, et où la classe qui produit tout est chaque jour plus près d'être réduite à ne jouir de rien. Telle est la situation des peuples aux époques de décadence; les raffinements du luxe, les exigences de la civilisation font naître des besoins qu'il devient presque impossible de satisfaire.

On peut juger par cette simple analyse de quelle importance sont les ouvrages de M. de Sismondi sur l'économie politique. Nous n'avons examiné qu'un seul de ces ouvrages (le plus remarquable d'ailleurs), parce qu'il nous suffisait pour apprécier convenablement l'esprit et les idées de l'auteur, et que ses autres écrits sur la même matière se rattachent aux principes émis dans celui-ci.

Nous ne pouvons mieux terminer cette Notice qu'en offrant au lecteur le catalogue exact des œuvres complètes de M. de Sismondi.

1° *Tableau de l'agriculture toscane*, Genève, 1801, in-8°, fig. Ce livre est le complément nécessaire de l'*Histoire des Républiques italiennes*.

2° *De la Richesse commerciale, ou Principes d'économie politique appliqués à la législation du commerce*, Genève, 1803, 2 vol. in-8°.

3° *Histoire des Républiques italiennes du moyen âge*, Zurich et Paris, 1807-1808, 16 vol. in-8°; deuxième édition, 1823-1826. La troisième édition qui se publie aujourd'hui doit avoir 10 à 12 vol., fig.

4° *De la vie et des écrits de Paul-Henri Mallet*, 1807, in-8°.

5° *Du papier-monnaie dans les états autrichiens, et des moyens de le supprimer*, 1810.

6° *Li due sistemi d'economia politica : ossia esame de' principi di Adam Schmith, parangonati con quegli del dottor Quesnoy.* (Cet écrit a paru en 1812, dans les *Atti dell' Academia italiana.*)

7° *De la littérature du midi de l'Europe*, 1813, 4 vol. in-8°; deuxième édition, 1819.

8° *Considérations sur Genève dans ses rapports avec l'Angleterre et les états protestants*, suivies d'un *Discours prononcé à Genève sur la philosophie de l'histoire*, 1814.

9° *Sur les lois éventuelles* (de Genève), 1814.

10° *De l'intérêt de la France à l'égard de la traite des Nègres*, 1815 : trois éditions à Genève et une à Londres, 1814.

11° *Nouvelles réflexions sur la traite des Nègres*, 1814.

12° *Examen de la Constitution française*, 1815 (mai).

13° *Extrait des aventures et observations de Philippe Pananti sur les côtes de Barbarie*, 1817 (dans la *Bibliothèque universelle*).

14° *Nouveaux principes d'économie politique, ou De la Richesse dans ses rapports avec la population,* Paris, 1819, 2 vol. in-8°; deuxième édition, 1826.

15° *Histoire des Français,* Paris; la publication de cette histoire a commencé en 1821; elle n'est point terminée.

16° *Julia Severa, ou l'an 492,* Paris, 1822; 5 vol. in-12.

17° *Économie politique. Sur la balance des consommations avec les productions,* 1825 (extrait de la *Revue encyclopédique*).

18° *Considérations sur la guerre actuelle des Grecs et sur ses historiens,* 1825, in-8° (extrait de la *Revue encyclopédique*).

19° Les articles de l'*Histoire d'Italie* dans la *Biographie universelle,* depuis le commencement de l'ouvrage.

20° Un grand nombre d'articles publiés dans la *Revue encyclopédique,* et dont quelques-uns ont été tirés séparément.

INTRODUCTION.

L'une des plus importantes conclusions que l'on puisse tirer de l'étude de l'histoire, c'est que le gouvernement est la cause la plus efficace du caractère des peuples; que les vertus ou les vices des nations, leur énergie ou leur mollesse, leurs talents, leurs lumières ou leur ignorance, ne sont presque jamais les effets du climat, les attributs d'une race particulière, mais l'ouvrage des lois; que tout fut donné à tous par la nature, tandis que le gouvernement conserve ou anéantit dans les hommes qui lui sont soumis, les qualités qui formaient d'abord l'héritage de l'espèce humaine.

Aucune histoire ne met cette vérité sous un jour plus éclatant que celle d'Italie. Que l'on rapproche, en effet, les diverses races d'hommes qui se sont succédé sur cette terre de grands souvenirs; que l'on compare les qualités qui les caractérisent, la modération, la douceur, la simplicité des premiers Étrusques; l'austère ambition, le courage mâle des contemporains de Cincinnatus; l'avidité, l'ostentation des Verrès; la lâcheté des sujets de Tibère; l'ignorance des Romains d'Honorius; la barbarie des Italiens soumis aux Lombards;

la vertu du xiie siècle ; le lustre du xve, et l'abaissement des Italiens de nos jours. Le même sol a nourri ces êtres de nature si différente ; et le même sang circule dans leurs veines. Le mélange de quelques peuplades barbares, perdues au milieu des flots d'indigènes, n'a point suffi pour changer la constitution physique des hommes qu'enfantait la même région.

La nature est restée la même pour les Italiens de tous les âges : le gouvernement seul a changé : ses révolutions ont toujours précédé ou accompagné l'altération du caractère national. Jamais les causes n'ont été liées aux effets d'une manière plus évidente.

Les Étrusques, prédécesseurs des Romains, sont les premiers peuples de l'Italie sur lesquels l'histoire jette quelque lueur ; ils avaient couvert de leurs habitations les Maremmes aujourd'hui désolées [1]. Riches en troupeaux, riches en grains, ils voyaient la terre répondre avec usure à leurs travaux : une longue prospérité leur avait permis de cultiver leur esprit par l'étude ; et les Étrusques paraissent avoir devancé les Grecs dans la carrière des sciences et des arts, quoiqu'ils n'aient pu, comme leurs successeurs, la parcourir tout entière. Les poëtes ont placé au milieu d'eux l'âge d'or sous le règne de Saturne, et leurs fictions n'ont voilé qu'à demi la vérité.

---

[1] Comme nous ne savons pas même le nom des écrivains étrusques ou tyrrhéniens, et que ces peuples ne nous sont connus que par quelques fragments d'historiens grecs et latins, ils resteront toujours enveloppés d'une grande obscurité. Cependant nous avons une indication de leur puissance dans les murailles colossales de Volterra ; de leur goût, dans les vases qui nous sont restés d'eux ; de leur savoir, dans le culte de Jupiter Elicius, auquel ils attribuaient l'art qu'ils connurent, et que nous avons retrouvé, d'éviter et de diriger la foudre.

Le gouvernement des Étrusques était celui du bonheur et de la liberté; c'était le gouvernement fédératif. Honneur aux peuples libres que l'ambition ne séduit pas! Honneur aux peuples qui savent préférer le plus noble des biens, la liberté, au pouvoir et à la gloire; qui demandent à leur gouvernement la modération, la bienveillance universelle, et non de nouvelles conquêtes! Honneur aux nations libres qui cherchent dans le lien fédératif, non seulement une défense contre les agressions étrangères, mais aussi une garantie contre leurs propres passions, contre l'égarement de l'ambition, contre l'ivresse du succès!

Les Étrusques n'étaient point les seuls peuples confédérés de l'Italie : au contraire, chacune des nations qui combattirent contre Rome, les Sabins, les Latins, les Samnites, les Brutiens, était formée par une fédération. Ces ligues prirent de la consistance; mais aucune ne fut conquérante : il vint même un temps où toutes les républiques fédérées, qui longtemps avaient prospéré en Italie, succombèrent sous le poids de la puissance romaine. Ces nations, si peu connues et si dignes de l'être [1], disparurent; et, avec elles, la richesse des campagnes, la population, la vraie liberté et le bonheur, furent chassés de l'Italie. Le peuple-roi sacrifia tous ces avantages à l'éclat d'un grand nom, et à la gloire des conquêtes.

Les fédérations succombèrent aux attaques des Romains; mais la longueur de leur lutte, et leur résistance pendant trois siècles, prouvent bien que la faiblesse n'est point la con-

---

[1] Un savant florentin, M. Micali, a publié, depuis la première édition de cet ouvrage, l'histoire des peuples qui habitaient l'Italie avant les Romains.

séquence nécessaire d'une constitution fédérative : elles succombèrent, parce que le seul avantage qui ne soit pas donné aux gouvernements libres, c'est une éternelle durée. Le bonheur est une chose si fragile, si étrangère, en quelque sorte, à l'espèce humaine, qu'aucune institution ne peut le lui assurer pour toujours. Si quelqu'une des calamités qui menacent sans cesse notre race, vient frapper une nation libre, si une peste y moissonne les générations humaines, si une guerre désastreuse épuise les ressources de l'état, si la terre, devenue avare, refuse ses produits, si le commerce languit, si les manufactures demeurent oisives, l'inquiétude ou la souffrance générale peuvent quelquefois suffire pour renverser un gouvernement paternel, un gouvernement dont toute la force consiste dans l'amour de ceux qui obéissent, et qui ne peut se maintenir qu'autant qu'ils sont heureux. Mais une tyrannie s'affermit au milieu des calamités générales. Plus la nation est accablée sous leur poids, plus elle est hors d'état de résister au maître qui l'opprime, plus elle sent d'autre part le besoin de confier ce qui lui reste de forces à une main vigoureuse, pour résister à de nouveaux malheurs. Les fédérations italiennes succombèrent, lorsqu'elles furent frappées par des fléaux dont aucun gouvernement ne saurait préserver les peuples ; mais avec elles finit la lutte de l'Europe pour l'indépendance. Quand les Sammites furent accablés, le monde entier ne put plus résister au pouvoir des Romains.

Ce grand peuple, dont la gloire illustre encore l'Italie, dut ses conquêtes et ses vertus au gouvernement qu'il eut dans son premier âge, à une aristocratie naissante, qui, en raison de ce qu'elle était nouvelle, ne pouvait être fondée que sur la prééminence du mérite, et qui, loin d'avilir les ordres inférieurs de la nation, leur donnait du ressort, par les efforts mêmes qu'elle faisait pour les soumettre.

Plus tard, le luxe et la cupidité des Romains, la désertion de leurs campagnes, l'avilissement des dernières classes du peuple, furent l'effet de leurs succès mêmes, de l'étendue de leurs conquêtes, de l'accomplissement, désastreux pour l'humanité, de leurs projets de monarchie universelle, du gouvernement enfin que l'excès de puissance leur donna.

Sous les empereurs, la perte de toutes les vertus fut la conséquence des progrès du despotisme. Des souverains militaires, arrivés sur le trône par des forfaits, et qui n'y étaient soutenus ni par l'éclat d'un grand nom, ni par la reconnaissance du peuple pour de grands services, ne purent maintenir leur pouvoir que sur de vils troupeaux d'esclaves. Obligés d'appeler constamment à leur aide la force, au lieu de l'opinion publique, ils détruisirent cette opinion, qui seule pouvait servir d'encouragement et de récompense à la vertu.

Le despotisme ramena la barbarie; mais la barbarie fit renaître à son tour les vertus et la liberté. Le siècle si célébré, si glorieux d'Auguste, avait été l'époque fatale de l'avilissement de l'espèce humaine, de l'extinction du courage, du génie, du talent. Auguste recueillit les fruits de la liberté et de la république; mais cinq siècles de honte et de bassesse furent la conséquence du règne d'Auguste, et de la révolution qu'il avait opérée dans le gouvernement. Il ne fallut rien moins que cinq autres siècles de barbarie, pour faire oublier aux hommes les funestes leçons du despotisme, pour leur rendre l'énergie, pour créer chez eux les seuls éléments dont puisse se constituer une nation.

Elle sortit enfin, cette nation, du milieu du chaos dans lequel le monde semblait plongé : les cœurs des Italiens se rouvrirent à l'amour de la patrie et de la liberté; ils trouvèrent le courage propre à leur faire conquérir, puis défendre ces biens précieux. A côté des grandes vertus on vit bientôt aussi se développer les grands talents; les sciences et les arts furent cultivés avec succès : les Italiens, lors de la prise de Constantinople, se trouvèrent prêts à recevoir le précieux dépôt de la littérature grecque, que l'empire d'Orient avait conservé au milieu de ses ruines, mais que sa chute menaçait de détruire. La génération présente est redevable aux républiques italiennes de l'héritage de l'antiquité. C'est cette seconde époque de vertus, de talents, de liberté et de grandeur, que j'ai entrepris de faire connaître.

L'histoire de la république romaine, écrite par les plus beaux génies de l'antiquité, et par les savants les plus distingués des derniers siècles, est de toutes les histoires la plus universellement connue : on encourage les jeunes gens à étudier de bonne heure ce peuple, si grand, si glorieux, et dont les destinées ont fixé en quelque sorte celles de l'univers. Le vif intérêt qu'avait excité la république, a fait étudier encore les révolutions de l'empire romain, depuis que ce colosse, ayant perdu sa liberté, sa vertu et son énergie, ne traînait plus qu'une honteuse existence dans le vice et dans l'esclavage. On ne s'attache qu'avec peine à l'histoire rebutante d'un gouvernement despotique dans sa décadence : cependant on suit jusqu'à la fin celle de l'empire d'Occident, à cause des vieux souvenirs qu'il réveille. De nouveau l'Italie est suffisamment connue depuis le xvie siècle. Après le règne de l'empereur Charles-Quint, tous les états de l'Europe ont formé comme une vaste république, dont les parties sont tellement liées entre elles, qu'on ne peut plus les séparer pour s'attacher à un seul peuple, et que chaque homme, en apprenant l'histoire de sa nation, apprend celle du monde policé. Ces deux périodes, à l'égard desquelles la curiosité est satisfaite, sont séparées par le moyen âge, nom que l'on donne plus précisément aux dix siècles qui se sont écoulés entre la chute de Rome et celle de Constantinople. L'histoire de l'Italie dans le moyen âge, dans ces temps que le plus grand historien de nos jours [1] a appelés les siècles du mérite ignoré, doit faire le sujet de cet ouvrage.

Le moyen âge commence proprement à l'année 476, époque à laquelle Odoacre, après avoir fait périr le patricien Oreste, et avoir réduit en captivité l'empereur Augustule, mit un terme à l'empire d'Occident [2]. Mais c'est moins l'histoire de l'Italie que l'histoire des républiques italiennes que nous avons entrepris de décrire. L'oppression et le ravage d'une province malheureuse, où il ne reste plus aucun esprit national, aucune vigueur, aucun sentiment vertueux et élevé, peut

---

[1] *Johannes Muller.* — [2] Oreste, père de l'empereur Augustule, fut tué à Plaisance, le 28 août 476. Son fils fut confiné à Lucullano, château de la Campanie. Odoacre lui conserva la vie, à cause de sa grande jeunesse et de l'amitié qui l'avait lié autrefois à sa famille : il lui fit même une pension considérable. *Hist. Miscellæ.* L. XV, p. 99, *apud Script. Rer. Ital.* T. I. — *Jornandes, de Regnor, et Tempor. successione.* Ibid. p. 239.

former un tableau qu'il sera utile sans doute de présenter aux yeux des hommes, pour leur enseigner quelles sont les funestes conséquences d'un gouvernement corrupteur : néanmoins on ne doit pas entreprendre d'en écrire l'histoire. La répétition des mêmes actes de cruauté et de bassesse fatigue l'esprit et rebute le cœur du lecteur; elle dégrade presque le caractère de l'homme qui s'en occupe trop longtemps. Ce n'est pas l'histoire des pays, mais celle des peuples qu'on veut connaître; elle ne commence qu'avec le principe de vie, avec l'esprit qui anime les nations. Aussi longtemps que l'Italie resta soumise aux Barbares, il put y avoir une histoire des nations conquérantes : il n'y en eut aucune de la nation conquise.

Mais l'Italie, rajeunie par le mélange de son peuple avec les nations du Nord, pénétrée d'un esprit de liberté devenu nouveau pour elle, rappelée à l'énergie par la dure éducation de la barbarie et du malheur; l'Italie, après avoir été longtemps une province faible et sans défense de l'empire romain, devint, non pas une nation, mais une pépinière de nations : elle compta autant de peuples que de villes toutes libres et républicaines; et chacune de ces villes, du Piémont, de la Lombardie, de la Vénétie, de la Romagne et de la Toscane, mériterait d'avoir son histoire particulière : chacune aussi possède un nombre vraiment surprenant de chartes, de chroniques, et d'historiens qui lui sont propres. De plus grands caractères se sont développés dans ces petits états; on y a vu se déployer des passions plus vives, des talents plus distingués, plus de vertus, de courage et de vraie grandeur, que dans plusieurs monarchies condamnées pour jamais à l'indolence et à l'oubli.

Les républiques italiennes du moyen âge, dont l'affranchissement s'opéra graduellement du xe au xiie siècle, ont eu, pendant tout le temps de leur durée, l'influence la plus marquée sur la civilisation, sur le commerce, sur la balance politique de l'Europe. Cependant elles sont inconnues au commun des lecteurs, parce qu'une vie entière ne suffirait pas pour étudier leurs histoires particulières, et que personne n'a entrepris encore de les faire marcher ensemble dans une histoire générale, et de les réunir sous un seul point de vue. On a pu écrire l'histoire des Suisses, parce que leur association présentait un point central facile à saisir; on a pu écrire l'histoire de la Grèce, parce que la gloire d'Athènes attirait tous les regards sur cette république illustre, et permettait de placer dans l'ombre les nombreux états alliés ou rivaux des Athéniens : mais l'Italie du moyen âge présentait en quelque sorte un labyrinthe formé d'états égaux et indépendants, labyrinthe dans lequel chacun a craint de s'engager. Nous ne dissimulons point ce défaut capital de notre sujet; mais nous espérons que le lecteur nous tiendra compte des efforts que nous avons faits pour en triompher, fussent-ils demeurés infructueux.

Quoique l'histoire de la liberté italienne soit notre but le plus immédiat, nous nous proposons cependant de réunir dans cet ouvrage tout ce qu'il est vraiment essentiel de connaître sur le sort de l'Italie dès l'époque de la chute de l'empire d'Occident jusqu'à nos jours : seulement, nous traiterons dans des proportions très différentes les temps de lumière et ceux de ténèbres, l'époque qu'illustrèrent les vertus et les talents, et celles que dégradèrent la mollesse et les vices. Les six premiers chapitres de cet ouvrage seront consacrés à donner quelque connaissance de ces temps qui couvrent de leur obscurité la renaissance des vertus publiques au sein de la barbarie, et les développements du caractère national. C'est une période de plus de six siècles qui s'est écoulée depuis la déposition d'Augustule jusqu'à la paix de Worms entre l'Église et l'Empire en 1122. Au septième chapitre seulement nous entrerons plus précisément dans notre histoire; nous suivrons dès lors nos nouvelles Républiques dans leurs efforts pour affermir leur indépendance, durant la guerre de la liberté, qu'elles soutinrent contre Frédéric Barberousse. Nous les étudierons dans leur organisation intérieure, dans leurs révolutions, dans leurs luttes avec les principautés absolues qui s'élevèrent à côté d'elles, dans leurs exploits et leurs malheurs, jusqu'au temps où elles succombèrent l'une après l'autre à la force ou à la trahison, et furent toutes asservies. Cent quinze chapitres nous suffiront à peine pour comprendre les événements de ces quatre siècles de vie et d'activité.

Le 24 mars 1530, Charles-Quint fut couronné à Bologne; et, le 8 août de la même année, Florence ouvrit ses portes à l'armée de cet empereur, qui abrogea sa constitution. Dès lors l'Italie cessa d'être indépendante : ses peuples n'exercèrent plus d'influence sur le reste de l'Europe, et n'eurent plus de part à leur propre gouvernement. Renonçant aux vertus publiques qui leur étaient interdites, ils perdirent successivement l'énergie du caractère qui les avait longtemps distingués, l'activité ingénieuse qui les avait enrichis par les manufactures et le commerce, l'aptitude aux sciences qui les avait illustrés par de brillantes découvertes, enfin le goût délicat des arts qui, survivant à leurs autres facultés, avait après elles paré quelque temps encore leur misère. Nos six derniers chapitres, qui comprennent l'histoire de trois siècles, tracent le triste tableau de cette décadence, inévitable effet de l'esclavage de l'Italie.

POST-SCRIPTUM.

En terminant ce long ouvrage, je crois devoir ajouter quelques réflexions à l'Introduction qu'on vient de lire, et qui avait été publiée dès son commencement. Il y a vingt-deux ans que j'entrepris mes recherches sur l'histoire des Républiques italiennes du moyen âge; elles datent de l'année 1796. Elles n'avaient alors pour but que les constitutions des villes libres, et l'effet de leurs révolutions sur les lois qui les régissaient. Je les ai continuée avec constance jusqu'à la fin de ma tâche. Mais j'ai bientôt senti que, pour comprendre l'organisation des peuples libres, il fallait les voir agir, plutôt qu'étudier leur législation. Mes recherches sur les constitutions des Républiques italiennes se changèrent en une histoire; et j'en ai publié successivement les diverses parties jusqu'à ce jour [1].

Les vingt-deux ans que j'ai consacrés à la composition de cet ouvrage, forment une période pendant laquelle l'Europe a subi les plus violentes révolutions. Constamment tourmentée par la grande lutte qu'avaient excitée en elle le désir de la liberté des peuples, et la résistance des princes, elle a vu tou-

---

[1] Les deux premiers volumes parurent à Zurich en 1807, les tomes 3 et 4, aussi à Zurich en 1808; les tomes 5 à 8, à Paris, en 1809, avec une seconde édition des quatre premiers; les tomes 9 à 11, en juin 1815; les tomes 12 à 16, en janvier 1818. Mes autres ouvrages sur l'Agriculture de Toscane, la Richesse commerciale, et la Littérature du Midi, ne sont en quelque sorte que des corollaires de l'Histoire d'Italie.

tes ses institutions détruites à plusieurs reprises, et les diverses doctrines politiques tour à tour proclamées et proscrites. Il doit m'être permis de remarquer avec quelque orgueil, que, pendant ces convulsions mêmes, je n'ai suivi qu'une seule direction, je n'ai tenu qu'un seul langage, et que les principes politiques que j'ai professés dans le premier volume, se retrouvent sans altération dans le seizième.

En mettant sous les yeux des lecteurs tout le jeu des passions humaines, dans le pays qui s'est le plus longtemps agité pour la liberté, et qui en a recueilli le plus de fruit, je n'ai pas eu en vue de recommander aux peuples une forme précise de gouvernement, mais seulement de faire sentir l'importance, la nécessité de la liberté, pour la vertu et la dignité comme pour le bonheur de l'homme. Cette liberté peut exister dans les monarchies comme dans les républiques, dans les fédérations comme dans la cité une et indivisible. Le devoir étroit de tout prince et de tout citoyen, son devoir envers Dieu et envers les hommes, c'est de faire entrer la garantie de cette liberté dans la forme quelconque du gouvernement existant. Par elle seule les hommes seront des hommes, des êtres susceptibles de vertu et de perfectionnement; sans elle leur caractère se dégradera, leurs lumières s'obscurciront, leur dévouement fera place au plus vil égoïsme, leur courage à la plus honteuse lâcheté, et leur bonheur, même en le réduisant à la satisfaction des appétits les plus grossiers, ne survivra pas longtemps à leurs vertus.

Toutes les formes de gouvernement ne sont pas sans doute également propres à la liberté; mais toutes peuvent en recevoir les premiers éléments, et contribuer ainsi, du moins pour un temps, à l'éducation des peuples qui leur sont soumis. La science politique est encore trop incertaine; et ses axiomes, que nous nommons fastueusement *des principes*, sont encore trop mal arrêtés, pour que le changement d'une forme contre une autre mérite d'être acheté au prix d'une révolution. La tyrannie seule les justifie, parce qu'elle est elle-même une révolution continuelle; et lorsqu'un peuple est condamné à souffrir ses convulsions, il serait insensé, aussi bien que coupable, s'il ne cherchait pas à se délivrer, par une dernière secousse, de la répétition de toutes les autres.

L'histoire de l'Italie au moyen âge nous présente, bien plus que celle d'aucune autre contrée, le jeu de ces combinaisons diverses, par lesquelles les peuples ont cru assurer leur prospérité. Nous y voyons en même temps des monarchies, des aristocraties, des démocraties, et un grand nombre de modifications de ces trois formes primitives, plus ou moins mêlées entre elles. Aucune, il est vrai, de ces combinaisons n'était parfaite, ou ne mériterait de nous être donnée pour modèle : car la science sociale se perfectionne; et nos constitutions ne mériteront probablement pas davantage de servir de modèles à nos neveux. Toutes cependant sont dignes de fixer nos regards comme de grandes et belles expériences de l'influence de l'ordre social sur le caractère du citoyen; toutes nous montrent la liaison intime et nécessaire de la liberté avec la vertu, du despotisme avec la bassesse; toutes nous signalent quelque ressort énergique qu'on peut mettre en œuvre, ou quelque danger qu'on peut éviter; toutes enfin contribuent aux progrès de cette première des sciences humaines, la haute politique, qui se fonde sur l'expérience pour travailler à l'éducation morale et au bonheur des hommes, et qui est toujours lente dans les résultats, parce que, pour chaque essai d'un principe, il lui faut des siècles et des générations humaines.

Cependant l'histoire de l'Italie au moyen âge réunira plus de crimes et de souffrances qu'on n'est accoutumé d'en mettre sous les yeux des lecteurs. Il est rare qu'on ait entrepris l'histoire d'une grande nation, sans une partialité avouée, et une flatterie en quelque sorte officielle. J'ai cherché, au contraire, la vérité; et je n'ai point reculé devant ce qu'elle avait de hideux. Je ne devais aux Visconti et aux Carrare, aux Gonzague et aux Médicis, comme aux républiques de Venise, de Florence, de Pise et de Bologne, que de l'impartialité. Je ne m'en suis jamais écarté; et je n'ai pas plus dissimulé les excès de la tyrannie chez les uns, que les excès de la licence chez les autres : ou plutôt j'ai montré la tyrannie partout où je l'ai rencontrée; car il y a tyrannie dans les républiques comme dans les monarchies, dès qu'il y a un pouvoir sans limites qui abuse de ses forces. J'ai lieu de croire cependant que ces scènes sanglantes, ces forfaits ou cette immoralité que je n'ai pas craint de peindre, tandis que les historiens de France, d'Angleterre et d'Allemagne, les dérobent soigneusement à nos yeux, ont produit sur plusieurs de mes lecteurs un effet auquel j'étais loin de m'attendre. Dans la lutte des républiques italiennes contre les tyrans, on n'a retenu que les forfaits de ces derniers, et on rend les

cités responsables des excès mêmes contre lesquels elles s'é-
taient armées. Souvent c'est la liberté qu'on accuse des souffrances et des crimes qui ne furent dus qu'à l'oppression.
Certes, ce n'était pas dans une république qu'Eccélino livrait
jusqu'aux enfants à ses bourreaux, ou que Jean Visconti
chassait aux hommes avec des chiens courants.

L'histoire n'a de valeur que par les leçons qu'elle nous
donne sur les moyens de rendre les hommes heureux et vertueux; et les faits n'ont point d'importance quand ils ne se
rattachent pas à des pensées. D'autre part cependant il n'est
que trop vrai que l'esprit de système les discipline avec facilité, et que dans le chaos des événements, il trouverait
toujours quelques exemples à l'appui des théories les plus
insensées. J'ai vu souvent la vérité forcée à servir ainsi le men-
songe; et cette charlatanerie si fréquente dans les écrivains
superficiels m'a fait sentir plus qu'autre chose tout le prix
des détails, toute l'importance d'un examen scrupuleux pour
les moindres circonstances. On pourra trouver que je donne
une attention trop minutieuse à des événements comparative-
ment petits; que je raconte beaucoup de faits qu'on aurait
autant aimé ignorer, et que si j'avais renfermé en quatre volumes une narration qui en comprend seize, j'aurais pu tout
aussi bien resserrer, dans ce cadre plus étroit, et les grandes
leçons de l'histoire, et le développement des principes que
j'ai voulu graver dans la mémoire des lecteurs. Mais l'on oublie qu'en agissant ainsi j'aurais choisi les faits au lieu de les
recueillir, et que les conclusions que j'aurais alors présentées,
auraient dépendu de l'esprit qui aurait présidé à mon choix,

et non des choses elles-mêmes. J'ai, au contraire, voulu que l'histoire d'Italie se présentât aux yeux du lecteur comme un groupe isolé, qu'il pût en faire le tour, en quelque sorte, et la contempler sous tous ses aspects. Je n'ai point caché les sentiments qui m'avaient animé à cette vue; mais j'ai voulu laisser au lecteur l'indépendance de ses jugements. Les faits sont là; il peut leur donner une autre interprétation, s'ils en sont susceptibles.

Je n'ai point épargné ma peine pour arriver à connaître la vérité. J'ai vécu en Toscane, patrie de mes ancêtres, presque autant qu'à Genève ou en France; j'ai parcouru neuf fois l'Italie dans diverses directions, et j'ai visité presque tous les lieux qui furent le théâtre de quelque grand événement. J'ai travaillé dans presque toutes les grandes bibliothèques; j'ai visité les archives de plusieurs villes et de plusieurs couvents. L'histoire de l'Italie est intimement liée avec celle de l'Allemagne : j'ai fait aussi le tour de cette dernière contrée, pour y rechercher les monuments historiques; enfin je me suis procuré à tout prix les livres qui répandent quelque lumière sur les temps et les peuples que j'ai entrepris de faire connaître. J'ai voulu ensuite mettre mon lecteur à portée de juger sans cesse et mon travail et le degré de croyance que méritaient les faits que je lui rapportais : aussi j'ai soigneusement cité mes autorités au bas des pages, et j'ai indiqué avec une attention scrupuleuse l'édition, le livre et la page de l'écrivain sur la foi duquel je m'étais reposé. Cependant, lorsque plusieurs noms sont accolés ensemble, il ne faut pas en conclure que le récit de chacun de ceux que je cite est conforme au mien, mais que chacun m'a fourni une circonstance, et qu'en les confrontant les uns aux autres, on pourra retrouver les faits, et juger aussi des règles de critique d'après lesquelles je me suis arrêté au récit que j'ai choisi.

Le nombre de ces historiens originaux est immense, et presque tous ont écrit dans une langue étrangère. Cette circonstance devrait me fournir quelque excuse aux yeux de ceux qui ne manqueront pas de m'accuser de néologisme et d'incorrection. Ce n'est jamais sciemment que j'ai quelquefois employé des expressions et des tournures inusitées. Mais pour remplir la tâche que je m'étais imposée, pour atteindre la vérité que je m'étais engagé à présenter au public, j'ai été obligé de vivre en quelque sorte hors de ma langue maternelle. Dans un travail de huit heures au moins par jour pendant vingt années, j'ai dû habituellement lire et penser en italien ou en latin, et occasionnellement en allemand, espagnol, grec, anglais, portugais et provençal. J'ai dû passer d'une de ces langues à l'autre, sans réfléchir toujours à la forme dont se revêtait la pensée, sans m'apercevoir presque de la substitution de l'une de ces formes à l'autre. C'est l'habitude qui nous a fait connaître les limites de notre propre langue, et qui nous arrête sur un mot nouveau, comme à l'aspect d'un objet inaccoutumé : mais cette habitude n'a guère pu se former en moi; et la locution que j'avais mille fois rencontrée, j'ai pu la croire française, parce que je m'étais familiarisé avec elle dans un autre idiome.

Je sens qu'un auteur doit au public, non point l'aveu de ses fautes, mais un effort constant pour les corriger : aussi j'ai travaillé avec tout le soin dont je suis capable à rendre cette nouvelle édition moins imparfaite. Je me flatte qu'on en trouvera en effet le style plus correct; on y rencontrera aussi un petit nombre de développements que j'ai crus nécessaires : cependant elle a encore besoin d'indulgence; peut-être n'implorerai-je pas en vain celle de mes lecteurs.

HISTOIRE

DES

RÉPUBLIQUES ITALIENNES

DU MOYEN AGE.

―――――――――――――――――――――

CHAPITRE I.

Mélange des Italiens avec les peuples du Nord, depuis le règne d'Odoacre jusqu'à celui d'Othon-le-Grand.

476-961.

Avant la fin du Ve siècle, Romulus-Augustulus, empereur d'Occident, fils d'un patrice, qui, presque seul entre les généraux de ce siècle, est désigné comme Romain de naissance [1], fut déposé par ses soldats : ces derniers, pour le remplacer, élevèrent un Barbare à la souveraineté ; ce fut Odoacre, l'un des commandants de ses gardes, Hérule ou Scythe d'origine [2]. Le nom d'empire d'Occident fut supprimé par la modestie de

―――

[1] *Prisci rhetoris et sophistæ excerpta. Byzant. script. edit. Ven.* T. 1, p. 25. Oreste, père d'Augustule, Romain, et Édécon, père d'Odoacre, Scythe, furent envoyés, conjointement, comme ambassadeurs, par Attila, à Théodose II, en Orient.—[2] *Procopius, de bello Gothico.* L. 1, c. 1. *Byzant.* T. II, p. 2. — *Jornandes, de Rebus Geticis*, c. 46. T. 1. R. It. p. 214.

l'usurpateur : il régna sous le titre de roi d'Italie ; et la souveraineté de Rome fut transférée, pour la première fois, aux nations septentrionales.

Cinq siècles plus tard, un seigneur italien, Bérenger, marquis d'Ivrée, régnait sur l'Italie : il avait été couronné par ses compatriotes ; il fut déposé par eux. Les magnats appelèrent, des extrémités de la Germanie, un Saxon, Othon, roi d'Allemagne, et se soumirent volontairement à lui : non contents de lui accorder la couronne royale de Lombardie, ils lui conférèrent la dignité impériale, que les Occidentaux avaient déjà rétablie, deux siècles auparavant, pour Charlemagne, mais qu'ils avaient de nouveau laissé anéantir ; et, par une révolution étrange, ils réduisirent leur patrie, jadis indépendante, à n'être plus qu'une province éloignée, mais obéissante, de l'empire d'Allemagne.

Ces deux révolutions, dont l'une fit succéder le nom de monarchie à celui d'empire, et l'autre le nom d'empire à celui de monarchie, marquent la durée du cours d'adversités auquel la nation italienne devait être livrée, pour reprendre un caractère qui lui fût propre, une énergie qui la rendît digne de la liberté. Ces révolutions ont eu quelques rapports dans leurs circonstances générales ; elles en ont eu davantage dans leurs suites. Toutes deux, en faisant redouter de grands maux, ont fait recueillir des avantages inattendus. La première parut être pour Rome le dernier terme de l'abaissement : toutefois ce fut depuis cette époque que les vertus et le courage, anéantis par le despotisme des Césars, purent commencer à renaître chez les Italiens. La dernière sembla mettre l'Italie dans une dépendance honteuse des Germains, ses anciens ennemis : ce fut elle néanmoins qui inspira aux Italiens une ardeur nouvelle pour la liberté, et qui devint la cause immédiate de la fondation de leurs républiques.

L'histoire d'Augustule et d'Odoacre, et celle de Bérenger et d'Othon-le-Grand, sont également obscures; ces temps d'ignorance profonde sont couverts d'épaisses ténèbres. Cependant la différence est extrême entre les Italiens du ve et ceux du xe siècle. A la première époque, la nation était parvenue au dernier degré d'avilissement auquel le despotisme puisse réduire un peuple civilisé; à la seconde époque, elle avait recouvré toute l'énergie, toute l'indépendance de caractère que la lutte avec l'adversité peut donner à un peuple barbare.

Les nobles Romains, sous les derniers empereurs, semblaient n'être susceptibles d'aucune passion grande ou généreuse; aucun désir de distinction ne les animait; ils ne recherchaient ni la supériorité de l'esprit, ni celle du pouvoir, ni celle de la gloire : étrangers aux affaires publiques, ils auraient cru se dégrader s'ils étaient entrés dans une carrière ou civile ou militaire. Seuls dans la nation, ils obtenaient, il est vrai, quelquefois encore, que l'histoire rappelât leurs noms; mais ce n'était que pour rendre compte du pillage de leurs richesses, et de leurs malheurs. On pouvait raconter combien de vases précieux les Barbares avaient enlevés de leurs palais, combien de milliers d'esclaves ils avaient arrachés à leurs campagnes; mais il n'y avait rien à dire sur eux-mêmes, ils n'étaient pas faits pour laisser de traces après eux : ni caractère, ni actions mémorables, ni talents, ni vertus, ne les distinguaient de la foule. Ils passaient inaperçus sur la terre, dans une honteuse nullité. Le reste de la nation, plus lâche encore s'il est possible, semble presque dérober son existence à nos recherches. Les armées ne se composaient que de Barbares; les campagnes n'étaient peuplées que d'esclaves : l'on demande en vain à l'histoire où étaient les Italiens. En lisant les annales des derniers règnes de l'empire d'Occident, on a besoin d'un effort continuel pour se rappeler qu'il s'agit encore d'un vaste état : lorsqu'on voit les armées composées d'une poignée d'hommes, le trésor épuisé par la plus chétive dépense, la résistance impossible contre le plus faible agresseur ; lorsque le peuple et le sénat se taisent, et qu'un capitaine des gardes donne ou enlève l'empire à des inconnus, parce qu'il ne s'est pas trouvé un seul homme, dans tous les ordres de la nation, capable de le saisir d'une main ferme, on croirait qu'il s'agit d'un misérable fief, chez quelque petit peuple barbare, et non de la souveraineté de l'Occident, non de la nation qui avait hérité du nom et de la civilisation de Rome[1].

Lorsque Othon-le-Grand obtint la couronne d'Italie, des nobles, fiers, belliqueux, indépendants, recherchaient avec ardeur la gloire et le pouvoir : ils n'auraient pas vu sans indignation d'autres qu'eux être les juges et les généraux de leurs inférieurs, les ministres de leurs rois, les défenseurs des droits de leur patrie. Au-dessous d'eux, les gentilshommes, avec moins de pouvoir, ne déployaient pas moins d'audace et d'énergie. Comme la domination n'était pas à leur portée, ils combattaient pour l'indépendance ; ils fortifiaient leurs châteaux ; ils exerçaient aux armes leurs paysans ; ils réclamaient une participation libre aux assemblées nationales ; ils repoussaient des lois, ils refusaient des contributions à l'établissement desquelles ils n'auraient pas donné d'avance leur consentement. Les bourgeois, à leur tour, forts de leur union dans les villes, réclamaient le maintien de leurs priviléges, de leurs coutumes municipales, et de cette liberté qui n'est point l'apanage d'une seule classe, mais qui doit appartenir à tous les hommes, lorsque tous savent s'en montrer dignes par leur courage et leurs vertus. La nation entière était animée d'un même principe de vie ; on la voyait s'agiter avec effort dans toutes ses parties, faire l'essai de ses facultés, sans avoir trouvé encore l'art de les

---

[1] *Voyez* Gibbon : *Decline and fall of the Rom. Empire*, ch. 35 et 36, Vol. VI ; et Muratori : *Annali d'Italia*, Ann. 423-476. Parmi les auteurs originaux, *Historia miscella*, L. XIV et XV. *Script. Rer Ital.* T. I, p. 92-99 ; et les diverses chronographies des écrivains byzantins.

employer à sa défense ou à son bonheur, et annoncer obscurément les grandes choses dont elle se montrerait un jour capable.

Un changement si remarquable dans le caractère de toute une nation, rend la première moitié du moyen âge digne d'une grande attention; c'est un phénomène qui ne se présente point ailleurs dans l'histoire, qu'une nation rajeunie, après être parvenue au dernier degré de la décrépitude. Mais les cinq siècles pendant lesquels s'opéra cette refonte du genre humain sont enveloppés d'épaisses ténèbres, que nos recherches et nos travaux ne réussiront jamais à dissiper entièrement : il ne reste point de monuments, point d'historien quelque peu exact de ces temps, pendant lesquels trois nations septentrionales, les Goths, les Lombards et les Francs, s'incorporèrent successivement aux Italiens devenus leurs sujets; les restes du peuple civilisé étaient trop humiliés, les Barbares trop ignorants pour écrire. Quelques chroniques contemporaines nous indiquent bien les noms des rois, leurs guerres principales, et les révolutions qui souvent les précipitaient du trône : mais ces chroniques ne nous montrent point le peuple; elles ne nous donnent aucun moyen de juger de ses mœurs et du développement de ses facultés. D'autre part, l'histoire des princes est étrangère à notre but, lorsqu'elle ne nous fait point connaître les causes qui préparèrent la naissance de nos républiques. Ainsi donc, forcés de renoncer à une histoire satisfaisante de ces temps d'obscurité, nous nous contenterons d'indiquer sommairement comment s'opéra le mélange des septentrionaux avec les nations du Midi : nous reprendrons ensuite, et séparément, quelques-uns des objets qui méritent de notre part une attention plus particulière; savoir : l'origine, les progrès et la dissolution du système féodal; l'histoire de l'Église et de la ville de Rome, depuis la chute de l'empire d'Occident; celle des villes grecques du midi de l'Italie, celle des villes maritimes, et celle enfin de la formation de toutes les municipalités, qui devinrent des gouvernements libres. Nous pourrons, de cette manière, jeter quelque lumière sur les premiers siècles du moyen âge, sans nous astreindre à une énumération chronologique de noms barbares, que le lecteur peut trouver dans d'autres ouvrages, et qui serait fastidieuse pour lui.

476. — Lorsque l'empire d'Occident fut détruit, la civilisation se trouva renfermée dans les limites de l'empire d'Orient. Les souverains de Constantinople gouvernaient encore la Grèce, la Thrace, une partie de l'Illyrie, l'Asie-Mineure, la Syrie et l'Égypte : mais toutes les provinces qui avaient formé l'empire d'Occident, furent partagées entre les nations septentrionales. Les Francs s'établirent dans les Gaules, les Anglo-Saxons en Bretagne, les Visigoths en Espagne, les Vandales en Afrique, et Odoacre régna sur l'Italie.

476-493. — Cependant la domination d'Odoacre n'avait point introduit en Italie de nouvelles nations barbares ; on ne doit la regarder que comme l'établissement, sur un pied plus stable, des mercenaires étrangers, qui, depuis longtemps, formaient seuls les armées de l'empire. Ces mercenaires, sous la conduite d'un de leurs compatriotes, s'attribuèrent tous les pouvoirs, de même qu'ils avaient toute la force. Ils donnèrent à leur chef le titre de roi : en retour ils demandèrent et obtinrent du nouveau roi un partage des terres ; et le tiers des campagnes de l'Italie fut donné en propriété aux Barbares [1].

Le gouvernement des mercenaires et le règne d'Odoacre ne durèrent que dix-sept ans [2]. Ce fut le passage du gouvernement romain à celui des Barbares : Odoacre prit sur lui, aux

---

[1] *Procopius, de bello Gothico.* L. I, c. 1. *Byzant. Hist. script. Editio Veneta.* T. II, p. 2. — [2] Théodoric entra en Italie en 489 ; mais il n'en acheva la conquête, par la prise de Ravenne et la mort d'Odoacre, qu'en 493. Une fois pour toutes, je citerai à l'appui de toutes la chronologie que j'ai adoptée, les *Annali d'Italia* du savant Muratori.

yeux des peuples, l'odieux d'avoir détruit le nom encore révéré de l'empire; et il accoutuma les Italiens à regarder comme leur monarque un de ces conquérants septentrionaux, que jusqu'alors ils avaient considérés comme des ennemis ou comme des soldats à leurs gages.

489. — Quatorze ans après le couronnement d'Odoacre, Théodoric, roi des Ostrogoths, entra en Italie, avec le consentement de Zénon, empereur d'Orient; et il entreprit la conquête du royaume d'Odoacre, qu'il termina en 493, par la prise de Ravenne. Théodoric avait passé une partie de sa jeunesse à la cour de Constantinople, et il joignait aux vertus des peuples barbares les connaissances des nations civilisées[1]. Il entreprit de réunir et de rendre heureuses, l'une par l'autre, les deux races d'hommes qui étaient soumises à son empire. Il appela les Italiens aux emplois civils, et les Goths aux fonctions militaires; il fit respecter l'Italie par les autres peuples barbares, et il donna, le premier, quelque confiance en ses propres forces, à cette nation romaine, longtemps avilie, qui, depuis le règne de Théodoric, commença déjà peut-être à recouvrer quelques vertus.

Mais, autant le mélange avec les peuples septentrionaux était propre à régénérer les Latins, autant l'exemple des Latins était corrupteur pour les Barbares. Ainsi, lorsqu'on mêle deux fluides de diverses températures, la chaleur que l'un des deux acquiert doit être perdue par l'autre. Les premiers conquérants de l'Italie furent aussi les plus rapidement corrompus. La domination des Goths ne dura que soixante-quatre ans[2];

---

[1] *Jornandes, de Rebus Geticis*, c. 52, p. 217. T. I. *Script. Ital.* — [2] Depuis l'invasion de Théodoric, en 489, jusqu'à la mort de Téja et la prise de Cumes par Narsès, en 553. Leurs rois furent :

      Anno 489.   Théodoric.
      —   526.   Atalaric.
      —   534.   Théodat.
      —   536.   Vitigès.

et les dix-huit dernières années de leur monarchie furent employées à soutenir une guerre meurtrière contre les Grecs, guerre dans laquelle Bélisaire, et ensuite Narsès, conquirent à deux reprises l'Italie, et firent périr la plus grande partie d'une nation qui, cinquante ans plus tôt, faisait trembler les Grecs à Constantinople.

489-553. — L'histoire des Ostrogoths appartient à celle du Bas-Empire[1]. Elle ne peut être considérée comme liée à celle que nous écrivons, que parce que les Goths furent les premiers peuples barbares qui s'incorporèrent aux Italiens. Les deux nations, soumises ensuite aux mêmes maîtres, resserrèrent leurs liens l'une avec l'autre; l'origine septentrionale de l'une des deux fut oubliée, et les Ostrogoths cessèrent de former un peuple séparé. Cette union ne se serait point accomplie, peut-être, sous la domination des Grecs; mais ceux-ci ne restèrent pas longtemps en possession de l'Italie. Narsès, qui l'avait conquise, après l'avoir gouvernée avec sagesse pendant seize ans, fut rappelé à Constantinople par la jalouse défiance de l'impératrice. Ce vieux général, en résignant son gouvernement, confia le soin de sa vengeance au roi des Lombards, Alboin, qu'il appela secrètement en Italie 567[2].

568. — Les Lombards passaient, parmi les nations germa-

Anno 540. Ildebald.
— 541. { Éraric.
        { Totila.
— 552. Téja.

[1] *Voyez* Gibbon : *Decline and fall of the Rom. Empire*. Vol. VII, c. 41 et 43. Le meilleur de tous les historiens byzantins a écrit, avec de grands détails, la guerre des Goths, dont il fut témoin. *Procopius Cæsariens. de bello Gothico.* Lib. IV. Byzant. T. II. Les Goths eux-mêmes ont aussi leur historien. *Jornandes, de Rebus Geticis.* Celui-ci, lors de la ruine de sa nation, semble avoir embrassé la vie monastique. *Script. Rer. Ital.* T. I. — [2] Narsès mourut à Rome, âgé de quatre-vingt-quinze ans, en 567, comme il se préparait à retourner en Grèce, d'après les ordres de Justin II. Alboin entra en Italie l'année suivante. Narsès est accusé de l'avoir appelé, par Paul Warnefrid, *Gesta Langob.* L. II, c. 5, T. I. Rer. Ital. p. 427 ; et par *Anastas. Bibliot. Vitæ Roman. Pontif. in vita Johannis* III, T. III, p. 133.

niques, pour une des plus braves, des plus fières et des plus libres. Ils se croyaient originaires de la Scandinavie [1] ; mais, depuis quarante-deux ans, ils habitaient la Pannonie [2], qu'ils abandonnèrent aux Huns, leurs alliés, à l'époque où, accompagnés par un corps considérable de Saxons, ils prirent la route de l'Italie.

Les Lombards, malgré leur valeur et leur nombre, ne réussirent point à s'emparer de l'Italie entière. La mort prématurée d'Alboin, après un règne de trois ans et demi, et l'anarchie qui en fut la suite, mirent obstacle à leurs conquêtes. Un peuple indépendant s'était déjà fortifié dans les lagunes de Venise, et il échappa ainsi au joug lombard. Rome, avec son territoire, ou, comme on l'appela dès lors, son duché, demeura fidèle aux empereurs d'Orient, sous la protection des papes. L'exarchat de Ravenne, la Pentapole de Romagne, et les villes maritimes de l'Italie méridionale, furent également défendus contre les Lombards par les armes des Grecs ; enfin, un prince lombard, presque indépendant des rois de sa nation, s'était établi au centre des provinces qui forment aujourd'hui le royaume de Naples, et il y régnait avec le titre de duc de Bénévent. D'autre part, Alboin et ses successeurs régnèrent à Pavie, et leurs états s'étendirent depuis les Alpes jusqu'au voisinage de Rome.

Ainsi, la conquête des Lombards fut, en quelque sorte, pour l'Italie, l'époque de la renaissance des peuples. Des principautés indépendantes, des communautés, des républiques commencèrent à se constituer de toutes parts, et un principe de vie fut rendu à cette contrée, longtemps ensevelie dans un sommeil léthargique. Après avoir, dans le chapitre suivant, développé la police intérieure des Lombards dans le

---

[1] *Paulus Warnefridus, de Gestis Langob.* Lib. I, cap. 2, p. 408. — [2] Ibid. *Gest. Langob.* L. II, c. 7, p. 428.

royaume de Pavie, nous reprendrons séparément, et toujours à partir de la même époque, le duché et la république de Rome, la principauté de Bénévent, les républiques de Naples, d'Amalfi, de Gaëte, de Venise, toutes les sociétés politiques enfin, qu'on vit alors appelées à l'existence.

568-774. — La monarchie des Lombards a subsisté avec assez de gloire pendant deux cent six ans [1]. Elle compta, pendant cet espace de temps, vingt et un rois [2], dont plusieurs ont déployé de grands talents; ils en ont laissé quelques monuments dans les sages lois qu'ils donnèrent à leur royaume. Mais les Lombards ne s'allièrent point aux Italiens, comme avaient fait les Goths, leurs prédécesseurs. A leur établissement dans le pays, ils avaient abusé de leur victoire d'une

---

[1] De l'an 568, époque de l'invasion d'Alboin, à l'an 774, que Charlemagne fit prisonnier Désidério ou Didier, à Pavie, et se fit couronner à sa place roi des Lombards. — [2] Les rois lombards de l'Italie ont été :

Anno	569.	Alboin.
—	573.	Cléfi.
—	584.	Autharis.
—	591.	Agilulfe.
—	615.	Adaloald.
—	625.	Arioald.
—	636.	Rotharis.
—	652.	Rodoald.
—	653.	Aribert I.
—	661.	{ Pertarite, et Godebert.
—	662.	Grimoald.
—	671.	Pertarite, de nouveau.
—	678.	Cunibert.
—	700.	Lieutbert.
—	701.	{ Ragimbert, et Aribert II.
—	712.	{ Aliprand, et Liutprand.
—	736.	Ildeprand.
—	744.	Rachis.
—	749.	Astolphe.
—	757.	Désidério, avec
—	759.	Adelchis, son fils.

manière plus cruelle [1] ; aussi une haine plus violente séparât-elle les deux nations : elle se conserva longtemps encore après la chute de la monarchie de Pavie. Écoutons Liutprand, évêque de Crémone, qui était Lombard d'origine. « Nous « autres Lombards, dit-il, de même que les Saxons, les Francs, « les Lorrains, les Bavarois, les Souabes et les Bourguignons, « nous méprisons si fort le nom romain, que, dans notre co- « lère, nous ne savons pas offenser nos ennemis par une plus « forte injure, qu'en les appelant *des Romains*, car, par ce « nom seul, nous comprenons tout ce qu'il y a d'ignoble, de « timide, d'avare, de luxurieux, de mensonger, tous les vices « enfin [2]. » De leur côté, les Romains, sans doute, ne nourrissaient pas moins d'antipathie pour leurs oppresseurs.

Mais la race des Lombards prospérait en Italie, tandis que celle des Romains s'éteignait graduellement. Les mœurs corrompues et efféminées des derniers leur faisaient préférer le célibat ; l'activité des Lombards, leur désir de transmettre à leurs descendants, avec leur nom, la gloire qu'ils avaient acquise, les déterminaient tous au mariage. Ceux d'entre les Italiens qui conservaient quelque aisance, abandonnaient un pays qui leur devenait tous les jours plus étranger ; ils allaient s'établir dans le duché de Rome, l'Exarchat, la Calabre grecque ou les Lagunes vénitiennes ; et ils y cherchaient des concitoyens et des ennemis de leurs oppresseurs. L'indépendance de ces provinces, que les Grecs abandonnaient presque à elles-mêmes, leur petitesse, et les dangers continuels auxquels elles étaient exposées, faisaient renaître ensuite l'amour de la patrie dans le cœur de tous leurs habitants.

Les peuples barbares exposés à la corruption, y succombent

---

[1] *Paulus Warnefridus*, de *Gestis Langob.* L. II, c. 32, p. 436. — [2] *Liutprandus in Legatione.* T. II, p. 481. Cependant il faut remarquer que Liutprand parlait ainsi à Nicéphore Phocas, dans l'ardeur de la dispute, parce que celui-ci lui avait reproché qu'Othon, son maître, n'était pas Romain, mais Allemand.

plus tôt que les peuples civilisés. Quoique les Lombards maintissent jusqu'à la fin de leur monarchie la constitution libre qu'ils s'étaient donnée; quoique leur code de lois fût le plus judicieux de tous ceux des peuples barbares; quoique la forme irrégulière de leurs frontières augmentât, proportionnellement à l'étendue de leur état, leurs points de contact avec des nations ennemies, et que cette même irrégularité, en les appelant à des guerres plus fréquentes, dût conserver plus longtemps chez eux les habitudes militaires, cependant l'influence du climat, la fertilité des terres, et la servitude du peuple des campagnes, amollirent les Lombards à leur tour. Du temps de leurs derniers rois, Astolphe ou Désidério, ils n'étaient plus à la guerre les égaux des Francs ou des Germains : ils ne s'étaient mesurés depuis longtemps qu'avec des Italiens et des Grecs; et, quoiqu'ils leur fussent restés supérieurs, ils avaient adopté cependant leur manière de combattre [1].

La longue inimitié conservée entre les Lombards et les Romains ou les Grecs, fut cause de la chute de leur monarchie. Liutprand avait fait la conquête de l'Exarchat et de la Pentapole : ses successeurs Astolphe et Désidério voulurent s'emparer aussi du duché de Rome; alors les papes se mirent sous la protection des princes français. En 755, Pépin contraignit Astolphe à donner ou plutôt à promettre au pape la possession de l'Exarchat et des provinces conquises sur les Grecs. En 774, Charlemagne, appelé par Adrien, soumit la Lom-

---

[1] Les Lombards ont eu un historien, l'un des meilleurs du moyen âge, Paul Diacre ou Warnefrid. Il a compris en six livres l'histoire de sa nation, depuis sa sortie de la Scandinavie jusqu'à la mort de Liutprand en 774. Paul Warnefrid était contemporain des derniers rois lombards et de Charlemagne. Il vécut à la cour de ces rois et de l'empereur. A la fin de sa vie il se retira dans un couvent, où il écrivit son histoire. Il a laissé aussi quelques ouvrages de théologie, écrits par ordre de Charlemagne. Son histoire est imprimée. T. I, *Rer. Ital.* On lui a attribué un court fragment qui termine l'histoire des Lombards, jusqu'à la chute de leur monarchie. T. I, Part. II, *Rer. Ital.* p. 183. Mais l'auteur de ce fragment est Romain, non Lombard ; il a un autre style que

bardie, fit prisonnier Désidério dans Pavie, et mit sur sa propre tête la couronne des Lombards [1].

La conquête des Français fut considérée par les Italiens comme une nouvelle invasion de Barbares. Mais les talents et les vertus de Charlemagne servirent de compensation à la brutale impétuosité de ses sujets [2]. Ce monarque réunit l'Italie presque entière sous sa domination. — 774. Les Lombards le reconnurent pour leur roi; l'Exarchat et le duché de Rome lui furent également soumis, et il porta le titre de patrice de ces provinces. Enfin Arigiso, duc de Bénévent, fut forcé de reconnaître sa suzeraineté, et de lui faire hommage. Charlemagne donna, pour souverain, un de ses fils à l'Italie ainsi reconstituée. Cependant le jour de Noël de l'an 800, il reçut lui-même, des grands et du peuple de Rome, par acclamation, le titre d'empereur. Il rétablit ainsi l'empire d'Occident, qui se trouva composé de toute l'Allemagne, de la France et de l'Italie; en sorte que le nouveau royaume de son fils ne fut, à proprement parler, qu'une province de cet empire. La famille de Charlemagne occupa le trône des Lombards, depuis la première conquête, en 774, jusqu'à l'expulsion de Charles-le-Gros, arrière-petit-fils de Charlemagne, en 888.

774-814. — Charlemagne présente un des plus grands caractères du moyen âge. Ce monarque, relativement à ses contemporains, avait tous les avantages d'un homme étranger à son siècle. De même qu'on avait vu avant lui des hommes extraordinaires maîtriser un peuple civilisé, par l'énergie d'un caractère demi-sauvage, on vit alors un homme qui avait devancé la civilisation, dominer sur des Barbares, par la force de

---

Warnefrid, et est animé par d'autres passions. — [1] *Annales Bertiniani Script. Rer. Ital.* T. II, p. 498. — *Chronic. Reginonis.* Lib. II. *Script. Germ. Struvii.* — [2] Les Grecs, les Romains et les Lombards représentent également les armées françaises qui envahirent l'Italie à plusieurs reprises, depuis le temps de Narsès jusqu'à celui d'Astolphe, comme les plus impitoyables de toutes les hordes ennemies.

l'esprit et celle des lumières. Charlemagne réunit les talents du législateur à ceux du guerrier, et le génie qui crée à la prudente vigilance qui conserve et qui maintient les empires. Il entraîna les nations germaniques après lui dans la route de la civilisation, et, tant qu'il vécut, il leur fit faire des pas prodigieux. Il joignit ensemble les Barbares et les Romains, les vainqueurs et les vaincus, par un seul lien, et il les réunit dans un nouvel empire. Il jeta enfin les fondements d'un ordre nouveau pour l'Europe, d'un ordre qui reposait essentiellement sur les vertus d'un héros, sur le respect et l'admiration qu'il inspirait.

Que l'on ne considère point cependant le règne de Charlemagne, malgré tout l'éclat de ses conquêtes, comme ayant contribué au bonheur des hommes. Dans l'état de barbarie où se trouvait alors l'Europe, les sciences politiques ne pouvaient renaître sans l'attention minutieuse que de petits gouvernements donneraient aux objets qu'ils auraient immédiatement sous les yeux : le bien-être de l'humanité demandait la division des grands empires en petits peuples. Charlemagne, au contraire, forma un seul empire, de nations absolument étrangères d'opinions, de mœurs et de langages. Un si vaste empire ne pouvait être gouverné par des rois et des ministres ignorants, si ce n'est à l'aide d'un aveugle despotisme. Lorsque le bras puissant de Charlemagne eut cessé de tenir le sceptre, ses successeurs furent écrasés sous un fardeau trop pesant. Mais Charlemagne est comptable envers l'humanité, pour leur avoir imposé ce fardeau : il est comptable du règne de ses héritiers; de ce IXe et de ce Xe siècles, les plus désastreux de l'histoire du monde; des guerres civiles des Carlovingiens; des invasions insultantes des Barbares; de la faiblesse générale; de la désorganisation complète, et du retour de la barbarie, bien plus grande dans le IXe que dans le VIIIe siècle[1].

---

[1] Après Jornandès et Paul Warnefrid, il s'est passé longtemps sans que l'Italie pro-

Charlemagne fonda une monarchie presque universelle; mais il ne put pas, comme les Romains, l'établir par sept siècles de conquêtes graduelles, en rivant solidement les chaînes qui attachaient l'une après l'autre les nations vaincues à la nation victorieuse, et en les identifiant les unes avec les autres, de telle manière qu'elles ne désirassent plus se séparer, qu'elles ne pussent plus former qu'un seul corps. Les sujets de Charlemagne, soumis pendant le cours d'une seule vie, ne tenaient pas à sa nation, mais à sa personne. La fière indépendance de ces peuples barbares s'était courbée devant lui. Pendant leur soumission, ils avaient perdu leur esprit national, l'organisation qui leur était propre, tout ce qui les aurait mis en état de se maintenir ou de se défendre : mais ils n'avaient pas acquis de l'attachement pour une monarchie toute nouvelle; l'idée du droit et de la justice ne s'était point liée à des établissements aussi violents. En vain l'autorité souveraine réglait, entre les princes, les successions et les partages; cette autorité, qui n'était pas munie de la sanction des siècles, cédait devant tous les intérêts particuliers : de là les guerres des fils de Louis-le-Débonnaire. L'ordre militaire, l'ordre civil, n'étaient secondés par aucun esprit national, par aucune affection des peuples pour un gouvernement devant lequel tant d'autres gouvernements étaient tombés : de là les invasions des Normands et des Sarrazins, et la faiblesse d'un vaste empire, peuplé de vaillants soldats, vis-à-vis des plus chétifs de tous les ennemis [1].

---

duisit aucun historien qui pût leur être comparé. Pendant le règne des Carlovingiens, elle n'en eut pas un seul, à moins que l'on ne veuille compter Agnellus *Abbas Sanctæ Mariæ ad Blachernas*, qui, dans son *liber Pontificalis*, donne l'histoire des archevêques de Ravenne. *Script. Rer. Ital.* T. II, p. 1. Les Français ou plutôt les Francs-Allemands. en ont eu un plus grand nombre : les Annales de Fulde, de Metz, Régino, Éginard, ont été publiées par Duchesne. *Script. Franc.* Les *Annales Bertiniani* (du couvent de Saint-Bertin à Saint-Omer) ont été imprimées par Muratori, *Scriptor. Rerum Italic.* T. II, p. 490. — [1] Les Normands avaient déjà commis quelques brigandages sur les côtes, du

Les successeurs de Charlemagne furent, il est vrai, des hommes sans talents : mais tel est le cours ordinaire des choses ; et l'on ne devait pas s'attendre que le conquérant de l'Europe, et le fondateur d'une nouvelle dynastie, après un règne glorieux de quarante ans, eût un successeur digne de lui. Si cela était arrivé cependant, si deux ou trois hommes, tels que Charlemagne, s'étaient succédé sur le trône des Francs, la monarchie universelle se serait probablement maintenue, et son affermissement aurait été un nouveau malheur. L'Europe, en perdant l'émulation de ses états divers, aurait perdu les prérogatives qui la distinguent : elle serait arrivée plus tôt peut-être à une demi-civilisation ; mais elle serait restée ensuite stationnaire comme la Chine, sans énergie, sans pouvoir, sans gloire, sans génie et sans vertu.

En effet, Charlemagne éteignit en quelque sorte toute l'ardeur de son siècle : il avait concentré tous les intérêts de l'Europe sur un seul théâtre ; il les avait fait dépendre d'une seule volonté ; il avait renfermé ses vastes projets dans une seule tête, et il avait accoutumé ses contemporains à attendre l'impulsion qu'il leur donnerait, plutôt qu'à se combiner avec lui : il parut seul sur la scène ; ses ministres, ses généraux, ses agents, ne purent auprès de lui acquérir aucune illustration : ses paladins n'existent que dans les romans ; ses successeurs ne méritent aucune gloire. Le siècle qui l'avait précédé n'avait pas été si pauvre en grands hommes. Chacun des peuples que Charles soumit, avait eu, de même que les Lombards, des chefs qui auraient mérité de laisser des souvenirs historiques. Avant lui, du moins, la moitié de l'espèce humaine

vivant de Charlemagne ; mais le pillage de la France commença pour eux en 836 et 837, lorsqu'ils dévastèrent la Frise et l'île de Walcheren. *Annal. Bertiniani*, p. 523. — *Hermannus Contractus Chron.* p. 229, *apud Struvium Script. Germ.* T. I. — Les Sarrazins commencèrent en 839 leurs ravages dans l'Italie méridionale. Charlemagne était mort le 28 janvier 814.

en Europe n'était pas soumise à un seul chef, ni mue par une seule volonté.

814-888. — Charles mourut en 814, et sa famille ne conserva que soixante-treize ans la monarchie qu'il avait fondée. Après quelques règnes honteux et misérables, Charles-le-Gros, le dernier des Carlovingiens auquel l'Italie eût été soumise, fut déposé au mois de novembre 887, et il mourut le 12 janvier 888. L'histoire des Carlovingiens n'appartient pas à l'Italie, mais à l'Europe entière ; et nous sommes heureux de pouvoir nous dispenser de la suivre au milieu des scandaleuses guerres d'enfants contre leur père, ou de frères entre eux, qui en forment tout le tissu. L'Italie cependant fut moins malheureuse, pendant cette période, que les autres royaumes soumis aux descendants de Charles; elle fut gouvernée vingt-six ans par Louis II, prince vertueux, qui ne manquait ni de talents, ni de bravoure [1] : et ce fut surtout pendant son règne que l'exemple de la valeur française fit renaître l'amour des armes, et rétablit la réputation de la milice italienne ; que les campagnes d'Italie recommencèrent à se couvrir d'habitants, et que les villes désolées par les invasions précédentes recouvrèrent leur population [2].

Sous la faible domination des Carlovingiens, le lien social perdit toute sa force ; les rois, pendant leurs guerres de fa-

---

[1] Louis II fut associé à la couronne en 849 ou 850, par son père Lothaire, fils de Louis-le-Débonnaire. Il mourut au mois d'août 873. — [2] Les monarques d'Italie de la race carlovingienne ont été :

	couronné.	mort.
Pepin (sous Charlemagne),	781.	810.
Bernard, fils de Pepin,	812.	818.
Louis-le-Débonaire, empereur,	814.	840.
Lothaire, son fils,	820.	855.
Louis II, fils de Lothaire,	849.	875.
Charles II, le Chauve,	875.	877.
Carloman, fils de Louis Ier de Germanie,	877.	879.
Charles-le-Gros, son frère,	879.	888.

mille, s'étaient vus obligés d'acheter les secours de leurs sujets, par des concessions qui avaient anéanti l'autorité royale. Occupés de leur défense contre des ennemis étrangers, ou affaiblis par leurs guerres civiles, ils avaient laissé empiéter sur toutes leurs prérogatives ; et, dans leurs vastes états, à peine se trouvait-il quelque ville ou quelque château qui n'eût pas d'autre maître qu'eux. Les provinces appartenaient à des ducs ou à des marquis ; les métropoles, à des évêques ; les autres villes, à des comtes : le roi n'était plus compté pour rien, et cependant son pouvoir n'avait pas été transmis au peuple.

888. — Les événements qui suivirent la déposition de Charles-le-Gros, à mesure qu'ils se rapprochent de l'époque où se formèrent nos républiques, demandent de nous une plus grande attention. Ils appartiennent aussi plus immédiatement à la nation italienne, qui se vit alors de nouveau gouvernée par un monarque italien. Les révolutions du trône, pendant les soixante-trois ans qui s'écoulèrent depuis l'expulsion des Carlovingiens jusqu'au couronnement d'Othon de Saxe, mirent en jeu, pour la première fois, le caractère national ; elles le fixèrent, et développèrent ce désir d'une liberté républicaine, que nous verrons bientôt se manifester dans les villes.

Les Lombards avaient institué dans leur monarchie trente fiefs principaux avec le titre de duchés, ainsi que nous le verrons au chapitre suivant, où nous traiterons avec plus de détails du système féodal. Sous la dynastie des Carlovingiens, le nombre de ces duchés fut fort diminué, non pas, à ce qu'il paraît, par une loi, mais tantôt par la réunion de plusieurs fiefs sous un seul maître, tantôt, au contraire, par la division d'un seul fief en plusieurs comtés. De là vint qu'à la déposition de Charles-le-Gros, il se trouvait en Italie cinq ou six seigneurs seulement en état de commander à la nation, et de disputer la couronne. Les grands fiefs dont ils étaient propriétaires portaient presque tous indifféremment le titre de marquisat et celui de duché. Le mot de *mart* ou marche désignait, chez les Francs et les Germains, les limites des états; et les seuls grands duchés que les rois eussent conservés étaient, en effet, situés aux frontières, afin que leur seigneur fût à portée, sans l'aide du monarque, de défendre le royaume contre des invasions étrangères.

Le plus puissant des grands fiefs d'Italie était celui de Bénévent, fondé par Zoton, en 568, et composé de presque toutes les provinces qui appartiennent aujourd'hui au royaume de Naples. Nous suivrons avec quelques détails, dans notre quatrième chapitre, la dynastie des ducs de Bénévent, en traçant l'histoire des républiques de l'Italie méridionale, qui furent constamment en guerre avec eux. Dans le ixe siècle, ce duché s'était divisé en trois principautés indépendantes: Bénévent, Salerne, et Capoue; elles s'affaiblissaient réciproquement par une guerre acharnée. Leurs souverains ne firent aucune tentative pour obtenir la couronne d'Italie.

Adalbert, comte de Lucques et marquis de Toscane, manifesta, dans la même occasion, une modération semblable. Ce seigneur possédait cette belle province que la nature semble avoir destinée à former un état indépendant, en la séparant du reste de l'Italie par une chaîne de montagnes. Dès le temps de Charlemagne, on trouve des monuments d'un Boniface, duc de Toscane [1]. Ses descendants continuèrent à gouverner cette province, pendant un siècle et demi, avec assez de bonheur, et leur cour passait pour la plus brillante et la plus somptueuse parmi celles des grands feudataires.

Des marquis de Fermo et de Camérino avaient gouverné les deux petites provinces qui portent encore aujourd'hui le nom de Marches, et qui étaient autrefois les frontières que les Lom-

---

[1] *Muratori Annali d'Italia*, ann. 813. Cette famille des Boniface, marquis de Toscane, dont la fameuse comtesse Mathilde fut la dernière héritière, a été l'objet des plus diligentes recherches de Muratori et de Fiorentini, *Memorie della contessa Matilde*.

bards devaient défendre contre les Grecs : ils venaient d'être dépouillés de leurs fiefs. Le marquis d'Ivrée, Ansgar, possédait une province du Piémont, qui avait autrefois été destinée à former la barrière des Lombards contre les Francs. Mais deux princes plus puissants s'élevaient au-dessus de tous ces rivaux ; seuls, ils disputèrent la couronne, savoir : Bérenger, marquis de Friuli ou de la Marche Trévisane, et Guido, marquis de Spolète ou de l'Ombrie. Les états du premier s'étendaient depuis les Alpes Juliennes jusqu'à l'Adige. Il était chargé de défendre le passage de ces Alpes, le seul par lequel l'Italie soit aisément accessible, et celui en effet par lequel avaient pénétré tous les peuples barbares, scythes et germains, dans leurs invasions précédentes. Bérenger était le descendant de l'ancienne famille des ducs lombards de Friuli. Après que Charlemagne eut fait la conquête d'Italie, cette famille s'unit à la maison régnante par des liens de parenté. Ébérard, duc de Friuli, avait épousé Gisèle, fille de Louis-le-Débonnaire ; et Bérenger était né de ce mariage [1].

D'autre part, Guido, duc de Spolète, avait réuni à ses états les Marches moins considérables de Fermo et de Camérino ; son aïeul, de même nom que lui, profitant des guerres civiles du duché de Bénévent, en avait conquis la plus grande partie, ou plutôt s'en était emparé par trahison [2]. Guido, que cette conquête avait placé au rang des plus puissants princes, était Français d'origine, et allié à la famille royale des Carlovingiens, quoiqu'on ne sache pas précisément de quelle manière. Après avoir levé sur l'Église romaine plusieurs contributions, il s'était réconcilié avec elle, et il avait été adopté par le pape Étienne V. Bérenger et Guido, outre la rivalité de puissance, avaient un motif particulier de haine l'un contre

---

[1] Muratori Annali, ad ann. 877. T. VII. p. 215. — Hadriani Valesii Berengarius Augustinus Scrip. Ital. T. II, p. 376. — [2] Dans l'année 853. Erchempertus Hist. Princip. Langob. apud Camillum Peregrinum, cap. 17. Rerum Ital. T. II, p. 241.

l'autre. Guido, peu d'années auparavant, avait été mis au ban de l'empire, et Bérenger avait entrepris, par l'ordre de Charles-le-Gros, de lui faire la guerre, et de le dépouiller de ses fiefs [1]. Ces deux princes, égaux en puissance, manifestèrent tous deux la prétention de régner sur l'Italie, dans le temps où l'empire de Charlemagne se partageait entre plusieurs maîtres : car, la même année, Arnolphe, bâtard de la race carlovingienne, s'était emparé de l'Allemagne; Louis, fils de Boson, du royaume d'Arles; Rodolphe, fils de Conrad, de la Bourgogne supérieure, et Eudes, comte de Paris, de la France occidentale.

Comme tous les princes de l'Europe prétendaient alors être des princes français, toutes les guerres qu'occasionna le partage de l'empire prirent le caractère de guerres civiles : mais ces guerres étaient de celles que la seule ambition des grands excite, et auxquelles le peuple ne prend point d'intérêt. De là vint, au milieu d'une nation valeureuse, la faiblesse étrange de la monarchie, et la désorganisation sociale, qui devait enfin forcer chaque ville à se défendre et à se gouverner elle-même.

888-894. — Cependant Bérenger et Guido sollicitèrent l'assemblée des états ou plutôt des évêques d'Italie, de leur décerner la couronne. Ces deux princes, tour à tour vainqueurs et vaincus, achetèrent, à chaque révolution, la faveur des électeurs par de nouvelles concessions. On les vit dépouiller la couronne de toutes ses prérogatives, sans réussir à s'assurer des partisans. Les feudataires embrassaient toujours le parti du vaincu, parce que le vainqueur demandait leur obéissance, et qu'obéir leur paraissait être une souffrance et un opprobre [2].

De soixante ans que durèrent les guerres civiles, Bérenger

---

[1] En 883. *Annal. Bertiniani.* T. II, p. 570. — [2] Guido mourut en 894, ayant porté quatre ans le titre d'empereur. Lambert, son fils, succéda à ses prétentions, et porta le titre d'empereur jusqu'en 898, qu'il mourut à Marengo, tué à la chasse.

en régna trente-six, d'abord avec le titre de roi d'Italie, et, pendant les neuf dernières années de sa vie, avec celui d'empereur.

888-924. — Après avoir dompté les princes de la maison de Spolète, ses premiers rivaux, il combattit d'autres compétiteurs, que ses sujets lui suscitèrent, tels que Louis de Provence, et Rodolphe de Bourgogne : et sa lutte, pour le trône, fut aussi longue que son règne ; car, dit un historien presque contemporain [1], « les Italiens veulent toujours servir deux « maîtres, afin de contenir l'un par la terreur que l'autre lui « inspire [2]. »

Le règne de Bérenger, signalé par les guerres civiles de l'Italie, fut aussi l'époque désastreuse de l'invasion des peuples nomades du Nord et du Midi, des Hongrois et des Sarrazins, qui, pendant cinquante ans, continuèrent leurs dévastations, et qui changèrent les mœurs des Italiens en les forçant d'adopter un nouveau système de défense.

La faiblesse de Louis, fils d'Arnolphe, roi de Germanie, avait ouvert les portes de l'Allemagne et de l'Italie aux Hongrois, nation barbare, encore païenne, qui, sortie, comme les Huns, des déserts de la Scythie, avait marché sur leurs traces,

---

[1] *Liutprandus Ticinensis Historia* Lib. I, cap. 10. Rer. Ital. T. II, p. 431. — [2] Les souverains qui se disputèrent le trône d'Italie depuis la déposition de Charles-le-Gros jusqu'au règne de Othon-le-Grand, furent les suivants :

	roi.	emper.	mort.
Bérenger, duc de Friuli,	888.	915.	924.
Guido, duc de Spolète,	889.	891.	894.
Lambert, fils de Guido,	892.	892.	898.
Arnolphe, roi de Germanie,	—	896.	899.
Louis III, roi de Provence,	900.	901.	915.
Rodolphe, roi de la Bourgogne transjurane,	921.	—	937.
Hugues, comte ou duc de Provence,	926.	—	947.
Lothaire, fils de Hugues,	931.	—	950.
Bérenger II, marquis d'Ivrée,	950.	—	966.
Adalbert, fils de Bérenger,	950.	—	—
Othon-le-Grand, de Saxe, roi d'Allemagne,	951.	962.	973.

achevant la ruine des Occidentaux, dépeuplant les provinces, et forçant les Grecs, les Bulgares et les Germains, à se racheter de ses dévastations par des tributs humiliants. Ces peuples féroces contribuèrent à faire croire à l'approche de la fin du monde, et les théologiens dissertèrent gravement pour déterminer si c'était eux que l'Écriture désignait par les noms de Gog et de Magog[1]. Ils semblaient se plaire à verser le sang; on ne voyait dans leurs irruptions aucun autre dessein que celui de détruire. Ils parcouraient l'Italie et l'Allemagne, jusqu'à leur extrémité; ils réduisaient en cendres les villes ouvertes ou mal fortifiées, et des monceaux d'ossements étaient les monuments de leur passage. Néanmoins, pendant un demi-siècle que l'Europe parut abandonnée à leur rage, ils ne firent aucune conquête stable: la même armée qui avait porté la désolation au travers de l'Italie jusqu'à Capoue, ou au travers de l'Allemagne jusqu'à Saint-Gall, après s'être abreuvée de sang, se hâtait, sans y être forcée, de regagner les forêts de la Pannonie, et d'y transporter les riches dépouilles qu'elle avait recueillies[2].

Les Hongrois pénétrèrent pour la première fois en Italie en l'an 900; ils ravagèrent toute la Marche Trévisane, et s'avancèrent jusqu'à Pavie. Bérenger, à qui le nom même de ce peuple était inconnu, rassembla en hâte tous les vassaux de la couronne, et forma une armée trois fois plus forte que celle des Barbares, avec laquelle il s'avança à leur rencontre. Les Hongrois, effrayés à leur tour, et ne connaissant point encore le pays, reculèrent jusque derrière la Brenta: en même temps, ils firent demander la paix, et la permission de re-

---

[1] Une dissertation sur ce sujet a été conservée en manuscrit au monastère de la Novalèse; elle est citée par Denina. *Rivoluz. d'Italia.* Lib. IX, cap. 2, T. II, p. 13. — [2] *Voyez sur ces invasions, Murat. Antiq. It. M. Æ. Diss. I.* T. I, p. 22; *XXI*, T. II. p. 149. *XL*, T. III, p. 675. — *Liutprandi Ticinens. Hist.* L. I, c. 5, p. 428; L. II, c. 2 et 4, p. 434. — *Sigonius de Regno Ital.* L. VI, p. 149.

tourner sans obstacle dans leurs foyers, en abandonnant tout le butin qu'ils avaient fait. Mais Bérenger se flattait de pouvoir punir les Barbares de leur hardiesse, et leur faire perdre pour jamais l'envie d'envahir ses états. Il les contraignit au combat : cependant il n'avait pas calculé l'énergie que peut donner le désespoir, et il n'avait pas craint la discorde secrète qui affaiblissait sa propre armée. Il fut entièrement défait. Les Hongrois vainqueurs rentrèrent de nouveau dans les provinces du centre de l'Italie, et les parcoururent sans rencontrer de résistance ; car la déroute de Bérenger avait jeté dans un tel découragement toute la nation italienne, qu'aucun capitaine n'osa plus tenir tête à ces farouches ennemis[1].

Avant cette époque, d'autres Barbares non moins redoutables s'étaient déjà fortifiés aux deux extrémités de l'Italie : c'étaient les Sarrazins. Ils avaient conquis la Sicile sur les Grecs, de 827 à 851[2]. De là ils avaient passé dans le royaume de Naples, où ils étaient établis depuis l'an 839; et vers le temps où Bérenger monta sur le trône, ils s'étaient avancés au milieu des terres des Latins, et s'y étaient ménagé de nouvelles retraites. Ils avaient entre autres fortifié un château ou un camp, sur les bords du Garigliano, d'où ils infestaient la terre de Labour et la campagne de Rome, jusqu'aux portes de cette ancienne capitale du monde.

D'autres Sarrazins, d'une secte opposée, ravageaient le Piémont. Une barque de corsaires musulmans, sortis d'Espagne, avait fait naufrage à Frassinéto, proche de Nice, sur les frontières de la Ligurie et de la Provence. Cette barque, à ce qu'assure l'historien Liutprand, n'était montée que par

---

[1] *Liutprandi Ticinens. Hist.* L. II, c. 5 et 6, p. 436. — [2] Les Sarrazins débarquèrent en Sicile au mois de juillet 827, suivant la chronique arabico-sicilienne de Cambridge. T. I, p. 2. *Rer. Ital.* p 245. — En 851 ils prirent la ville d'Enna, où le préfet des Grecs s'était réfugié, comme au lieu le plus fort de toute l'île. *Chronol. Ismaelis Alemujadad regis Amani.* Ibid. p. 251. — Cependant il resta aux Grecs quelques forteresses dans cette île, jusqu'à la fin du neuvième siècle.

vingt soldats, qui, loin de perdre courage, profitèrent de l'escarpement des rochers sur lesquels ils étaient jetés, pour s'y fortifier [1]. Leurs premiers retranchements n'étaient que de simples haies d'épines. Cependant ils crurent leur retraite assez sûre pour en faire le centre de nouveaux brigandages, qu'ils étendirent sur les villages voisins et le long des côtes. Ils attirèrent par des signaux les pirates leurs compatriotes, qui croisaient sur la même mer; bientôt ils reçurent de nombreux renforts d'Espagne : alors ils ne craignirent plus de s'aventurer dans les plaines du Piémont; ils pillèrent Aqui, et, traversant même une fois le mont Saint-Bernard, ils s'emparèrent de la ville de Saint-Maurice en Valais.

Les Sarrazins et les Hongrois faisaient la guerre de la même manière. L'armée des uns et des autres n'était composée que de cavalerie légère; elle battait le pays par petits escadrons, sans former de projets de conquête, sans s'occuper jamais d'assurer ses derrières, ou de se ménager une communication avec ses propres quartiers, sans éprouver d'inquiétude pour les vivres et les fourrages, que la violence lui procurait toujours partout. La rapidité de la marche des Barbares leur donnait un immense avantage sur la cavalerie pesante des gentilshommes, et sur les milices à pied des villes. Ce n'était pas le combat qu'ils cherchaient, mais le butin, en sorte qu'ils évitaient la rencontre des armées; et comme, à leurs yeux, leur patrie était tout entière dans leur petit camp, au lieu de reculer devant les forces qui leur donnaient de la crainte, ils les gagnaient de vitesse, et venaient dévaster derrière elles les provinces qu'elles auraient dû couvrir. Ni les rois, ni les grands feudataires, n'avaient perdu aucune partie de leurs états; ils comptaient toujours le même nombre de villes sujettes : mais, au milieu de leurs domaines, un ennemi qu'ils

---

[1] De 891 à 896. *Liutprandi Hist.* Lib. I, p. 125.

ne pouvaient atteindre, ravageait tour à tour toutes leurs possessions.

Les Hongrois étendirent quelquefois leurs dévastations jusqu'à Capoue, et même jusqu'à Otrante, en sorte qu'ils rencontrèrent les Sarrazins dans quelques-unes de leurs expéditions. 900-924. — Cependant, en général, ces deux peuples nomades se partageaient l'Italie; les premiers désolaient tout le pays qui s'étend au nord du Tibre; les seconds, toutes les contrées qui sont au midi de ce même fleuve.

Les guerres des Hongrois et des Sarrazins ont eu l'influence la plus immédiate sur la liberté des villes. Avant ces expéditions, toutes les cités italiennes étaient ouvertes et sans défense : elles ne prenaient aucun intérêt au gouvernement; elles n'avaient point de milices, et les bourgeois étaient trop peu considérés pour qu'eux-mêmes crussent avoir une patrie. Mais lorsqu'ils furent réduits à se défendre par leurs propres forces contre un brigandage qui s'élevait sur toute la contrée, sans qu'aucune armée, aucun ordre public existât pour le réprimer, l'abandon où ils se trouvaient leur fit d'abord élever des murailles, puis former des milices, et enfin élire des magistrats[1]. Les villageois, les paysans furent à leur tour appelés à l'action; c'est alors qu'ils acquirent cette énergie de caractère qui devait bientôt en faire des citoyens.

Mais les peuples nomades n'influèrent sur le caractère des Italiens que par leurs hostilités, jamais par leur mélange ou par leur exemple. Les Hongrois, qu'on croyait plus rapprochés des bêtes féroces que de l'espèce humaine, inspiraient trop d'effroi pour qu'on se permît de les imiter en rien, ou

---

[1] Les Modénais, entre autres, élevèrent leurs murailles vers l'an 800; et ces vers, qu'on retrouve dans un vieux cartulaire de la cathédrale, paraissent avoir été inscrits sur les murs :
Non contra Dominos erectus corda serenos,
Sed cives proprios cupiens defendere tectos.
Antiq. Ital. Diss. I, p. 211.

qu'on osât jamais les considérer comme ses amis [1]. D'autre part, les Sarrazins, colonie militaire des Maures d'Afrique, ne ressemblaient nullement aux sujets policés des califes. Ceux qui dévastèrent les campagnes de l'Italie étaient le rebut de la nation : ils ne connaissaient d'autre art que celui de la guerre, ou plutôt du brigandage; et leurs mœurs étaient plus éloignées encore de la civilisation de l'Orient que celles des chrétiens qu'ils attaquaient. Deux siècles plus tard, l'école de Salerne, le commerce de Pise, de Gênes et de Venise avec le Levant, et les croisades, donnèrent aux Italiens et à leur littérature une légère teinte orientale : mais c'est alors seulement que ce goût arabe se manifesta; les bandes errantes des Ismaélites n'y eurent aucune part; elles n'avaient rien de romanesque, rien de religieux, rien qui pût laisser une trace profonde dans l'esprit des peuples.

Le règne de Bérenger fut le plus haut période de la désorganisation sociale, celui qui devait amener le plus immédiatement une révolution : cependant ce prince ne manquait ni de talents, ni de vertus [2]. Quoiqu'il eût, à plusieurs reprises, payé la paix au prix de l'or, il l'avait tout aussi souvent conquise les armes à la main; ses expéditions contre les Hongrois et les Sarrazins, quoique souvent malheureuses, attestaient ses talents militaires et sa bravoure, aussi bien que l'indiscipline de ses troupes; les feudataires, qui prodiguaient tour à tour à

[1] Les Hongrois et les Turcs, qui, autrefois, ne formaient qu'un seul peuple, passaient pour être issus de l'union d'un enchanteur et d'une louve. Ils se plaisaient à répandre la croyance de cette origine monstrueuse, pour augmenter l'effroi qu'ils inspiraient. Cette tradition s'est conservée sur les frontières de la Turquie, parmi les chrétiens sujets de l'Autriche. — [2] Le règne de Bérenger est une des périodes les plus obscures de l'histoire d'Italie. Les guerres civiles et étrangères, et la confusion extrême où l'état était plongé, rendent très difficile de suivre le fil des événements. Plusieurs historiens du XVe siècle ont fait de Bérenger deux princes différents, en sorte qu'ils comptent trois monarques de ce nom, au lieu de deux. Nous avons sur Bérenger un poëme en latin barbare, qui lui fut dédié l'année de son couronnement. *Anonymi Carmen panegyricum, de laudibus Berengarii Aug. Scr. Rer. It.* T. II, p. 386, et les deux premiers livres de l'histoire de Liutprand, écrivain de la génération suivante.

tous les souverains le titre de tyran, lui reprochaient moins qu'à tous ses compétiteurs l'orgueil, le luxe et les exactions de sa cour. Un seul de ses rivaux, Louis de Provence, éprouva de sa part un traitement cruel, mais mérité par un manque de foi. Dans d'autres occasions il avait souvent donné des preuves de sa clémence, et d'une confiance généreuse en ses ennemis. Ce fut même un trait d'héroïsme de cette nature qui lui coûta la vie.

921. — Bérenger était sorti triomphant d'une longue guerre civile ; et, pour la première fois, la paix régnait dans ses états. Guido, fils d'Adelbert, marquis de Toscane, un autre Adelbert, marquis d'Ivrée, Lambert, archevêque de Milan, Oldéric, comte du palais et majordome du roi, Gilbert, comte puissant, dont les états ne nous sont pas indiqués ; tous comblés des bienfaits du prince, et lui devant ou leur rang, ou le siége qu'ils occupaient, ou le pardon qu'ils avaient obtenu de lui après leurs fautes, ourdirent une trame contre sa vie. Ils offrirent sa couronne à Rodolphe, roi de la Bourgogne transjurane, qu'ils invitèrent à passer en Italie. Bérenger, averti de la conspiration, crut désarmer ses ennemis à force de bienfaits. Guido, duc de Toscane, et sa mère Berthe, étaient, peu auparavant, tombés entre ses mains, et il leur avait rendu la liberté. Adelbert et Gilbert furent faits prisonniers par un parti de Hongrois à la solde de Bérenger : le premier échappa par son adresse ; mais le second ne dut sa liberté qu'à la clémence du roi. Bérenger marcha ensuite contre Rodolphe, et le battit. Sa victoire, il est vrai, le rendit trop confiant ; il tomba quelque temps après dans une embuscade, et fut entièrement défait. Alors il se retira dans sa ville de Vérone, qui lui avait souvent servi de refuge. Les conjurés l'y poursuivirent ; ils engagèrent un nommé Flambert, noble Véronais, dont l'empereur avait tenu un fils sur les fonts de baptême, à l'assassiner.

924. — Bérenger, prévenu à temps, fit venir ce seigneur devant lui; il lui rappela l'affection qu'il lui avait vouée, les faveurs qu'il lui avait accordées; il lui fit sentir l'énormité de son crime, et le peu de fruit qu'il en pouvait attendre; puis, prenant une coupe d'or : « Que cette coupe, dit-il, soit entre « nous le gage de l'oubli de votre faute et de votre retour à « la vertu. Prenez-la, et rappelez-vous que votre empereur « est le parrain de votre fils. » La même nuit, Bérenger, pour montrer qu'il était au-dessus du soupçon, au lieu de s'enfermer dans son palais, qui était fortifié, alla coucher, sans gardes, dans un casin au milieu des jardins. Le matin, comme il se rendait à l'église, Flambert, accompagné d'hommes armés, vint à sa rencontre, et feignant de vouloir l'embrasser, il le poignarda lâchement [1]. L'histoire ne nous a point fait connaître les motifs d'une haine si féroce et de tant d'ingratitude; elle nous apprend seulement que le premier et le plus grand peut-être des empereurs italiens ne tarda pas à être vengé. Milon, comte de Vérone, accourut à son aide, trop tard pour le défendre, mais à temps pour tailler en pièces ses ennemis.

Les talents ou les vertus d'un souverain, dans ce siècle malheureux, ne pouvaient contribuer que faiblement à la prospérité de l'état; l'habitude de l'insubordination était prise; tous les moyens de répression étaient enlevés au monarque; ses vassaux, faibles contre l'ennemi, n'étaient forts que contre leur roi; la confusion était générale : le corps social tendait rapidement vers sa dissolution, et un tyran seul pouvait, par la violence et la perfidie, se maintenir sur un trône d'où un héros devait tomber.

Un tyran était peut-être nécessaire à la nation italienne, pour qu'elle éprouvât le besoin d'une constitution libre. La faiblesse et l'insuffisance du pouvoir auquel elle était soumise,

---

[1] *Liutprandi Hist.* L. II, c. 16-20, p. 442 et seq.

lui avaient fait désirer un gouvernement ferme et vigoureux, qui la tirât de l'anarchie. Il fallait qu'elle connût à leur tour les dangers de ce qu'elle souhaitait, et qu'elle pût comparer le gouvernement tyrannique à l'anarchie, afin de sentir vivement qu'à une égale distance du despotisme et de la licence, se trouvait la liberté à laquelle elle devait s'attacher. — 926. Deux ans après la mort de Bérenger, on vit monter sur le trône des Lombards un homme qui réduisit à la soumission la plus avilissante ces feudataires altiers, auparavant rivaux de son prédécesseur, et qui remplaça des lois impuissantes par une tyrannie sans pudeur.

— 926-947. Cet homme était Hugues, comte ou duc de Provence, auquel les Italiens décernèrent la couronne, après en avoir privé Rodolphe de Bourgogne [1]. Hugues était frère utérin d'Ermengarde, marquise d'Ivrée, et de Lambert, marquis de Toscane. Il ne trouvait plus, comme ses prédécesseurs, des rivaux dans les ducs de Spolète ou de Friuli, dont les familles s'étaient éteintes, ou avaient été dépouillées de leurs fiefs en même temps que de la couronne; et les nobles inférieurs dont il excitait la jalousie mutuelle, et qu'il accablait l'un après l'autre de tout le poids de sa puissance après les avoir divisés par ses intrigues, ne pouvaient opposer de digue à son ambition. Ce fut vainement, il est vrai, que Hugues tenta, comme nous le verrons dans un autre chapitre, de se donner un appui dans Rome, en épousant la fameuse Marozia, de qui cette ville dépendait; mais sa politique fut couronnée par un plus grand succès en Lombardie. Dirigeant toujours ses attaques contre tout ce qu'il y avait de plus distingué dans ses états, il sacrifia sans pitié successivement tous les grands qui lui faisaient ombrage, et jusqu'à ceux auxquels il devait son élévation : de ce nombre furent son propre frère

---

[1] *Liutprandi Hist*. L. III, c. 3, p. 445.

Lambert, marquis de Toscane [1], et son neveu Anscar, fils d'Ermengarde, marquis de Spoléto et de Camérino [2]. Il n'épargnait pas plus ses propres créatures : bientôt il les trouvait trop puissantes pour vivre sous lui, et il les dépouillait après les avoir enrichies.

Hugues traitait les évêques à peu près de la même manière que les ducs ; il chassait de leur siége ceux en qui il n'avait pas une pleine confiance, et il leur substituait des Bourguignons ou des Provençaux, qui, n'ayant d'autre appui que lui, se soumettaient à une dépendance plus absolue [3]. Plusieurs de ses bâtards furent aussi élevés au premières dignités de l'Église, ou du moins ils en usurpèrent les revenus ; plusieurs de ses maîtresses reçurent des abbayes en récompense, et les patrimoines ecclésiastiques étaient, entre ses mains, l'objet d'un commerce scandaleux, au moyen duquel il amassa de grandes richesses.

Si les grands et le clergé étaient réduits à un pareil abaissement, les seigneurs, les comtes, et les commandants des villes ne pouvaient pas s'attendre à être ménagés davantage. Le droit de succession dans les fiefs, sans être devenu une loi de l'empire, était cependant sanctionné par un usage de près de deux siècles. Plusieurs des familles qui possédaient des fiefs sous le règne de Hugues, en avaient été investies sous celui de Charlemagne, plusieurs même sous celui des rois lombards ; et le droit de quelques-uns remontait jusqu'au temps de l'établissement de la nation lombarde en Italie. Hugues n'eut aucun égard à ce droit tacite, qui était à la vérité contredit par les formules légales d'investiture, et il s'attribua la faculté de donner et de reprendre les fiefs, non seulement à la mort du bénéficier, mais même de son vivant.

Le seul ordre de la nation dont on ne nous rapporte par les plaintes, c'est le peuple ; non que le tyran le ménageât plus

---

[1] *Liutprandi Hist.* Lib. III, c. 13, p. 451. — [2] *Ibid.* L. V, c. 2, p. 461. — [3] *Ibid.* Lib. IV, c. 3, p. 452. — *Arnulphus Mediolan. Hist.* L. I, c. 3 et 4. *Rer. It.* T. IV, p. 8.

que les autres, mais parce qu'on attachait trop peu d'importance à ses souffrances, pour que les historiens en crussent le le souvenir digne d'être transmis à la postérité. Ils nous apprennent seulement que Hugues, s'étant emparé de Frassinéto, au lieu de chasser de ses états les Sarrazins qui occupaient cette forteresse, les transporta dans la Marche Trévisane, pour qu'ils en fermassent les passages aux Allemands; et ne voulut point réprimer leurs pillages ou leurs violences, afin d'avoir en eux des soldats plus affidés [1].

Sous les règnes anarchiques de Bérenger et de ses prédécesseurs, la liberté à laquelle prétendaient les Italiens ne se trouvait point garantie par un pouvoir national, indépendant de celui des rois. Le trône était le seul centre d'autorité; mais les sujets ne lui étaient presque attachés par aucun lien. Ce n'était point par la vigueur de leur constitution que les Lombards étaient libres, mais au contraire par sa faiblesse. Lorsqu'un tyran eut abattu successivement les grands feudataires, lorsqu'il eut élevé ses créatures aux plus riches bénéfices ecclésiastiques, la nation se trouva asservie sans combat. Faute d'organisation politique, et non de caractère, elle n'avait point en elle-même un ressort suffisant pour se relever. Il lui fallait nécessairement une impulsion étrangère et un secours étranger pour renverser l'usurpateur.

Ce secours lui fut donné par l'Allemagne : pour la première fois les intérêts des deux nations et des deux monarchies se mêlèrent; et bientôt ce mélange fit asseoir un roi saxon sur le trône de Lombardie.

De tous les feudataires italiens, il n'en restait qu'un seul qui possédât encore l'héritage de ses pères, et qui dût son pouvoir, non point à la faveur d'un maître, mais à sa naissance, et à l'affection de ses sujets : c'était Bérenger,

---

[1] *Liutprandi Hist.* Lib. V, c. 7, p. 464. — *Sigonius de Regno Ital.* L. VI, p. 160.

marquis d'Ivrée, et petit-fils, par sa mère, de l'empereur de même nom. La belle-mère de Bérenger, Ermengarde, était sœur de Hugues, qu'elle avait placé sur le trône; et, par un reste de reconnaissance pour elle, Hugues, se confiant encore dans la grande jeunesse du marquis, l'avait laissé vivre et gouverner Ivrée. 940. — Cependant, dès qu'il vit que les yeux de ses sujets se tournaient vers lui comme un défenseur futur, il comprit qu'il était temps de s'en défaire. Les mesures étaient prises pour l'enlever avec son épouse, et l'ordre était donné de lui arracher les yeux. Bérenger, et Guilla sa femme, dont la grossesse était déjà avancée, avertis secrètement de leur danger, s'enfuirent au travers des gorges du Saint-Bernard, que le tyran avait crues fermées par les glaces d'un hiver rigoureux [1].

Othon-le-Grand régnait alors en Germanie. Parmi les princes qui s'étaient partagé les débris de l'empire de Charlemagne, c'était le plus puissant, comme aussi le plus magnanime. Les vertus paraissaient héréditaires dans sa famille. Son aïeul, Othon, duc de Saxe, avait été jugé digne, en 912, à la diète des Allemands, d'être nommé roi de Germanie; mais il avait refusé cet honneur [2]. Son père, Henri Ier, surnommé l'Oiseleur, avait accepté, huit ans plus tard, la même dignité, qui lui était offerte par les vœux unanimes des Francs, des Bavarois, des Thuringiens et des Saxons; et il avait signalé son règne par une suite de victoires sur les Danois, les Slaves et les Hongrois [3]. Othon-le-Grand, qui régnait depuis l'année 937, avait continué avec succès la guerre contre les païens; et ses victoires fermaient aux Hongrois l'Occident, qu'ils avaient si longtemps dévasté. Il accueillit le marquis

---

[1] *Liutprandi Hist.* L. V, cap. 4, p. 462. — [2] *Contin. Chronic. Reginonis.* L. II, apud *Struvium Scr. Germ.* T. I, p. 104. — *Hermanni Contracti Chronicon.* Ibid. p. 257. — [3] *Sigeberti Gemblacensis Chronog. apud Struvium.* T. I, p. 811, ann. 934.

d'Ivrée à sa cour : il lui permit de rassembler autour de lui les mécontents italiens ; et, sans lui donner une assistance positive, il lui laissa tout disposer pour renverser le trône de Hugues.

945. — La révolution s'opéra en effet par les armes des seuls Italiens. Bérenger, à la tête de sa petite armée, entra en Lombardie par la Marche Trévisane ; tous les passages lui furent ouverts ; toutes les forteresses lui furent livrées par les mécontents. A mesure qu'il avançait, il voyait grossir son armée, au-devant de laquelle Hugues n'osa point marcher. Le marquis d'Ivrée convoqua les États du royaume à Milan, afin qu'ils servissent d'arbitres entre l'ancien monarque et le nouveau. Les seigneurs assemblés sentirent qu'ils avaient recouvré la souveraineté ; et, pour la conserver, ils s'efforcè d'établir une balance de pouvoirs entre les deux prétendants au trône. Ils reconnurent pour roi Lothaire, fils de Hugues, et ils confièrent à Bérenger l'administration générale du royaume [1].

Cependant un pareil partage ne pouvait être longtemps maintenu : l'ambition de Bérenger était loin de demeurer satisfaite, d'autant plus que Lothaire n'avait point, ainsi que son père, encouru la haine des peuples ; que sa femme Adélaïde était adorée de ses sujets, et qu'il y avait tout lieu de croire que les Italiens rendraient chaque jour davantage leur confiance au fils de Hugues, et la retireraient à Bérenger. On accuse ce dernier d'avoir fait empoisonner le jeune roi, pour se mettre en garde contre cette inconstance de la faveur populaire [2]. Il demanda ensuite, pour son fils, la main d'Adélaïde ; et il chercha, mais inutilement, à la contraindre à ce mariage par des menaces et de mauvais traitements. Il n'était plus temps d'affermir sa domination par des crimes : lui-même

---

[1] *Liutprandi Hist.* L. V, c. 12 et 13, p. 466. — [2] *Liutprandus.* L. V, cap. 4, p. 463. —

avait enseigné aux Italiens qu'il existait au-delà des monts un vengeur des forfaits des rois lombards. Les peuples avaient vu sans plaisir le couronnement de Bérenger; les prélats étaient touchés de la piété d'Adélaïde; les grands redoutaient de trouver un despote dans un roi sans rivaux. D'un commun accord, tous recoururent à Othon-le-Grand, et le supplièrent de délivrer l'Italie de ce même roi qui s'était donné pour être son libérateur.

951. — Othon-le-Grand entra, en effet, en Italie en 951; il mit en liberté la reine Adélaïde, qui, après avoir été retenue en prison dans un château sur le lac de Garda, s'était échappée et réfugiée dans la forteresse de Canossa. Othon épousa cette princesse, qui a été ensuite canonisée. Il ne rencontra point de résistance pour s'avancer jusqu'à Pavie, et il s'y fit couronner roi des Lombards. Cependant des guerres civiles et des invasions étrangères le rappelèrent au bout de peu de mois en Allemagne; et Bérenger en profita pour faire sa paix avec un concurrent aussi redoutable. Il se rendit à une diète des Allemands à Augsbourg avec son fils Adelbert, qui portait comme lui le titre de roi des Lombards; il fit hommage de sa couronne à Othon, qu'il reconnut pour son seigneur suzerain : il céda la Marche Trévisane, et par conséquent l'entrée de l'Italie, à un duc allemand; et, sous la protection du roi saxon, il continua quelque temps encore à régner en Lombardie [1].

Mais tandis qu'Othon rétablissait la paix en Allemagne, et qu'il remportait sur les Hongrois, près du Lech, une victoire si éclatante, que ce peuple n'osa plus désormais former de nouvelles tentatives sur l'Allemagne ou sur l'Italie, les seigneurs de ce dernier pays interpellaient Othon comme arbitre dans

---

Frodoardi Chronic. apud Muratori Annal. ad ann. 950. T. VIII, p. 58. — L'histoire de Liutprand finit à cette révolution; ce qui laisse dans l'obscurité la plus entière le court règne de Bérenger II. —[1] *Continuat. Reginonis Chronic.* L. II, p. 106. — *Scr. Germ. Struvii*, T. I. — *Hermanni Contracti Chronicon*, p. 261, *ibid.* — *Sigeberti Gemblacensis Chronog.* p. 815, *ibid.*

toutes leurs querelles avec leurs rois. Ils avaient ou croyaient avoir de nombreux sujets de plainte; et Othon, déterminé par leurs prières et par celles du pape, après leur avoir envoyé un de ses fils pour les secourir, entreprit lui-même, pour la seconde fois, en 961, la conquête de l'Italie. 961.—Il n'éprouva nulle part de résistance. Après avoir pris de nouveau, à Pavie, la couronne des Lombards, il reçut à Rome celle de l'empire, des mains du pape Jean XII. Il assiégea longtemps et prit enfin la forteresse de Saint-Léo, au comté de Montéfeltro : il y fit prisonniers Bérenger et sa femme; et il les fit conduire à Bamberg, où ces illustres exilés finirent leurs jours. Il força leur fils Adelbert à s'enfuir chez les Grecs, et il accomplit la réunion de l'Italie à l'empire d'Allemagne.

Aucune révolution n'eut jamais une influence plus marquée sur le caractère d'une nation, sur sa constitution et sur ses destinées à venir, que celle qu'exerça sur les Italiens l'union des deux couronnes d'Allemagne et de Lombardie. Si les monuments historiques du xe et du xie siècles suffisaient pour tracer dès cette époque l'histoire des villes, c'est avec le règne des Othon que nous aurions dû commencer : car ce fut à la munificence et à la politique de ces princes que les cités durent leurs constitutions municipales et les premiers germes de leur esprit républicain; ce fut l'éloignement de la cour qui donna aux municipalités italiennes l'habitude de l'indépendance; ce fut enfin, après l'extinction de la famille des Othon, aux guerres entre les princes qui prétendaient à la couronne, que les villes durent l'habitude des armes, et le droit de combattre sous leurs propres bannières. Forcés cependant, par l'aridité des historiens qui nous servent de guides, à laisser dans l'ombre des temps trop imparfaitement connus, nous continuerons, dans les chapitres suivants, à indiquer seulement l'influence des grandes révolutions de la monarchie sur la constitution nationale et les mœurs du peuple. Nous recueillerons ensuite séparément le peu de lumières qui nous restent sur quelques républiques, dont l'affranchissement remonte aux temps dont nous venons de parcourir l'histoire; et nous ne commencerons qu'avec le xiie siècle à étudier l'intérieur des villes, pour suivre de près, et avec détail, leur généreux élan vers la liberté.

CHAPITRE II.

Système féodal. — Gouvernement du royaume des Lombards : modifications que subit ce gouvernement, de 961 à 1039, pendant le règne des Othon, de Henri II et de Conrad-le-Salique, empereurs allemands.

Les nations septentrionales, par leur mélange avec les Italiens, avaient rendu à ces derniers le sentiment de la dignité de l'homme, l'amour de la patrie et le désir de la liberté : mais elles leur avaient apporté aussi un système nouveau de gouvernement, et des notions sur les droits de l'homme, différentes de celles des anciens. Les droits de la patrie étaient plus grands chez les Romains et les Grecs : la fière indépendance de chaque individu était plus respectée chez les nations barbares. Les peuples du Midi avaient commencé à être libres dans les villes, où, réunis dans une même enceinte, ils avaient senti fortement qu'ils ne formaient qu'un seul corps, et que tous leurs intérêts étaient communs : les peuples du Nord s'étaient rendus libres, s'étaient maintenus tels dans les bois ; et, accoutumés à se suffire à eux-mêmes, ils n'avaient cherché, dans une association toute volontaire, que la force qu'ils pouvaient acquérir sans rien perdre de leur indépendance. Jusqu'à la fin de l'existence de nos républiques, nous retrouverons en elles les effets des idées apportées du Nord. L'inégalité entre les citoyens, les classes d'hommes diverses et diversement libres, les associations pour repousser une puissance oppressive, surtout le droit de résistance au gouvernement, furent des conséquences de ce système d'indépendance que nous avons depuis appelé féodal, et qu'on a si souvent calomnié sans le connaître.

Les nations septentrionales reconnurent, dans tous les peuples qu'elles formèrent, l'existence d'une très grande inégalité entre les citoyens. Elles la reconnurent, dis-je, plutôt qu'elles ne l'établirent : car cette inégalité était la conséquence nécessaire de la conquête, et l'effet inévitable de l'état des propriétés. La constitution des conquérants fut telle, qu'elle assura aux citoyens, malgré cette inégalité, une très grande indépendance. Mais par un abus de leur victoire, qui était lui-même une suite presque nécessaire de leur état de propriété, ils ne laissèrent aucune liberté aux hommes qu'ils ne reconnurent pas pour citoyens.

L'égalité ou l'inégalité entre les divers ordres de citoyens, dans toute nation nouvelle et demi-barbare, tient essentiellement au premier partage des propriétés territoriales : car une nation demi-barbare n'a point de commerce; elle n'a point accumulé de capitaux ; elle ne connaît point de manufactures : elle ne peut donc posséder d'autres richesses que la terre et ses produits. La terre seule nourrit les hommes dans un pays sans commerce et sans richesses accumulées; et les hommes obéissent constamment à quiconque peut, à son gré, leur fournir ou leur retrancher les moyens de vivre et de jouir.

Une nation parvient quelquefois, sans révolution, sans conquête, à cet état de civilisation imparfaite, dans lequel les terres sont cultivées, sans que le commerce ou les arts aient encore fait aucun progrès : alors il est probable que les terres qui appartiennent à cette nation auront, dans l'origine, été partagées entre ses citoyens par portions à peu près égales, ou du moins qu'aucun homme n'aura obtenu de ses compatriotes la permission de s'approprier une étendue de terre tout à fait disproportionnée avec les forces de la famille destinée à la cultiver. Les fermes pourront être plus ou moins grandes; mais ce ne seront jamais des provinces. L'inégalité qui existera entre les particuliers ne sera pas telle, qu'elle mette les uns dans une dépendance nécessaire des autres. Les citoyens, inégaux seulement en jouissances, n'oublieront pas qu'ils étaient égaux d'origine, et tous demeureront libres. Telle est l'histoire des états de l'ancienne Italie et de l'ancienne Grèce; voilà d'où vient que, dès les temps les plus reculés, on ne vit dans ces contrées que des gouvernements libres. De nos jours, la distribution des fortunes, dans les colonies de l'Amérique septentrionale, conserve quelque analogie avec ce premier établissement des nations agricoles : les planteurs donnent bien à leurs fermes une étendue beaucoup plus considérable que nous ne donnons aux nôtres; mais ils les proportionnent cependant toujours aux forces de leur famille : aussi existe-t-il chez eux une sorte de *balance territoriale*, comme l'appelait Harrington [1], balance qui contribue à maintenir la liberté américaine. Au reste, cette liberté aurait pu s'établir sans une pareille balance, puisque les Américains ont des capitaux accumulés, un commerce, des arts, et que les pauvres comme les riches trouvent chez eux des moyens de vivre dans l'indépendance.

Mais cet équilibre des propriétés territoriales peut être absolument détruit par une conquête; et les conséquences de la conquête seront fort différentes, selon que le peuple cultivateur sera envahi par un peuple de bergers, ou par un autre peuple cultivateur. Chez les nations tartares, l'accroissement des troupeaux d'une seule famille est aussi illimité que les plaines elles-mêmes de la Tartarie. Le même homme possède souvent un nombre si prodigieux de vaches, de brebis, de chevaux, qu'il peut entretenir à ses gages des milliers de ses compatriotes; et toute son ambition se borne, en effet, à

[1] James Harrington, républicain anglais, contemporain de Charles I^r et de Cromwel, auteur d'un livre ingénieux sur le gouvernement, intitulé *Oceana*.

augmenter le nombre de ses serviteurs. Aussi, quoique les Tartares soient libres, l'autorité patriarcale est-elle si grande chez eux, qu'un chef de famille y devient aisément chef d'armée. Ce sont de pareils chefs qui, accompagnés de leurs bergers et de leurs domestiques, ont fait, à plusieurs reprises, la conquête de l'Asie. A chaque invasion, ils ont établi, dans les provinces soumises, un gouvernement despotique, quoique ce gouvernement n'existât pas chez eux. Ils l'ont fait, parce que le kan, déjà propriétaire de toute la richesse de son armée, a cru pouvoir devenir également propriétaire de tout le territoire de la nation conquise. Il avait fait soigner ses troupeaux par ses enfants et ses esclaves : par eux il fera cultiver ses nouvelles terres, et ses forces ne lui paraissent point disproportionnées avec les possessions qu'il s'arroge. Que l'on parcoure, en effet, tous les gouvernements de l'Asie; dans tous on trouvera le souverain considéré comme le propriétaire de toutes les terres : les cultivateurs peuvent être déplacés et renvoyés à volonté par lui ou par ses ministres; ils sentent leur absolue dépendance du maître qui peut leur refuser leur nourriture; et le droit reconnu du monarque, sur les terres, devient le plus ferme appui de son despotisme.

Un peuple cultivateur peut aussi être conquis par un peuple demi-barbare, et cultivateur comme lui. Si le premier est esclave et excessivement corrompu, si le second est libre, le nombre des vainqueurs peut être infiniment moindre que celui des vaincus. Alors les premiers abuseront du droit de la victoire; ils s'attribueront la propriété des terres de la nation dépouillée, et ils réduiront les cultivateurs, de la condition de propriétaires, à celle de métayers, peut-être même à celle de serfs de la glèbe. Dès qu'ils auront trouvé cet expédient pour mettre leurs domaines en valeur, aucune étendue de terrain ne leur paraîtra trop considérable pour en faire leur patrimoine : ils envahiront une province, comme si elle ne formait qu'une ferme ; et ce sera par avidité, en croyant se rendre riches, qu'ils se rendront tout-puissants. C'est ainsi que toutes les provinces de l'empire romain furent partagées entre les barbares du Nord, et que les cultivateurs, comme de vils troupeaux d'esclaves, demeurèrent attachés aux terres qu'ils faisaient valoir ; c'est ainsi que, dans un temps plus rapproché de nous, les Espagnols, qui conquirent le Pérou et le Mexique, se firent donner des provinces en patrimoine, et qu'ils ne furent plus effrayés de la propriété d'une ferme de trente lieues d'étendue, dès qu'ils la trouvèrent couverte de plusieurs milliers de cultivateurs dépendants.

Les peuples du Nord qui s'établirent en Italie ne connaissaient point les arts du luxe ; et bientôt leur domination les fit disparaître des pays qu'ils habitèrent. Le commerce n'offrit plus à l'homme qui possédait le revenu foncier de toute une province, les moyens d'échanger la subsistance de plusieurs milliers de personnes contre des jouissances que nul ne partageât avec lui. Une vanité futile ne faisait point du faste un devoir, l'égoïsme n'en faisait point un plaisir ; et les conquérants, devenus gentilshommes, ne convertissaient point la valeur d'une métairie en habits brodés, en dentelles ou en étoffes de prix. Leurs fortunes étaient colossales ; mais l'usage qu'ils en faisaient avait aussi quelque chose de colossal. Leur richesse, c'était tout ce qui sert à la nourriture des hommes, le blé, le vin, le bétail ; et ils l'employaient en effet à nourrir des hommes, et des hommes dépendants d'eux. La force avait créé leur richesse ; mais leur richesse se changeait de nouveau tout en force. C'est sur cette base solide que fut assis le pouvoir de la noblesse dans le moyen âge.

Lorsque les Lombards conquirent l'Italie, ces hommes libres, vaillants et indépendants, qui faisaient la guerre pour eux-mêmes et non pour un maître, partagèrent leur conquête en autant de fiefs qu'ils avaient conduit de guerriers. Cependant ils reconnaissaient l'avantage de la discipline militaire; et ils conservèrent à l'armée sa forme et sa subordination, dans l'établissement qui devait en faire un nouveau peuple. Ils donnèrent à leurs capitaines le titre de ducs ou généraux [1], et leur confièrent le gouvernement des villes, avec un droit de haute-propriété ou de suzeraineté sur le territoire qui les environnait : ils conservèrent pour eux-mêmes le nom de soldats, *milites;* et chacun obtint la propriété féodale d'une portion du territoire de chaque ville, ou des châteaux et des villages qui en dépendaient. C'est dès lors que le mot *miles* fut employé pour désigner un gentilhomme plutôt qu'un soldat.

La propriété territoriale n'appartenait, d'une manière bien réelle, qu'aux gentilshommes. Au-dessous d'eux, les laboureurs, leurs vassaux, qu'ils avaient dépossédés, et qu'ils forçaient à travailler pour leur compte, et à leur livrer le tiers de leurs récoltes, étaient dans une condition approchante de l'esclavage [2]. Dans un rang supérieur, l'autorité des ducs, attachée à la conservation d'un certain ordre social, ne reposait que sur une fiction de propriété, sur un droit imaginaire à des terrains et des provinces que ces chefs ne possédaient réellement point. Cependant le même système faisait la sûreté du duc et du gentilhomme; il sanctionnait également l'obéissance du vassal et du vavasseur : aussi pendant plusieurs siècles les ducs furent-ils forts de la force des gentilshommes qui leur étaient subordonnés. En remontant l'échelle féodale, le roi, placé au-dessus des ducs, aurait dû avoir sur eux la même autorité que les ducs avaient sur les gentilshommes. Mais si le droit de propriété des grands vassaux sur toute la province n'était qu'une fiction de la loi, le droit de propriété des rois sur le royaume

---

[1] *Leges Rotharis in Codice Longobard.* §. 6, 20, 21. T. I, P. II, *Rer. Ital.* p. 18 et 20.
[2] « Ceux des Romains, dit Paul Warnefrid, qui ne furent pas tués, furent divisés entre » les soldats de l'armée, rendus tributaires, et obligés de livrer aux Lombards le tiers » de leurs récoltes ». *De Gest. Langobard.* L. II, c. 32, p. 436.

était une fiction plus éloignée encore de la réalité ; et, puisque la stabilité du pouvoir tenait à la richesse territoriale, le pouvoir des gentilshommes sur leurs subordonnés devait être absolu, celui des ducs précaire, et celui des rois presque nul.

Dès l'année 576, à la mort de Cléphis, le second des princes lombards qui régnèrent en Italie, la nation crut pouvoir se passer d'un chef. Les ducs qui étaient à cette époque au nombre de trente, furent considérés comme les représentants de tous les hommes libres, accoutumés à combattre sous leurs drapeaux. L'administration leur fut confiée, et ils conservèrent pendant dix ans une image imparfaite de république. Au bout de ce temps, les gentilshommes s'aperçurent que, pour leur liberté même, il convenait que leurs chefs eussent un supérieur ; et ils prirent occasion d'une guerre périlleuse avec les Francs et les Grecs, pour se soumettre de nouveau à l'autorité royale[1].

Les Lombards étaient indépendants plutôt qu'ils n'étaient libres ; leur indépendance était garantie par leurs propriétés, par les armes de leurs vassaux, et par la faiblesse de leurs rois, mais non par leur constitution. Quelques-unes de leurs lois semblent faites pour sanctionner la tyrannie. « Si quelqu'un, « de concert avec le roi, dit Rotharis, prépare la mort à un « autre, ou s'il le tue par ordre du roi, il n'est point coupa- « ble : ni lui ni ses héritiers ne pourront être inquiétés pour « ce fait ; car, puisque nous croyons que le cœur du roi est « entre les mains de Dieu, il n'est point possible qu'on de- « mande compte à un homme de celui que le roi a fait tuer[2]. » Mais dans cette loi les juges royaux auraient été rendus responsables, non pas seulement envers la nation, mais envers les familles mêmes des coupables, pour les sentences qu'ils auraient pu prononcer avec le plus de justice. L'esprit national,

---

[1] *Paul Warnefrid de Gestis Langob.* L. III, c. 16, p. 444. — [2] *Leges Rotharis regis*, § 2, *anno post invasionem Italiæ* 76 *promulgatæ. Scr. Ital.* T. I, P. II, p. 17.

l'indépendance des gentilshommes, et la faiblesse du monarque, empêchaient que la vie des sujets ne fût à la merci d'un despote, quand bien même la loi semblait le vouloir.

Il ne faut pas chercher dans ces constitutions, ni dans aucun code des nations barbares, une reconnaissance des droits du peuple, des prérogatives des gentilshommes, ou des limitations apportées à l'autorité royale ; tout cela existait indépendamment des lois : mais ce qui caractérisait une nation libre, c'était la détermination des peines pour chaque offense, avec une précision qui peut paraître aujourd'hui ridicule, et qui, cependant, prévenait tout châtiment arbitraire [1] ; c'était encore la loi qui punissait la désobéissance, ou au duc ou au roi, par une amende déterminée, en sorte que chaque homme savait toujours à quel prix et sous quel risque il pouvait secouer le joug de l'autorité [2] ; c'était enfin la garantie donnée, d'une manière plus particulière, à chaque gentilhomme, dans son manoir [3]. La promulgation de ces lois indiquait un peuple libre, plus encore que leur contenu. « Moi, Liutprand, » dit le monarque dans sa préface, « roi catholique et chrétien de la nation des « Lombards que Dieu chérit, de concert avec tous mes juges « d'Austrie, de Neustrie et des frontières de Toscane, de con- « cert encore avec tout le reste de mes fidèles Lombards, et en « présence de tout le peuple, j'ai reconnu ce qui suit pour saint « et louable, et conforme à l'amour et à la crainte de Dieu [4]. »

Le royaume des Lombards était électif. De dix-huit rois qui avaient précédé Rotharis, on n'en voit que trois ou quatre qui aient succédé à leurs pères [5]. Après Charlemagne, la couronne d'Italie resta, il est vrai, dans la famille des Carlovingiens, jusqu'à son extinction ; mais depuis Charles-le-Gros, la nation rentra dans ses droits ; et elle exerça assez souvent, dans un

---

[1] *Leges Rotharis*, § 45 et seq. p. 21. — [2] *Leges Rotharis*, §§ 18-22, p. 20. — [3] *In curte sua. Leges Rotharis*, §§ 32-34, p. 21. — [4] *Prologus ad Leges Liutprandi regis*. p. 51. *Legis Laag. T. I, P. II, Rer. Ital.* — [5] *Prologus ad edictum Rotharis*, p. 17.

court espace de temps, celui de nommer ses chefs, pour s'en assurer la possession. L'assemblée nationale qui portait le nom de *Plaids du royaume (Placita, seu Malli Regni)*, se rassemblait à Pavie, capitale des états lombards, quelquefois à Milan, et dans la suite en rase campagne, dans la plaine de Roncaglia, près de Plaisance. Le nouveau souverain, soit qu'il prétendît à la royauté en se fondant sur ses victoires, soit qu'il eût été invité par les grands, convoquait, pour l'ordinaire, l'assemblée. Elle était composée des prélats, des ducs, des comtes, des envoyés royaux, des juges du sacré palais, des juges de l'empereur, des échevins, des tabellions ou notaires, des jurisconsultes, enfin de tous les hommes libres, qui étaient tenus d'assister aux plaids, quoiqu'ils n'y eussent probablement pas de voix délibérative [1].

Cette assemblée donnait, ou pour mieux dire, confirmait la couronne par ses acclamations. Dans le xe siècle, elle était le plus souvent réduite à justifier une usurpation, en déposant le souverain qui avait eu le malheur d'être vaincu; à recevoir du nouveau roi le serment de maintenir les privilèges accordés à l'Église par ses prédécesseurs; à exiger enfin de lui des promesses vagues et générales de respecter les droits de tous, d'observer la justice, de ménager les pauvres, de réprimer les vexations des soldats. Les seigneurs qui faisaient et défaisaient les rois, songeaient plus à maintenir leur indépendance dans leurs provinces, que les droits de l'assemblée dont ils étaient membres. La charte d'élection se terminait ordinairement par ces mots : « Et comme le glorieux roi N a daigné
« nous promettre qu'il observait toutes les conditions ci-des-
« sus, dont l'accomplissement nous est bien nécessaire, et
« qu'avec l'aide de Dieu, il soignerait notre salut et le sien, il
« nous a plu à tous de l'élire pour notre roi, seigneur et dé-

---

[1] *Antiquit. Italicæ med. œv. Dissert. XXXI.* T. II, p. 958.

« fenseur, nous engageant à l'aider de toute notre puissance
« dans son ministère royal, pour sa conservation et pour celle
« du royaume [1] »

Cependant, aux yeux du peuple, le pouvoir souverain n'était transmis au nouveau monarque que par l'imposition sur sa tête de la couronne de fer que l'on conservait à Monza. Lorsqu'Othon-le-Grand fut ainsi couronné, Walpert, archevêque de Milan, célébra les saints mystères, entouré d'un grand nombre d'évêques. Le roi déposa sur l'autel de Saint-Ambroise tous ses ornements royaux; la lance, dont le fer avait été forgé avec un clou de la croix de Notre-Seigneur, l'épée royale, la hache ou francisque, le baudrier, et la chlamyde impériale : il servit la messe dans l'habit d'un sous-diacre, tandis que le clergé solennisait les mystères selon le rit ambrosien. Après le sacrifice, l'archevêque adressa aux ducs et marquis qui l'entouraient, une harangue en l'honneur d'Othon; il donna ensuite à celui-ci l'onction sacrée; il le revêtit de nouveau des vêtements et des armes déposés sur l'autel, et il mit enfin sur sa tête la couronne des Lombards [1].

L'assemblée des plaids, à laquelle appartenait le droit d'élire le souverain, était aussi la grande cour de judicature du royaume. C'est de son nom, *placita*, que sont venus les mots de plaidoyer et de plaider. Elle était convoquée périodiquement, tout au moins deux fois par année, en été et en automne. Tous les hommes libres relevant immédiatement du roi étaient tenus d'y assister. Il est probable, cependant, que les vassaux trop éloignés du séjour de la cour, pouvaient se dispenser de faire un voyage qui leur aurait été fort onéreux, pourvu qu'ils se rendissent aux plaids que le comte du palais sacré présidait dans les provinces au nom du souverain. Ce comte était le prin-

---

[1] *Synodus Ticinensis pro electione seu confirmatione Widonis in regem Italiæ.* anno 890. Rer. Ital., T. II, p. 416, VIII, c. 11. — [2] *Landulphi senioris Mediolanens. Histor. Rer. Ital,* T. IV, p. 79, Lib. II, c. 16.

cipal ministre de justice de la monarchie. A lui appartenait le droit de convoquer l'assemblée nationale dans toutes les parties de l'état, de la présider en l'absence du roi, et d'y rendre la justice en son nom dès que les affaires publiques y étaient terminées[1]. Il y avait encore dans les provinces d'autres assemblées formées sur le modèle des plaids du royaume ; c'étaient les plaids du seigneur, où tous les hommes libres relevant d'un grand feudataire étaient tenus d'assister.

On ne trouve, dans les monuments qui nous restent de ces assemblées, rien qui indique que des délibérations précédassent les décrets de leurs présidents. Il est vrai, cependant, qu'on ne peut espérer de connaître la manière de procéder dans les états du royaume, d'après les formules dont se servent les notaires pour rédiger leurs actes. Il est aisé de voir qu'ils ne peuvent manier le latin barbare qu'ils emploient, et qu'ils s'efforcent d'abréger tous les détails qu'ils ne sauraient rendre. Nous croyons que les grands seigneurs avaient seuls une voix délibérative ; que les jurisconsultes et les échevins n'étaient appelés aux états que pour assister leur seigneur de leurs conseils, encore que la supériorité de leurs connaissances leur donnât plus d'influence qu'à aucun autre ordre sur la législation ; que les citoyens, enfin, étaient réunis dans ces assemblées, pour donner plus d'authenticité aux actes publics, pour que les témoins et les parties se rencontrassent sans peine, et pour que l'on pût trouver, dans la foule, des hommes instruits de chaque loi, qui servissent d'arbitres dans tous les procès, quel que fût le code national que les parties déclarassent avoir adopté.

C'était un beau privilége conservé à chaque citoyen par les nations septentrionales, que celui de se soumettre à son choix au code de ses pères, ou à quelque autre corps de lois qui lui paraîtrait plus conforme à ses notions de justice et de liberté.

[1] *Antiq. Ital. med. œv. Diss. VII. T. I, p. 352.*

Six corps de loi étaient également en vigueur chez les Lombards : la législation romaine, lombarde, salique, ripuaire, allemande et bavaroise; et les parties, à l'ouverture de tous les procès, déclaraient aux juges qu'elles vivaient et voulaient être jugées selon l'une ou l'autre de ces lois [1]. La même faculté de choisir fut accordée aux Romains, lorsque leur duché se trouva réuni à la monarchie des Carlovingiens. « Nous voulons, déclare l'empereur Lothaire, que le peuple romain soit interrogé selon quelle loi il veut vivre; que chacun vive ensuite selon la loi qu'il aura professée; qu'on en avertisse les citoyens, et que les juges, les ducs et le reste du peuple le sachent [2]. »

Sous le gouvernement des Carlovingiens, plusieurs familles ducales, en s'éteignant, avaient fait place à un autre ordre de haute noblesse, celui des comtes. Ces derniers étaient députés par le roi au gouvernement des villes. De tous les nobles, les comtes étaient ceux qui paraissaient dépendre le plus immédiatement du roi : car, quoique leur dignité fût souvent transmise de père en fils dans leur famille, elle ne leur était confiée qu'à titre précaire; et jusqu'au temps où Conrad-le-Salique autorisa la transmission de tous les chefs de père en fils, les comtes parurent toujours tenir leur gouvernement du souverain, pour l'exercer sous son bon plaisir. Dans la charte de leur création, le roi déclarait que, « reconnaissant l'amour « de NN pour la justice, il lui confiait la même ville qui fut « gouvernée par son prédécesseur, à la charge de garder envers

---

[1] Dans toutes les chartes des gentilshommes, après leur nom, ils déclarent en tête selon quelle loi ils vivent. *Lege vivens Salica*, etc. *Antiq. Ital. med. œv. Diss. XXXI.* T. II, p. 958. — *Præfatio ad Leges Langob. Rer. Ital.* T. I, P. II, p. 2. — [2] *Leges Lotharii I imper.* § 37, *in calce Cod. Langob.* p. 140. Les lois des Wisigoths en Espagne, seules parmi les lois barbares, refusent cette faculté à leurs sujets. L. II, *lex* 9, p. 862. *Legis. Wisigoth. apud Script. Hispan.* T. III. Cette loi est de Recesuind, qui régnait sur les Wisigoths de 650 à 672. Le code des Wisigoths est le plus ombrageux et le moins libéral de tous les codes barbares.

« la couronne une fidélité constante; de juger tous les hommes
« soumis à son gouvernement, de quelque nation qu'ils fus-
« sent, selon leurs lois et leurs coutumes ; de protéger les veuves
« et les orphelins ; de poursuivre les malfaiteurs, et de faire
« rentrer au fisc les impôts qui lui seront dus[1]. » Un autre
office non moins important des comtes n'est pas indiqué par
cette charte : c'était celui de conduire les milices à la guerre.
Comme il arrivait fréquemment que le comte d'une ville était
en même temps son évêque, cet office militaire s'accordait assez
mal avec le caractère ecclésiastique.

Le comte, dans ses plaids particuliers, choisissait, parmi les
bourgeois, des échevins, *Scabini*[2], qui formaient la magistrature des villes : les citoyens les confirmaient ensuite par leurs
suffrages. Ces échevins suivaient leur comte aux plaids publics
du royaume ; en sorte que chaque ville se trouvait représentée,
dans ces assemblées, par son gouverneur et ses magistrats. Dès
qu'on n'y comptait point les voix, et que le rôle du peuple
était de sanctionner ou de rejeter les propositions du prince par
ses acclamations, une représentation plus exacte aurait été
bien illusoire.

Tandis que les ordres supérieurs de la noblesse avaient été
exposés à des révolutions, les hommes libres, entre lesquels les
terres conquises avaient été originairement partagées, conservèrent pendant cinq siècles tout au moins la même indépendance et le même rang dans la nation : ils semblèrent même
acquérir plus de considération et de puissance, lorsque les
campagnes s'étant peuplées de nouveau, le nombre de leurs
vassaux se fut augmenté. Dès lors on ne les envisagea plus
comme de simples soldats; au contraire, ils prirent le titre de
capitaines, *Catanei*, celui de comtes ruraux, et celui de sei-

---

[1] *Marculfi Formular.* L. I, c. 8. *In Capitul. Reg. Franc. Baluzii.* T. II, p. 380. —
[2] Le nom de *Scabini* ou *Schœppen* est employé de préférence par les rois des Francs, et celui de *Sculdaesi, Schultheis,* par les lois lombards.

gneurs ou de gentilhommes. Chacun d'eux possédait un village, dont toutes les terres formaient sa propriété, et dont les habitants étaient ses vassaux.

Un seigneur vivait dans ses terres comme un petit souverain; aussi le séjour de son château devait-il être pour lui beaucoup plus agréable que celui des villes, où la rivalité de ses égaux lui était à charge, et que celui de la cour, où il se sentait humilié par ses supérieurs. Pour se mettre à l'abri des incursions des Hongrois et des Sarrazins, chaque gentilhomme, dans le IXe ou le Xe siècle, fortifia son château; et depuis que la sûreté s'y trouva réunie à l'indépendance, il s'affectionna davantage encore à cette demeure. Les villes furent abandonnées par leurs citoyens les plus considérés, tandis que les campagnes se hérissèrent de forteresses. L'autorité du comte et des échevins, sur les seigneurs ruraux, devint tout à fait illusoire, lorsque ceux-ci purent résister aux ordres de leurs supérieurs avec des milices exercées, dans des châteaux difficiles à réduire. Les villes, cependant, ressentirent une extrême jalousie de ce que les gentilshommes avaient soustrait à leur obéissance une partie des campagnes qui formaient leur district, et qu'elles croyaient nécessaires à leur subsistance. Aussi la haine implacable qu'elles conçurent contre les nobles se manifesta-t-elle par une guerre cruelle, lorsqu'elles commencèrent à s'affranchir.

Les nobles châtelains étaient désignés encore par le nom de vavasseurs, qui, dans le système féodal, exprimait leur double *allégeance*. En effet, ils étaient vassaux des comtes ou des ducs, dont ils relevaient immédiatement, et vavasseurs des rois. Entourés comme ils l'étaient de leurs seuls paysans, qu'ils tenaient dans une absolue dépendance, ils n'éprouvaient aucun besoin ou de cultiver leur esprit pour briller dans la société, ou de s'entourer de splendeur pour en imposer à des inférieurs déjà soumis. Leurs plaisirs étaient les armes et la chasse; leur luxe était encore la chasse et les armes. L'éducation du gentilhomme se bornait à lui enseigner à dompter un cheval fougueux, à manier avec adresse le bouclier ou la lance pesante, à supporter sans fatigue la plus lourde cuirasse : mais on ne lui demandait ni de parler avec élégance, ni d'écrire avec correction. Déjà la langue vulgaire commençait à prendre un caractère tout à fait différent de la latine, tandis que cette dernière seule s'écrivait. Tous les contrats des gentilshommes, dont un très grand nombre s'est conservé jusqu'à nous, sont stipulés par les tabellions dans un latin si barbare qu'on peut hésiter à le reconnaître pour du latin. Au bas de l'acte, l'acheteur, le vendeur, les témoins, le plus souvent tous gentilshommes, ne sachant écrire, font une croix, à la suite de laquelle le tabellion déclare qu'elle est le signe de chacun des intéressés.

Les gentilshommes n'étaient guère moins étrangers à tous les arts qu'à toutes les sciences. Ils s'efforçaient de rendre leurs châteaux imprenables, mais non point de les orner ou de s'y procurer des jouissances. Il reste encore plusieurs de ces édifices sombres, austères, mais solides, qui ont triomphé des attaques du temps, comme de celles des ennemis. Bâtis pour la plupart dans les lieux les plus sauvages, sur des rochers escarpés, ou à l'ouverture d'un étroit défilé qu'il commandent, leur séjour paraîtrait une prison aux hommes de notre siècle, et on les laisse tomber en ruines. Le luxe des habits n'était pas plus répandu que celui des maisons ou des ameublements. A la cour des empereurs ou à celle des marquis de Toscane, on étalait quelques vêtements somptueux; mais dans les châteaux, l'habit des nobles n'était pas très différent de celui des paysans qui relevaient d'eux.

La condition du peuple des campagnes, sous la dépendance des seigneurs, est loin d'être bien connue : cependant elle est l'objet de la plus grande partie des lois des Francs, des Lombards et des Allemands, et elle a fourni matière à plusieurs dissertations, dans lesquelles Ducange et Muratori ne sont pas toujours d'accord. Les noms divers que nous trouvons dans les lois et les anciennes chartes, nous indiquent évidemment diverses classes d'hommes dépendants; mais la signification précise de ces noms est souvent un mystère.

Le premier ordre, parmi les agriculteurs et les habitants des campagnes, était celui des *Arimanni*[1]. C'étaient des hommes de condition libre et honorable, qui possédaient ou avaient possédé quelque portion de terre allodiale, mais qui cultivaient en même temps les terres de quelque seigneur, en vertu d'un bail qui ne les soumettait à aucune condition avilissante. Les *Arimanni* étaient les seuls habitants des campagnes, non gentilshommes, qui fussent tenus d'assister aux plaids des comtes.

Au second rang, je placerai les hommes de *Masnada*, ou les compagnons du seigneur. Ceux-ci recevaient d'un gentilhomme des portions de terrain qu'ils possédaient par une tenure militaire. Outre la redevance qu'ils payaient en argent ou en denrées, ils s'engageaient encore à suivre leur seigneur à la guerre, toutes les fois que celui-ci serait forcé de prendre les armes [2].

---

[1] Ce nom, comme tous les termes des lois lombardes, est d'étymologie allemande : *Shren-Mœnner*, des hommes d'honneur. On peut aussi en déduire l'étymologie, de *Heermanne*, hommes ou chefs de l'armée. Voyez sur cet ordre, *Ant. Ital. Diss. XIII*, T. I, p. 715. — [2] *Masseni*, vieux mot teutonique, veut dire société. Voyez sur cet ordre, *Muratori, Dissert. XIV. Ant. Ital.* Mais il me paraît avoir assigné aux hommes de Mesnada un rang moins élevé qu'ils n'avaient en effet. *Masnadiero*, en italien, est devenu plus tard synonyme de *soldat*, et enfin de *brigand*. Le rang différent qu'on assigne aux hommes de Mesnada, vient peut-être de ce que, par le même mot, on entendait et le chef d'une compagnie, et ceux qui la formaient. En Aragon, où ces classifications ont fait plus longtemps qu'en aucun autre pays partie de la constitution, on trouve les *Ricos Ombres de Mesnada*, qui forment le premier ordre de l'état, après les *Ricos Ombres de Natura* (*Rico*, dérivé du teutonique *Reich*, indique ici le pouvoir, non la richesse), les *cavalleros de Mesnada*, etc. P. Salanova Ximenes, grand justicier d'Aragon, vers l'année 1320, dit que, selon les anciennes *Observancias*, ne sont proprement *Mesnadarii* que les fils et petits-fils de nobles, et ceux qui descendent d'eux en droite

Les Aldiens (*Aldii seu Aldiani*) doivent occuper le troisième rang ; semblables, à quelques égards, aux affranchis des Romains, c'étaient des hommes nés esclaves, qui avaient obtenu de leurs maîtres une demi-liberté, et qui avaient échangé leur dépendance absolue contre des redevances fixes et en services personnels [1]. Ils tenaient en villenage les terres de leurs seigneurs, mais leurs personnes étaient libres.

Les esclaves, enfin, formaient le dernier ordre de la société, et la plus basse, comme aussi la plus nombreuse classe des habitants des campagnes. Leur condition n'était pas la même en tous lieux ; les uns, serfs de la glèbe, vivaient sur les terres qu'ils cultivaient, des produits de leur travail dont ils remettaient le surplus à leurs maîtres, selon des règles précises qu'un long usage avait sanctionnées ; d'autres, réduits à une dépendance absolue, ne travaillaient que pour leurs maîtres, d'après les ordres de leurs maîtres, et n'étaient nourris que par eux [2].

Mais, quoique la condition des esclaves fût assez dure, ils étaient moins malheureux que les esclaves romains ne l'avaient été dans les campagnes depuis que la république avait commencé à se corrompre. Plusieurs lois des Lombards protégeaient les serfs contre des maîtres injustes ou trop rigoureux : elles affranchissaient le mari d'une femme qui aurait été séduite par son maître [3]; elles assuraient la protection des églises aux esclaves qui s'y seraient réfugiés [4]; et elles réglaient les peines qu'ils encouraient par leurs fautes, au lieu de les soumettre à une volonté arbitraire. De plus, le seigneur ne

---

ligne. Les hommes de Mesnade, ajoute-t-il, ne doivent être vassaux de personne que du roi. *Apud Hieron. Blancam Commentarii regum Aragonensium.* T. III. Rer. Hisp. p. 733. — [1] Leur nom paraît dérivé de l'arabe ; il s'est conservé dans la langue espagnole, où *aldea* et *aldeanos* signifient un village et des villageois. Voyez sur cet ordre *Muratori, Diss.* XV. T. I, p. 841. — [2] *Antiq. Ital. med. œv. Dissert.* XIV. T. I.— [3] *Lex Liutprandi regis.* Lib. VI, § 87, p. 80. — [4] Ibid. § 90, p. 81.

pouvait se dissimuler qu'il dépendait de ses vassaux toutes les fois qu'il était attaqué; en sorte qu'il cherchait à se faire aimer d'eux, et qu'il les traitait avec douceur, afin de trouver en eux des soldats prêts à le défendre. L'esclavage des campagnes romaines dépeupla l'Italie sous les empereurs : l'esclavage de ces mêmes campagnes ne les empêcha pas de se repeupler sous la noblesse féodale.

D'après les lois des Lombards, tout vassal était tenu de suivre son seigneur à la guerre, et de le faire à ses frais, en se fournissant son cheval, ses armes et ses vivres. Charlemagne ordonna que, lorsque l'armée serait appelée à entrer en campagne, tout soldat se pourvût d'armes de tout genre, de vêtements pour une année, et de vivres jusqu'à la saison nouvelle. Il est vrai que, quant aux vivres, les soldats introduisirent bientôt l'usage de les faire fournir par les campagnes et les provinces qu'ils traversaient. Ils en firent même un droit connu sous le nom de *fodero*[1], qui fut limité par le traité de paix de Constance. Tout homme libre qui refusait de se rendre à l'armée encourait une amende de soixante sols (trente-six onces pesant d'argent); et s'il n'était pas en état de payer, il était réduit en esclavage[2].

Quoique tous les hommes libres fussent tenus de se rendre à l'armée, et que, dans les occasions pressantes, la loi n'exceptât qu'un seul des enfants d'une même famille, lorsqu'il y en avait plusieurs, encore devait-ce être le plus faible[3]; cependant les armées étaient en général peu nombreuses. Peut-être la loi était-elle mal exécutée; peut-être le nombre des hommes libres était-il assez petit, comparé soit avec le nombre des esclaves et des vilains, dont on ne demandait aucun service militaire, soit avec le nombre des hommes trop pauvres pour entretenir

---

[1] *Futter*, fourrage, nourriture. — [2] *Capitulare Caroli Magni in Cod. Longob.* § 35, p. 98. — [3] *Constitutio Ludovici II, regis Ital. apud Camillum Pellegrin.* T. II. Rer. It. p. 264.

un cheval, en sorte que deux ou trois familles se réunissaient pour en fournir un; enfin, peut-être aussi ne tenait-on aucun compte des milices à pied des villes, quoique elles fissent bien partie des armées.

Le nom de soldat ne se donnait proprement qu'au cavalier, et celui-ci devait être couvert d'une pesante armure; il devait porter un casque, un collier, une cuirasse, des bottines de fer et un large bouclier. Il combattait avec la lance, l'épée, le poignard et la hache ou francisque, que la cavalerie déposa dans la suite. Le cavalier, le jour du combat, montait un cheval de bataille; mais, dans la marche, il se servait du palefroi, qu'il remettait ensuite à son écuyer lorsqu'il devait se battre. Les fantassins, d'après les ordres de Charlemagne, devaient porter une lance, un bouclier, un arc, avec deux cordes de rechange et douze flèches [1].

Les lois des Lombards, des Francs et des Allemands soumettaient presque toutes les causes au jugement de Dieu; et le combat judiciaire était la procédure la plus usitée. Il n'est pas étrange que, dans cet état de guerre judiciaire, les gentilshommes aient passé à des guerres privées presque continuelles. Lorsqu'ils avaient reçu une injure, les lois mêmes reconnaissaient leur droit d'en poursuivre la réparation; et elles donnaient à leur inimitié une fois déclarée le nom de *faida* [2]. Les lois ne leur imposaient d'autre devoir que celui de renoncer à leur haine, lorsqu'on leur payait la compensation pécuniaire fixée pour l'injure reçue. Ce paiement, nommé *widrigild* [3], devait se faire *cessante faida*; mais si l'une des parties se refusait à payer le prix de l'injure, ou l'autre à le recevoir, la querelle se prolongeait, et les deux familles restaient en guerre [4].

---

[1] Second capitulaire de l'an 813, § 9. *In Capitular. reg. Francor. Steph. Baluzii*, T. I, p. 508. — [2] *Fehde*, inimitié, guerre, défi, en allemand; *Feuds*, guerre ou haine de famille, en anglais. — [3] *Widergeld*, argent donné contre, ou argent de compensation. — [4] *Rotharis Leges in Cod. Longob.* §§ 45 et 74, p. 21, 22. Charlemagne, cependant, s'était

La noblesse était divisée par un nombre infini de semblables querelles ; presque tous les gentilshommes préféraient les soutenir par les armes, plutôt que de les terminer par une composition : aussi avaient-ils un grand intérêt à rendre leurs vassaux propres au service militaire, et à s'assurer de leur affection ; et comme les serfs n'étaient point admis à la milice, leurs maîtres trouvèrent souvent avantageux de les affranchir peu à peu, et de les élever au rang d'*hommes de Masnade ou d'Arimanni*.

Tel était le système féodal à son établissement ; c'était un mélange de barbarie et de liberté, de discipline et d'indépendance, qui était singulièrement propre à rendre à chaque homme le sentiment de sa dignité, l'énergie qui développe les vertus publiques, et la fierté qui les maintient. L'esclavage des campagnards était sans doute la partie odieuse de ce système ; mais on ne doit pas oublier qu'il fut établi dans un temps où un esclavage plus absolu, plus avilissant, faisait partie du système et des mœurs de toutes les nations policées ; que les esclaves romains, qui cultivaient la terre, durent se trouver fort heureux de devenir serfs de la glèbe, et que le vasselage a été le degré par lequel les dernières classes du peuple se sont élevées de leur esclavage antique à leur affranchissement actuel.

Dans le système féodal, le lien social était très faible ; mais il s'était cependant trouvé suffisant tant que l'esprit national des petits peuples qui lui étaient soumis s'était maintenu. Une origine et une gloire commune, un nom national cher à tous les citoyens, des lois consenties par tous, apportées souvent du fond de l'Allemagne, et qui faisaient la plus noble partie de l'héritage de chaque guerrier, resserraient les liens entre

---

attribué le pouvoir de forcer à donner et recevoir le prix de la *faida* : mais les nobles s'y refusaient souvent. *Capitul.* anni 779, *apud Baluzium*, § 22, T. I, p. 198.

les Lombards, entre les Bavarois, entre les Francs Saliens et les Francs Ripuaires, tant que ces peuples restèrent indépendants. L'ambition de Charlemagne, qui les réunit tous sous sa vaste monarchie, fut la première cause de sa désorganisation qui devait suivre. Il n'y a plus de patrie, plus de sentiment national pour l'homme qui appartient à l'empire du monde. Pendant quelque temps, peut-être, les guerriers furent séduits par l'éclat des conquêtes de leur roi, et ils sentirent leur vanité flattée par des victoires qui détruisaient cependant pour eux les espérances de bonheur : mais le règne honteux des descendants de Charlemagne tira les peuples de cette illusion ; ils reconnurent qu'ils ne pouvaient s'intéresser à l'empire d'Occident comme à une patrie, et que, si c'en est une, elle ne leur faisait plus éprouver que de la douleur et de la honte, puisqu'elle était exposée à des humiliations continuelles, et que les Sarrazins, les Hongrois, les Avares, les Slaves, les Normands et les Danois étaient devenus redoutables pour l'empire des fils de Charlemagne [1].

Les nations civilisées et très corrompues sont, en quelque sorte, frappées de mort lorsqu'elles perdent tout esprit public : l'égoïsme réduit alors les hommes à cet état de dégradation où les Grecs et les Romains sont tombés sous leurs derniers empereurs. Mais dans une nation pleine encore d'énergie, où le principe de vie est répandu partout, l'esprit public, lorsqu'il s'éteint, fait place à une vigueur individuelle qui maintient la dignité de la nature humaine au milieu des malheurs de l'état. Dans le temps même où vingt Sarrazins avaient osé fonder

---

[1] Aucune distance ne mettait à l'abri des incursions des Normands. La ville de Luna, capitale de la Lunigiane, entre la Toscane et la Ligurie, fut détruite, en 857, par ces hommes du Nord. *Ant. Ital. Diss. I*, p. 25. Et d'après une chronique ou saga islandaise, il paraît que ce sont les fils de Ragner Lodbrog qui ravagèrent ainsi l'Italie, et qui avaient l'intention de brûler aussi Rome : mais un voyageur leur montrant ses sabots tout usés, leur dit qu'ils étaient neufs lorsqu'il était parti de Rome ; il leur persuada ainsi que la distance entre Rome et Luna était prodigieuse, et il les fit renoncer à leur expédition.

une colonie ennemie à Frassinéto, dans le centre de l'empire formé par Charlemagne, les barons qui les entouraient étaient de braves soldats, et la nation entière était belliqueuse. Ce qui lui rendait toute résistance impossible, c'était la perte de son esprit public, la désunion de tous les membres de l'empire, les guerres allumées entre les seigneurs de châteaux, la défiance enfin et la jalousie entre chaque village et le village voisin. Les paysans n'osaient plus sortir de leurs murailles pour ensemencer leurs champs ; les récoltes étaient détruites ou enlevées par les ennemis, les routes infestées par un brigandage continuel.

Dans le xe siècle, tous les ordres de la nation, pris séparément, étaient mécontents du lien qui les unissait. Les magnats, lorsqu'un prince ambitieux occupait le trône, lui voyaient distribuer les grands fiefs à ses créatures comme des enplois civils ; les villes, forcées de se défendre elles-mêmes contre les incursions des Barbares, en s'entourant de remparts, et en organisant leurs milices, se dégoûtaient d'un gouvernement incapable de les protéger ; les gentilshommes, fatigués par un service militaire ruineux, redoutaient les messagers du roi, qui ne les appelaient jamais qu'à des combats sans gloire, et à des diètes sans liberté ; les paysans, enfin, opprimés par leurs seigneurs, et tourmentés par le brigandage des guerres privées, méconnaissaient une patrie qui ne les considérait point comme citoyens. Au milieu de l'anarchie, des associations partielles s'étaient formées pour se défendre par elles-mêmes : des corps politiques indépendants existaient au sein de la nation ; et leur formation devait hâter la dissolution du lien social qu'elles rendaient superflu.

Dans l'état ordinaire de la société, encore que l'autorité souveraine soit à charge à ceux sur qui elle pèse, tout homme redoute cependant les suites de l'anarchie, et sent combien il serait exposé à des agressions injustes, combien il serait faible et malheureux si une autorité protectrice, si une force supérieure à celle des individus ne réprimait pas les violences, et ne maintenait pas l'ordre au milieu des intérêts opposés et des querelles qu'ils excitent parmi les hommes. Mais lorsque la société renferme dans son sein plusieurs associations partielles, ce besoin de protection ne se fait plus sentir ni aux chefs ni aux membres divers des corporations réunies.

Un duc de Spolète ou de Friuli voyait dans le roi d'Italie un oppresseur qui s'arrogeait le droit d'ôter son héritage à ses enfants, de partager ses revenus, de limiter son autorité; un ennemi jaloux qui, ne réussissant pas toujours à l'accabler de ses seules forces, cherchait à diriger contre lui celles de ses voisins; qui joignait, pour lui nuire, la ruse à la violence, et qui, dans aucun cas, ne revêtait le caractère de défenseur ou de protecteur.

Un magnat ne pouvait point considérer la chute du trône avec cette crainte inquiète que cause l'attente d'une révolution qu'on n'ose désirer, parce qu'on n'en prévoit pas les suites; au contraire, il était à portée de calculer avec exactitude quels seraient les résultats d'un pareil changement; il connaissait également celles de ses voisins, et ne les craignait pas; il se croyait bien assuré qu'il pourrait s'approprier toutes les prérogatives enlevées à l'autorité royale, et qu'il s'enrichirait des dépouilles du trône; aucune anarchie, aucun désordre n'était la conséquence de cette révolution; il n'en devait attendre que plus de sûreté, d'indépendance, de pouvoir et de gloire.

Les sujets du magnat n'avaient point, dans cette occasion, un intérêt contraire à celui de leur maître; le monarque ne les avait jamais protégés contre les vexations du duc ou du marquis: jamais la disgrâce des grands n'avait été motivée sur les plaintes du peuple; et lorsque les sujets sont abandonnés à la discrétion de leurs maîtres, il vaut mieux que ces maîtres soient héréditaires, pour qu'ils soient intéressés à la conservation et à la postérité de leur héritage. L'autorité d'un seigneur temporaire n'était pas moins illimitée pour être précaire; et lorsqu'il était destitué, c'était souvent pour faire place à un homme nouveau d'autant plus avide qu'il était plus pauvre.

Il pouvait aussi paraître plus facile aux sujets d'un magnat de limiter l'autorité d'un petit prince que celle d'un grand roi, de réprimer les vexations de l'homme qui n'avait d'autres forces que les leurs, plutôt que celles d'un souverain qui, selon la politique des despotes, pouvait employer ses sujets d'une province à enchaîner ceux d'une autre.

D'après ces dispositions nationales, il peut paraître étrange que les Italiens n'aient pas déposé Bérenger II et aboli l'autorité royale, au lieu d'appeler Othon du fond de l'Allemagne, et de se soumettre à lui : mais il restait encore deux ordres de la nation, qui, tout mécontents qu'ils étaient, se croyaient intéressés à maintenir la royauté. Les villes ne savaient invoquer d'autres défenseurs, d'autres protecteurs que les rois, qui cependant ne les protégeaient pas; elles éprouvaient tous les malheurs de l'anarchie, et n'avaient point encore trouvé en elles-mêmes assez de forces pour s'en mettre à l'abri : leurs citoyens les plus éclairés devaient même désirer qu'elles se détachassent lentement de l'Empire, au lieu de prétendre tout à coup à une indépendance qu'elles ne seraient pas en état de soutenir. D'autre part, les gentilshommes, formant la noblesse du second rang, redoutaient également une dissolution de la monarchie qui les aurait laissés sans défense contre les magnats limitrophes : ils voulaient bien obéir à des monarques qu'ils étaient accoutumés à respecter; mais ils ne pouvaient consentir à se soumettre à des nobles qu'ils croyaient être leurs égaux.

961. — La translation de la couronne impériale aux Allemands garantit à chaque ordre de la nation un degré d'indépendance proportionné à sa situation et à ses forces; elle fa-

cilita la dissolution paisible du lien social, et la formation, dans l'intérieur de l'état, d'une foule de petits peuples, qui devinrent libres dès qu'ils purent se passer de la protection du monarque. Le règne d'Othon-le-Grand fut signalé au dehors par des victoires, au dedans par l'établissement d'une constitution en rapport avec l'esprit du siècle et les besoins de la nation.

961-965. — Othon ne fut pas moins grand que Charlemagne; et son règne eut une influence plus salutaire sur le sort des peuples qui lui étaient soumis. Charles eut l'ambition des conquérants; et, pour élever son empire, il détruisit l'esprit national, et avec lui la vigueur des peuples qu'il avait vaincus : Othon ne remporta pas de moindres victoires que lui; mais ce fut sur les ennemis de la civilisation, sur des agresseurs qui dévastaient l'empire par leurs irruptions. Othon ne chercha pas à étendre les limites de cet empire; il n'ambitionna pas d'autres pouvoirs que ceux qui lui étaient nécessaires pour protéger ses sujets, et, après avoir rendu la paix à ses provinces, il mit les peuples sur la voie de se passer un jour d'une autorité semblable à la sienne.

La constitution qu'Othon-le-Grand donna aux Italiens, après qu'il eut achevé la conquête du royaume de Bérenger, était la plus propre de toutes à conserver au monarque son autorité pendant les longues absences que nécessitait l'administration de ses états d'Allemagne. Avant la fatale invention des troupes de ligne, avant qu'on eût découvert que des hommes libres pouvaient consentir à vendre leurs volontés aussi bien que leurs bras pour un misérable salaire, le despotisme ne pouvait point avoir d'établissement régulier et durable. L'ascendant d'un grand homme, pendant qu'il était présent, soumettait tout à ses volontés, surtout si cet ascendant était secondé par des idées de devoir et de reconnaissance : mais dès qu'il s'éloignait, le sentiment de l'intérêt personnel reprenait son empire sur chaque individu ; et l'obéissance de l'inférieur se proportionnait avec exactitude au bénéfice qu'il espérait retirer de l'ordre public.

Othon avait conduit en Italie une forte armée ; mais cette armée était feudataire : chacun des officiers, en vertu de sa baronnie, était tenu de servir pendant un certain temps ; chacun des chevaliers était tenu de suivre durant le même temps son baron, de qui il avait reçu un fief de hautbert. L'expédition finie, l'armée avait le droit et la volonté de rentrer dans ses foyers. Si Othon avait voulu fixer en Italie un grand seigneur avec des troupes, il aurait fallu qu'il lui donnât des terres pour lui et pour ses vassaux, qu'il dépouillât de leurs propriétés les habitants de toute une province pour en gratifier des étrangers ; et un expédient aussi violent, en lui suscitant des ennemis acharnés, ne lui aurait pas assuré des vassaux bien fidèles. S'il se contentait de donner des gouverneurs aux provinces, sans en changer les habitants, ces gouverneurs, n'ayant d'autre force que celle de leurs sujets, ne pouvaient se faire obéir qu'autant qu'ils se faisaient aimer, qu'autant que leurs ordres étaient conformes aux intérêts de leurs vassaux. Enfin, si Othon accordait sa confiance aux barons italiens, il demeurait à leur merci, en raison de son éloignement, plus encore que ne l'avaient été ses prédécesseurs.

Othon cependant était puissant et couvert de gloire : pendant les quatre ans qu'il avait employés à soumettre le royaume de Lombardie, à la tête d'une armée belliqueuse, il avait ressaisi le sceptre avec vigueur ; on l'avait toujours vu vainqueur des barbares qu'il avait combattus, toujours supérieur aux rébellions de ses sujets et de son fils lui-même [1], toujours chéri de ses soldats, et respecté du clergé, quoiqu'il eût dirigé les

---

[1] Ludolphe, son fils du premier lit, qui se révolta pendant les années 953 et 954, et qui, après avoir fait la paix avec son père, mourut en 957, en Italie, dont il avait entrepris la conquête.

armes des premiers contre le second; qu'il eût successivement déposé deux pontifes, et donné des chaînes à toute l'Église. La force de son caractère, sa volonté ferme, constante, inébranlable, et qui tendait toujours aux grandes choses, ajoutait encore à son pouvoir : mais avec tant de puissance, il n'aurait pu s'attribuer une autorité despotique, sans qu'elle se fût évanouie, dès qu'il aurait repassé les monts. Il fut trop sage et trop grand pour l'entreprendre ; il se servit au contraire de sa puissance même pour jeter les fondements de la liberté.

Les villes avaient jusqu'alors été gouvernées par leurs comtes, qui souvent étaient aussi leurs prélats; ces seigneurs étaient presque tous Italiens, et par conséquent peu dévoués à l'empereur. Il ne les déposséda point; il ne limita point formellement leurs prérogatives : mais il encouragea la bourgeoisie à les restreindre et à étendre ses immunités. Le comte, non plus que le roi, n'avait point de troupes à ses ordres; et pour faire exécuter ses volontés dans une ville populeuse qui s'était exercée aux armes, seul contre tous, il ne lui restait que le choix, ou de se concilier la bienveillance des citoyens, en se relâchant de ses prérogatives, ou d'invoquer à son aide l'autorité du roi, qui n'était point disposé à favoriser ses prétentions.

Les villes, abandonnées en quelque sorte à elles-mêmes, se donnèrent toutes, sous le bon plaisir de l'empereur, un gouvernement municipal[1]. Ces constitutions s'établirent pendant le règne d'Othon-le-Grand et de ses descendants, sans opposition, sans tumulte, et sans qu'aucune charte attestât leur légitimité : aussi leur antiquité n'est-elle prouvée que par la prescription que les villes alléguèrent dans la suite toutes les fois qu'on voulut contester leurs priviléges.

Les municipalités nouvelles conservèrent pour Othon-le-

---

[1] Nous reviendrons sur l'établissement de ces municipalités dans notre sixième chapitre.

Grand, leur bienfaiteur, une reconnaissance qui dura autant que sa famille : elles ne pensèrent à s'affranchir entièrement du joug des Allemands que lorsque le dernier Othon mourut sans enfants, et qu'elles se virent dégagées, par cet événement, de tout lien avec la maison de Saxe.

Cependant Othon-le-Grand n'avait pas laissé, durant son absence, les villes seules dépositaires de son pouvoir. Il avait accordé les fiefs les plus importants à des Allemands, ou à des hommes qui lui avaient donné des preuves de leur dévouement. Il confia le marquisat de Vérone et de Friuli, ainsi que le duché de Carinthie, à Henri, duc de Bavière, son frère, afin de s'assurer ainsi la liberté d'entrer en tout temps en Italie[1]. Il créa le marquisat d'Este, en faveur d'Oberto, l'un des gentilshommes qui l'avaient assisté contre Bérenger; il créa un autre marquisat, qui comprenait les diocèses de Modène et de Reggio, en faveur d'Alberto Azzo, bisaïeul de la comtesse Mathilde, et celui même qui avait donné un refuge dans sa forteresse de Canossa à l'impératrice Adélaïde[2]. Enfin, il créa le marquisat de Montferrat en faveur de son gendre Almaran[3]. Mais les villes d'Italie profitèrent de ce que des étrangers venaient supplanter les anciens feudataires italiens. Le pouvoir de ces nouveaux seigneurs était vacillant et incertain; leurs vassaux les regardaient avec envie et disputaient leurs droits au lieu de les défendre; leurs voisins ne leur prêtaient aucun secours, et chaque jour ils perdaient quelqu'une de leurs prérogatives. Aussi abandonnèrent-ils les villes, pour se retirer dans leurs châteaux, où ils se croyaient plus en sûreté, et se trouvèrent-ils bientôt réduits, pour la puissance, au niveau des gentilshommes, quelque supérieurs qu'ils leur fussent par leur rang.

---

[1] *Continuator Reginonis Chronic. Germanorum*, L. II, p. 106, *apud Struvium. Scr. Germ.* T. I. — [2] *Donizo vita Mathildis comitissæ.* L. 1, c. 1. *Script. Ital.* T. V, p. 349. — [3] *Benvenuti de S. Georgio Hist. Montisferrati.* T. XXIII, p. 325. — Guichenon, *Hist. généalogique de Savoie.* L. V, Tabl. III et VIII. *Sigonius ad ann.* 967, L. VII.

Nous verrons, dans le chapitre suivant, quels furent les démêlés d'Othon-le-Grand avec l'Église [1]; nous verrons aussi ailleurs comment cet empereur fut engagé, ainsi que son fils, dans une longue guerre avec les Grecs, pour la possession de la Calabre et du duché de Bénévent. Ce sont les seuls événements du règne d'Othon en Italie, dont les historiens nous aient conservé quelque souvenir. Après avoir achevé la conquête du royaume de Lombardie, Othon était retourné en Allemagne en 964[2]. Il en revint l'année suivante; et il séjourna tour à tour à Ravenne, à Pavie, à Rome et à Capoue, jusqu'en 972. Il fit ensuite un second voyage en Allemagne, et il mourut près de Magdebourg, le 7 mai 973.

973-983. — Othon eut pour successeur son second fils, de même nom que lui, qu'il avait fait couronner empereur dès l'année 967. Le second Othon fut retenu en Allemagne jusqu'à l'année 980, par une guerre civile qu'excita contre lui

---

[1] Une table chronologique du règne des premiers empereurs allemands, et de leurs expéditions en Italie, me paraît nécessaire pour faire comprendre le peu de part qu'ils eurent au gouvernement de cette contrée, et pour suppléer à la brièveté de ma narration.

	ÉPOQUES		EXPÉDIT. EN ITALIE.			MORT.
	du règne en Italie,	du couronn. impérial.		Entrée.	Retour.	
OTHON I.	961	962	1re	961	965	
			2e	966	972	973
OTHON II.	962 avec son père	967	1re	967	972	
	seul	973	2e	980	—	983
OTHON III.	983	996	1re	996	996	
			2e	997	1000	
			3e	1000	—	1002
ARDOIN	1002 marquis d'Ivrée, concurrent de Henri II.					1015
HENRI II.	1004	1014	1re	1004	1004	
			2e	1013	1014	
			3e	1021	1022	1024
CONRAD II.	1024	1027	1re	1026	1027	
			2e	1036	1038	1039

[2] *Continuator Reginonis*, L. II, p. 111. — *Hermanni Contracti Chronicon*, p. 264.

Henri-le-Querelleur, duc de Bavière. Il passa ensuite en Italie, où il mourut en 983. Lorsque nous parcourrons l'histoire des républiques maritimes, et de celles de la Grande-Grèce, nous verrons quels furent les démêlés de ce prince avec elles, durant son règne peu glorieux.

983-1002. — Othon II avait laissé un fils en bas âge, sous la tutelle de sa femme Théophanie, de sa mère Adélaïde, et de l'archevêque de Cologne. Ce fils, pendant sa minorité, fut le jouet des guerres civiles de l'Allemagne, qui ne se terminèrent qu'en 995, à la mort de son cousin Henri-le-Querelleur, duc de Bavière [1]. Othon III vint ensuite en Italie, et il y mourut en 1002, à la fleur de son âge. En lui s'éteignit la maison de Saxe, après avoir régné quarante ans sur l'Italie unie à l'Allemagne.

De cet espace de temps, les princes de la maison de Saxe avaient passé vingt-cinq ans hors des frontières de l'Italie, et pendant leurs longues absences, le gouvernement général de la nation était en quelque sorte interrompu. Sans l'empereur on ne portait aucune loi, on ne réunissait aucune assemblée nationale, on ne s'engageait dans aucune guerre publique, on ne faisait aucune levée d'hommes pour le service de l'empire, on ne percevait enfin aucun tribut qui fût destiné au monarque. Mais comme la souveraineté nationale ne pouvait pas rester suspendue, elle retournait aux provinces. Les seigneurs et les prélats rendaient des ordonnances; les cités publiaient des lois municipales; des juges seigneuriaux étaient établis dans les villages par les feudataires; des consuls et des préteurs étaient élus dans les villes par le peuple; chaque corps reprenait le droit de se défendre, et chaque citoyen devenait soldat; enfin des magistrats élus par leurs égaux fixaient pour les dépenses municipales une contribution pres-

[1] *Hermanus Contractus*, p. 269.

que volontaire; et un conseil, nommé conseil de confiance, administrait les deniers de la cité.

Le sentiment qui attache les peuples à l'idée abstraite d'une patrie, se compose de reconnaissance pour la protection qu'elle accorde, d'affection pour ses lois et ses usages, de participation à sa gloire. Mais l'état était tellement divisé, que chaque citoyen ne connaissait d'autre protection que celle des magistrats de sa ville; d'autres lois, d'autres usages, que ceux qui étaient propres à sa ville; d'autre gloire enfin que celle qui était attachée aux armes de sa ville : en sorte que, ne songeant jamais qu'il était membre d'un empire qu'il ne connaissait pas, et avec lequel il n'avait que des rapports pénibles, il s'accoutumait à voir sa patrie toute entière dans sa ville natale. Ainsi s'opéra dans les esprits une révolution bien étrange, et jusqu'alors sans exemple : car, quoique le bonheur et la liberté aient été accordés en partage aux petits peuples, tandis que le despotisme, les grands abus, les écarts de l'ambition, les guerres sans objets et les paix sans repos, sont trop généralement le sort des grands états, on n'avait point encore vu, on ne reverra peut-être jamais, un peuple renoncer aux attributs des grandes nations, à la gloire attachée à un nom collectif, à la grandeur, à la force, pour chercher la liberté dans la dissolution de son lien social.

Chacune des révolutions de l'Empire frappait d'un nouveau coup la subordination féodale, et rendait plus étrangers les uns aux autres les divers membres de l'état. La mort du troisième Othon affranchit les villes de la reconnaissance qu'elles devaient à la famille d'Othon-le-Grand; et la guerre civile qu'excita l'élection de son successeur, leur donna occasion d'éprouver leurs forces, et de s'assurer qu'elles n'avaient plus besoin d'un protecteur étranger.

1002. — Lorsqu'on fut instruit en Allemagne de la mort d'Othon III, le marquis de Thuringue, le duc d'Allemagne, et Henri III, duc de Bavière, fils de Henri-le-Querelleur, se disputèrent la couronne. Après une courte guerre civile, elle demeura au dernier, qui était petit-fils d'Othon-le-Grand. Il fut couronné à Mayence, sous le nom de Henri II, roi d'Allemagne [1]. Quoiqu'il fût Henri Ier pour les Italiens, qui ne comptaient pas Henri-l'Oiseleur parmi leurs rois, nous conserverons à ce prince et à ses successeurs de même nom, l'adjectif numéral qu'emploient les Allemands, pour éviter la confusion de deux désignations différentes.

D'autre part, une diète de seigneurs italiens, convoquée à Pavie, choisit Ardoin, marquis d'Ivrée, pour être roi de Lombardie [2]. Le pacte que la nation italienne avait fait avec la maison de Saxe était annulé par l'extinction de cette maison : les deux royaumes d'Allemagne et d'Italie n'étaient nullement dépendants l'un de l'autre; et aucune loi n'obligeait à en confier l'administration au même monarque. Cependant les Allemands considérèrent l'élection d'un roi lombard comme une rébellion; ils se disposèrent à reconquérir l'Italie; et leur jalousie une fois excitée, ils traitèrent toujours les Italiens comme un peuple ennemi ou rebelle, qu'il fallait effrayer par de rigoureux châtiments pour le plier sous le joug. Les Othon avaient été les protecteurs de la liberté des villes; les Henri, par leur défiance ou leur dureté, contraignirent ces villes à tourner contre eux les forces que la liberté leur avait rendues.

L'élection d'Ardoin avait été faite à Pavie; ce fut aux yeux des Milanais une raison suffisante pour se déclarer contre lui : car Pavie et Milan se disputaient le premier rang dans le royaume de Lombardie; et ces deux villes se sentaient déjà assez fortes et assez indépendantes pour se livrer à leur ja-

---

[1] *Chronicon Ditmari episcop. Mersepurgii*, L. V, p. 365, *apud Leibnitzium Scr. Brunsvic.* T. I. — *Annales Hildeshemens.* Ib. p. 721, ann 1002. — *Hermannus Contractus Chron.* p. 270. — [2] *Arnulphi Hist. Mediol.* L. I, c. 14 et 15. T. IV. Rer. It. p. 12. — *Landulphus senior. Histor. Mediol.* L. II, c. 19, p. 82.

lousie l'une contre l'autre. L'archevêque de Milan, Arnolphe, avait de son côté un sujet de mécontentement contre Ardoin. 1004. — Il n'était revenu qu'après la diète de Pavie, d'une ambassade à Constantinople, où Othon III l'avait envoyé ; et il regardait comme illégitime l'élection d'un roi, à laquelle le premier prince ecclésiastique de la nation n'avait pas pris de part. Il convoqua une nouvelle diète à Roncaglia, dans laquelle Henri d'Allemagne fut reconnu pour roi des Lombards : l'archevêque et la ville de Milan lui promirent leurs secours, et Henri lui-même, après avoir affermi son autorité dans le nord, entra en Italie par la Marche de Vérone : les troupes d'Ardoin se dissipèrent ; ce monarque fut obligé de chercher un refuge dans ses forteresses du marquisat d'Ivrée, et le conquérant s'avança, sans éprouver de résistance, jusqu'à Pavie, où il reçut la couronne d'Italie des mains de l'archevêque de Milan.

Le jour même du couronnement de Henri, l'indiscipline de ses troupes donna aux habitants de Pavie de nouveaux motifs pour s'attacher à son rival. Les Allemands, pris de vin, insultèrent les bourgeois ; et ceux-ci se virent forcés à repousser, par les armes, les outrages d'une soldatesque indisciplinée. Les courtisans de Henri lui représentaient ce tumulte comme *une fureur de populace,* comme *l'explosion d'une arrogance d'esclaves* [1] qu'il fallait réprimer par la force : mais la rébellion était plus générale et le danger plus réel qu'ils ne l'annonçaient. Henri se vit assiégé dans son palais, que ses gardes défendaient avec peine. Pour le délivrer, et soumettre les Pavesans révoltés, il fallut que l'armée qui était campée hors des murs, et qui ne pouvait s'avancer dans les rues fermées par des barricades, mît le feu à la ville. L'incendie s'étendit rapidement et favorisa le massacre. La superbe capitale des Lom-

[1] *Ditmarus Chronicon,* L. VI, p. 377. *Script. Br.* T. I.

bards ne fut bientôt plus qu'un monceau de ruines arrosé de sang, dont Henri s'éloigna en hâte avec son armée. Les Pavesans rebâtirent cependant leur ville : mais, en consacrant ses nouvelles murailles, ils jurèrent de se venger des Allemands ; ils proclamèrent de nouveau Ardoin, et ils vouèrent leurs armes et leur fortune à relever son trône [1].

Henri mettait plus de prix à la conservation de l'Allemagne qu'à celle d'une vaine ombre de pouvoir en Lombardie. Il laissa passer dix années sans y porter de nouveau ses armes. D'autre part, Ardoin, qui ne manquait ni de capacité ni de bravoure, n'avait à sa disposition ni troupes ni trésors. Verceil, Novare, Pavie, et probablement la plupart des villes du Piémont, reconnaissaient son droit à la couronne ; mais aucune de ces cités ne pouvait entretenir des soldats, ou ne voulait recevoir le roi dans ses murs, au risque d'y admettre avec lui la licence des gens de guerre et le pouvoir despotique. Ardoin s'enfermait donc dans les châteaux-forts de son ancien marquisat, et ne rappelait aux peuples qu'il était roi que par quelques donations à des monastères, seuls monuments qui nous soient restés de son règne. Les villes semblaient s'être chargées exclusivement de défendre les droits des deux concurrents. Milan envoyait souvent ses milices attaquer les vassaux limitrophes d'Ardoin ; les citoyens de Pavie, de leur côté, faisaient des incursions sur le Milanais : tous s'exerçaient aux armes ; tous s'abandonnaient à la jalousie qu'ils ressentaient contre leurs plus proches voisins : tous s'accoutumaient à regarder la patrie comme renfermée dans les murs de leur cité ; et s'ils proclamaient encore le nom des rois, c'était pour justifier leurs propres guerres, non dans l'espoir de faire triompher la cause des monarques pour lesquels ils paraissaient combattre.

[1] *Arnulphus Mediol. L. I, c. 16, p. 12.*

Henri II parcourut l'Italie en 1013 et 1014, et reçut à Rome la couronne impériale des mains du pape Benoît VIII, sans qu'il paraisse que, dans cette expédition, il rencontrât nulle part les armées d'Ardoin. Ce ne fut qu'après le retour de Henri en Allemagne, que le roi lombard, atteint d'une maladie grave, déposa, de son propre mouvement, les ornements royaux, et revêtit l'habit de moine dans le monastère de Fructérie, pour se préparer à la mort [1].

1024. — Les Italiens voulurent de nouveau se rendre indépendants des Allemands en 1024, à la mort de Henri II; et comme aucun de leurs compatriotes ne réunissait leurs suffrages, ils offrirent successivement la couronne de Lombardie à Robert, roi de France, et à Guillaume, duc d'Aquitaine [2]. Mais ces deux princes, après avoir calculé la faiblesse de la monarchie italienne, et les dangers aussi bien que les dépenses par lesquelles il faudrait acheter un honneur illusoire, qui ruinerait leurs anciens sujets, refusèrent également un présent trop onéreux. L'archevêque de Milan, qui dirigeait ces intrigues, prit alors le parti de se rendre en Allemagne et de faire la paix de sa nation avec Conrad-le-Salique, duc de Franconie, qui avait été élu par une diète allemande, et dont le nom est attaché aux dernières lois qui complétèrent le système féodal [3].

Conrad II descendait, par les femmes, d'Othon-le-Grand, et ce fut, sans doute, un de ses titres pour prétendre à la couronne. Son prédécesseur, Henri II, était mort sans enfants; et l'une des vertus pour lesquelles il a été canonisé, ainsi que Cunégonde sa femme, c'est la fidélité avec laquelle il observa jusqu'à sa mort le vœu de virginité qu'il avait fait de concert avec elle [4].

---

[1] *Muratori Ann.* 1015. — *Arnulphus Hist. Mediol.* L. 1, c. 16, p. 13. — [2] *Muratori ad ann.* 1025, T. VIII, p. 357. — *Notœ ad Arnulp. Med.* L. II, c. 1, p. 14. — [3] Ce Conrad était le second du nom pour les Allemands, parce que ceux-ci avaient eu pour roi un Conrad I, qui avait régné de 911 à 918. — [4] *Leo Ostiensis Chron. Mon. Cassinens.* L. II, c. 46, p. 368.

1026. — Lorsque Conrad, après avoir pacifié l'Allemagne, se fut déterminé à descendre en Italie, il envoya, selon l'usage qui commençait à s'introduire, des députés à toutes les villes pour les prévenir de son arrivée, leur demander de renouveler leur serment de fidélité, et exiger d'elles, en même temps, les impôts que, dans cette occasion seule, elles devaient payer au trésor royal. Ces impôts étaient désignés, dans le latin barbare qu'on employait alors, par les noms de *foderum, parata* et *mansionaticum*. Le premier était une certaine quantité de denrées destinées à la nourriture du roi et de sa suite ; on convenait souvent de remplacer cette prestation par une somme d'argent. Le second était un tribut consacré à réparer les routes, et à jeter des ponts sur les fleuves que le roi devait traverser : le troisième devait pourvoir aux frais de logement de la cour et de l'armée pendant son voyage [1].

Conrad s'avança ensuite jusqu'à Roncaglia, plaine située au bord du Pô, dans le voisinage de Plaisance, où les diètes du royaume d'Italie se rassemblaient toujours à l'arrivée des empereurs. Une ville semblait s'élever tout à coup au milieu du désert ; un mur l'entourait ; des places et des rues tracées au cordeau séparaient les pavillons du roi, ceux des seigneurs et ceux de l'armée. Les marchands y accouraient de toutes les parties de l'Italie ; et ils élevaient leurs boutiques en dehors des murailles, en sorte que les faubourgs de la ville nouvelle étaient animés par une foire brillante. Le pavillon du roi était placé au centre de son camp ; un bouclier suspendu à une antenne brillait devant sa porte, et tous les feudataires étaient sommés par un héraut de venir le garder à leur tour. La fonction de veiller les armes pendant les premières nuits servait de revue à l'armée : les absents étaient condamnés à la perte de leurs fiefs, pour n'avoir pas, selon leur devoir,

---

[1] *Carolus Sigonius de Regno*, L. VII, p. 175. — *Otho Frising de Gestis Frider. I.* L. II, c. 12, p. 709.

suivi leur prince dans son expédition. Le roi consacrait les premiers jours de la diète à terminer les causes privées qu'on lui soumettait, comme pour maintenir son droit à l'exercice du pouvoir judiciaire. Les jours suivants étaient destinés à recevoir les ambassades des villes, à régler leurs rapports avec la monarchie, et à terminer leurs différends. Pendant les derniers jours de la diète, le roi s'occupait des intérêts des seigneurs, et de toutes les questions qui regardaient les fiefs.

La diète que présida Conrad-le-Salique en 1026 est indiquée par quelques historiens [1] comme l'époque d'un changement bien important dans la législation féodale. Ils croient que la première des constitutions que l'on trouve au livre cinquième des fiefs, fut sanctionnée à cette époque. Les seigneurs s'arrogeaient encore le droit de priver, sans jugement, leurs vassaux de leurs fiefs; la loi de Conrad-le-Salique restreignit la peine de la confiscation au seul cas de félonie, prouvée par le jugement des pairs de l'accusé : dans toute autre circonstance, tous les bénéfices militaires furent déclarés héréditaires de mâle en mâle. Conrad, après avoir parcouru l'Italie, et renouvelé, par des plaids publics et des jugements importants, la mémoire de l'autorité impériale, reprit avec son armée la route de l'Allemagne.

Le monarque ne se fut pas plus tôt éloigné, que de nouveaux désordres indiquèrent les vices du système féodal, qu'il avait vainement tenté de corriger. 1027-1036. — Les villes du centre de la Lombardie étaient, il est vrai, parvenues à jouir d'une assez grande liberté; les grands, et surtout les prélats, avaient de leur côté secoué le joug de l'empereur, et leur indépendance était presque absolue : mais les gentils-

---

[1] *Sigonius de Regno*, L. VIII, *ad ann.* p. 194. — *Denina Rivoluz. d'Italia*, L. X, c. 2, p. 76. — On peut, il est vrai, rapporter aussi cette constitution à l'année 1037 ; et il paraît que c'est l'opinion de Muratori. Mais il est probable qu'à sa première entrée en Italie, Conrad régla, par une loi, un point qui excitait depuis longtemps les plaintes des feudataires.

hommes, les capitaines et les vavasseurs, qui composaient l'ordre équestre, loin de partager le succès des autres ordres, voyaient au contraire empirer leur condition. La nation ne paraissait former un seul corps que dans les diètes ou les plaids de Roncaglia : encore les gentilshommes y assistaient-ils sans mission, sans priviléges, sans aucun moyen de réclamer contre l'oppression des grands feudataires, ou contre les usurpations des cités. Dès que la diète était terminée, l'état se dissolvait avec elle; et les seigneurs de châteaux retournaient dans leurs manoirs, pour s'y défendre par leurs propres forces, et s'y faire rendre justice par leurs armes et celles de leurs vassaux. Une confusion générale et une ruine universelle des campagnes étaient la conséquence de ces guerres privées.

Le brigandage qui accompagnait ces querelles des nobles fut suspendu plutôt que réprimé, pendant le règne de Conrad, par les prédications de quelques hommes pieux : ceux-ci prétendirent, ou crurent peut-être, que le ciel leur avait révélé un ordre de Dieu qui commandait aux hommes de tous les partis une trêve de quatre jours par semaine, depuis la première heure du jeudi jusqu'à la première heure du lundi. Tous les hommes, quelque faute qu'ils eussent commise, devaient, pendant ces quatre jours, être libres de vaquer à leurs affaires; et des peines temporelles et spirituelles devaient frapper ceux qui, pendant la *trêve de Dieu*, exerceraient aucune vengeance sur quelqu'un de leurs ennemis ou de ceux de l'état. Cette paix fut prêchée, pour la première fois, en 1033, par les évêques d'Arles et de Lyon; et elle fut, à la même époque, introduite en Italie[1]; mais elle n'y fut jamais complétement observée. Les Italiens étaient, de tous les chré-

---

[1] *Landulphus senior.* L. II, c. 30, p. 90. — *Ducangius in Glossario Latinit.* voce TREVA.

tiens, les moins superstitieux et les moins disposés à croire à un ordre émané du ciel.

Les guerres privées entre les gentilshommes furent bientôt suivies d'une guerre plus générale, que ces mêmes gentilshommes déclarèrent, d'un commun accord, d'une part, aux prélats, qui pour la plupart étaient leurs suzerains, et, de l'autre, aux bourgeois des villes. Les vavasseurs voyaient d'un œil jaloux ces hommes, nés leurs égaux ou leurs inférieurs, qui jouissaient de l'autorité souveraine, les premiers comme princes, et les seconds comme républicains. Ils se plaignaient surtout de l'orgueil d'Héribert, archevêque de Milan, qui, sans respecter la constitution de Conrad, dépouillait de leurs fiefs ceux de ses vassaux qui avaient encouru sa disgràce. A la nouvelle d'une injustice que cet archevêque avait commise envers l'un d'eux, tous les gentilshommes, vassaux du siége de Milan, prirent les armes en même temps[1]; et leur exemple fut bientôt suivi par tous les gentilshommes de la Lombardie. Les bourgeois, d'autre part, qui avaient été en butte à quelques vexations de la part de la noblesse, et qui croyaient que le lustre de leurs prélats rejaillissait sur eux-mêmes, prirent les armes pour les seconder. Le premier combat se livra dans les rues mêmes de Milan. 1035.—Après une longue résistance, les gentilshommes furent défaits et obligés de sortir de la ville.

Mais dès qu'ils furent en rase campagne, de nombreux auxiliaires accoururent pour se ranger sous leurs drapeaux; la ville de Lodi, jalouse de Milan, se déclara pour eux; et, dans la bataille de Campo Malo, l'archevêque et les Milanais furent défaits par les gentilshommes. 1035-1039.—Conrad, que ces désordres déterminèrent à passer en Italie, assembla une diète à Pavie, où il s'efforça de les apaiser. Il fit mettre

---

[1] En 1035. *Arnulp. Hist. Mediolan.* L. II, c. 10, p. 16.

aux arrêts l'archevêque Héribert, ainsi que les évêques de Verceil, de Crémone et de Plaisance[1]. Il seconda de tout son pouvoir les réclamations des vavasseurs; mais ses efforts pour rétablir la paix furent infructueux : les prélats prisonniers échappèrent à ses gardes, et retournèrent dans leurs villes, qui s'armèrent pour les défendre. Conrad voulut en vain les y poursuivre; il fut repoussé de Milan, et forcé de renoncer au siége de cette ville[2].

Bientôt une nouvelle querelle augmenta la confusion que cette guerre civile avait produite. Les gentilshommes révoltés avaient eux-mêmes des vassaux dont la tenure était militaire, et qu'on appelait alors *vavassins*; ils avaient aussi des esclaves ou serfs attachés à la glèbe. Ces deux classes d'hommes, au moment où tous les ordres de la société prenaient les armes pour la liberté, crurent avoir aussi le droit de la réclamer; ils s'armèrent à leur tour contre leurs seigneurs, et demandèrent un affranchissement général.

Tous les rangs de la société se trouvèrent, à cette époque, en guerre les uns avec les autres. Cependant l'excès même de l'anarchie ramena enfin une paix avantageuse pour toute la nation : les droits de chaque ordre furent fixés avec plus de précision; la constitution de Conrad sur la succession des fiefs fut admise par tous les partis : la plupart des esclaves furent mis en liberté; et les conditions les plus humiliantes, attachées à la dépendance féodale, furent supprimées ou adoucies[3]. Enfin, les gentilshommes, désirant acquérir une patrie, prirent presque tous le parti de se faire admettre à la bourgeoisie des villes voisines, ou, selon le langage du temps, de se recommander eux et leurs fiefs à la protection

---

[1] *Sigebertus Gemblacens. Chronogr.* p. 833. — *Hermann. Contr.* p. 279. — *Annales Hildeshemens.* p. 728. — [2] *Arnulphus Mediol.* L. II, c. 13, p. 18. — *Landulphus senior*, L. II, c. 25, p. 86. — [3] *Constitutio Conradi Salici Imp.* L. V, tit. I, *Libri feudorum.* — *Cod. Leugob.* T. I, P. II, Rer. It. p. 177.

des cités. Cette pacification paraît s'être opérée en 1039, au moment où les armées étant en présence dans le voisinage de Milan, la nouvelle de la mort de Conrad-le-Salique leur fut apportée, et les engagea à poser les armes[1].

[1] *Arnulphus*, L. II, c. 16, p. 18.

CHAPITRE III.

L'Église et la république de Rome dans la première moitié du moyen âge. — Démêlés des papes et des empereurs. — Règnes de Henri III, Henri IV et Henri V, de 1039 à 1122. — Paix de Worms.

Trois princes de la maison de Franconie, le fils, le petit-fils et l'arrière-petit-fils de Conrad-le-Salique, occupèrent le trône impérial, depuis la mort de ce souverain jusqu'au temps où les républiques qui sont l'objet de cet ouvrage, se trouvèrent en possession de l'indépendance, et où nous pourrons commencer à suivre avec intérêt les détails de leur histoire. Mais, avant de donner un précis du règne de ces trois Henri de Franconie, il convient de retourner en arrière, pour faire connaître à nos lecteurs, depuis le commencement du moyen âge, l'état de l'Église romaine, dont le premier de ces trois princes fut le protecteur, tandis que les deux derniers furent persécutés par elle; comme aussi pour faire connaître l'état de la ville de Rome, dont ils disputèrent la souveraineté aux papes. A cette époque même, et dès le commencement du moyen âge, une nouvelle république romaine se constituait en silence, et soumettait quelquefois à son autorité les pontifes dominateurs du reste de la chrétienté.

Il est difficile de comprendre pourquoi la ville de Rome ne fut point prise par les Lombards, lorsque Alboin fit la conquête du reste de l'Italie. Les villes maritimes pouvaient être aisément secourues par les Grecs de Constantinople : Ravenne, Venise et Comacchio étaient défendues par les marais qui les entourent; Naples, Gaëte, Amalfi et les villes de la Calabre, par les montagnes qui les environnent : mais Rome est située dans un pays ouvert de toutes parts. Les Lombards, maîtres des duchés de Toscane, de Spolète et de Bénévent, entouraient cette ancienne capitale du monde : la longue muraille qu'Aurélien avait élevée pour enfermer le champ de Mars dans la même enceinte que l'ancienne ville, présentait un circuit immense à défendre; et la population de Rome, exténuée par une suite de désastres, était bien disproportionnée avec l'étendue de ses murs. Les empereurs grecs, soit faiblesse, soit crainte de compromettre l'honneur de leurs armes, ne maintenaient pas de garnison à Rome : ils confiaient le gouvernement de la ville à un préfet, ou dans la suite à un duc, qui relevait de l'exarque de Ravenne; et les historiens grecs, honteux peut-être de l'abandon où leurs maîtres laissaient l'Italie, évitent de parler de Rome, pendant les deux siècles que dura la domination des Lombards[1].

Cependant Rome ne fut point prise par les Lombards; et les fugitifs des autres provinces de l'Italie, qui vinrent chercher un asile dans cette ville, augmentèrent sa population, et la mirent en état de résister par ses propres forces aux attaques des successeurs d'Alboin. Les papes encourageaient les Romains à la défense de leur patrie, et à la fidélité envers les souverains de Constantinople. Eux-mêmes étaient élus par le clergé, le sénat et le peuple de Rome; mais ils n'étaient point consacrés sans le consentement formel de l'empereur d'Orient[2].

---

[1] Théophylactus Simocatta, auteur contemporain de l'invasion des Lombards, a écrit l'histoire du règne de Maurice, de 582 à 602, avec de très grands détails, sans que, dans son histoire, on trouve, que je sache, une seule fois le nom des Lombards, celui de Rome, ou celui de l'Italie. *Script. Byzant.* T. III. Après lui, pendant près de quatre siècles, les Grecs n'ont pas eu d'historiens, mais seulement quelques chroniqueurs habiles.

[2] Les Romains se passèrent cependant une seule fois de ce consentement, à l'élection

Ils entretenaient toujours deux apocrisaires ou nonces, à la cour de Constantinople et à celle de l'exarque de Ravenne, pour assurer leur souverain de leur obéissance, et pourvoir d'un commun accord à la défense de Rome et à l'administration de l'Église.

Plus les Romains se voyaient négligés par les empereurs, plus ils s'attachaient aux papes, qui, pendant cette période, étaient eux-mêmes presque tous Romains de naissance, et que leurs vertus ont fait admettre, pour la plupart, dans le catalogue des saints. La défense de Rome était considérée comme une guerre religieuse, parce que les Lombards étaient, les uns ariens, les autres attachés encore au paganisme : les papes employaient les richesses ecclésiastiques dont ils disposaient, et les aumônes qu'ils obtenaient de la charité des fidèles occidentaux, à protéger les églises et les couvents contre la profanation des barbares ; en sorte que le pouvoir croissant de ces pontifes sur la ville de Rome, était fondé sur les titres les plus respectables, des vertus et des bienfaits.

Peu d'histoires présentent plus d'obscurité que celle de Rome et des provinces que les Grecs possédèrent en Italie jusqu'au règne de Charlemagne : en effet, à cette époque, ni les Grecs ni les Romains n'avaient d'historien. Les vies des papes n'ont été écrites que dans le IXe siècle ; encore est-ce plutôt pour l'édification des fidèles que pour l'instruction des historiens [1].

C'est cependant durant cette période que s'opéra une révolution qui a eu l'influence la plus durable sur le sort, non seulement de Rome, mais de tout l'Occident. La réformation,

---

de Pélage II, en 577, parce que leur ville était tellement resserrée par les Lombards, qu'aucune communication avec Constantinople ne leur était possible. *Anastas. Biblioth. in vita Pelagii II.* T. III. *Rer. It.* p. 133. — [1] Les vies des papes ont été recueillies par Anastase, bibliothécaire, qui mourut avant l'année 882. On nomme *Liber pontificalis* ce recueil qui a été aussi attribué au pape Damaso II. Il est probablement l'ouvrage de plusieurs écrivains. *Voyez* sur ce livre les Dissertations d'Emanuel de Schelestradt, et de Gio. Ciampini. *Scr. It.* T. III, P. I.

ou, si l'on veut l'appeler ainsi, l'hérésie des iconoclastes, aliéna les sujets latins des Grecs leurs souverains : elle engagea les papes à détruire l'autorité des empereurs sur Rome, cette autorité dont jusqu'alors ils avaient été les gardiens ; et elle fut la cause première de l'indépendance de la ville et de la souveraineté de l'Église.

La religion pure et philosophique de Jésus-Christ avait subi de très grandes altérations dès les premiers siècles de son existence ; elle s'était ressentie de la dégradation du peuple qui la professait, de la perte des vertus publiques, de la corruption de l'esprit et du goût. Les subtilités des philosophes et l'ignorance du vulgaire avaient contribué également à l'altérer ; et le paganisme était rentré tout entier dans la religion qui avait semblé l'anéantir.

Le changement le plus remarquable que subit le christianisme, fut la suite d'une prétendue découverte d'images de Jésus-Christ, puis de la Vierge, qu'on attribuait à un artiste céleste, puisqu'aucune main humaine ne s'était employée à les former. Ces images, qui reçurent leur nom de cette circonstance[1], après avoir elles-mêmes été produites par un miracle, ne tardèrent pas à en faire à leur tour. Elles remportèrent des victoires sur les ennemis de l'état et de la religion ; elles écartèrent les Persans des murs d'Edesse ; elles guérirent les infirmes, et bientôt on leur attribua tous les pouvoirs de la Divinité. Bientôt d'autres images, sans avoir comme elles une origine céleste, furent reconnues pour avoir la même puissance ; et la religion chrétienne, qu'à plus d'un titre on pouvait accuser déjà d'avoir rétrogradé vers le polythéisme, se trouva, par un dernier pas, changée en idolâtrie proprement dite : les images, les statues furent reconnues comme ayant dans leur matière même quelque chose de divin ; on les

---

[1] Ἀχειροποίητος, fait sans le secours des mains.

honora pour elles-mêmes, indépendamment de l'objet qu'elles représentaient, plus peut-être qu'on ne l'avait jamais fait chez les païens.

Cependant, presque à la même époque, un peuple barbare reçut d'un conquérant ambitieux un nouveau système de théisme. L'islamisme est fondé, plus qu'aucune religion, sur le dogme de l'unité et de la spiritualité de Dieu; et les musulmans ont toujours témoigné une horreur égale pour l'association de la créature au culte qui n'est dû qu'au Créateur, et pour la représentation, par des formes, de l'ÊTRE que les sens ne peuvent saisir, comme l'esprit ne peut le mesurer. Les musulmans prodiguèrent aux chrétiens le reproche d'idolâtrie [1] : ils tournèrent contre eux tous les arguments, comme toutes les railleries dont les anciens apologistes s'étaient servis pour attaquer les païens; et cette controverse était d'autant plus humiliante pour les orthodoxes, que leur profession de foi formait un contraste évident avec leur pratique, et que la haine du nom d'idolâtres n'était point éteinte en eux, à l'époque où eux-mêmes méritaient le plus ce nom.

Les musulmans firent davantage encore pour détromper les chrétiens : ils les vainquirent; ils mirent en fuite le *Labarum* miraculeux; ils prirent Edesse, malgré son image triomphante; ils détruisirent et dispersèrent les tableaux et les reliques avec l'autel qui les portait; ils convainquirent enfin d'impuissance les prétendus agents de la Divinité, les saints, les anges, les demi-dieux des catholiques, et leurs images [2].

---

[1] Εἰδῶλα λατρεῖν veut dire, *se prosterner devant les rassemblances.* Le mot composé de ces deux-là n'indique donc point que les idolâtres prennent la pierre ou le marbre pour des dieux, mais seulement pour des images divines, auxquelles ils rendent un culte. — [2] Jesid, neuvième calife de la race des Ommiades, fit détruire toutes les images de la Syrie, vers l'année 719, et justement à l'époque où commençait le schisme des iconoclastes. Aussi les orthodoxes reprochèrent-ils aux sectaires de suivre l'exemple des Sarrazins et des Hébreux. *Frag. Mon. Johann. Ierosolymitani. Scr. Byzant.* T. XVI, p. 235.

Ces défaites avaient, depuis quelque temps, ébranlé la croyance du peuple, lorsqu'une race de montagnards, qui conservait dans l'Asie-Mineure [1] son indépendance, l'amour des armes, et une religion plus rapprochée de l'ancien christianisme, parvint à placer un de ses chefs sur le trône. 717-741.—Léon-l'Isaurien ou l'Iconoclaste signala son règne par l'attaque la plus violente contre les superstitions nouvelles, le culte des images et les progrès du monachisme. Il éprouva, même en Orient, une résistance qui mit son trône en danger : mais une partie considérable du peuple partageait les opinions de Léon; et ce prince unissait une grande habilité à une grande vigueur de caractère [2]. L'Occident était à la fois plus attaché au culte des images, et plus indépendant de l'empereur. Les Romains refusèrent absolument de se soumettre aux édits de Léon; et le pape Grégoire II, qui siégeait alors, après avoir vainement cherché à ramener les iconoclastes à la croyance de l'Église, autorisa les Romains à refuser à l'empereur les tributs accoutumés [3]. Dans le même temps, Ravenne et toutes les villes de l'Exarchat ouvrirent leurs portes à Liutprand, roi des Lombards; en sorte qu'il ne resta plus en Italie, sous la domination de l'empire d'Orient, que les villes maritimes de la Grande-Grèce.

Grégoire II s'était montré à plusieurs reprises le protecteur de son troupeau; il l'avait défendu contre les invasions des Lombards, tantôt par sa réputation de sainteté, et par le crédit qu'elle lui faisait obtenir auprès de Liutprand; tantôt par les trésors de l'Église, qu'il avait consacrés à solder des troupes. En refusant d'obéir plus longtemps à Léon-l'Isau-

---

[1] L'Isaurie faisait partie de la Cilicie. — [2] Le règne de Léon-l'Isaurien et de ses successeurs inconoclastes ne nous est connu que par le récit partial de Théophanes, qui, lui-même, fut persécuté par cette secte. *Theop. Chronog.* T. VI. Bis. p. 260 et suiv. Cédrénus n'a fait que copier ou abréger Théophanes. T. VII. Bis. p. 355. — [3] *Theophanes in Chronog.* p. 269. ad ann. 9 Imper.— *Georgii Cedreni Hist. compend.* p. 358.

rien, Grégoire accusa Marino, duc de Rome, et Paul, exarque de Ravenne, d'avoir par les ordres de leur maître, voulu le faire assassiner [1]; et sans les chasser de Rome, il les y priva de toute autorité. Ainsi s'établit, vers l'année 726, par son influence, et avec l'agrément du roi des Lombards, un simulacre de république, qui subsista obscurément dans Rome, depuis le règne de Léon-l'Isaurien jusqu'à la destruction du royaume des Lombards, et au couronnement de Charlemagne.

Ce fut surtout pendant le pontificat de Grégoire III, de 731 à 741, que la république romaine, sous l'influence du pape, se gouverna comme un état indépendant. Dans cet espace de temps, on vit les nobles, les consuls et le peuple se joindre à un concile qui commandait les iconoclastes; tandis que les Romains relevaient leurs murailles, qu'ils fortifiaient *Centumcellœ* ou Civita-Vecchia, qu'ils s'alliaient aux ducs de Bénévent et de Spolète contre Liutprand, roi des Lombards, et qu'ils concluaient enfin avec celui-ci un traité au nom du duché de Rome [2].

On demandera peut-être quel était le gouvernement de cette république ou de ce duché; mais c'est ce qui n'est point facile à décider : car les Romains et le pape évitaient des démarches et des déclarations positives pour ne pas aliéner absolument l'empereur; ils l'aidèrent même à recouvrer l'exarchat de Ravenne; et, après avoir renvoyé en Sicile le patrice destiné à les gouverner, ils reçurent de nouveau, dans plus d'une occasion, des officiers de Constantinople; ils réclamèrent la protection de l'empereur contre les Lombards, et ils demandèrent, inutilement il est vrai, des troupes à Constantin Copronyme pour se défendre. L'empereur, de son côté, était disposé à se contenter d'une ombre de pouvoir et à se déchar-

---

[1] *Vita Gregorii II, ex Anastasio bibliothecario,* T. III. Rer. It. P. I, p. 156.
— [2] *Vita Gregorii III, ex lib. Pontif. Anastasii bibl.* T. III. Rer. It. p. 158. *Vita Zachariæ. Ib.* p. 161.

ger en silence de la défense d'une ville que sa situation rendait difficile à protéger. Le pape, comme chef de l'Église, comme père des fidèles, jouissait d'un très grand crédit et sur les citoyens et sur les ennemis de l'état. On accordait souvent à la sainteté de son caractère ce qu'on aurait refusé aux prérogatives de son rang. Les nobles romains enfin avaient appris des Lombards, leurs voisins, à faire respecter leur indépendance ; et ils n'obéissaient ni à l'empereur, ni au pape, ni à leur propre sénat. Ils possédaient, comme seigneurs de châteaux, tout le territoire du duché de Rome; et lorsqu'ils vivaient dans la capitale, c'était en princes qui se croyaient supérieurs aux lois. Leur pouvoir était proportionné au nombre de leurs vassaux et de leurs satellites. Au milieu de ce conflit de juridictions, le pape, chef du clergé, patriarche de tout l'Occident, dépositaire des trésors du ciel, qu'il échangeait aisément contre ceux de la terre, le pape se montrait le seul défenseur du peuple, le seul pacificateur des discordes des grands. Les progrès de l'ignorance avaient ajouté à ses pouvoirs ; il était devenu comme un demi-dieu sur la terre, surtout pour les nations barbares nouvellement converties et éloignées de sa personne : il formait le lien de toute l'Église ; et, seul, il pouvait obtenir que des nations lointaines, dont le peuple connaissait à peine le nom, prouvassent leur christianisme par leur charité envers les Romains. La conduite des pontifes inspirait le respect, comme leurs bienfaits méritaient la reconnaissance. Ils avaient peut-être les torts de la superstition ; mais ces torts sont des vertus aux yeux du peuple qui les partage : leurs mœurs étaient pures et sévères ; le luxe ni le pouvoir ne les avaient point encore corrompues.

Grégoire III fut le premier pape qui implora la protection des Français pour l'Église et la république romaine ; il recourut à Charles Martel, maire du palais, pour obtenir des secours contre Liutprand [1]. Cet exemple fut suivi par les autres papes, toutes les fois que les attaques des Lombards mirent la ville de Rome en danger. Outre les lettres des papes, nous en avons une de l'apôtre saint Pierre lui-même, qui fut adressée par Étienne II à Pépin, Charles, Carloman et l'université des Français, pour mettre l'Église de Dieu et le peuple romain sous leur protection spéciale [2].

En retour, pour cette protection, les papes accordèrent, de leur côté, des grâces aux rois de France. Zacharie donna son consentement à la translation de la couronne de France de Childéric à Pépin [3]; et Étienne II couronna ce dernier à Paris en 754 [4]. Étienne conféra ensuite le titre de patrice des Romains à Pépin et à ses deux fils; et, au nom de l'Église, des ducs, comtes, tribuns du peuple et de l'armée de Rome, il leur écrivit sous ce titre pour les engager à défendre, contre Astolphe, une ville dont ils avaient été créés magistrats [5].

Le droit de créer un patrice des Romains n'appartenait pas plus au pape que celui de transférer la couronne de France d'une maison à une autre. Le patrice était un officier nommé par les empereurs grecs : il y en avait un en Sicile, et quelquefois un autre à Rome ; et ce magistrat était à la tête du gouvernement. Mais l'élection du peuple français donnait à Pépin un meilleur titre à la royauté, que l'élection du pontife romain au patriciat; et le pape, dans la position dangereuse où se trouvait son troupeau, était excusable de chercher à tout prix à lui assurer un protecteur. Cependant les papes compromirent leur caractère par ces négociations : tandis qu'ils donnaient aux Carlovingiens des droits qui ne leur appartenaient

---

[1] En 741. *Voyez* les deux premières lettres du *Codex Carolinus*. T. III, P. II. Rer. It. p. 75, 77. — [2] La troisième lettre du *Codex Carolinus*, p. 92. — [3] *Amalrici Augerii vitæ Pontif. Roman*. T. III, P. II, p. 78. — *Frodoardus de Pontif. Rom. Poema. Ib.* p. 79. — [4] *Anastasii biblioth. vita Stephani III*. T. III, P. I, p. 168. Le même pape est appelé Étienne III par cet auteur, et Étienne II par les autres. — [5] *Epist.* 4, 5 et suiv. *in Cod. Carol.* p. 96.

pas à eux-mêmes, ils recevaient d'eux en retour des concessions de terres et de richesses que les Carlovingiens n'avaient aucun droit de donner. Pépin força le roi des Lombards, Astolphe, à rendre l'Exarchat et la Pentapole, non point à l'empereur de Constantinople, qui en avait été dépouillé, et qui faisait demander ces provinces par ses députés, mais à saint Pierre, à l'Église romaine représentée par ses pontifes, et à la république. Ce dernier mot paraît employé par l'historien d'Étienne II, pour désigner le gouvernement de Rome et des provinces qui, après s'être détachées de l'empire grec, demeuraient indépendantes : car l'historien termine l'éloge de ce pontife en disant, « qu'avec l'aide de Dieu il étendit les frontières de la républi« que et du peuple souverain qui formait le troupeau confié « à ses soins [1]. »

La donation de Pépin ne nous a pas été conservée, en sorte que nous ne connaissons pas avec exactitude les conditions de cette concession, par laquelle l'Église acquit pour la première fois une domination temporelle [2]. Mais l'histoire nous apprend que cette donation ne reçut jamais son exécution. Astolphe permit bien que l'acte de la donation et les clefs de chaque ville fussent déposés sur l'autel de saint Pierre; des otages arrivèrent même à Rome avec l'envoyé de Pépin : mais l'Église n'entra point en jouissance de la souveraineté de ces provinces; et nous avons une suite de lettres des papes, dans lesquelles ils se plaignent qu'Astolphe et Désidério, son successeur, n'avaient point mis l'Église et la république romaine en possession des villes promises [3], ou, qu'après les avoir

---

[1] *Annuente Deo rempublicam dilatans, et universam dominicam plebem, etc.* Anast. bibl. Vita Stephani III, T. III, p. 172, anno 755. — [2] Le *liber Pontificalis* nous apprend les noms des villes cédées ; savoir, Ravenne, Rimini, Pesaro, Fano, Céséna, Sinigaglia, Jési, Forlimpopoli, Forli, Castel Sussubio, Montéfeltro, Accerragio, Monte di Lucaro, Cerra, Castel San-Mariano, Bobbio, Urbino, Cagli, Luceolo, Gubbio et Comacchio. Anast. Biblioth. p. 171. — [3] *Ecclesia sancta Dei et respublica Romanorum.* Epist. 7, 8 et 9. Cod. Carolin. p. 104 et suiv.

livrées, ils les avaient presque aussitôt reprises de nouveau. Lorsqu'en raison des instances de l'Église, ces villes eurent été remises en liberté par Désidério, au lieu d'être gouvernées par le pape, elles furent administrées par les archevêques de Ravenne, comme représentants des exarques [1] ; et, lorsqu'enfin Charlemagne, appelé par le pape Adrien, eut conquis le royaume des Lombards, en 774, Charlemagne confirma bien la charte de donation de son père, mais il ne l'effectua jamais, et Adrien fut obligé de solliciter à son tour le nouveau monarque, le suppliant d'accomplir, pour le salut de son âme, ce qu'il avait promis de faire en faveur de l'Église et de la république des Romains [2].

Mais, tandis que les donations de souveraineté faites par Pépin, Charlemagne et Louis-le-Débonnaire, se réduisirent à des chartes pompeuses qu'ils n'avaient eux-mêmes aucune intention d'exécuter, ces mêmes princes enrichirent le Saint-Siége par des largesses plus réellement profitables : ils lui donnèrent le *domaine utile* d'une partie de l'Exarchat et de la Pentapole, c'est-à-dire les fruits et la rente de la terre, tandis que la souveraineté de ces mêmes provinces était réservée à la république romaine, au patrice, et enfin à l'empereur d'Occident. Cependant l'obéissance d'un grand nombre de vassaux était attachée à ce domaine utile : en sorte que le pape, qui depuis longtemps était reconnu pour le premier citoyen de Rome, en devint aussi le premier et le plus puissant baron [3].

Dès qu'une dignité procure le pouvoir et la richesse, elle doit devenir l'objet des vœux des ambitieux, et bientôt même

---

[1] *Agnelli liber Pontificalis* P. II, *in vita Sergii archiep.* c. 4, T. II, Rer. It. p. 174. — [2] *Codex Carolinus, Epist.* 59, p. 213 *et passim.* — [3] Constantin Porphyrogénète, dans le X⁰ siècle, dit que les papes étaient souverains de Rome. *De Thematibus.* L. II, Th. 10, p. 22. Ρώμη ἰδιοκρατορίαν ἔχειν, καὶ δεσπόζεσθαι κυρίως, παρά τινες κατὰ καιρὸν Πάπα. Cependant, même au xᵉ siècle, le pape n'était encore qu'un des plus puissants seigneurs de Rome.

leur proie. Immédiatement après les premières largesses de Pépin, on vit prétendre à la chaire de saint Pierre des hommes fort différents de ces religieux austères qui l'avaient occupée jusqu'alors, et les annales de l'Église commencèrent à être souillées par les crimes du chef des chrétiens. Deux frères, Étienne II et Paul Ier, qui se succédèrent sur le Saint-Siége, de 752 à 766, sont accusés, par l'historien de l'église de Ravenne, d'injustice, de rapine et de cruauté [1]. Après la mort du dernier, un antipape s'empara par les armes du siége pontifical : le pape légitime, Étienne III, fut impliqué dans l'assassinat de quelques-uns des premiers dignitaires de son église [2], et le clergé tout entier revêtit les habitudes et les mœurs farouches des gentilshommes de son siècle.

Dans les temps de barbarie, tandis que l'ignorance rend la foi plus ferme, des passions indomptables et féroces font fouler la morale aux pieds. Les massacres, les trahisons, les parjures, sont des événements fréquents dans la vie d'hommes auxquels les IXe et Xe siècles n'ont point refusé le nom de grands. Mais, après des crimes épouvantables, une pénitence signalée attestait la religion du coupable et son repentir. L'ambition du clergé indiqua aux grands criminels une nouvelle voie pour s'acquitter de leurs fautes, et pour faire oublier leurs fureurs : ce fut celle des donations faites à l'Église pour le salut de l'âme du donateur. Pépin et Charlemagne, par de semblables largesses, avaient jeté les fondements de la puissance des papes : mais ils n'enrichirent pas le Saint-Siége seul ; ils montrèrent une générosité presque égale envers l'archevêque de Ravenne, qu'ils mirent en état de rivaliser avec les papes, envers l'archevêque de Milan, et surtout envers les monastères. Tous leurs successeurs sur le trône d'Italie imi-

---

[1] *Agnellus in libro Pontif. Vita Sergii.* T. II p. 172. — [2] *Vita Stephani III (seu IV) in Anast. biblioth.* p. 174 et suiv. — *Vita Hadriani*, p. 180.

tèrent leur exemple; tous les hauts barons suivirent celui de leurs souverains; comme eux, ils sentaient le besoin de faire payer à leurs héritiers les désordres de leur vie : aussi nous reste-t-il un plus grand nombre de chartes de donations faites aux églises, avant le xiie siècle, que de toutes les autres espèces de contrats réunies. Lorsqu'Othon-le-Grand entra en Italie, tandis que les grands fiefs laïcs étaient éteints ou divisés, les villes les plus riches et les provinces les plus populeuses étaient possédées par le clergé. A cette époque, les premiers et les plus puissants souverains ecclésiastiques étaient le patriarche d'Aquilée, l'archevêque de Milan, celui de Ravenne, les évêques de Plaisance, de Lodi, d'Asti, de Bergame, de Novare et de Turin, l'abbé du Mont-Cassin, le plus grand seigneur du duché de Bénévent, qui a conservé jusqu'à nos jours le titre de premier baron du royaume de Naples, et l'abbé de Farfa, dans la Sabine[1]. Au reste, la plupart des évêques avaient acquis par une charte, ou des rois ou des grands seigneurs, la juridiction sur la ville où ils siégeaient; et il n'y avait pas un seul évêché, pas un seul monastère d'hommes ou de femmes, qui, tout au moins dans quelque village ou quelque hameau, ne possédât les droits régaliens.

Au pouvoir temporel étaient attachés des devoirs qui éloignèrent tout à fait les ecclésiastiques de leurs fonctions primitives. Lorsqu'un évêque ou un abbé était comte d'une ville, il réunissait, sous ce titre, l'office de juge à celui de général; il était chargé du gouvernement civil de son comté pendant la paix, de sa défense durant la guerre. Comme châtelains, les ecclésiastiques se crurent permis de soutenir des siéges, longtemps avant qu'ils osassent conduire des armées dans les camps. Cependant ils apprirent aussi ensuite à mar-

---

[1] *Muratori Antiq. Ital. Diss.* LXXI, T. VI, p. 56.

cher contre l'ennemi. L'empereur Louis II leur en donna l'ordre précis, dans le ban qu'il publia pour l'expédition de Bénévent, en 866[1] ; et en 915, le pape Jean X se mit lui-même à la tête des troupes de la ligue qu'il avait formée contre les Sarrazins.

Les rois de la race carlovingienne, entraînés par le même esprit religieux qui leur avait fait enrichir le clergé, crurent aussi sanctifier l'administration de leurs états, en la confiant à des ecclésiastiques. Le chancelier, l'un des plus grands officiers de la couronne, n'était presque jamais séculier ; les évêques, les abbés, étaient appelés aux conseils des rois, comme aux états de la nation. Pendant le règne de Pépin et une partie de celui de Lothaire, Adélard, abbé de Corbie, et le moine Wala, son frère, furent les vrais souverains de l'Italie. Après eux, d'autres ecclésiastiques prirent leur place dans les conseils ; et l'on a remarqué qu'ils n'avaient pas refusé d'être les agents des guerres dénaturées que les fils de Louis-le-Débonnaire firent à leur père. Le crédit auprès du souverain, le pouvoir, la richesse, ont de tout temps corrompu ceux qui les possédaient ; on ne pouvait s'attendre que le clergé restât seul à l'abri de cette corruption, si l'on réfléchit qu'à cette époque l'esprit de la religion chrétienne était absolument dénaturé par une superstition grossière ; que ses ministres, pris parmi les hommes du siècle, devaient participer aux vices de ce siècle ; que les grands seigneurs ne manquaient jamais de placer un de leurs fils dans l'Église, pour s'appuyer ensuite de la fortune qu'il ferait dans cette carière, et qu'au lieu de l'y préparer par des études religieuses, ils lui donnaient la même éducation qu'aux jeunes chevaliers ; que l'avidité avec laquelle on pillait les biens de l'Église, égalait la profusion avec laquelle on l'avait enrichie, et que

---

[1] Ce ban est rapporté par Camillo Pellegrini. *Hist. princip. Langob.* T. II p. 265.

le roi Hugues n'avait pas été le premier qui eût conféré violemment les bénéfices ecclésiastiques à ses espions ou à ses bâtards; qu'enfin plusieurs souverains dépossédés, plusieurs grands seigneurs dont on voulait se défaire, étaient forcés de recevoir la tonsure; et que le corps du clergé, composé d'une manière aussi irrégulière, ne pouvait pas avoir des vertus qui lui fussent propres, et qui convinssent à son état. C'est à tort qu'on a fait un argument, contre la religion, des désordres des IXe et Xe siècles, lorsqu'il n'aurait fallu rien moins qu'un miracle pour sanctifier les éléments impurs dont le clergé se composait.

Nous avons une histoire assez détaillée des pontifes contemporains des empereurs carlovingiens. Cette histoire, écrite par un bibliothécaire de la cour de Rome, est, en général, honorable pour eux [1]. Le scandale de leur conduite ne commença guère qu'avec le Xe siècle. Mais, avant de voir le Saint-Siége souillé par les mœurs dissolues de quelques jeunes gens, il est juste d'arrêter nos regards sur l'époque plus honorable du pontificat de Léon IV.

Presque immédiatement après la mort de Charlemagne, les Sarrazins, s'apercevant de la faiblesse de l'immense monarchie qu'il avait formée, avaient commencé à ravager les provinces maritimes de l'Italie. En 833, leurs incursions avaient déjà déterminé le pape Grégoire IV à fortifier contre eux la ville d'Ostie [2]. Ils avaient continué cependant leurs déprédations; les villes de la côte étaient ruinées; les habitants de Civita-Vecchia étaient forcés de s'enfuir dans les forêts; et en 847, les Sarrazins poussèrent la hardiesse jusqu'à entreprendre le siège de la ville même de Rome. En même

---

[1] Les vies des pontifes ont été écrites par Anastase, bibliothécaire, jusqu'à la mort de Nicolas Ier, en 867 : les vies de quelques pontifes, jusqu'en 889, ont été ajoutées par un autre bibliothécaire, nommé Guillaume. De cette époque à l'année 1050, où commence le recueil du cardinal d'Aragon, il y a une lacune qu'on n'a pas de moyens de remplir. —
[2] *Anast. biblioth. in vita Gregor. IV*, p. 226.

temps ils pillèrent les basiliques de Saint-Pierre au Vatican, et de Saint-Paul hors des murs. A cette époque même, le pape Sergius II mourut; et les Romains, pour ne pas rester sans chef dans des circonstances aussi dangereuses, élurent pour pape Léon IV, prêtre romain, qui jouissait déjà d'une grande réputation : ils le consacrèrent sans attendre l'approbation de l'empereur[1]. Les Sarrazins, cependant, s'étaient retirés d'eux-mêmes; mais Léon, pour se mettre à couvert de nouvelles attaques, fit relever les murailles de Rome, et fortifier la ville de toutes parts : il fit entourer d'un mur le mont Vatican, qui, jusqu'alors, avait été hors de l'enceinte de Rome; et il appela de son nom ce nouveau quartier, CITÉ LÉONINE[2]. Il rebâtit Civita-Vecchia, que les Sarrazins avaient ruinée[3]; et avec l'aide des trois républiques, de Naples, d'Amalfi et de Gaëte, qui jouissaient déjà de la liberté sous la protection des Grecs, il combattit une nouvelle flotte de Sarrazins, et la força de se retirer avec dommage. A ces actions glorieuses, les biographes de Léon IV ajoutent le récit de quelques miracles; il y en a un qui a plus illustré la mémoire de ce pontife que la fondation de la ville qui portait son nom. Le bourg des Saxons, qui s'étendait entre la cité Léonine et le quartier de *Transtevere,* fut en partie consumé par un terrible incendie, que les prières de Léon arrêtèrent[4]. C'est le sujet du tableau à jamais mémorable de Raphaël, connu sous le nom de l'*Incendio del Borgo,* dans la quatrième salle du Vatican.

Depuis la déposition du dernier monarque carlovingien, jusqu'au règne d'Othon-le-Grand, l'autorité des princes qui portèrent momentanément le titre d'empereur, fut toujours vacillante et contestée. Cependant la ville de Rome ne faisait pas partie du royaume d'Italie : elle ne relevait que de la couronne impériale; et pendant la vacance de l'empire, elle recou-

---

[1] *Vita Leonis IV. Anast. biblioth.* p. 231. — [2] *Ibid.* p. 240. — [3] *Ibid.* p. 245.
[4] *Ibid.* p. 233.

vrait son indépendance, ou pour mieux dire, elle tombait sous le joug de l'oligarchie turbulente de ses nobles. Celui d'entre eux qui parvenait à occuper le trône pontifical, obtenait, en vertu des richesses de l'Église, une grande prépondérance sur tous les autres, et devenait en quelque sorte le chef de la république. L'élection, il est vrai, devait être faite par les suffrages réunis du clergé et du peuple [1]; mais le clergé était presque tout militaire, et la voix des grands était supposée représenter celle de la nation : aussi devait-on bien s'attendre que, dans ce corps de noblesse, l'objet des vœux de tous serait décerné au plus valeureux, au plus adroit, au plus galant peut-être d'entre les jeunes ambitieux qui se disputaient la tiare, plutôt qu'à quelque prêtre recommandable par sa sainteté, mais incapable d'intrigues [2].

Les mœurs du moyen âge favorisaient une galanterie mêlée de dignité, que les anciens n'avaient point connue : dans les châteaux, cette galanterie prit une tournure chevaleresque; dans une grande ville, elle s'unit davantage à l'intrigue. A Rome, les femmes, en cherchant à plaire, voulurent aussi exercer du pouvoir; elles essayèrent de dominer, par leurs amants, l'état, et, avec lui, l'Église qui faisait partie de l'état; et elles acquirent plus d'autorité sur les Romains au xe siècle, qu'on ne leur en vit jamais exercer dans aucun autre gouvernement.

Deux patriciennes fameuses, Théodora et sa fille Marozia, disposèrent, pendant l'espace de soixante ans, de cette tiare, que les Henri, à la tête des armées allemandes, ne purent, peu d'années après, enlever à leurs ennemis.

---

[1] *A cunctis sacerdotibus seu proceribus, et omni clero necnon et optimatibus, vel cuncto populo Romano. Anast. biblioth. in Leone III*, p. 195. — [2] Le portrait qu'Anastase fait du pape Adrien Ier, indique les qualités qui fixaient ordinairement les suffrages. *Vir valde præclarus, et nobilissimi generis prosapia ortus, atque potentissimis Romanis parentibus editus; elegans et nimis persona decorabilis, constans etiam, etc... In Hadriano I*, p. 179.

Théodora était d'une naissance illustre; elle possédait de grandes richesses et plusieurs châteaux-forts; les arcs de triomphe et les tombeaux massifs des anciens Romains, changés en forteresses par les gentilshommes, étaient garnis de ses soldats; surtout elle disposait en souveraine des nombreux amants qu'elle comptait parmi les nobles romains : elle employa cette espèce d'empire à faire cesser une guerre scandaleuse que deux factions se faisaient à Rome, en s'arrachant successivement la tiare. On avait vu Étienne VI, successeur de Formose, en 896, faire déterrer le cadavre de son prédécesseur; soumettre ce corps mort, en présence d'un concile, à un ridicule et atroce interrogatoire; le condamner, le faire mutiler, et le jeter enfin dans le Tibre [1]. Depuis cette époque, des papes élus tour à tour par les deux partis, avaient alternativement cassé tous les actes de leurs prédécesseurs. Théodora elle-même était du parti contraire au pape Formose; et sa fille Marozia avait été maîtresse de Sergius III, l'un des persécuteurs de ce pontife. Mais lorsque Théodora eut soumis les grands et l'Église par ses artifices et ses galanteries, les mœurs de la cour de Rome en devinrent, si ce n'est plus pures, du moins plus douces.

Éprise d'un jeune ecclésiastique nommé Jean, Théodora lui fit obtenir d'abord l'évêché de Bologne, puis l'archevêché de Ravenne, et enfin, désolée d'avoir éloigné d'elle celui qu'elle aimait, en le revêtant de cette nouvelle dignité, elle agit avec tant d'adresse auprès du clergé et des gentilshommes romains, que le même homme fut élevé par eux au trône pontifical, en 914, sous le nom de Jean X [2]. L'amour ou la reconnaissance

---

[1] *Liutprandi Ticinens. Hist.* L. I. c. 8, p. 430. — *Amalricus Augerius vitæ Pontif.* T. III, P. II, p. 317. — *Frodoardus poema de Romanis Pontif.* Ibid. p. 318.
— [2] *Liutprandi Hist.* L. II, c. 13, T. II, p. 440. Baronius, Pagi, et tous les écrivains ecclésiastiques, ont admis comme véridiques les récits de Liutprand, évêque de Crémone. Muratori seul les révoque en doute, dans ses Annales, sur l'autorité des épitaphes de quelques papes, et du panégyrique banal que Frodoardus, en quatre ou cinq

de ce pape pour Théodora ont scandalisé le cardinal Baronius, auteur des Annales de l'Église : cependant on ne reproche à Jean X ni poison, ni assassinat, ni trahison ; forfaits qui, dans un âge postérieur, ont souillé plus d'une fois le trône pontifical. Jean X administra les affaires de l'Église avec fermeté et avec justice ; il sut réunir, pour le bien commun de ses compatriotes, les princes rivaux qui se partageaient l'Italie, et jusqu'aux deux empereurs d'Orient et d'Occident : il conduisit lui-même leurs armes contre les Sarrazins, campés aux bords du Garigliano ; et dans cette expédition, il mérita la gloire de vaillant guerrier, pour laquelle il était plus fait que pour le titre de père des fidèles[1].

Lorsque Théodora se lia, pour la première fois, avec Jean X, elle n'était plus dans la fleur de l'âge. Déjà auparavant, et vers l'an 906, elle avait marié sa fille, la fameuse Marozia, à un Albéric, marquis de Camérino, qui donnait à la famille de son épouse un nouveau lustre, par la propriété d'un grand fief voisin de Rome.

Cependant l'histoire cesse de parler de Théodora ; peut-être la mort affranchit-elle Jean X de sa domination. Albéric, premier époux de Marozia, qu'un historien presque contemporain appelle consul des Romains[2], fut tué dans une sédition ; et sa veuve, en 925, n'exerçait pas moins d'empire sur les barons romains, que Théodora en avait exercé avant elle. Le pape seul, après avoir été l'amant de la mère, ne pouvait sentir de l'amour pour la fille : celle-ci, de son côté, nourrissait une aversion extrême pour Jean X. Marozia avait trouvé moyen de s'emparer par surprise du môle d'Adrien, aujourd'hui château Saint-Ange. Cette tour massive, le plus iné-

---

mauvais vers, s'est cru obligé de faire de tous les pontifes l'un après l'autre. J'aimerais autant citer en preuve les sonnets qu'on fait en Italie pour chaque ménage, où la noblesse et la valeur, l'amour et la beauté viennent au service de tout le monde, sans acception de personnes. — [1] *Liutprandi Hist.* L. II, c. 14, p. 441. — *Leo Ostiensis chronicon monasterii Cassinensis.* L. I, c. 52, T. IV. *Rer. It.* p. 325.—[2] *Ibid.* L. I, c. 61, p. 333.

branlable des monuments de l'ancienne Rome, avait, dans d'autres occasions, été déjà convertie en forteresse. Bâtie de l'autre côté du Tibre, à l'extrémité du pont Élius, elle commande la communication entre le Vatican et le Champ de Mars, le cours supérieur du fleuve et les approches de la ville, du côté de la Toscane et de tout le nord de l'Italie : aussi ce château, dans le moyen âge, de même que de nos jours, a-t-il été considéré comme la clef de Rome. Après s'être fortifiée dans le môle d'Adrien, Marozia offrit sa main à Guido, duc de Toscane. Les deux époux, lorsqu'ils eurent réuni leurs forces, se trouvèrent presque souverains de Rome : alors ils firent tuer un frère de Jean X, qui était son confident; ils enfermèrent le pape lui-même dans une prison, où il ne tarda pas à mourir, et ils firent passer successivement la tiare sur la tête de deux de leurs créatures [1].

En 931, Marozia était veuve pour la seconde fois, et assez puissante dans Rome pour porter au Saint-Siége, sous le nom de Jean XI, son second fils, âgé à peine de vingt-un ans, à qui la médisance donnait pour père le pape Sergius. Ce pontife a été fort maltraité par l'annaliste ecclésiastique [2] : cependant, durant un règne de cinq ans, il ne put se rendre coupable d'aucun crime ou d'aucune faute; car, réduit aux seules fonctions ecclésiastiques, il ne jouit pas un seul instant du pouvoir attaché à son siége.

Marozia s'était réservé à elle-même l'exercice de ce pouvoir; et le roi Hugues de Provence, qui, vers le même temps, voulait affermir le sien sur la Lombardie, ne dédaigna pas de rechercher l'alliance d'une femme que ses galanteries seules avaient rendue puissante. Marozia épousa en effet Hugues en troisièmes noces, quoiqu'il fût frère utérin de Guido, son second mari; mais cette union ne répondit point aux espé-

---

[1] *Liutprandi Hist: L. III, c. 12, p. 150.* — [2] *Baronius Annales ecclesiast. ad ann. 931.*

rances des ambitieux époux. Au sortir d'un repas, Hugues, dès les premiers jours de son mariage, osa frapper à la joue Albéric, fils de Marozia et du marquis de Camerino, son premier mari, parce que ce jeune homme, qui lui présentait l'aiguière, avait versé maladroitement l'eau sur ses mains. Albéric indigné appela ses compatriotes à prendre les armes pour venger son injure et secouer le joug d'un barbare. Avec leur aide il força Hugues à prendre la fuite. Jamais ce prince ne put rentrer dans Rome; et Marozia finit ses jours dans un monastère [1].

Ainsi les Romains secouèrent tout ensemble le joug des femmes, celui des papes et celui des rois; ils crurent avoir recouvré la liberté de l'ancienne Rome; ils répétèrent le nom de république, parce qu'ils virent un consul à leur tête, car Albéric prenait indifféremment ce titre ou celui de patrice. Albéric était un maître cependant; mais il avait attaché les Romains à sa cause : il les tenait armés pour l'indépendance de leur patrie; et dans l'état où il les avait trouvés, son administration convenait peut-être mieux qu'aucune autre à leur fortune naissante. Il conserva sur eux le même ascendant pendant vingt-deux ans qu'il vécut encore; et, à sa mort, il laissa comme un héritage la principauté de Rome à son fils Octavien, qui n'était âgé que de dix-sept ans. Pendant sa vie, il avait nommé successivement divers papes qu'il avait tenus dans une dépendance absolue : lorsque le dernier d'entre eux, qui lui avait survécu deux ans, mourut, Octavien, qui était prêtre, crut affermir son autorité en y joignant la direction de la puissance spirituelle. Il se fit consacrer lui-même sous le nom de Jean XII. Ce fut des mains de ce pontife qu'Othon-le-Grand reçut la couronne impériale.

Il paraîtra étrange, sans doute, que dans le xe siècle, dans

---

[1] *Liutprandi Hist.* L. III, c. 12, p. 450.

un siècle qui, plus que tout autre, fut celui de l'ignorance et de la superstition, le pouvoir des papes se soit si rapidement et si complétement anéanti. Il paraîtra étrange surtout que la donation de Charlemagne au Saint-Siége ait été l'époque et presque la cause de ce déclin du pouvoir sacerdotal. Mais les papes, ensuite de cette donation, étaient devenus des souverains, ou du moins de grands seigneurs feudataires; et leur pouvoir était miné par les mêmes causes qui minaient sourdement la puissance de tous les monarques et de tous les grands seigneurs. Il faut que l'organisation sociale soit déjà bien complète, pour qu'une ville gardée par ses propres milices, gouvernée par ses propres magistrats, reconnaisse l'autorité d'un souverain éloigné, qui n'a ni soldats ni archers pour faire exécuter ses ordres. Cette organisation n'existait pas dans le moyen âge; et toutes les cités devenaient indépendantes du souverain qui n'y résidait pas. On voit quelques traces de la protection que le pape accordait quelquefois aux villes de l'Émilie et de la Pentapole, dont il avait obtenu la restitution à la république; mais on ne trouve aucun monument qui indique que le pape gouvernât ces villes : ce n'étaient donc point les cités, mais les possessions territoriales, les fiefs et les domaines qui faisaient la richesse du pape, et qui donnaient du prix à la concession des Carlovingiens.

Cependant les papes, pour tirer parti de ces possessions territoriales, les avaient inféodées eux-mêmes sous des redevances militaires. Une noblesse armée remplaça les anciens vassaux roturiers, qui cultivaient les mêmes domaines, et qui n'auraient pas su les défendre. On ne prévoyait point encore tout ce que le gouvernement des prêtres devait craindre de l'esprit altier, indépendant et belliqueux des gentilshommes.

Vers la fin du IXe siècle, les papes étaient au faîte de l'espèce de puissance féodale qu'ils s'étaient formée par leurs propriétés; la nouvelle milice qu'ils venaient de créer sur leurs terres était encore liée à eux par le souvenir d'un bienfait récent, et elle s'efforçait d'augmenter leur crédit. C'est à sa valeur et à son dévouement qu'ils durent leur prépondérance dans la république romaine, à une époque où, comme nous l'avons dit, ils étaient les plus puissants barons du duché de Rome. Mais la rivalité de Sergius et de Formose divisa cette noblesse en deux partis : les gentilshommes restèrent attachés à celle des deux maisons dont ils avaient reçu des bienfaits ; et lorsque le parti de Sergius triompha, la dignité pontificale fut rendue en quelque sorte héréditaire dans la famille de Théodora, de Marozia et des Albéric ; les chevaliers consacrèrent leur reconnaissance à cette famille dont ils avaient reçu des fiefs militaires, tandis qu'ils se crurent dégagés de tout lien envers les rivaux des Albéric, lors même qu'ils viendraient à occuper ensuite la chaire de saint Pierre.

Cependant la ville de Rome, depuis le temps où elle avait secoué le joug des empereurs d'Orient, avait toujours conservé les formes, si ce n'est l'esprit d'une république. Le pape n'avait, dans l'intérieur de ses murs, d'autre pouvoir que celui que lui assurait le respect religieux des peuples pour son caractère, ou leur crainte superstitieuse des censures de l'Église. Pendant l'administration d'Albéric, les droits du peuple étaient reconnus, et ses assemblées périodiques étaient conservées. Il est vrai que l'homme qui avait assuré à la nation son indépendance était trop puissant pour la laisser libre : mais lorsqu'il mourut, son fils Octavien n'hérita que de ses possessions et de ses droits ; et le pouvoir illimité du père finit avec la reconnaissance et la confiance sans bornes des citoyens.

En même temps que le peuple éleva Octavien ou Jean XII à la dignité papale, il confia les principales fonctions de l'administration à un préfet de la ville, auquel il donna pour collègues et conseillers des consuls annuels ; et il chargea douze tribuns ou décurions qui représentaient les divers quartiers de Rome, du soin de protéger ses propres intérêts [1]. Il s'opéra alors dans le caractère national une révolution plus importante que celle qui n'atteignait que les magistratures. A la mort du grand consul, on vit renaître l'esprit public; on vit se manifester dans le peuple l'intention de circonscrire l'autorité arbitraire, et de mettre un terme à ses usurpations. Cet esprit engagea les Romains dans une lutte hardie, mais inégale, avec les empereurs et les papes, lutte qui se prolongea pendant l'espace de temps presque entier qu'embrasse cette histoire. *(comme nous allons le voir)*

(Othon-le-Grand, déposa successivement Jean XII et Benoît V, et le peuple romain, en haine du pouvoir arbitraire, se déclara à deux reprises pour ces papes et soutint par les armes, quoique sans succès, la légitimité de leur titre aussi bien que son droit d'élection.) Jean XII, après avoir invité Othon à descendre en Italie, s'était bientôt aperçu qu'il avait préparé un joug sous lequel lui-même serait forcé de se courber. Il se ligua contre l'empereur avec Bérenger; mais il était trop tard : le monarque italien, après s'être vainement défendu dans la forteresse de Saint-Léon, fut fait prisonnier. Othon marcha contre Rome, et le pape s'enfuit à Capoue avec Adelbert, fils de Bérenger [2].

Othon assembla un concile à Rome pour juger Jean XII, ou plutôt, disait-il, pour le corriger des étourderies de sa jeunesse; mais ce concile mit au grand jour la corruption effrayante du Saint-Siége. Pierre, cardinal-prêtre, se leva et fit l'énumération devant toute l'assemblée des vices et des crimes du pape [3], et l'empereur, sans vouloir admettre ou rejeter

---

[1] En 966, ces diverses magistratures existaient déjà depuis plusieurs années. *Baronius Annales ecclesiast. ad ann.* 966. — *Amalricus Augerius in vita Joh XIII*, p. 329. — *Pandulph. Pisanus, et Catalog. Papar. in eund.* p. 329-332. *Rer. It.* T. III, P. II. — [2] *Liutprandi Contin.* L. VI, c. 6, p. 471. — [3] *Liutprandi*, L. VI, c. 7 et 8, p. 473.

une semblable accusation écrivit à Jean XII la lettre suivante, pour l'inviter à venir se justifier.

« Au souverain pontife et pape universel, le seigneur Jean,
« Othon, par la clémence de Dieu, empereur auguste, et les
« archevêques de la Ligurie, de la Toscane, de la Saxe et de
« la France, au nom du Seigneur, salut.

« Arrivé à Rome pour le service de Dieu, quand nous
« avons interrogé vos fils les Romains, les évêques, les car-
« dinaux, les prêtres, les diacres et tout le peuple, sur la
« cause de votre absence et sur le motif qui vous empêchait
« de nous voir, nous, défenseur de votre Église et de vous-
« même, ils nous ont raconté de telles choses de vous, des
« choses si honteuses, que, si on les disait des histrions, en-
« core les feraient-elles rougir. Pour que tout ne demeure
« point caché à votre grandeur, nous en rapporterons brièvo-
« ment quelques-unes : un jour ne nous suffirait pas à les
« exprimer toutes en détail. Sachez donc que vous êtes accusé,
« non point par un petit nombre, mais par tous, par des gens
« de votre ordre aussi bien que des séculiers, de vous être rendu
« coupable d'homicide, de parjure, de sacrilège, d'inceste
« avec deux sœurs vos proches parentes. Ils ajoutent, ce qui
« est horrible à entendre, qu'à table vous avez bu à la santé
« du Diable ; qu'au jeu vous avez imploré le secours de Jupiter,
« de Vénus et des autres démons. Nous supplions donc, avec
« ferveur, votre paternité de venir, et de ne pas tarder à
« vous purger de ces accusations. Et si vous craignez la vio-
« lence d'une multitude téméraire, nous nous engageons par
« serment à ce que rien ne se fasse contre la règle des saints
« canons. Du 8 des ides de novembre 963 [1]. »

Jean, dans sa réponse, refusa de reconnaître l'autorité du concile, et menaça d'excommunication ceux qui oseraient pro-

---

[1] *Liutprandi*, L. VI, cap. 9, p. 474.

céder à l'élection d'un nouveau pontife. Il fut cité une seconde fois, mais inutilement : alors le concile le déclara déchu de sa dignité et nomma, pour lui succéder, Léon, protoscrinaire de l'Église, qui fut sacré sous le nom de Léon VIII.

Cependant les gentilshommes attachés à la famille des Albéric, les citoyens qui voulaient maintenir le droit du peuple romain à nommer son évêque, et les partisans de l'indépendance de l'Église, se réunirent pour déclarer illégitime la déposition de Jean et l'élection de Léon. L'empereur, avant son départ, fut obligé de réprimer une sédition qui éclatait contre son pape. Dès que ce prince fut éloigné, Jean XII rentra dans la ville, mit en fuite Léon, fit mutiler cruellement deux cardinaux ses ennemis, et forma des préparatifs pour se défendre dans Rome. Un accident inattendu mit un terme à tous ses projets. Le pape, surpris de nuit dans un rendez-vous de galanterie chez une femme mariée, fut frappé à la tempe d'un coup dont il mourut peu de jours après. L'évêque de Crémone dit que ce fut par les mains du diable, tandis que les incrédules accusèrent le mari jaloux [1].

Les Romains ne se laissèrent point déconcerter par la mort de Jean XII ; ils lui substituèrent immédiatement un cardinal-diacre, qui prit le nom de Benoît V; et ils résistèrent quelque temps avec courage à l'armée d'Othon, qui entreprit le siége de leur ville. Cependant ils furent enfin forcés de céder à la famine et aux attaques journalières des soldats. Othon rentra dans Rome avec son antipape Léon VIII : le pape Benoît V, que l'Église considère comme seul légitime [2], parut en habits pontificaux devant son compétiteur et une nombreuse assemblée d'évêques, dans l'église de Saint-Jean-de-Latran ; il reconnut à genoux et en versant des larmes qu'il avait usurpé la chaire de saint Pierre ; il se dépouilla de son manteau, et

---

[1] *Liutprandi Hist.* Lib. VI, cap. 11, p. 475. — [2] *Baronius Ann. ecclesiast. ad ann.* 964. — *Pagi critica.* Ibid. — *Sigonius de regno.* t. VII.

remit sa crosse à l'antipape Léon ; celui-ci la brisa en présence de l'assemblée : ensuite le pape légitime fut envoyé en exil au fond de l'Allemagne [1].

Après la mort de Benoît et de Léon, un nouveau pape, Jean XIII, évêque de Narni, fut désigné par l'empereur ; et les deux puissances se trouvèrent réunies contre la liberté de la ville : néanmoins les Romains n'abandonnèrent point le combat ; Othon était en Allemagne : les magistrats, ayant eu lieu de se plaindre du pape, lui donnèrent l'ordre de sortir de la ville. Jean fut forcé de se soumettre, et il passa dix mois en exil dans un château de la Campanie.

Du lieu de sa retraite, le pape supplia Othon d'accourir à son aide. L'empereur, en effet, rentra en Italie avec son armée; et, même avant son arrivée, le pape fut rappelé. Mais loin que la soumission des Romains pût fléchir l'âme vindicative de Jean, dès que les troupes allemandes conduites par Othon furent entrées dans la ville, le pape fit arracher du tombeau et jeter au vent les cendres du préfet de Rome, Roffrédo, qui lui avait intimé l'ordre de s'exiler : le nouveau préfet, la tête enveloppée d'une outre, fut promené sur un âne et exposé à la risée publique ; les consuls romains furent envoyés en exil au fond de l'Allemagne, et les douze tribuns du peuple périrent sur l'échafaud [2]. La gloire d'Othon ne fut pas moins souillée que celle du pape, par ses odieuses exécutions. « Nous voulions « te recevoir avec bonté et magnificence, » dit l'empereur grec Nicéphore Phocas à Liutprand, l'historien, ambassadeur d'Othon ; « mais l'impiété de ton maître ne l'a pas permis : il « s'est emparé de Rome en ennemi ; il a fait périr une partie

---

[1] *Liutprandi. L. VI, c. ultim. p. 476. — Vita Johann. XII, ex Mss. Vaticano Pandulphi Pisani.* T. III. *Rer. Ital.* P. II, p. 328. — Baronius se trouve ici dans un dilemme qui ressemble au fameux sophisme du menteur : « Si Benoît est le vrai pape, « donc il est infaillible, donc il a dit la vérité, quand il a dit qu'il n'était pas pape, etc. »
—[2] *Baronius Annal. eccles. ad ann.* 966.—*Pagi critica, et Murat ad ann.* 967. Toutes les vies du pape Jean XIII. *Script. Rer. Ital.* T. III, P. II, p. 330.

« des Romains par le glaive et d'autres sur l'échafaud ; à plu-
« sieurs il a fait arracher les yeux, et d'autres enfin sont par
« lui chassés en exil [1]. »

Dans aucune période, peut-être, l'histoire des pontifes n'est souillée de plus de crimes que pendant le règne des trois Othon de Saxe ; mais, heureusement pour la mémoire des papes, les chroniques qui rapportent ces forfaits sont trop concises et trop obscures pour que cette histoire scandaleuse ait pu frapper l'imagination, ou se graver par ses détails dans la mémoire.

Peu de temps avant qu'Othon Ier eût fait place à Othon II, Benoît VI, Romain de naissance, avait succédé à Jean XIII. Un cardinal-diacre, Boniface Francone, fils de Ferruccio, s'empara bientôt après de la personne de ce pape, le renferma dans un cachot du château Saint-Ange, et l'y fit étrangler, ou, selon d'autres, mourir de faim. Il se fit sacrer lui-même sous le nom de Boniface VII ; il ne régna cependant que quarante jours : il profita de ce temps pour dépouiller les églises et les basiliques de leurs trésors et de leurs pierreries ; et comme les Romains, révoltés de ses crimes, prenaient les armes pour le chasser, il s'enfuit de lui-même à Constantinople avec son butin, vers l'an 984, et il n'en revint que dix ans après, pour disputer de nouveau la tiare [2].

La faction impériale fit sacrer ensuite, en 975, Benoît VII, neveu ou petit-fils du grand consul Albéric, dont la famille était devenue propriétaire du comté de Tusculum [3]. Les comtes de Tusculum se chargèrent de maintenir à Rome les intérêts

---

[1] *Legatio Liutprandi ad Nicephor. Phocam.* T. II, *Rer. Ital.* p. 479. — [2] *Amalricus Augerius, Pandulphus Pisanus, et Catal. Papar.* T. III. P, II, p. 332-335. — *Ptolomæi Lucensis Hist. eccles.* L. XVI, c. 27, T. XI, p. 1043. — Plusieurs catalogues placent ici un pape *Domnus*, dont l'Église reconnaît l'existence sous le nom de Dono, quoique le calcul des temps ne laisse point d'espace pour son règne de dix-huit mois. Je crois que ce pape n'est autre que Benoît VI, *Domnus Benedictus*. Le nom de *Benedictus* aura été omis dans une copie ; et le titre de *Domnus* sera devenu le nom d'un second personnage supposé, dont l'histoire est toute semblable à celle de Benoît VI. — [3] Cette généalogie des

de l'empire; et avec l'appui de la maison de Saxe, ils maîtrisèrent les élections; en sorte que ces feudataires, l'empereur et le pape, firent cause commune contre la liberté.

En 983, Benoît VII mourut; et les Romains lui donnèrent pour successeur Jean XIV, évêque de Pavie : cependant ce dernier avait à peine régné huit mois, lorsque Boniface VII revint de Constantinople à Rome, s'empara par les armes de la personne de son rival, et l'enfermant dans un des cachots du château de Saint-Ange, l'y laissa mourir de faim, tandis que lui-même occupa de nouveau le Saint-Siége, et gouverna l'Église pendant onze mois.

Tant de crimes lassèrent les Romains, et leur inspirèrent autant de haine que de mépris pour ce pouvoir sacerdotal, qu'une durée de plusieurs siècles et de nombreux souvenirs ne pouvaient plus rendre respectable. Tandis que les papes étaient désormais considérés comme des tyrans à la fois féroces et pusillanimes, dont il était honteux de porter le joug, un homme que la vieille gloire de Rome échauffait encore, et qui désirait ardemment de ramener les beaux jours de la république, Crescentius, commençait à se faire connaître, et acquérait de l'ascendant sur le peuple, par son éloquence et son courage. Il ranima le noble orgueil des Romains, qui, sous sa conduite, se crurent de dignes descendants des maîtres du monde; il les enhardit à secouer l'autorité des papes, qui ne reposait que sur la confiance des peuples dans la sainteté du ministère apostolique, et qui perdait tous ses titres à l'obéissance dès que les pontifes renonçaient à leurs vertus. Crescentius commença d'exercer quelque pouvoir dans Rome, avec le titre de consul, dès l'année 980, à peu près vers le temps où Othon II

---

comtes de Tusculum, qui explique leur crédit et leur puissance subite, n'est guère fondée que sur le retour des mêmes noms de cette famille; mais je la vois adoptée par Vitali, *Storia diplom. de' Senatori di Roma*, P. I, p. 23 ; et indiquée par Pagi, *Critica*, ann. 975, § 3.

entra pour la première fois en Italie. Cet empereur, occupé d'une guerre contre les Grecs dans le duché de Bénévent, ne changea rien à l'administration de Rome. Crescentius ne put prévenir les crimes de Boniface VII; mais il est probable qu'il contribua à les faire punir[1]. Il s'efforçait de priver les papes de toute part à un gouvernement dont ils avaient longtemps abusé : aussi les historiens pontificaux se plaignent-ils de ses persécutions[2]. Jean XV, élu en 985, et qui occupa le Saint-Siége jusqu'en 996, fut à son tour exilé par le consul; mais lorsqu'il eut enfin reconnu l'autorité du peuple, il fut rappelé à Rome, et il vécut avec Crescentius en bonne intelligence[3]. Ce pape mourut, lorsqu'il commençait à se lasser de la crainte à laquelle il se voyait condamné, et comme il venait d'envoyer une ambassade à Othon III, pour engager ce prince, qui sortait à peine de sa longue minorité, à passer en Italie.

L'empereur était déjà parvenu à Ravenne, lorsqu'il apprit la mort du pontife; il désigna, pour lui succéder, un seigneur allemand, son parent, nommé Bruno, qui, avec l'appui des comtes de Tusculum et de l'armée qui s'avançait, fut élevé à la chaire de saint Pierre, sous le nom de Grégoire V.

Crescentius s'était retiré sur le môle d'Adrien à l'approche des troupes allemandes; et Grégoire, qui ne voulait pas commencer son pontificat par des actes de rigueur, s'interposa pour faire la paix entre l'empereur et le consul. Mais Othon ne tarda pas à repartir pour l'Allemagne; et le nouveau pontife, fier d'une dignité que dans sa patrie on respectait bien plus qu'à Rome, enorgueilli de sa naissance royale et de l'appui d'Othon, dont il se regardait comme le lieutenant,

---

[1] Boniface VII fut dérobé au châtiment qu'il avait mérité par une mort subite; mais son corps, livré aux outrages du peuple après avoir été traîné dans les rues, fut pendu au cheval de Constantin. *Catalog. Pap.* 335. — [2] Voyez *Baronius, ad ann.* 996. Il rapporte son épitaphe, § 10. — [3] *Vita Johannis XV, ex Amalr. Augerio.* T. III, P. II, p. 334.

voulut se mettre au-dessus des lois et des priviléges du peuple.
Crescentius comprit à quels dangers serait exposée la liberté
romaine, si les empereurs, non contents de visiter la ville avec
leurs armées allemandes, y laissaient encore des pontifes de
leur famille, qui leur fussent entièrement dévoués. Les empereurs grecs, par faiblesse il est vrai plutôt que par un sentiment de devoir, respectaient mieux les priviléges des peuples;
les républiques de Venise, de Naples, d'Amalfi, florissaient
déjà sous leur protection : ces souverains ne voyageaient jamais; ils n'essayaient jamais de faire des innovations dans
l'administration des provinces éloignées; et, loin de favoriser
les usurpations du sacerdoce, ils ne devaient pas être disposés
à laisser prendre aux papes plus de pouvoir qu'ils n'en accordaient aux patriarches de Constantinople. Crescentius crut
qu'en soumettant de nouveau Rome à l'empire d'Orient, il
assurerait à la république des secours d'argent, et qu'il la
délivrerait à la fois de l'ambition artificieuse des papes, de la
morgue et de la violence des monarques allemands. Des ambassadeurs grecs, chargés en apparence d'une mission pour
Othon, furent appelés à Rome, où ils s'arrêtèrent, et où ils
ébauchèrent avec Crescentius le pacte solennel qui devait précéder cette grande réunion.

Un Grec, nommé Philagathus, qui avait suivi en Occident
l'impératrice Théophanie, lorsqu'elle avait épousé Othon II,
était à cette époque évêque de Plaisance[1]. Crescentius jeta
les yeux sur lui, comme sur une personne propre à remplacer
Grégoire V. On ne manquait pas de motifs pour déposer
celui-ci, dont on pouvait regarder l'élection comme entachée
de violence. Crescentius fit valoir cette cause d'illégitimité :
Grégoire fut chassé; et l'évêque de Plaisance, élu à sa place,
prit le nom de Jean XVI.

---

[1] Il était originaire de Rossano en Calabre, et il avait joui d'un très grand crédit auprès d'Othon II.

Si les projets de Crescentius avaient pu recevoir une entière exécution, si Philagathus avait pu se maintenir sur le trône pontifical, le sort entier de l'Europe et celui de la religion auraient pu être changés. L'Italie aurait pu assurer son indépendance, en balançant les forces des deux empires. Si elle avait augmenté ses relations avec les Grecs, elle aurait pu recevoir d'eux une culture plus prompte, et peut-être leur communiquer en retour un esprit de liberté, un courage et des vertus qui auraient sauvé de sa chute l'empire d'Orient. D'autre part, le pouvoir des papes ne se serait jamais relevé. Les Italiens avaient peu de respect pour eux : les Grecs étaient jaloux de leurs prétentions à la suprématie ; et les nations septentionales, qui par leur vénération pour le Saint-Siége, ont fondé toute sa puissance, se seraient détachées d'un pape qu'elles auraient vu soumis à l'influence des Grecs. Mais, avant que les troupes qu'on attendait de Constantinople, pour appuyer cette révolution, eussent débarqué en Italie, Othon entra de nouveau à Rome ; et Jean XVI tomba entre les mains de ses ennemis. En vain saint Nilus, abbé d'un monastère dans le voisinage de Gaëte, vint, à l'âge de quatre-vingt-dix ans, se jeter aux pieds de l'empereur et du pape Grégoire, pour implorer leur miséricorde ; en vain il leur rappela que l'évêque de Plaisance les avait tenus l'un et l'autre sur les fonts de baptême ; en vain il les supplia de lui accorder la vie de son malheureux compatriote, au lieu des stériles honneurs qu'ils rendaient à ses cheveux blancs ; rien ne put toucher le haineux pontife. Jean XVI, mutilé avec férocité, fut soumis à un long supplice, dont le seul récit révolte la nature[1].

Crescentius s'était retiré avec tous les vieux amis de la liberté, dans le môle d'Adrien, qui, d'après lui, fut nommé longtemps *Tour de Crescentius*. Othon III fit de vains efforts

---

[1] *Acta St. Nili abbatis, apud* Baron. *Annales,* ann. 996, § 16, 17 et 18.

pour le soumettre; mais ce massif de pierres, qui, sur un diamètre de deux cent cinquante pieds, ne présente d'autre vide ou d'autre ouverture qu'un escalier étroit, était assez solide pour résister aux attaques des hommes, comme il a résisté à celles du temps. L'empereur feignit enfin de vouloir entrer en négociations; il s'engagea sur sa parole *royale*, à respecter la vie de Crescentius et les droits de ses concitoyens : mais dès qu'à l'aide de cette promesse il se fut emparé de sa personne, il lui fit trancher la tête, ainsi qu'à plusieurs de ses partisans [1].

La veuve de Crescentius, Stéphanie, déguisant sa profonde douleur, et se taisant sur les outrages auxquels elle avait été exposée [2], cherchait à tout prix à s'approcher d'Othon, pour tirer de lui une vengeance signalée. Depuis qu'une brutale violence avait détruit pour elle la gloire et la pureté de sa vie, elle croyait que la beauté qui lui était restée ne devait plus lui servir que comme un instrument de vengeance. Othon était revenu malade d'un pèlerinage au mont Gargano, où ses remords peut-être l'avaient conduit. Stéphanie lui fit parler de son habileté dans la médecine : sous ses habits de deuil elle l'éblouit encore par ses charmes; et, comme sa maîtresse ou comme son médecin [3], ayant gagné sa confiance, elle lui administra un poison qui le conduisit bientôt à une mort douloureuse [4].

Les historiens allemands, enclins à pardonner à la grande jeunesse d'un prince qui n'avait que vingt-deux ans lorsqu'il mourut, s'efforcent de relever le caractère d'Othon III [5]. Ce-

---

[1] *Arnulph. Hist. Mediolan.* L. I, c. 11 et 12, T IV, p. 11.—*Landulphus senior, Hist. Mediolan.* L. II, c. 19, p. 81. — *Chronicon Monasterii Cassinens.* L. II. c.18, p. 352. — [2] *Stephania autem uxor ejus traditur adulteranda Teutonibus.* Arnulph. Mediol. loco cit.—[3] *Ab uxore ut fertur Crescentii senatoris... qua impudice abutebatur, potionatus.* Chronic. Cassin. L. II, c. 24, p. 355. — [4] Landolphe l'ancien raconte qu'elle le fit envelopper d'une peau de cerf empoisonnée, et non moins venimeuse que la robe du centaure Nessus. — [5] *Annales Hildeshemens. apud Leibnitz.* T. I. *Brunsvicens. Scr.*

pendant aucune action glorieuse n'est citée à l'appui de leurs éloges. Dernier rejeton de la maison de Saxe, il mourut sans enfants, l'an 1002, à Paterno, près de Città-Castellana, détesté des Romains, qui cherchaient, chaque année, à secouer le joug injuste qu'il voulait leur imposer.

Au commencement du XIe siècle, la ville de Rome fut de nouveau ébranlée par une lutte presque ignorée entre les amis de la liberté, ceux des empereurs et ceux des papes. Un fils de Crescentius, nommé Jean, avait hérité du crédit de son père parmi le peuple romain, et de son amour pour la liberté. Vers l'an 1010, il avait rendu à la république son antique forme, des consuls, un sénat composé de douze sénateurs seulement, et des assemblées du peuple. Lui-même, généralement désigné par le titre de patrice, donnait l'impulsion à la république naissante : un second Crescentius, peut-être son frère, administrait la justice, sous le titre de préfet de Rome, et présidait aux tribunaux [1]. Le voyage et le couronnement à Rome de l'empereur Henri II, en 1013, diminuèrent la liberté de la ville, et augmentèrent le pouvoir du pape Benoît VIII, que ce prince religieux protégeait de tout son crédit. Un mélange bizarre de grandeur d'âme et de faiblesse entrait dès cette époque dans le caractère des Romains ; et nous verrons leur inconséquence se manifester pendant toute la durée de cette histoire. Un mouvement généreux vers les grandes choses était bientôt suivi par un morne abattement ; ils passaient, de la liberté la plus orageuse, à la servitude la plus avilissante. On aurait dit que les ruines et les portiques déserts de la capitale du monde entretenaient ses habitants dans le sentiment de leur impuissance : au milieu de ces monuments de leur domination passée, les citoyens éprou-

---

p. 721. — *Ditmarus Restitutus.* Lib. IV, p. 354 et seq. — *Sigeberti Gemblacens. Chronog.* p. 825.—[1] *Ditmarus Restit.* Lib. VI, p. 400. — *Mabillon, Annal. Benedict. ad ann.* 1011.

vaient d'une manière trop décourageante leur propre nullité. Le nom de Romains qu'ils portaient, ranimait fréquemment leur enthousiasme, comme il le ranime encore aujourd'hui ; mais bientôt la vue de Rome, du forum désert, des sept collines de nouveau rendues au pâturage des troupeaux, des temples désolés, des monuments tombant en ruines, les ramenait à sentir qu'ils n'étaient plus les Romains d'autrefois. Si, en opposition à cet esprit vacillant, à ces alternatives de courage et de pusillanimité, l'Église romaine avait été déjà ce qu'elle fut ensuite, persévérante dans ses entreprises, immuable dans ses projets, ambitieuse par esprit de corps et en vue de l'éternité, elle aurait facilement triomphé du parti républicain. Heureusement pour celui-ci, les élections orageuses du peuple ne donnaient à l'Église que des chefs de parti pour papes ; l'ambition de ces papes s'arrêtait à leur famille, et leurs vices dissipaient leurs richesses et détruisaient leur considération. Des schismes fréquents affaiblissaient davantage le Saint-Siége. Lorsque Henri III vint à Rome la première fois, pour y recevoir la couronne impériale, il y trouva trois papes qui se disputaient la tiare ; et le premier acte d'autorité qu'il eut à faire dans cette ville, fut destiné à rétablir l'unité de l'Église.

L'empereur Conrad-le-Salique était mort à Utrecht, le 4 juin 1039. Il avait eu, de son épouse Gisèle, son fils Henri III, dit le Noir, qu'il avait fait déjà, de son vivant, couronner comme roi d'Allemagne [1]. Henri fut reconnu par

---

[1] Voici une table chronologique du règne des trois Henri de la maison de Franconie, et du règne des papes leurs contemporains ; elle fait suite aux tables que nous avons insérées dans les deux chapitres précédents.

Anno
1039. Henri III, roi.   Benoît IX, pape (depuis 1033).
1044. ———   —   Grégoire VI.   Benoît IX et Jean, antipapes.
1046. ——— emper. Clément II.   Première expédition de Henri III en Italie.
1048. ———   —   Damas II.
1049. ———   —   Léon IX

les Italiens, ou la même année, ou la suivante au plus tard. L'archevêque Héribert de Milan passa en Allemagne, pour terminer avec lui les querelles entre sa métropole et Conrad. Mais, malgré cette pacification, Henri III, retenu par une guerre dangereuse avec le roi de Bohême[1], attendit quelques années avant de venir prendre possession des deux couronnes de Lombardie et de l'empire. Son absence donna lieu à de nouveaux troubles à Milan; nous en parlerons ailleurs : elle laissa aussi éclater à Rome un schisme plus scandaleux peut-être que tous ceux qui l'avaient précédé.

La famille des comtes de Tusculum, qui descendait de Marozia et des Albéric, avait donné à l'Église trois papes l'un après l'autre : Benoît VIII, en 1012; Jean XIX, frère du précédent, en 1024; et Benoît IX, neveu des deux autres, en 1033. C'était par simonie, et en achetant les suffrages du peuple, que les deux derniers avaient été élus, et que la di-

Anno.
1055.	—	— Victor II.	Seconde expédition de Henri III.
1056.	Henri IV, roi.	. . . .	Henri III meurt âgé de 39 ans, le 5 octobre.
1057.	—	— Étienne IX.	
1059.	—	— Nicolas II.	
1061.	—	— Alexandre II.	Cadaloo ou Honorius II, antipape.
1073.	—	— Grégoire VII.	
1077.	—	—	Première expédition de Henri IV en Italie.
1084.	— emper.	—	Guibert ou Clément III, antipape.
1086.	—	— Victor III.	
1088.	—	— Urbain II.	
1093.	—	—	Conrad, roi d'Italie, fils révolté de Henri.
1099.	—	— Pasqual II.	
1101.	—	—	Mort de Conrad.
1105.	—	—	Révolte de Henri V, fils de Henri IV.
1106.	Henri V, roi.	—	Henri IV meurt le 7 août.
1111.	— emp.	—	
1118.	—	— Gélase II	Burdino ou Grégoire VIII, antipape.
1119.	—	— Calixte II.	
1122.	—	—	Paix de Worms.

Je n'ai indiqué que la première des expéditions de Henri IV en Italie; ce prince guerrier repassa dès lors les Alpes presque à chaque campagne.

[1] *Sigeberti Gemblacensis Chronog.* p. 833.

gnité pontificale était devenue comme héréditaire dans une même famille [1]. Un historien assure même que Benoît IX n'avait pas plus de dix ans lorsque, à force d'or, on acheta pour lui les suffrages du peuple [2]. Cette extrême jeunesse n'est pas prouvée ; mais ce qui n'est pas contesté, c'est la conduite scandaleuse de ce pontife, et les vols, les massacres et l'impureté, par lesquels il souilla le Saint-Siége pendant un règne de douze ans. « J'ai horreur de répéter, » écrivait le pape Victor III, alors son sujet, et quarante ans plus tard son successeur, « quelle fut la vie de Benoît, lorsqu'il eut été
« consacré ; combien elle fut honteuse, corrompue et exé-
« crable : aussi ne commencerai-je mon récit qu'au temps où
« le Seigneur tourna sa face vers son Église. Après que Be-
« noît IX eut, pendant assez longtemps, tourmenté le peuple
« romain par ses rapines, ses meurtres et ses abominations,
« les citoyens ne pouvant plus supporter sa scélératesse, se
« rassemblèrent, et le chassèrent de la ville, aussi bien que
« du siége pontifical. Ils élevèrent à sa place, mais à prix
« d'argent et au mépris des sacrés canons, Jean, évêque de
« Sabine, qui, sous le nom de Sylvestre III, occupa seule-
« ment trois mois le siége de l'Église romaine. Benoît, qui
« était issu des consuls de Rome, et qui était appuyé par
« toutes leurs forces, infestait la ville avec ses soldats, et con-
« traignit enfin l'évêque de Sabine à retourner avec honte
« dans son évêché. Benoît reprit alors la tiare qu'il avait
« perdue, mais sans changer ses anciennes mœurs.... Voyant
« enfin que le clergé et le peuple méprisaient ses déréglements,
« et que le bruit de ses forfaits frappait l'oreille de tous,
« comme il était adonné aux voluptés, et qu'il voulait vivre
« plus en épicurien qu'en pontife, il trouva l'expédient de
« vendre, pour une assez grosse somme d'argent, le souverain

---

[1] *Vitæ pontif. roman. ex Amalr. Augerio, Pandulph. Pisan. et Catal. Papar.* T. III, P. II, p. 340 et seq. — [2] *Glaber, Hist.* L. IV, c. 5.

« pontificat à un certain Jean, archiprêtre, qui passait dans la
« ville pour un des hommes les plus religieux du clergé : lui-
« même se retira dans ses châteaux ; et Jean, qui prit le nom
« de Grégoire VI, administra l'Église pendant deux ans et huit
« mois, jusqu'à l'arrivé à Rome de Henri, roi d'Allemagne [1]. »

Ce même Grégoire VI, nous disent ses biographes, s'adonna complétement aux armes, pour recouvrer par la force les possessions ecclésiastiques qui avaient été ravies au Saint-Siége ; et, comme ce pape, dépourvu de toute éducation, était d'une ignorance absolue, le peuple romain lui donna un collègue pour exercer conjointement avec lui la papauté, et vaquer au culte pendant que Grégoire combattait [2].

Cependant ces cessions et ces partages, faits d'abord de concert, n'avaient pu se maintenir ; et lorsque Henri arriva en Italie, Benoît IX siégeait à Saint-Jean-de-Latran ; Grégoire VI à Sainte-Marie-Majeure, et Sylvestre à Saint-Pierre du Vatican. Henri, sans vouloir entrer dans Rome, assembla un concile à Sutri, pour l'établir juge entre les papes : de tous les compétiteurs, le seul Grégoire VI se rendit à cette assemblée ; mais, d'après le jugement de l'Église, son élection, comme les deux autres, fut déclarée illégitime ; et le Saint-Siége étant de nouveau vacant par sa démission, Sudger, évêque de Bamberg, présenté par Henri III, fut élu sous le nom de Clément II [3].

Cette intervention de Henri III dans l'élection du souverain pontife rendit à l'empereur l'exercice entier du droit qu'avaient eu déjà les empereurs grecs et carlovingiens, de concourir à la nomination des papes ; droit que Conrad ou Henri II ne

---

[1] Henri III fut couronné à Rome en 1046. Victor III, nommé auparavant Désidério, cardinal et Abbé du Mont-Cassin, fut successeur immédiat de Grégoire VII, et élu pape en 1086 dans un âge avancé. Le morceau que nous citons de lui est tiré du troisième livre de ses Dialogues sacrés, et rapporté en appendix à la chronique du Mont-Cassin. L. II, T. IV, p. 396. — [2] *Amalr. Augerius de vitis Pontif.* p. 340. — *Catal Papar.* p. 342. — [3] *Baronius Annal. ecclesiast.* ad ann. 1046, § 35. — *Pagi Critica,* ad ann. § 1.

paraissaient pas avoir exercé. Henri III acquit même à cet égard une plus haute influence qu'aucun de ces prédécesseurs. Jusqu'alors l'usage de l'Église avait été de faire désigner le souverain pontife par le choix du peuple romain, et d'attendre, pour le confirmer, l'approbation de l'empereur ; mais Henri, profitant de la reconnaissance du nouveau pape, de la défaveur que le dernier schisme avait jetée sur les élections populaires, et de l'appui de son armée, obligea le peuple romain à renoncer au droit de présentation, et à lui abandonner sans réserve l'élection des pontifes à venir [1].

Henri III ne fit jamais qu'un usage pieux d'un pouvoir qui limitait si fort les libertés de l'Église et celles du peuple. Clément II, Damas II et et Léon IX, qu'il élut successivement, étaient des personnages religieux, qui réformèrent les mœurs du clergé et de l'Église. Le dernier auquel il fit obtenir la tiare fut Victor II, auparavant évêque d'Aichstett, qui lui fut désigné en 1055 par le moine Hildebrand, alors sous-diacre de l'Église romaine. Henri ne se détermina qu'avec peine à éloigner de lui ce prélat, l'un de ses principaux conseillers et de ses amis les plus chers [2]; et lorsque Henri fut atteint, l'année suivante, d'une maladie mortelle, qui le conduisit au tombeau à l'âge de trente-neuf ans, ce fut à ce pape, conjointement avec l'impératrice Agnès, que l'empereur confia l'administration de ses états, et la tutelle de son fils, âgé seulement de cinq ans. La mort de Victor suivit de près celle de Henri, et ses successeurs ne répondirent point à la confiance que le monarque avait placée dans le Saint-Siége.

Ce fut, en effet, à dater de la mort de Henri III que les pontifes de Rome, après avoir été les sujets et les créatures des empereurs, devinrent leurs censeurs et leurs maîtres; le successeur de saint Pierre prétendit ouvertement à une domi-

---

[1] *Santi Petri Damiani Opuscula*, § 27 et 36, apud *Muratori, ad ann.* 1047. — [2] *Chron. santi monast. Cassinens.* L. II, c. 89, p. 403.

nation universelle : des prélats ambitieux prirent à tâche d'exciter le fanatisme des peuples ; et, pendant soixante-dix ans d'anarchie, la puissance ecclésiastique et la puissance séculière se combattirent, autant par des forfaits que par les armes. Nous croyons pouvoir nous dispenser de raconter de nouveau avec détail la querelle trop souvent décrite du sacerdoce et de l'empire, pour les investitures : nous nous contenterons d'indiquer le caractère des personnages qui y jouèrent le principal rôle, et l'esprit du siècle qui la vit naître.

Dès les premières années de la minorité de Henri IV, le moine Hildebrand acquit une haute influence sur l'Église et sur l'empire. La trempe de son âme l'appelait aux succès les plus éminents ; car, à la honte de la société, ce n'est pas par des vertus aimables, mais souvent par des défauts ou des vices, que l'on gouverne les hommes. Dans le caractère d'Hildebrand, on trouvait toute l'énergie de volonté qui appartient à une ambition démesurée, toute la dureté d'un être qui, dans le cloître, était devenu étranger à la nature humaine, et qui n'avait jamais aimé personne. Comme ce moine avait appris à réprimer toutes ses affections, les puissances de son âme impétueuse s'étaient toutes dirigées vers l'accomplissement de ses volontés. Ce qu'il projetait une fois, il en faisait le but de sa vie : il l'appelait justice et vérité ; il se persuadait à lui-même, avant de persuader aux autres, que son ambition était son devoir. Il avait vu l'Église dépendre de l'empire : il soutint que l'empire dépendait de l'Église ; il appela usurpations criminelles, rébellions séditieuses, les tentatives des séculiers pour maintenir des droits incontestables : il communiqua au clergé son enthousiasme et sa conviction ; et il lui donna une impulsion qui se prolongea longtemps encore après sa mort, et qui a élevé les pontifes au-dessus des rois de l'Europe [1].

---

[1] *Voyez*, sur le caractère de Grégoire, les écrivains ecclésiastiques et orthodoxes. Ca-

Avant d'être porté lui-même au Saint-Siége, Hildebrand dirigea pendant vingt ans les élections des papes. Du vivant encore de Henri III, il avait été rendu dépositaire de toute l'autorité du sénat et du peuple de Rome; et c'est alors qu'étant lui-même à la cour de l'empereur, il avait élu Victor II. Il fut l'âme de la cour de Rome, pendant les pontificats d'Étienne IX, de Nicolas II et d'Alexandre II; en sorte qu'on peut s'étonner qu'à chaque vacance du trône pontifical, il n'y ait pas été porté lui-même longtemps avant l'année 1073, époque de son élection : mais sans doute que son caractère dur et impérieux écartait de lui les suffrages du peuple.

Hildebrand, par le ministère de ses prédécesseurs, dont il était l'unique conseiller, fit porter sur le clergé lui-même ses premières réformes. Il sentait que, pour le rendre tout puissant, il fallait augmenter le respect du peuple pour lui, et l'attacher davantage à son chef. Plusieurs curés, et peut-être quelques évêques, étaient solennellement mariés; les règlements ecclésiastiques ne leur en avaient point ôté le droit d'une manière absolue [1]; mais le peuple, qui depuis longtemps n'accordait son admiration qu'aux vertus monacales, regardait comme dignes de plus de respect les ecclésiastiques qui vivaient dans le célibat. Ces derniers, en renonçant aux affections de famille, donnaient leur cœur tout entier à l'Église; aussi étaient-ils bien plus dévoués aux papes, bien plus zélés à la foi et bien plus puissants. Hildebrand résolut de ne plus souf-

---

ronius, ann. 1073. — *Pagi Critica.* Ibid. — *Pandulphus Pisanus vitœ Pontif.* T. III, P. I, *Rer. Ital.* p. 304. — *Paulus Bernriedens. de Gestis Gregor.* VII. Ib.d. p. 317. —
[1] Tous les anciens historiens milanais assurent que saint Ambroise avait laissé aux prêtres de ce diocèse la permission de se marier une seule fois et avec une vierge. Cependant Pagi, *Critica Annal. eccles.* ann. 1045, §. 7-10, et Puricelli, dans sa dissertation, T. IV, *Rer. Ital.* p. 121, se sont efforcés de réfuter cette assertion. D'après une lettre du pape Zacharie à Pépin, majordome de France, § 11, le mariage fut défendu aux évêques, prélats et diacres, par le chap. 37 du concile africain; les autres clercs restant en liberté de suivre l'usage des églises particulières. *Codex Carol.* T. III, *Rer. Ital.* P II, p. 84.

frir d'hommes mariés parmi les ministres des autels; et d'après ses conseils, Étienne IX déclara, en 1058, que le mariage était incompatible avec la prêtrise, que toutes les femmes de prêtres étaient des concubines, et que tous ceux qui ne se sépareraient pas d'avec elles étaient dès l'heure excommuniés. Une injure aussi grave, faite à des hommes respectables et qui s'étaient conformés aux lois de leur état, ne fut pas supportée avec patience : le clergé de Milan se regarda comme plus lésé qu'aucun autre, parce qu'il alléguait la permission expresse du mariage, accordée par saint Ambroise à ce diocèse, et l'exemple de deux archevêques qui avaient été mariés [1]. Il réclama fortement; il résista; il opposa la décision d'un concile à celle du pape : mais Hildebrand méprisa sa résistance, et les curés réfractaires furent dénoncés comme professant une hérésie, tandis qu'ils ne faisaint que défendre leurs anciens usages. A ces nouveaux hérétiques on donna le nom de Nicolaïtes [2].

Un coup plus hardi fut porté au pouvoir séculier, en 1059, par le pape Nicolas II, dans le concile de Latran. Tous les ecclésiastiques avaient anciennement été élus par le peuple de leur paroisse; mais les seigneurs et les rois, en enrichissant l'Église, s'étaient presque tous réservé à eux-mêmes et à leurs successeurs la présentation aux bénéfices qu'ils créaient pour elle, c'est-à-dire le droit d'élire ou de désigner le prêtre qui en serait revêtu. Indépendamment de ce contrat entre le donateur et la paroisse, toutes les fois qu'une église possédait un fief, le nouveau prélat, par les lois de l'état, ne pouvait en être mis en possession qu'autant qu'il en était investi par le seigneur dont il relevait. C'était la loi féodale, la loi univer-

---

[1] *Corio Istorie Milanesi.* P. I, p. 6. — *Gualvanei Flammæ Manipul, Flor.* c. 150, T. XI, *Rer. It.* p. 673. — *Landulphus Senior, Hist. Mediolan.* L. III et IV, T. IV, p. 96. — Et le quatrième volume tout entier (500 pages in-4) du comte Giorgio Giulini, *Memorie delle città e campagna di Milano.* — [2] *Baronius Annal. eccles. ad ann.* 1059, § 43.

selle, qui n'admettait pas d'exceptions en faveur des ecclésiastiques. Au moyen des droits de présentation et d'investiture, la faculté d'élire la plupart des pasteurs avait été enlevée à leurs troupeaux pour être donnée à la couronne. Il est bien probable qu'à la cour des empereurs, comme depuis à la cour des papes, et auparavant dans l'assemblée de la paroisse, l'élection aux bénéfices les plus riches s'achetait souvent à prix d'argent. Hildebrand dénonça cet abus comme un scandale infâme, comme un marché honteux des dons du saint Esprit, marché auquel il donna le nom de simonie. Les simoniaques furent déclarés hérétiques et excommuniés ; et, pour préserver les églises d'une corruption semblable, il fut prohibé aux prêtres de recevoir aucun bénéfice ecclésiastique des mains d'un laïc, *même gratis* [1]. L'Église s'attribua tout à coup la prérogative de renouveler ses propres membres, tandis que les rois et les grands furent dépouillés du droit de distribuer les bienfaits dont leurs ancêtres leur avaient laissé la disposition ; d'un droit que le contrat primitif leur réservait comme une propriété, qu'ils avaient possédé pendant plusieurs siècles et que toute la chrétienté avait reconnu.

Le canon qui proscrivait les investitures ne fut pas immédiatement appliqué à l'élection des papes : on n'avait pas un seul exemple à alléguer d'un empereur qui eût mis à prix cette dignité suprême, et les concessions faites par l'Église à Henri III étaient trop récentes pour qu'on osât les anéantir. Le concile de Latran se contenta de les modifier. L'élection des papes à venir, qui auparavant avait appartenu au peuple romain, fut attribuée aux cardinaux, mais non pas exclusivement. Ils dûrent les premiers se rassembler, et être, selon les termes du décret, les guides (*præduces*) de l'élection ; le reste du clergé et du peuple devait se contenter de les suivre, et l'opé-

---

[1] *Baronius Annal. ad ann.* 1059, § 32-34.

ration entière devait se faire « sauf l'honneur et le respect dus
« au roi Henri, futur empereur, et par l'entremise de son
« nonce, le chancelier de Lombardie, auxquels le Siége apos-
« tolique a accordé le privilége personnel de concourir à l'é-
« lection par leur consentement [1]. » Ces termes fort vagues
du canon du concile de Latran ont été la première origine du
droit exclusif que les cardinaux se sont attribués de créer les
chefs de l'Église. La réserve bien plus expresse des droits du
monarque n'empêcha pas qu'à la première vacance, deux ans
après, Alexandre II ne fût élu sans que le consentement de
Henri ou de l'impératrice régente eût été demandé [2], en sorte
que la cour, irritée, élut en Allemagne un autre pape, Cadaloo, évêque de Parme, et qu'on vit éclater un nouveau
schisme.

Ce fut encore par le concile de Latran que le dogme de la
présence réelle dans l'eucharistie fut déclaré expressément
faire partie de la foi catholique. Un archidiacre d'Angers,
nommé Bérenger, venait d'écrire contre cette croyance, exposée pour la première fois par Paschale Radbert, contemporain de Charles-le-Chauve, et dès lors toujours controversée.
Il soutenait dans son livre que l'Église n'avait jamais vu dans
le sacrement qu'un mémoire, un symbole du sacrifice de Jésus-
Christ. Sa profession de foi fut condamnée comme une hérésie
dont on le força de faire abjuration [3].

Durant la minorité de Henri IV, ses ministres, sans abandonner ses droits, surent éviter une rupture ouverte avec le
Saint-Siége. Le parti des Italiens, qui voulaient défendre contre
le pape la liberté de l'Église, formait un contre-poids suffisant
à l'ambition des pontifes. Ce parti était presque toujours do-

---

[1] *Decretum Nicolai II Papæ, in Chronico monast. Farfensis.* T. II, P. II. *Rer. Ital.*
p. 465. — [2] *Leo ostiens. Chron. monast. Cassinens.* Lib. III, c. 21, p. 431.— [3] *Baronius
Annal. ad ann.* 1059, § 15-23. — *Labbei concilia generalia,* T. IX, p. 10. — Histoire des
ançais, T. IV, ch. VI, p. 290.

minant à Milan et en Lombardie ; et il était puissant même à Rome, où un homme fort riche le dirigeait. Pierre Léone était ce chef : quoique d'origine juive, il avait acquis un crédit prodigieux dans la capitale de la chrétienté [1]. Ce fut lui qui attira l'antipape Cadaloo à Rome, où il prit le nom d'Honorius II. Cadaloo remporta une victoire sur les troupes du pape légitime, et il s'établit au Vatican ; mais il en fut ensuite chassé par les forces du duc de Toscane [2].

Lorsqu'Hildebrand, qui prit le nom de Grégoire VII, fut porté en 1073 à la chaire de saint Pierre, Henri IV était sorti de sa minorité. Ce prince avait atteint l'âge de vingt-trois ans : il était trop fier et trop vaillant pour se soumettre à un joug honteux ; aussi ne voulut-il plus garder de ménagements avec des pontifes qui l'insultaient et le bravaient sans cesse. Il résolut de repousser les usurpations par la force. Son caractère était généreux et noble ; mais il se livrait avec trop peu de retenue aux passions de son âge ; et la fourberie ambitieuse du clergé, à laquelle il avait été en butte, lui avait inspiré un mépris trop général pour la religion. Les papes et leurs partisans profitèrent de ses défauts pour le peindre aux peuples comme un monstre ; cependant ce ne sera pas lui, mais Grégoire, que nous verrons souiller sa cause par la plus révoltante dureté.

La superstition agrandit les objets qu'elle montre de loin. Plus les fidèles étaient éloignés de Rome, plus ils manifestaient de dévouement à l'Église romaine ; ses foudres faisaient trembler les Allemands : celui que le pape avait condamné leur paraissait digne d'une éternelle censure ; c'était chez eux, dans la nation de l'empereur, au sein de sa propre famille,

---

[1] Pierre Léone n'obtint cependant la confiance ni de Henri ni du pape. L'évêque schismatique Benzo le représente de son côté comme un fourbe. *Benzoni episc. Albensis Panegyr. Henri III Imp.* L. I, c. 4 et 8, p. 985 et 987, *apud Menekenium script. Germ.* T. I. — [2] *Benzo Panegyr.* L. II. p. 982 et suiv. — *Vita Alexandri II, ex card. Aragonio.* T. III, P. I, p. 302. — *Vita ejusd. pontificis, ex Amalrico Augerio.* P. II, p. 356.

que les prêtres réussissaient aisément à ébranler son pouvoir. Mais, tandis que les papes trouvaient toujours dans la cour de Henri des ambitieux prêts à les servir, et des fanatiques prêts à les croire, les Italiens s'indignaient du joug honteux qu'on voulait imposer au chef de l'état; et l'ardeur qu'ils mettaient à le défendre aurait assuré son triomphe, si une femme, la fameuse comtesse Mathilde, n'avait, justement à cette époque, réuni l'immense héritage des anciens marquis de Toscane à celui de la maison de Canossa, et si l'âme de cette héroïne du moyen âge n'avait été formée de toute l'aveugle superstition de son sexe, et de tout le courage, de toute la vigueur et de la constance qui d'ordinaire sont réservés au sexe masculin. Ce fut par la mort de Godefroi de Lorraine, marquis de Toscane, en 1070, et par celle de Béatrix, sa femme, en 1076, que Mathilde, fille du premier lit, de la dernière, devint souveraine du fief le plus vaste qui eût encore existé en Italie [1].

Toute l'existence de Mathilde n'eut qu'un but, l'exaltation du Saint-Siége; elle consacra ses forces à servir les papes pendant sa vie; et lorsqu'elle mourut, elle légua ses biens à la chaire de saint Pierre. Elle fut mariée deux fois, d'abord avec Godefroi-le-Jeune de Lorraine, ensuite avec Guelfe V de Bavière : mais l'ambition ou le fanatisme ne laissaient point de place en son cœur pour l'amour; elle se sépara de ses deux époux, qu'elle ne trouvait point assez dévoués au Saint-Siége, et elle se consacra toute entière à la défense des papes [2].

1076. — Henri IV, poussé à bout par Grégoire VII, entreprit de le déposer dans la diète de Worms, en même temps

---

[1] Un savant Lucquois, nommé Florentini, a consacré une érudition prodigieuse à écrire la vie de la comtesse Mathilde. Nous avons aussi sur elle deux écrivains contemporains, sa vie, écrite en prose par un anonyme, et un poëme sur elle, de Donizo, chapelain de Canossa, son sujet. Tous deux sont imprimés, T. V. Rer. Ital.; comme aussi dans les Script. Brunsvic. Leibnitzii. T. I, p. 629 et seq. — [2] Mathilde était née de Boniface et de Béatrix, en 1046; elle mourut en 1155.

que Grégoire déposait Henri dans le concile de Rome : bientôt Henri, abandonné de ses vassaux allemands, qui s'efforçaient de transférer sa couronne à Rodolphe de Souabe, et qui lui faisaient la guerre avec fureur [1], fut réduit à venir en Italie implorer son pardon des mains du pontife orgueilleux qu'il avait offensé. Le monarque avait été cité pour paraître à Rome avant la seconde fête du carême de 1077 ; l'excommunication et la sentence de déposition restaient jusqu'alors suspendues sur sa tête. Il traversa les passages les plus sauvages des Alpes, avec un danger extrême, pendant un hiver rigoureux; les routes ordinaires étaient gardées par ses ennemis. Arrivé en Italie, il supplia Mathilde d'intercéder pour lui auprès du pontife. Grégoire était alors enfermé avec cette princesse dans la forteresse de Canossa, près de Reggio, et il se préparait à passer en Allemagne. Henri employa encore, pour obtenir son absolution, l'entremise du marquis d'Este, de l'abbé de Clugni, et des principaux seigneurs et prélats de l'Italie. « Le « pape résista longtemps, dit Lambert d'Aschaffenbourg, his- « torien contemporain; mais, vaincu enfin par les instances « et le rang de ceux qui le pressaient : « Eh bien! dit-il, s'il « se repent vraiment de ce qu'il a fait, qu'il dépose entre « mes mains sa couronne et toutes les marques de sa dignité « royale, en signe de sa vive et vraie pénitence, et qu'il dé- « clare alors, qu'après la contumace dont il s'est rendu cou- « pable, il se reconnaît pour indigne du rang et du titre de « roi. » Ces conditions parurent trop dures aux députés; ils « insistèrent pour que le pape modérât sa sentence, et ne « brisât pas le roseau cassé. Grégoire céda enfin, mais avec « peine, à leurs sollicitations; et il consentit à ce que Henri « s'approchât de lui, et réparât par sa pénitence l'affront « qu'il avait fait au Saint-Siège, en n'obéissant pas à ses dé-

---

[1] *Lambertus Schafnaburgensis, de Rebus gestis German.* p. 403, *apud Struvium script. German.* T. I.

« crets. Henri vint, comme il lui était ordonné, et le château
« étant entouré d'un triple mur, il fut reçu dans l'enceinte
« de la seconde muraille; toute sa suite était demeurée en
« dehors de la première. Il avait déposé ses habits royaux,
« il n'avait plus rien qui annonçât un prince, rien où il dé-
« ployât de la pompe; ses pieds étaient nus, et il demeurait
« à jeûn depuis le matin jusqu'au soir, attendant vainement
« la sentence du pontife romain. Il l'attendait encore, et de
« la même manière, le second et le troisième jour : le qua-
« trième enfin, il fut admis en la présence de tous; et après
« de longs débats, il fut absous de la sentence d'excommuni-
« cation portée contre lui, sous condition cependant qu'il
« serait prêt à répondre à une diète des princes d'Allemagne,
« dans le lieu et le temps que le pape désignerait, sur les ac-
« cusations qui étaient portées contre lui; que le pape serait
« juge de cette cause; et que, si Henri prouvait son inno-
« cence, il retiendrait son royaume; mais, au cas contraire,
« il le perdrait et serait puni selon la rigueur des lois ec-
« clésiastiques... Jusqu'à l'époque de ce jugement, il ne de-
« vait point lui être permis de porter les marques de la
« dignité royale, ou de prendre aucune part aux affaires
« publiques[1]. »

Ainsi donc, après avoir soumis l'empereur à une pénitence qui sans doute passait de beaucoup son attente, après l'avoir retenu seul à moitié vêtu, au milieu de janvier, par un froid excessif, sur une terre couverte de neige[2], le pape, loin de

---

[1] *Lambertus Schafnaburgensis, de Rebus German.* p. 420. — [2] Voici sur le même événement, les vers de Donizo, chapelain de Canosse, qui sans doute avait été lui-même présent à cette pénitence. Ce sera en même temps un échantillon de sa barbare poésie. *Vita Comit. Mathildis.* Lib. II, cap. 1, p. 366, *Script. Ital.*

Frigus
Per nimium magnum Janus dabat hoc in anno.
Ante dies septem quam finem Janus haberet,
Ante suam faciem concessit Papa venire

tenir compte de cette soumission, le renvoyait par une trahison insigne à un nouveau tribunal dont Henri n'avait point reconnu la compétence, pour y être jugé à la rigueur.

Les peuples de la Lombardie et les évêques italiens, presque tous en guerre avec le pape, ne dissimulèrent pas leur indignation, et contre le pontife qui avait violé la majesté du trône, et contre l'empereur qui s'était humilié devant lui. Henri, de son côté, ne fut pas plus tôt hors de Canosse, qu'il mit en œuvre toutes ses ressources, pour se venger du traitement cruel qu'il y avait éprouvé. Il recouvra d'abord sa gloire dans les armes : de retour en Allemagne, il attaqua Rodolphe de Souabe, et le vainquit à plusieurs reprises. Ce dernier fut enfin tué dans un combat en 1080 [1]. Le même jour, les Lombards, partisans de Henri, battirent les troupes de la comtesse Mathilde, à la Volta, dans le Mantouan.

Grégoire avait formé le plan du despotisme ecclésiastique, et en avait proclamé les principes. Le recueil de ses maximes, intitulé *Dictatus Papæ*, nous a été conservé dans les annales ecclésiastiques. On est étonné de voir avec quelle audace la tyrannie théocratique ose y lever le masque. « Il n'y a qu'un « nom au monde, y est-il dit, celui du pape; lui seul peut « employer les ornements impériaux ; tous les princes doivent « baiser ses pieds; lui seul peut nommer ou déposer les évê- « ques, assembler, présider et dissoudre les conciles; personne « ne peut le juger ; son élection seule en fait un saint ; il n'a « jamais erré, jamais à l'avenir il n'errera ; il peut déposer les « princes, et délier les sujets du serment de fidélité, etc [2]. »

Regem, cum plantis nudis a frigore captis
In cruce se jactans, sœpissime clamans:
Parce, beate Pater, pie parce mihi peto plane.

Soit Lambert, soit Donizo, l'un et l'autre sont partisans du pape et ennemis de Henri, en sorte qu'ils terminent ce récit par des invectives contre le dernier pour avoir violé les conditions qui lui étaient imposées.

[1] *Siberti Gemblacensis Chronograph.* p. 843; — [2] *Baronius Annal. ad. ann.* 1076, § 24.

Mais Grégoire ne vécut pas assez pour voir de ses yeux le succès de ses ambitieux projets. Henri IV, rentré en Italie en 1081, avait opposé à Grégoire un antipape, Guibert, archevêque de Ravenne, qui prit le nom de Clément III. En 1084, Henri, après avoir assiégé Rome à plusieurs reprises, réussit enfin à s'en rendre maître, et y fit sacrer son antipape, de qui, à son tour, il reçut la couronne impériale, tandis que Grégoire s'était retiré dans le môle d'Adrien. Les Romains s'étaient joints à Henri pour assiéger leur pontife, lorsque Robert Guiscard, le chef de ces Normands dont nous raconterons, dans le chapitre suivant, les exploits et les conquêtes, s'avançant avec une armée considérable, fit retirer Henri, brûla Rome depuis Saint-Jean de Latran jusqu'au Colysée, et réduisit en esclavage un grand nombre de ses citoyens. C'est depuis ce sac de Rome, par les Normands, que l'ancienne ville est demeurée presque déserte, et que la population s'est transportée tout entière au-delà du Capitole, dans ce qui formait autrefois le Champ-de-Mars[1]. Guiscard, après avoir fait éprouver à Rome toutes les horreurs d'une ville prise d'assaut par un ennemi barbare, se retira et emmena le pape avec lui à Salerne. C'est dans cette ville que Grégoire VII mourut, au mois de mai 1085, après avoir, jusqu'à son dernier soupir, répété ses imprécations et ses excommunications contre Henri, contre l'antipape Guibert, et leurs principaux adhérents[2]; mais après avoir aussi aliéné de son parti, par sa hauteur et sa dureté, presque tous les évêques d'Italie, après avoir forcé à se déclarer contre lui les Romains qui lui avaient été longtemps fidèles, et après avoir occasionné la ruine de cette ville superbe dont il était le pasteur et presque le souverain.

Les pontifes qui succédèrent à Grégoire, Victor III, Ur-

---

[1] *Vita Gregorii VII, ex card. Aragon.* p. 313. — *Landulphus senior.* L. IV, cap. 3, p. 120. — *Gaufridus Malaterra hist. Sicula.* L. III, cap. 37, T. V, *Rer. It.* p. 587. —
[2] *Pauli Bernriedens. Vita Gregorii VII,* c. 110, p. 348.

bain II, Pascal II et Gélase II, semblèrent tous animés du même esprit que lui. De son côté, Mathilde faisait naître de son aveugle superstition une sorte de grandeur d'âme. Tandis qu'en 1092, Henri, secondé par l'antipape Guibert, ruinait, dans le Modénais, les possessions de Mathilde, les théologiens qui entouraient celle-ci, humiliés par les défaites réitérées de son parti, la pressaient eux-mêmes, dans la diète de Carpinéto, de céder à la force des circonstances, et de se réconcilier avec Henri : mais Mathilde leur imposa silence, et résolut de mourir plutôt que de faire la paix avec un hérétique [1].

L'année suivante, le pape Urbain II parvint à faire révolter Conrad, fils aîné de Henri, contre son père. La cour de Rome applaudit avec une joie féroce à cette rébellion, et aux calomnies infâmes que Conrad publia pour l'excuser, en souillant la gloire de son père [2]. Conrad fut reconnu par les papes, comme roi d'Italie, et reçut à Monza la couronne de Lombardie. Après huit ans de guerres civiles, il mourut méprisé de ceux mêmes qui avaient suscité sa révolte, et qui en avaient profité : cependant sa défection avait rétabli l'équilibre entre les deux factions ennemies.

A la même époque, le fanatisme religieux allumait un incendie plus vaste encore. 1095. — Ce fut le même pape Urbain II, protecteur d'un fils révolté, qui prêcha la croisade aux conciles de Plaisance et de Clermont. L'Europe s'ébranla tout entière à sa voix; les flots des nations occidentales traversèrent l'Italie pour se rendre en Orient [3]; les soldats de l'Église ne pouvaient reconnaître comme légitime aucune résistance contre le pape; ils rétablirent, en passant, le pouvoir du

---

[1] *Donizo Vita comit. Mathild.* L. II c. 7, p. 371. — [2] *Dodechini Appendix ad Marianum Scotum Chronic. apud Struvium script. Germ.* T. I, p. 661. — *Sigeberti Gemblacensis Chronograph.* p. 848. — [3] L'armée croisée qui traversa l'Italie était celle de Hugues, frère du roi de France, de Robert de Flandre, de Robert de Normandie et d'Eustache de Boulogne. Ils chassèrent de Rome l'antipape Guibert; et, à l'exception du château Saint-Ange, ils lui enlevèrent toutes ses forteresses.

Saint-Siége sur les ruines de celui des empereurs. Henri crut devoir céder au torrent, et, en 1097, il se retira en Allemagne.

Après sa retraite, il ne songea plus qu'à rendre la paix à l'Église et à l'empire. Quoique poursuivi par les excommunications des papes, il ne parut point s'occuper de faire cesser leurs outrages. Il avait même pensé à se démettre de la couronne en faveur de son fils Henri V, dans l'espérance que le rapprochement serait plus facile entre deux antagonistes dont l'amour-propre n'était point encore aigri par une longue discorde [1]. Ce projet, que Henri n'exécuta pas, enflamma l'ambition du jeune prince. Le pape Pascal II, dont la haine religieuse était implacable, échauffa, par ses émissaires, un fils qu'une soif coupable de régner égarait déjà; il lui représenta le crime qu'il méditait comme une action sainte et glorieuse, et le détermina à la révolte. Nous emprunterons de Sigonius, historien attaché au parti des papes, le récit de ces tragiques événements [2].

1106. — Une diète était convoquée à Mayence pour le jour de Noël; les partisans du jeune Henri s'y étaient rendus en foule; aucune assemblée nationale n'avait depuis longtemps été si nombreuse. Le jeune Henri conseilla au roi son père, de ne point se hasarder parmi tant de gens dont la fidélité était tout au moins douteuse. L'empereur suivit les avis d'un fils dont il ne soupçonnait pas encore toute la déloyauté, et il se retira au château d'Ingelheim. Comme il y séjournait, les archevêques de Mayence, de Cologne et de Worms, envoyés par la diète, se présentèrent devant lui, et

---

[1] *Annales Hildeshemens. apud Leibnitz*, p. 733.—*Dodechini Appendix*, p. 666. *Sigeberti Gemblacens. Chron.* p. 854.—[2] Sigonius n'est pas un écrivain contemporain, mais j'ai emprunté son récit comme plus dégagé des passions d'un siècle de guerres civiles. Il est appuyé au reste sur le témoignage d'auteurs plus anciens, comme *Otto Frisingens.* L. VII, c. 8-12, p. 113. — *Abbas Urspergensis in Chron.* p. 243. — *Anonymus in vita Henrici IV*, etc.

le sommèrent, au nom de cette assemblée, de leur remettre les ornements impériaux, savoir : la couronne, l'anneau, et le manteau de pourpre, pour qu'ils en revêtissent son fils ; et comme Henri demandait la cause de sa déposition, « C'est, « dirent-ils, parce que, pendant de longues années, tu as dé- « chiré l'Église de Dieu par une querelle odieuse ; parce « que tu as vendu les évêchés, les abbayes, et toutes les di- « gnités ecclésiastiques ; parce que tu n'as jamais observé les « lois dans l'élection des évêques : c'est pour tous ces motifs « qu'il a plu au souverain pontife et aux princes de l'Allemagne « de te repousser, non seulement de la communion des fidè- « les, mais encore de la possession du trône. »

« Mais vous, reprit l'empereur, archevêques de Mayence et « de Cologne, vous qui m'accusez d'avoir vendu les dignités « ecclésiastiques, dites du moins quel est le prix que j'ai exigé « de vous, lorsque je vous ai donné vos églises, les plus opu- « lentes, les plus puissantes de mon empire ; et puisque vous « êtes forcés de confesser que je ne vous ai rien demandé, « pourquoi vous joignez-vous à mes accusateurs, tandis que « vous savez qu'envers vous je me suis conformé à mes de- « voirs ? Pourquoi vous joignez-vous à ceux qui ont faussé « leur foi, et le serment fait à leur prince ? Pourquoi vous « mettez-vous à leur tête ? Prenez patience quelques jours en- « core ; attendez le terme naturel de ma vie, que mon âge et « mes peines indiquent ne devoir pas être éloigné : ou, si vous « voulez m'enlever mon royaume, fixez du moins le jour où, « de mes propres mains, j'ôterai de ma tête ma couronne, pour « la placer sur la tête de mon fils. »

Les archevêques répondirent avec dureté, qu'ils exécute- raient, fût-ce par force, l'ordre dont ils étaient chargés. Alors Henri s'éloigna d'eux ; et ayant pris conseil du petit nombre d'amis qu'il avait près de lui, voyant qu'il était entouré de gens armés, et que toute résistance était impossible, il se fit apporter les ornements et le manteau royal, puis il monta sur le trône, et fit appeler les prélats.

« Les voilà, leur dit-il, ces marques de la dignité royale, « que m'avaient déférées et la bonté du Roi des siècles, et la « volonté unanime des princes de l'état. Je n'emploierai pas la « force pour les défendre ; je n'avais point prévu de trahison « domestique, et je ne me suis point mis en garde contre elle : « le ciel m'a accordé la faveur de ne point supposer tant de « fureur chez mes amis, tant d'impiété chez mes enfants. Ce-« pendant, avec l'aide de Dieu, votre pudeur défendra peut-« être encore ma couronne ; si vous êtes, au contraire, insen-« sibles à la crainte de ce Dieu qui protége les rois, et à la « perte de votre honneur, je souffrirai de vos mains la vio-« lence que je n'ai point de moyens de repousser. »

A ce discours, les députés hésitaient ; mais l'archevêque de Mayence s'écria : « Pourquoi balancer ? n'est-ce pas à nous « qu'il appartient de sacrer les rois, et de les orner de la pour-« pre ? Celui que nous en avons revêtu par un mauvais choix, « pourquoi ne l'en dépouillerions-nous pas ? » Se jetant alors sur Henri, ils enlevèrent la couronne de sa tête, ils le forcè-rent à descendre du trône, et le dépouillèrent du manteau de pourpre et des ornements royaux. Henri cependant, élevant la voix, s'écria : « Que Dieu voie votre conduite ! Il m'a fait « porter la peine des péchés de ma jeunesse, en me soumettant « à une ignominie que jamais roi n'éprouva avant moi. Mais « vous qui levez vos mains contre votre souverain, vous qui « violez le serment qui vous lie à moi, vous ne lui échapperez « pas non plus ; Dieu vous punira, comme il punit l'apôtre « qui trahit son maître. »

Les archevêques, méprisant ses menaces, se rendirent au-près de son fils pour le sacrer. Le vieux Henri cependant s'enferma dans Louvain : bientôt ses amis se rassemblèrent en foule auprès de lui, et lui promirent leur aide pour recouvrer son autorité. Ils formèrent une puissante armée ; le père et le fils marchèrent l'un contre l'autre, et dans la première rencontre le fils fut battu et mis en fuite. Ce dernier cependant rassembla ses troupes, et de nouveau il les conduisit au combat. Le vieillard fut vaincu dans cette seconde bataille, et tomba même au pouvoir de ses ennemis, qui ne lui épargnèrent pas les outrages [1].

Il fut réduit à un tel degré de misère, qu'il vint à Spire, dans le temple qu'il avait bâti à la Vierge, demander à l'évêque de la ville, de lui accorder de quoi vivre, ajoutant qu'il était encore propre à remplir l'office de clerc, puisqu'il savait lire et servir le chœur ; et comme cette humble demande lui fut refusée, il se tourna vers les assistants : « Vous du moins, mes « amis, leur dit-il, ayez pitié de moi ; voyez la main du Sei- « gneur qui me frappe. » Puis, au bout de peu de jours, le 7 des ides du mois d'août 1106, il mourut de l'affliction profonde qui déchirait son cœur. Pendant cinq ans, son corps resta sans sépulture dans une cellule de l'église de Liége ; le pape avait défendu de le déposer en terre sainte [2].

On éprouve quelque satisfaction en voyant la vengeance des malheurs du respectable Henri s'accomplir par les mains de ses ennemis eux-mêmes : le farouche Pascal, trahi et

---

[1] C'est à cette époque, sans doute, qu'il faut placer l'entrevue entre le père et le fils, dont le vieux Henri rend compte à Philippe Ier, roi de France, dans une lettre qu'il lui adressa en 1106. « Sitôt que je le vis, dit-il, touché jusqu'au fond du cœur de douleur « autant que d'affection paternelle, je me jetai à ses pieds, le suppliant, le conjurant au « nom de son Dieu, de sa foi, du salut de son âme, lors même que mes péchés auraient « mérité que je fusse puni de la main de Dieu, de s'abstenir, lui du moins, de souiller, à « mon occasion, son âme, son honneur et son nom ; car jamais aucune sanction, aucune « loi divine, n'établit les fils vengeurs des fautes de leurs pères... » Dans la même lettre, il parle de sa prison. « Pour ne rien dire des opprobres, des injures, des menaces, « des glaives dirigés contre ma tête, si je ne faisais tout ce qui m'était commandé, de la « faim et de la soif, dont je souffrais par le ministère de gens qu'il était injurieux pour « moi de voir ou d'entendre ; pour ne pas dire, ce qui est plus douloureux encore, « qu'autrefois j'avais été heureux... » Cette lettre touchante nous a été conservée par *Sigebertus Gemblacens. apud Struv.* T. I, p. 856. — [2] *Sigonius de Regno Italico.* L. IX.

persécuté par le prince dont il avait excité la révolte, et le fils dénaturé du vieux empereur, humilié par l'Église pour laquelle il avait combattu son père.

1110. — Ce ne fut que l'an 1110 que Henri V put s'acheminer vers l'Italie, pour recevoir des mains du pape la couronne impériale. L'ambition de saisir avant le temps l'héritage de son père, avait fait place à celle d'occuper cet héritage tout entier. Le droit des investitures était considéré, avec raison, comme une des plus importantes prérogatives de la couronne; et Henri ne voulait, à aucun prix, y renoncer.

Comme il approchait de Rome, il signa, sur les frontières de la Toscane, avec Pierre Léone, l'un des principaux seigneurs romains, un traité qu'il renouvela encore à Sutri, pour assurer la paix entre l'Église et l'empire. 1111. — Sans doute que la force de Henri était devenue bien imposante, et que Pascal, qui venait de conclure une ligue avec les seigneurs normands, se trouvait encore bien faible; car une concession fort étrange du pape à l'empereur formait la base de ce traité de Sutri[1]. Voici comment Henri V lui-même en rend compte dans sa lettre aux fidèles : « Le seigneur Pas-
« cal voulait enlever au royaume, sans nous entendre, les
« investitures des évêques, que nous possédons, et que nos
« prédécesseurs ont possédées pendant près de quatre siècles,
« depuis Charlemagne, sous soixante-trois pontifes divers, en
« vertu et par l'autorité de nombreux priviléges. Et comme
« nous lui demandions, par nos députés, ce qui resterait alors
« au royaume, puisque nos prédécesseurs ont accordé et livré
« aux églises presque toutes nos propriétés, il répondit que
« les ecclésiastiques se contenteraient des dîmes et des obla-

---

[1] Les premières conventions avec Pierre Léone sont rapportées dans Baronius, *anno* 1110, § 2, et les actes de Sutri, *anno* 1111, § 2 ; mais pour les bien comprendre, il faut lire *Petrus Diaconus contin. Chronici Cassinens.* L. IV, c. 35, p. 513; et les lettres de Henri V, rapportées par *Dodechinus App.* p. 668, et abrégées dans *Sigebertus Gemblacens. Chronog.* p. 861.

« tions, et que le roi reprendrait et retiendrait, pour lui et
« pour ses successeurs, les terres et les droits régaliens qui
« furent donnés aux églises par Charles, par Louis, par Othon
« et par Henri : nous fîmes répondre que nous ne voulions
« pas nous rendre coupables d'une si grande violence et d'un
« tel sacrilége envers les églises ; mais il assura et promit par
« serment, que de sa propre autorité il reprendrait tous ces
« biens aux églises, et nous les rendrait juridiquement, selon
« le droit qu'il en avait. Les nôtres alors déclarèrent que s'il
« accomplissait ce qu'il promettait, et qu'il savait cependant
« ne pouvoir tenir, nous résignerions, comme il le demandait,
« les investitures des églises....... Cependant, pour montrer
« que ce n'était pas par notre volonté que nous apportions
« aucun trouble aux églises du Seigneur, sous les yeux et à
« l'ouïe de tous, nous fîmes promulguer ce décret : « (C'était
le 12 février 1111, dans la basilique du Vatican, où l'empereur et le pape s'étaient réunis pour le couronnement, en présence de tout le peuple.) « Moi, par la grâce de Dieu,
« Henri, empereur auguste des Romains, je donne à saint
« Pierre, à tous les évêques et abbés, et à toutes les églises,
« tout ce que mes prédécesseurs, rois ou empereurs leur ont
« concédé ou leur ont livré, et qu'ils ont offert dans l'espé-
« rance d'une rétribution éternelle. Pécheur que je suis, et
« redoutant un jugement terrible, je n'ai garde de vouloir
« soustraire ces dons à l'Église. — Après avoir lu et signé ce
« décret, je demandai au seigneur pape d'accomplir ce qu'il
« m'avait promis par la charte de nos conventions : mais
« comme j'insistais sur cette demande, tous les fils de l'Église,
« les évêques et les abbés, tant les siens que les nôtres, lui
« résistèrent fermement et universellement en face, s'écriant
« que le décret qu'il avait promis (qu'on nous permette de le
« dire sans offenser l'Église) était hérétique ; en sorte qu'il
« n'osa point le proférer. »

Ainsi donc Pascal, en même temps qu'il somma Henri de renoncer au droit d'investiture, déclara que son clergé ne lui permettait point de résigner les droits régaliens que possédait l'Église. Un tumulte violent fut la suite de cette contestation qui interrompait la cérémonie du couronnement : Henri, emporté par sa colère, fit saisir le pape avec la plus grande partie des ecclésiastiques qui l'accompagnaient, et il le commit à la garde du patriarche d'Aquilée[1]. Cependant le cardinal de Tusculum et l'évêque d'Ostie s'échappèrent au milieu du tumulte, et rentrèrent déguisés à Rome. Ils excitèrent les citoyens à prendre les armes pour la délivrance du chef de l'Église. Le lendemain, de grand matin, les milices romaines sortirent avec impétuosité de la ville, et chargèrent courageusement les Allemands qui occupaient la cité Léonine, ou le quartier du Vatican, au-delà du Tibre. Henri lui-même courut risque de la vie, et son armée aurait été entièrement défaite, si les Romains ne s'étaient arrêtés au milieu de leur victoire, pour piller les fuyards. Henri profita de cette faute; il rassembla un corps d'Allemands et de Lombards, avec lequel il chargea les milices romaines, et les renversa dans le Tibre, ou les força de regagner la ville en grand désordre. Cependant il ne crut pas prudent de séjourner auprès d'une cité ennemie, avec une armée trop faible pour la réduire, et il se retira en hâte dans la Sabine, emmenant Pascal prisonnier avec lui[2]. Ce pape, avec six cardinaux, fut confiné pendant soixante et un jours dans la forteresse de Tribucco; d'autres cardinaux furent enfermés dans un autre château, et les mauvais traitements ne furent pas épargnés aux prisonniers, que l'on voulait amener par la rigueur à une pacification.

Pascal, ne voyant pour lui aucun refuge, accablé de ses

---

[1] *Chron. Monast. Cassin.* Lib. IV, c. 38, p. 517.—*Pandulphi Pisoni vita Paschalis II*, p. 357.— *Vita Paschalis II, ex card Aragon.* p. 361. —[2] *Chronic. Cassin.* L. IV, c. 39, p. 517.

propres souffrances et de celles de ses compagnons d'infortune, croyant, comme on le lui rapportait artificieusement, que Henri se porterait bientôt contre lui aux dernières extrémités, et le ferait mourir avec tous ses cardinaux s'il ne se rendait pas, consentit enfin à céder à l'empereur, de la manière la plus expresse et la plus formelle, par un traité signé de lui et de seize cardinaux ou évêques, l'investiture des évêchés et des abbayes de son royaume, pourvu que l'empereur l'accordât gratuitement et sans simonie [1]. Il promit de ne point s'en mêler; il releva tous les partisans de Henri de toutes les excommunications qu'ils pouvaient avoir encourues; il s'engagea, pour l'avenir, à ne jamais l'excommunier lui-même, et il consentit à ce que le corps de Henri IV fût enfin déposé en terre sainte. Le pape et les cardinaux ne furent relâchés qu'après que ce traité eut été signé et scellé de la manière la plus solennelle, qu'il eut été confirmé par serment sur l'hostie sacrée partagée entre les communiants, et que le pontife eut placé, de sa propre main, la couronne impériale sur la tête de Henri. Les portes de Rome restèrent fermées durant cette cérémonie, pour que les Romains irrités ne la troublassent pas par une attaque imprévue [2].

Le triomphe de Henri était complet; mais il ne devait pas être de longue durée; Pascal ne fut pas plus tôt relâché que le collège des cardinaux manifesta son indignation de ce que le chef de l'Église avait abandonné ses plus beaux priviléges et les conquêtes pour lesquelles Grégoire VII et ses successeurs s'étaient exposés à tant de dangers, avaient fait répandre tant de sang, et avaient dévoué aux flammes éternelles les âmes de tant de fidèles enveloppés dans les excommunications générales, ou morts en état d'interdit. Les clameurs allaient croissant à mesure que le danger diminuait; car Henri, avec son

---

[1] Voyez ce traité *apud Sigebert. Gemblacens. Chronog.* p. 863. — [2] *Chron. Monast. Cassinens.* L. IV, c. 40, p. 518.

armée, avait repris le chemin de l'Allemagne et repassé les monts. Les cardinaux qui avaient été faits prisonniers avec Pascal et qu'il avait libérés en signant, de concert avec eux, le traité sur les investitures, ne lui prêtaient aucun secours. Au moyen d'une phrase équivoque, qui faisait leur unique réponse, ils croyaient se mettre à l'abri de tout reproche. « Nous approuvons, disaient-ils, ce que nous avons approuvé « précédemment; nous condamnons ce que nous avons tou-« jours condamné [1]. » Les zélés catholiques exigeaient que le pape déclarât nul le serment qu'il avait prêté, qu'il rompît le traité qu'il avait signé et qu'il excommuniât l'empereur. Déjà les légats du Saint-Siége, avant de connaître le jugement de l'Église, avaient proclamé cette sentence dans les conciles provinciaux, et, au commencement de l'année suivante, Pascal fut obligé, pour cette question même, de convoquer un concile général au palais de Latran. 1112. — Ce concile abolit le privilége qui avait été extorqué au pape, et fulmina une excommunication contre Henri. Pascal ne s'opposa pas à cette sentence; mais il ne la confirma pas non plus. Sous quelque odieux caractère que se fût montré son fanatisme dans la persécution de Henri IV, il était religieux de bonne foi : il en avait donné une preuve lorsqu'il avait proposé de céder à Henri V les droits régaliens; il en donna une nouvelle en résistant à toutes les sollicitations de son clergé, pour annuler un serment que lui avait arraché la violence. 1116. — Henri V rentra en Italie, en 1116, pour se mettre en possession de l'immense héritage de la comtesse Mathilde, morte le 24 juillet de l'année précédente. Ce n'est pas que cette princesse n'eût, par un testament de l'année 1102, donné tous ses biens présents et à venir à l'Église romaine, pour le salut de son âme et des âmes de ses parents; mais ce testament, où il

---

[1] *Baronius Ann. eccles. ad ann.* 1111, § 25.

n'est question que des propriétés et non des fiefs ou des biens régaliens, ne fut pas reconnu pour valide [1] ; l'on disputa sans doute à une femme le droit de disposer de ses terres ; et nous verrons, pendant tout le xiie siècle, l'héritage de la comtesse Mathilde être un sujet de contestation entre les empereurs et les papes.

1117. — Après s'être mis en possession de cette succession, Henri V s'avança contre Rome, où les chefs de la noblesse l'appelèrent pour se venger de Pascal, dont ils avaient à se plaindre. Henri fut reçu dans la ville avec une espèce de triomphe, tandis que le pontife fugitif se retirait au mont Cassin et ensuite à Bénévent [2].

Pascal, l'année suivante, n'avait pas encore pu rentrer à Rome, lorsqu'il mourut dans un âge très avancé. 1118. — Tandis que le plus grand nombre des cardinaux, unis aux évêques, aux sénateurs et aux consuls de Rome, lui donnèrent pour successeur Gélase II, la faction impériale s'efforça de le remplacer par Burdino, archevêque de Bragance, que l'Église considère comme un antipape. Gélase, qui n'était pas lié par un serment, comme son prédécesseur, excommunia l'empereur en recevant la tiare, puis il se retira en France pour se mettre plus complétement à couvert de la vengeance de Henri. Gélase

---

[1] Comme les prétentions des papes à la souveraineté d'une partie de l'Italie n'étaient fondées que sur la donation de la comtesse Mathilde, il est essentiel de remarquer qu'il n'y a pas dans cette donation un seul mot qui indique la souveraineté, le domaine sur des pays ou des villes, les droits régaliens, les justices, l'hommage des vassaux, rien enfin au-delà d'une simple transmission de domaines ruraux. « *Pro remedio animæ* « *meæ, et parentum meorum, dedi et obtuli Ecclesiæ sancti Petri per interventum* « *Domini Gregorii Papæ VII, omnia bona mea* jure proprietario, *tam quæ tum ha-* « *bueram, quam ea quæ in antea acquisitura eram, sive jure successionis, sive alio* « *quocunque jure, ad me pertinent, et tam ea quæ ex hac parte montium habebam ,* « *quam illa quæ in ultramontanis partibus ad me pertinere videbantur, etc.* » La comtesse avait fait une première donation de ses biens pendant le pontificat de Grégoire VII; mais la charte s'en étant perdue, elle la renouvela en faveur de Pascal II. Cette charte est imprimée après le poëme de Donizo. *Script. Ital.* T. V, p. 384. — [2] *Chronic. Monast. Cassinens.* L. IV, c. 60 et 61, p. 538.

mourut au bout de deux ans et eut pour successeur Calixte II. C'est avec celui-ci que l'empereur, lassé d'une guerre à laquelle il ne voyait point de fin, consentit à traiter. Son antipape était tombé entre les mains des catholiques, et tous les grands d'Allemagne le pressaient de donner la paix à l'Église et à l'empire.

1122. — L'accord fut conclu à Worms, où Henri, en 1122, avait assemblé une diète. L'empereur céda à l'Église le droit d'investiture, par l'anneau et la crosse, s'engageant en même temps à lui restituer toutes les possessions et les biens régaliens de saint Pierre que lui ou son père avaient saisis. De son côté, le pape accorda à Henri le privilége d'exiger que, dans son royaume d'Allemagne, toutes les élections des évêques et des abbés se fissent en sa présence, mais sans simonie et sans violence. Le candidat fut astreint à recevoir de l'empereur l'investiture des biens régaliens attachés à son siége, au moyen de la transmission du sceptre. Toutes les excommunications furent levées, et la querelle qui avait ébranlé toute la chrétienté, fut terminée par un expédient si simple qu'on s'étonne, au premier abord, qu'il n'ait pas été trouvé plus tôt, puisqu'en apparence il contentait tous les partis. Les droits féodaux étaient ainsi séparés de ceux de l'Église, et chacune des deux puissances conservait les prérogatives les mieux appropriées à sa nature [1]. Mais, dans le fait, c'était justement une pacification semblable que les deux partis avaient craint jusqu'alors. Tant l'empereur que le pape, chacun d'eux cherchait à confondre les droits spirituels et temporels pour demeurer maître des uns comme des autres : il fallait l'épuisement d'une longue guerre et l'affaiblissement du fanatisme de leurs partisans, pour que, de part et d'autre, ils voulussent accepter des conditions équitables.

---

[1] *Cardinalis Aragon in vita Calixti II*, p. 420. — *Baronius Annal. eccles. ann.* 1122, § 11 et seq. p. 149, T. XII.

CHAPITRE IV.

Les Grecs, les Lombards et les Normands, du viie au xiie siècle, dans l'Italie méridionale. — Républiques de Naples, de Gaëte et d'Amalfi.

Les républiques qui nous occuperont dans le reste de cet ouvrage, ont toutes existé dans la partie septentrionale ou dans le centre de l'Italie : toutes se sont détachées lentement et en silence de l'empire d'Occident, à l'ombre duquel elles avaient pris naissance; toutes ont dû le premier établissement de leur liberté aux empereurs allemands, qui cherchèrent ensuite à détruire leur propre ouvrage. Mais pendant la première moitié du moyen âge, des événements semblables, et seulement plus ignorés, s'étaient passés dans cette partie de l'Italie méridionale qui forme aujourd'hui le royaume de Naples. Les villes de cette contrée, dépendantes alors des souverains de Byzance, avaient de même secoué, sans révolution et sans violence, le joug des empereurs; de même elles avaient trouvé dans la liberté un nouveau principe de force, et des moyens de résistance contre les invasions étrangères; elles avaient de même dû à un régime républicain, un esprit plus actif d'entreprise et de commerce. Il nous reste trop peu de monuments de leur histoire, pour que nous puissions entreprendre de familiariser nos lecteurs avec ces républiques. A peine quelques chroniques grecques et latines nous les font-elles entrevoir comme des ombres; on ne sait comment les atteindre; la nuit qui les entoure nous dérobe leurs formes, et nous laisse en doute sur leurs actions. Cependant il nous importe de nous former quelque idée de leurs institutions, de leurs succès et de leurs revers, puisque l'exemple que ces républiques donnèrent à l'Italie ne fut point perdu pour les villes du nord, et que les négociants de Pise et de Gênes, que nous verrons dans le chapitre suivant instituer, les premiers, des gouvernements libres dans la Toscane et la Ligurie, puisèrent, peut-être en partie à Naples ou à Amalfi, ces sentiments élevés, cette fierté républicaine qu'ils communiquèrent ensuite aux habitants de Milan, de Florence, et des villes du centre.

L'établissement, la puissance, la division et la ruine du grand-duché des Lombards de Bénévent, méritent aussi quelque attention de notre part. Ce duché continua de se maintenir avec gloire, après la défaite et la prison de Désidério, roi de Pavie; il conserva aux Lombards les droits d'une nation souveraine, trois siècles après la fin de leur monarchie; il contribua, par ses liaisons avec les Arabes et les Grecs, à introduire dans l'Occident le commerce, les arts et les sciences des Orientaux; enfin ses relations avec Naples, Gaète et Amalfi, lient étroitement son histoire à celle de ces républiques.

Les aventures romanesques, et les conquêtes à peine croyables des Normands, dans les mêmes provinces, forment encore un trait important de l'histoire d'Italie dans le moyen âge; ces événements appartiennent, à plus d'un titre, au sujet que nous traitons, et comme ayant amené la destruction des républiques de la Grande-Grèce, et comme ayant fondé la monarchie des Deux-Siciles, dont le sort fut toujours lié à celui des républiques lombardes et toscanes. Nous chercherons donc à faire connaître, dans ce chapitre, l'histoire de l'Italie méridionale pendant cinq siècles, durant lesquels les républiques grecques, les Grecs de Byzance, les Sarrazins, les Lombards et les Normands s'en disputèrent la possession.

Lorsque les Lombards firent la conquête de l'Italie sur Justin II, en 568, les provinces qui demeurèrent aux Grecs, à peine défendues par les empereurs, séparées l'une d'avec l'autre, faibles et découragées, furent presque abandonnées à elles-mêmes. Autharis, le troisième roi des Lombards, depuis Ardoin, fit la conquête de Bénévent; et traversant toute l'Italie méridionale jusqu'à Reggio, il poussa son cheval dans les flots, et frappa de sa lance une colonne élevée dans la mer, en s'écriant que c'était la seule limite qu'il reconnût à la monarchie des Lombards [1]. Il établit ensuite, à Bénévent, un de ses généraux, nommé Zoton, pour gouverner sa nouvelle conquête. Cette expédition, qu'on rapporte à l'année 589, est l'époque probable de la fondation du duché de Bénévent [2]. Ce duché, situé au centre du royaume actuel de Naples, interrompait la communication entre les provinces que les empereurs possédaient encore. Un officier grec, nommé par ces derniers, résidait, pour eux, à Ravenne, avec le titre d'exarque; c'est à lui que tous les gouverneurs des villes d'Italie étaient subordonnés. Les cités de la Pentapole et de la Marche d'Ancône lui étaient immédiatement soumises; c'est lui qui nommait les ducs de Rome, les maîtres des soldats de Naples, et les gouverneurs de la Calabre et de la Lucanie. Mais le duché de Spolète, qui appartenait aux Lombards, ouvrait pour eux une communication, souvent interrompue, entre l'Italie septentrionale et le duché de Bénévent, tandis qu'il

---

[1] *Pauli Diaconi de Gestis Langobard*. Lib. III, c. 31, p. 451. — [2] Ce point de chronologie est fort contesté. Quelques écrivains rapportant la nomination de Zoton à l'année 568, ou même à une époque antérieure à l'invasion d'Alboin; ils prétendent que ce duc commandait les Lombards auxiliaires à la solde de Narsès. Voyez *Camilli Pellegrini dissert. I de ducatu Beneventano. Rer. Ital.* T.V, p. 165.

séparait Rome de Ravenne. De la même manière, le duché de Bénévent séparait Rome et Ravenne de la Campanie, de la Pouille, de la Calabre, et de toutes les possessions maritimes des Grecs. Ces dernières étaient disséminées sur les côtes, sans communication l'une avec l'autre, si ce n'est par mer.

Les Grecs étaient maîtres de la mer, et les Lombards dépourvus de marine; mais les Grecs étaient timides et faibles, et les Lombards belliqueux et entreprenants. Les premiers se tenaient sur la défensive; ils cherchaient à se fortifier chez eux : et l'empire mit son espérance, pour défendre l'Exarchat, dans les marais de Ravenne; pour le duché de Rome, dans le crédit des papes et la vieille gloire du nom romain; enfin, pour les villes de la Campanie et de la Calabre, dans leurs murailles, et dans l'esprit de liberté des peuples qui furent appelés à les défendre [1]; car les souverains de Constantinople, sans connaître la liberté, la protégèrent chez leurs sujets occidentaux, pour s'épargner la peine de régner sur eux.

C'était avec les armées les plus faibles que Bélisaire avait conquis l'Italie et l'Afrique. Les enfants dégénérés des Romains et des Grecs se refusaient avec effroi au service militaire : les empereurs ne pouvaient réussir à recruter leurs légions; et les conquêtes de Justinien lui furent rapidement enlevées, parce qu'il ne trouvait point de soldats pour les défendre. Les Grecs, jusqu'au moment où ils perdirent leurs possessions d'Italie, n'y envoyèrent jamais des forces suffisantes. Le peu de troupes dont ils pouvaient disposer, formait la garnison de Ravenne, et se cachait derrière les marécages qui entourent cette ville : leur position était heureuse et bien choisie; le roi des Lombards ne pouvait, sans danger, s'avancer vers le midi de l'Italie, en les laissant derrière lui, surtout quand

---

[1] Lorsque Bélisaire assiégea Naples, non seulement cette ville était déjà fortifiée, mais elle était déjà gouvernée et défendue par les citoyens qui redoutaient surtout qu'on ne mît garnison chez eux. *Procopius de bello Gothico.* Lib. I, c. 8, 9 et 10, p. 14.

une nouvelle armée pouvait débarquer des côtes de l'Illyrie dans le port de Ravenne, et fermer la communication entre l'armée et les états lombards. Les villes de la Campanie et de la Calabre ne restaient donc exposées qu'aux attaques moins redoutables des ducs de Bénévent, tandis que le voisinage de la Grèce leur permettait d'en recevoir des secours journaliers.

Soit que les Lombards bénéventains fussent amollis par le beau climat et les délices de la Grande-Grèce, soit que les Campaniens, les Apuliens et les Calabrais, eussent recouvré, par une vie active, et par l'habitude de fréquentes hostilités, quelques restes de la valeur de leurs ancêtres; après deux ou trois générations, il n'y eut plus une très grande différence entre le courage et les ressources militaires des peuples soumis à ces deux dominations. Il ne s'agissait, pour assurer aux Grecs la conservation des villes maritimes, que d'intéresser leurs habitants à leur défense, et de rendre aux citoyens une patrie : ç'aurait pu être l'œuvre de la politique; ce fut probablement celle de la faiblesse ou du hasard. L'empereur se relâcha un peu de ses droits; et dès lors les institutions municipales, qui n'avaient jamais été abolies et qui étaient toutes républicaines, reprirent leur ancienne force.

La république romaine avait formé les gouvernements municipaux et ceux des colonies sur son propre modèle; dans quelques cités seulement, elle avait conservé des institutions plus anciennes encore, mais toujours également républicaines; les empereurs n'avaient point pris ombrage de cet esprit et de ces formes impuissantes qui subsistaient obscurément dans les petites villes. Deux siècles après l'asservissement absolu de la Grèce, on trouvait encore, dans l'île d'Eubée, des assemblées du peuple qui jugeaient et portaient des lois, des démagogues, des agitateurs, et toutes les institutions comme les abus de la plus absolue démocratie[1]. Les constitutions municipales auxquelles Rome avait servi de modèle, se conservèrent plus longtemps encore, parce qu'elles s'accordaient mieux avec les lois générales : elles durent même survivre à l'empire d'Occident, d'autant plus que l'empereur Majorien, dans la dernière période de l'existence de cet empire, avait rétabli et raffermi l'administration républicaine des villes et des municipalités[2].

A la fin du vi[e] siècle, les Grecs possédaient encore quelques villes dans la Lucanie ou Basilicate, l'ancienne Calabre ou terre d'Otrante, et le Brutium ou la nouvelle Calabre ultérieure[3]. Plus tard, ils conquirent de nouveau sur les Lombards la terre de Bari et la Capitanate. Leurs plus fortes villes, dans ces provinces, étaient Otrante, Gallipoli, Rossano[4], Reggio, Girace, Santa-Severina et Crotone[5]. Mais ils avaient aussi conservé dans la Campanie ou terre de Labour, deux petites provinces maritimes, resserrées entre une chaîne de montagnes et le rivage, et fortifiées par la nature; c'étaient le duché de Gaëte et celui de Naples. Le premier, situé entre le Cécube et le Massique, ces monts qu'Horace a rendus fameux, s'étendait sur une côte privilégiée, où le voyageur, en venant de Rome, rencontre les premiers orangers, les aloès, les cactus suspendus aux rochers, et toute la végétation africaine[6]. La ville de Gaëte, bâtie sur une montagne aride et escarpée, qui s'élève au milieu des eaux, et qui n'est unie au continent que par une langue de terre basse, avait été fortifiée

---

[1] De l'an 30 à l'an 60 de notre ère. Dion. Chrysostôme, *Discours sur la vie champêtre.* Ap. Cousin Despréaux, *Hist. de la Grèce,* Liv. LXVI, T. XV, p. 399. — [2] De 457 à 461 Novelle de Majorien, *Code Théodosien ad fin.* T. V. p. 34. — Gibbon. *Decline and fall,* c. 36, T. VI, p. 141.—[3] *Camilli Pellegrini de ducatu Beneventano,* dissert. V, VI et VII. *Rer. Ital.* T. V, p. 173-187. — [4] *Constant. Porphyrogenet. de Administrat. Imperii.* P. II, c. 27, p. 68. — *Byzant. Ed. Ven.* T. XXII. — [5] Idem, *de Thematibus.* L. II, T. X, p. 22. — [6] Terracine, où cette riche végétation se présente pour la première fois, était la ville la plus occidentale du duché de Gaëte. *Camillo Pellegrini,* diss. V, p. 173.

aisément, de manière à la rendre presque imprenable. Les Grecs, appuyés par cette forteresse, défendaient les gorges d'Itri et de Fondi, et la plaine fertile de Garigliano. A une journée de distance, le duché de Naples, proprement dit, comprenait seulement la côte sans cesse travaillée par des feux souterrains, qui s'étend de Cumes à Pompéia, entre le volcan éteint de la Solfatara et le volcan nouveau du Vésuve, qui la séparent du reste de la terre de Labour. Mais, pendant quelques siècles, on considéra tout le promontoire de Sorrento comme faisant partie du duché de Naples. C'est une presqu'île située entre les golfes de Salerne et de Naples; elle est couverte par un amas de montagnes, au travers desquelles aucune route n'est tracée ou n'est praticable. De riches villages, bâtis sur le penchant de ces montagnes, sont suspendus au-dessus de la mer; deux villes, Sorrento et Amalfi, occupent, l'une au couchant, l'autre au levant, le fond de deux bassins étroits, dont les approches sont tellement fermées par des monts escarpés, qu'il est presque impossible d'y parvenir autrement que par mer[1]. Ce furent les deux duchés de Gaëte et de Naples, qui, plus éloignés de l'empire et de ses officiers, réussirent le plus complétement à se donner un gouvernement républicain. Chacune des villes avait une municipalité, peut-être formée sur le modèle de la constitution romaine, peut-être conservée depuis le temps des républiques de la Grande-Grèce. Les magistrats étaient élus par les citoyens, dans une assemblée annuelle; et le peuple pourvoyait par des taxes, qu'il s'imposait lui-même, aux dépenses qui n'avaient pour but que son propre avantage, tandis que le produit des impôts publics était transporté presque en entier à Constantinople.

[1] Je n'ai trouvé dans le pays aucun guide qui voulût me conduire au travers de ces montagnes; cependant nous verrons dans cette histoire que quelques armées les ont traversées; une entre autres de Roger Ier, roi de Sicile, en 1135.

Les villes avaient été soigneusement fortifiées par les empereurs ; mais pour que les bourgeois défendissent leurs murailles, il fallait qu'ils formassent une milice. Déjà ils s'étaient assemblés pour des offices civils : ils se donnèrent aussi des liens militaires; ils élurent leurs capitaines ; ils se soumirent volontairement aux règles de la discipline : ils sentirent combien ils étaient intéressés à défendre, sous les chefs en qui ils avaient confiance, leurs personnes et leurs propriétés. C'est ainsi qu'ils devinrent vraiment citoyens.

Pendant le viie et le commencement du viiie siècle, l'exarque de Ravenne nomma le premier magistrat ou duc des principales villes maritimes [1]. Mais après que Ravenne eut été prise par les Lombards, le gouvernement des villes grecques fut partagé entre le duc ou maître des soldats de Naples et le patrice de Sicile. Ces deux officiers furent nommés par l'empereur jusqu'au xe siècle [2]. Plus tard enfin le maître des soldats de Naples fut élu par les suffrages de ses concitoyens.

Durant les cinq siècles qui renferment toute l'existence des républiques de la Campanie, celles-ci furent presque constamment appelées à combattre les Lombards, maîtres du duché de Bénévent. Mais pendant trois siècles, ces guerres ne nous sont indiquées par un petit nombre de monuments historiques que d'une manière sommaire et confuse. Il ne nous reste aucun historien ancien de ces villes grecques : les Lombards bénéventains ont eu quelques écrivains de chroniques, mais seulement dans le xe siècle, et leurs récits ne commencent qu'avec le règne de Charlemagne. Au reste, nous ne devons guère regretter de plus amples détails ; la faiblesse des deux peuples ennemis et la nature du pays qu'ils occupaient, les forçaient à limiter leurs expéditions à quelques attaques contre les châteaux ou les villages situés sur les montagnes : s'ils ne réus-

---

[1] *Constant. Porphyrog. de Administr. Imperii.* P. II, c. 27, p. 68. — [2] *Camillo Pellegrini de ducatu. Benev. dissert. V*, p. 175.

sissaient pas à s'emparer de ces châteaux par un coup de main, comme ils ne se sentaient point en état d'en poursuivre le siége, les principaux guerriers saisissaient quelque occasion de faire preuve de bravoure, par un combat singulier ou par une incursion hardie chez les ennemis, puis ils se retiraient en hâte. Les Lombards s'avancèrent à plusieurs reprises jusque sous les murs de Naples, de Gaète ou d'Amalfi : les Grecs n'entreprenaient point dans ces occasions d'empêcher l'ennemi de pénétrer dans leurs campagnes : mais les villageois s'enfermaient dans leurs châteaux, et les bourgeois se retiraient derrière leurs murailles; et comme, avant l'invention de l'artillerie, les moyens d'attaquer les places n'étaient point proportionnés aux moyens de les défendre, comme la famine seule pouvait les réduire ou la lâcheté les faire rendre, toutes les attaques des Lombards furent constamment repoussées.

Il y avait déjà cent cinquante ans que les duchés de Naples et de Gaète maintenaient leur indépendance au milieu des Lombards bénéventains, lorsque Léon-l'Isaurien, en s'efforçant d'abolir dans ses états le culte des images, aliéna ses sujets d'Italie, et perdit une partie des provinces qu'il possédait dans cette contrée. Le duc de Naples, Exilaratus, s'efforça de seconder l'empereur dans sa juridiction : mais les Napolitains étaient fortement attachés à la superstition ; ils se révoltèrent. Le pape Grégoire II ayant accusé leur duc d'être entré dans un complot pour le faire assassiner, ils massacrèrent ce duc ainsi que son fils : ils renvoyèrent le duc Pierre nommé à Constantinople pour lui succéder; ils forcèrent le patrice Eutychius à jurer qu'il n'entreprendrait rien contre le pape, et ils s'engagèrent avec les Romains et le roi des Lombards à défendre le successeur de saint Pierre envers et contre tous [1]. Cependant ils ne cessèrent point de reconnaître la suzeraineté

---

[1] *Anast. Biblioth. de vita Gregorii II*, p. 156, T. III, P. I.

des empereurs d'Orient ; et comme ceux-ci, à qui la même querelle avait déjà fait perdre l'exarchat de Ravenne, sentirent qu'il était prudent de fermer les yeux sur la continuation du culte des images, les Napolitains ne firent point difficulté d'installer le nouveau duc qui leur fut envoyé de Constantinople : seulement le schisme relâcha toujours plus le lien qui unissait les villes de la Campanie à l'empire, et l'esprit républicain fit dans ces villes de plus rapides progrès.

La monarchie des Lombards fut détruite, en 774, par Charlemagne ; Arichis, alors duc de Bénévent, était gendre de Désidério, le dernier roi : il ne voulut point reconnaître le nouveau souverain de l'Italie ; et le premier entre les seigneurs bénéventains, il se déclara prince indépendant, se fit couronner par les évêques de sa principauté, et reçut d'eux l'onction sacrée. Il conclut en même temps un traité de paix avec les Napolitains, pour se trouver mieux en état de se défendre contre Pépin, fils de Charlemagne, alors roi d'Italie, qui se préparait à poursuivre les Lombards dans le duché de Bénévent. Cependant, après une guerre malheureuse, il fut forcé de céder à son tour, de se reconnaître tributaire de l'empire d'Occident, et de livrer son propre fils Grimoald en otage à Charlemagne [1]. Depuis que les Lombards étaient opprimés, l'empereur d'Orient les avait pris sous sa protection ; et il avait accueilli à sa cour Adelgise, fils de leur dernier roi. Le duc de Bénévent, pour se mettre à portée de recevoir aussi des secours de Constantinople, fortifia Salerne, le seul port de mer qu'il eût dans ses états, et fit dans cette ville sa résidence habituelle [2].

Grimoald succéda au duc de Bénévent, son père ; et Charle-

---

[1] *Erchempertus monacus Cassinens. Hist. Langob. Beneventi*, c. 2 et 3, p. 237. T. II. Rer Ital. — [2] *Erchemp.* c. 4, p. 233. — *Anonymus Salernitan. apud Cam. Pelleg.* p. 287, T. II, P. I. — Le port de Salerne est proprement à Viétri, à deux milles au couchant de la ville, car la rade même de Salerne est très mauvaise.

magne lui permit de régner à Bénévent, sous condition que les Lombards ses sujets raseraient leurs barbes; qu'en tête des actes et sur les monnaies du duché on inscrirait le nom de Charlemagne, et que les fortifications de Salerne, d'Acérenza et de Conza seraient renversées [1]. Ce traité ne fut pas longtemps observé; Grimoald et Pépin, fils de Charlemagne, étaient du même âge: une rivalité de gloire les excitait aux combats; et Grimoald, réduit aux seules forces de son duché, mais assuré de l'affection de son peuple, sut profiter avec habileté du pays montagneux qu'il avait à défendre, des fortifications des villes et du climat du midi, meurtrier pour les armées françaises: il repoussa les attaques de l'empereur d'Occident et ne fut jamais soumis [2].

Un autre Grimoald succéda au premier et maintint l'indépendance de Bénévent pendant le reste du règne de Charlemagne [3]. A la mort de cet empereur, la faiblesse de ses successeurs aurait pu donner aux ducs de Bénévent l'occasion d'étendre leurs états par des conquêtes; mais à cette même époque, ce duché commençait à être gouverné par des tyrans qui, en perdant l'affection du peuple, perdirent aussi toutes leurs forces. Grimoald II fut tué par ses sujets révoltés; et ceux-ci lui donnèrent pour successeur, en 817, un réfugié de Spolète, nommé Sicon, qui, au temps de la conquête de Charlemagne, avait demandé un asile au duc de Bénévent, et que Grimoald Ier avait fait comte d'Acérenza [4].

---

[1] *Erchempertus monach.* c. 4, p. 238. — [2] *Ibidem.* c. 5, p. 238. — Grimoald, pour toute réponse aux sommations de Pépin, lui envoya ce distique latin:

Liber et ingenuus sum natus utroque parente
Semper ero liber, credo, tuente Deo.

[3] Ce second Grimoald portait un surnom allemand, *Store Seitz*, proprement le *Trouble-Siéges*; et ce nom populaire, qui lui avait été donné au temps où il remplissait encore l'office de maître des cérémonies, peut-être à la cour de son prédécesseur, nous fait connaître que la langue teutonique était encore parlée par les Lombards de Bénévent dans le IXe siècle. *Anonym. Salernitan. Paralipom.* c. 29, T. II, P. II, p. 195. — [4] *Anonymi Salernit. Paralip.* c.33, p. 198.

Ce nouveau prince était allié du duc Théodore, qui gouvernait Naples à cette époque ; et c'était avec l'aide de celui-ci qu'il s'était emparé de l'autorité suprême. Mais le peuple de Naples, mécontent de son premier magistrat, le chassa de la ville et lui donna pour successeur un de ses compatriotes nommé Étienne [1]. Théodore se réfugia auprès de Sicon, dont il implora le secours ; et le prince de Bénévent accourut avec toutes ses forces pour mettre le siége devant Naples. Les Napolitains, réduits aux milices de leur duché, ne pouvaient opposer à des ennemis infiniment plus nombreux, que leur courage et leurs murailles. Ces murailles furent ébranlées par le bélier ; une large brèche ouvrit la ville aux assiégeants, et les Napolitains, désespérés, sentirent l'impossibilité de se maintenir davantage. La nuit approchait et devait amener à sa suite le massacre, le pillage, et toutes les horreurs qu'éprouve une ville prise d'assaut. Leur duc, Étienne, avait une mère et deux fils dignes d'une république plus heureuse ; ils accourent auprès de lui et supplient le chef de leur famille et de l'état de se montrer le père de leurs concitoyens plutôt que le leur, et de les sacrifier au bien public. Une députation est envoyée au prince de Bénévent : on lui représente que la ville est désormais entre ses mains ; que, s'il l'épargne, elle deviendra le plus beau fleuron de sa couronne ; que si, au contraire, il lui livre un dernier assaut à la fin de la journée, il ne pourra réprimer ses soldats, ni sauver Naples du massacre, du pillage et de l'incendie, car les assiégés les provoqueraient par une défense désespérée : on le somme, pour sa gloire même, d'attendre que le soleil éclaire son triomphe : on le supplie d'épargner des malheureux qui ne demandent pour se rendre que le court délai d'une nuit ; et, comme gage de leur soumission prochaine, on lui présente, au nom du duc Étienne, tout ce

---

[1] *Johannis Diaconi Chronicon episcop. Neapol. eccles.* T. I, P. II, p. 313.

qu'il avait de plus cher, sa mère et ses deux enfants. Sicon accepte ces otages et fait sonner la retraite, se réservant d'entrer dans la ville avec le point du jour [1].

Cependant Étienne assemble ses guerriers et ses concitoyens. « Je ne suis plus maître des soldats, leur dit-il ; j'ai perdu ce « titre glorieux, au moment où j'ai pu consentir à soumettre « votre patrie au joug des Bénéventains. Je l'ai promis, mais « je n'ai pu vous lier par mes promesses. Vous êtes libres, « élisez un nouveau chef, et que, plus heureux que moi, il « relève vos murailles, et vous conduise à la victoire. » Étienne, ayant ainsi parlé, sortit de Naples, dévouant sa tête à la vengeance de l'ennemi. Il fut tué par les soldats de Sicon, devant une église de sainte Stéphanie [2].

Les Napolitains, cependant, saluèrent un de leurs chefs, nommé Bon, du titre de maître des soldats : par ses ordres, les femmes, les enfants, les vieillards, se joignant aux guerriers, travaillèrent avec tant d'ardeur, pendant la nuit, à relever leurs murailles, et à les couvrir d'un fossé, que lorsque Sicon se présenta, le lendemain matin, à la tête de ses troupes, il reconnut qu'il était impossible d'enlever la brèche par un assaut.

Les Napolitains, abandonnés des Grecs, avaient, sur ces entrefaites, sollicité les secours de Louis-le-Débonnaire, empereur d'Occident. Ils reçurent de lui quelques renforts, qui les aidèrent à soutenir longtemps encore le siège ; et, lorsque Sicon commençait à se rebuter, ils engagèrent ce prince à leur accorder la paix : pour prix de sa modération, ils lui promirent un tribut, et lui livrèrent les reliques de saint Janvier, dont le corps, enlevé à la basilique de Naples, fut transféré en pompe à la cathédrale de Bénévent [3].

---

[1] *Erchempertus monach. Cassin. Hist. Langob. Benevent.* c. 10, p. 239. — *Giannone Istoria civile del regno di Napoli.* L. VI, c. 6, p. 517. — [2] *Johann. Diaconus Chr. episc. Neap.* p. 313. — [3] *Anonymi Salernitan. fragm. ap. Camill. Pelleg.* p. 290. — *Leo Ostiensis, Chronic. monast. Cassinens.* L. I, cap. 20, p. 294.

Peu d'années après, Sorrento, l'une des principale villes du duché de Naples, fut, à ce qu'assure une légende, délivrée d'un siége non moins formidable, par l'intervention miraculeuse du saint son patron. Mais l'expédient dont l'agent céleste fit usage, n'a pas toute la noblesse et toute la générosité de celui qu'employa le duc patriote. Sicard avait succédé dans la principauté de Bénévent à son père Sicon; et, soit que les Napolitains ne payassent pas exactement le tribut qui leur était imposé, soit que l'humeur inquiète de Sicard lui fît désirer la guerre, ce prince parcourut et dévasta les terres du duché de Naples : s'arrêtant ensuite devant Sorrento, il réduisit cette ville aux dernières extrémités. Une nuit, comme il méditait sur les moyens d'assurer sa conquête, l'ombre de saint Antonin, jadis abbé de Sorrento, apparut devant lui. L'homme de Dieu portait en ses mains un bâton noueux. Avant de parler, il s'en servit pour frapper de cinq ou six coups les larges épaules du duc de Bénévent; puis il ajouta d'une voix terrible : « Subis la juste punition « des tourments que tu causes à mon troupeau, et soumets-« toi, mécréant, au pouvoir du ciel et de ses saints. » Il levait de nouveau son bâton, et allait recommencer son divin ministère, lorsque Sicard, prosterné aux pieds de l'ombre vraiment redoutable, jura qu'il respecterait désormais les fidèles de saint Antonin. En effet, dès que le jour parut, il se hâta de se retirer avec son armée[1]. Quel que soit le degré de croyance qu'on accorde à cette légende, du moins est-il certain que Sicard conclut, en 836, avec l'évêque, le maître des soldats et l'état de Naples, un traité de paix qui nous a été conservé. Cet état, dans le traité, est appelé la république, par opposition aux pays soumis à la domination lombarde, qui sont appelés états du prince[1].

---

[1] *Acta Sanctorum*, apud Bollandistas, *in vita sancti Antonini abbatis Surrentini ad diem 14 febr.* Muratori, *Annal. d'Italia, A.* 837. — [2] Voyez ce traité *apud Camill. Pel-*

Pour obtenir la paix de Sicard, André, maître des soldats de Naples, avait eu recours à un moyen bien dangereux, qui fut d'un funeste exemple pour toute l'Italie méridionale. Privé de l'appui des empereurs grecs, il avait eu recours aux Barbares; et il avait appelé les Sarrazins de Sicile à son aide [1]. Depuis peu d'années, les Musulmans avaient établi une colonie militaire dans cette île. Un Grec, nommé Euphémus, après avoir enlevé une religieuse dont il était amoureux, se voyant poursuivi par le patrice de Sicile, avait été chercher un asile en Afrique : il avait fait connaître aux Sarrazins les moyens de s'emparer de la Sicile, et il était revenu dans cette île, en 822, avec une armée d'Arabes, qui en avaient entrepris la conquête [2]. Les Sarrazins étaient, à cette époque, de beaucoup supérieurs aux Grecs pour le courage et les talents militaires; ils leur avaient enlevé presque toute l'Asie, l'Égypte et l'Afrique, et, plus tard, l'île de Crète et plusieurs îles de l'Archipel : ils avaient conquis l'Espagne sur les Visigoths; et l'enthousiasme religieux et militaire, qui commençait à s'éteindre en Arabie et en Syrie, enflammait toujours les Musulmans sur les frontières de leur empire, et les poussait à de nouvelles conquêtes. Dès que les Sarrazins eurent mis le pied en Sicile, ils y acquirent la prépondérance sur les troupes de Michael-le-Bègue, qui régnait alors à Constantinople, et sur celles de Théophile, son fils et son successeur. En 831, le patrice Théodotus fut tué dans un combat, et les Arabes s'emparèrent de la ville de Messine; l'année suivante ils se rendirent maîtres de Palerme, et ils commencèrent dès lors à infester, par leurs ravages, les côtes de l'Italie. Cependant, aussi longtemps que Sicard vécut, ils ne purent faire aucune conquête dans ces provinces.

---

legr. sous le titre de *Capitulare principis Sicardi.* T. II, p. 256. — [1] *Johannis Diaconi Chron. episc. Neapol.* p. 314. — [2] *Gregorii Cedreni Hist. compend.* T. VIII. Biz. Ven. p. 403. — *Anonymi Salernit. Paralipom.* c. 45, p. 208.

Sicard nous est représenté comme ayant joint une grande bravoure à beaucoup de vices qui le rendirent odieux à ses sujets. Le premier des princes lombards, il força la ville d'Amalfi à reconnaître sa domination. La guerre entre les deux peuples n'eut d'autre motif que la possession des reliques de sainte Triphomène, patrone d'Amalfi. Sicard, dont la dissolution, la cruauté et les sacriléges n'avaient fait que redoubler le zèle religieux, et qui était animé d'un ardent désir de racheter ses péchés et passés et futurs, cherchait à tout prix à rassembler des reliques pour en orner la cathédrale de Bénévent ; il avait déjà forcé les Napolitains à lui céder celles de saint Janvier : il avait ensuite enlevé aux îles de Lipari celles de saint Barthélemi, et il déclara la guerre à la ville d'Amalfi pour obtenir celles de sainte Triphomène. La petite république d'Amalfi, qui relevait encore de Naples, était alors divisée par des factions qui l'avaient affaiblie, en sorte qu'elle n'opposa pas une longue résistance aux armes de Sicard. Ce prince, après s'en être rendu maître, non seulement dépouilla le sanctuaire des châsses qui faisaient l'objet de son ambition, mais força de plus tous les habitants à le suivre à Salerne ; et, dans le but de les unir pour jamais à son peuple, il leur fit contracter des mariages avec ses sujets et leur accorda les mêmes droits qu'aux Lombards [1].

Sicard, cependant, avait aliéné le clergé de ses états par ses sacriléges : la noblesse, d'abord par des intrigues galantes, et ensuite par l'orgueil insupportable de sa femme ; le peuple enfin, par de sanglantes exécutions. Il avait confiné dans une prison, à Tarente, son frère Siconolfe, contre lequel il avait conçu de la jalousie. N'étant plus entouré que d'ennemis secrets, il fut assailli dans une partie de chasse, près de Bénévent, et massacré par des conjurés ; les habitants de cette dernière

[1] *Anonymi Salernit. Paralipom.* cap. 58-60, p. 217. — *Chronici Amalfitani frag.* ap. *Muratori antiq. Ital. med. œvi.* T. I, c. 3 et 4, p. 208.

ville désignèrent pour lui succéder Radelchise, son trésorier [1].

Dès que la nouvelle de la mort de Sicard eut été apportée à Salerne, les habitants d'Amalfi, qui s'y trouvaient presque seuls, car les Salernitains étaient alors occupés de leurs récoltes, coururent au port, et chargèrent les vaisseaux qu'ils y trouvèrent, des dépouilles des temples et des maisons, pour se dédommager du pillage qu'Amalfi avait éprouvé peu d'années auparavant; ils retournèrent en triomphe dans leur ancienne patrie, et se hâtèrent d'en relever les fortifications. C'est depuis cette époque que les Amalfitains s'affranchirent entièrement de la suzeraineté du maître des soldats de Naples, et qu'ils commencèrent à se gouverner en république indépendante [2].

Les Salernitains cependant ne voulurent point reconnaître pour prince, Radelchise, que les Bénéventains avaient élu; et plutôt que de se soumettre à lui, ils aimèrent mieux se réconcilier avec les habitants d'Amalfi : ils promirent à ceux-ci la paix et le pardon de la dernière injure, pourvu que les Amalfitains voulussent les aider de leurs vaisseaux, pour mettre en liberté l'héritier légitime de la principauté, Siconolfe, frère de Sicard, qu'on savait être prisonnier à Tarente.

Quelques vaisseaux marchands, montés par des citoyens des deux villes, firent voile en effet de la rade d'Amalfi pour Tarente. Les marchands se répandirent le soir dans les rues de cette dernière ville, en demandant à haute voix, selon l'usage de ces temps-là, qu'on leur donnât l'hospitalité. Quelques-uns d'entre eux furent admis, comme ils l'avaient espéré, par les geôliers de Siconolfe. « Nous avons une chambre ba-« layée, dirent ceux-ci; logez chez nous, et si demain vous « nous faites un présent, nous en serons reconnaissants. » C'est presque ainsi qu'aujourd'hui encore les voyageurs sont

---

[1] *Anonymi Salernit. Paralip.* c. 62, p. 219.—*Erchempertus monachus*, c. 13, p. 240.—
[2] *Anonymi Salernit. Paralip.* c. 6, 63. p. 220.

logés dans les mêmes provinces. Les Salernitains firent acheter du vin et des provisions par leurs hôtes : ils les encouragèrent à faire bonne chère ; et lorsque les geôliers furent plongés dans le sommeil de l'ivresse, les Salernitains délivrèrent Siconolfe, et, le faisant embarquer aussitôt, ils le conduisirent à Salerne [1].

L'élection simultanée de ces deux princes, Radelchise à Bénévent, et Siconolfe à Salerne, fut la cause de longues guerres civiles, du partage, de l'affaiblissement, et, au bout de deux siècles, de la ruine de la nation lombarde, dans le midi de l'Italie. Radelchise appela les Sarrazins à son secours, et les cantonna dans le voisinage de Bari, dont ces auxiliaires infidèles s'emparèrent bientôt. Siconolfe se crut autorisé à faire usage des mêmes armes; il fit venir d'Espagne d'autres Sarrazins, de la secte des Aglabites, ennemis des Sarrazins d'Afrique. Ce furent probablement les Aglabites de Siconolfe qui s'emparèrent de Tarente et qui ravagèrent les Calabres [2].

Les princes de Salerne et de Bénévent, unissant dans leurs armées ces troupes musulmanes à leurs sujets lombards, se firent une guerre cruelle, durant laquelle les campagnes furent ravagées et les villes pillées par les Arabes, sans que chaque prince osât réprimer la barbarie de ses farouches alliés, et sans que leur secours lui assurât la victoire. Siconolfe engagea Guido-l'Ancien, duc de Spolète, et Français d'origine, à venir à son aide avec une armée ; et ce seigneur, selon les mœurs de sa nation, dit Erchempert, s'enrichit aux dépens des deux princes, auxquels il vendit tour à tour sa protection [3]. Enfin, par l'entremise de Guido, et sous la protection de l'empereur Louis II, un traité de partage du duc de Bénévent, entre les deux compétiteurs, fut arrêté en 851. Tarente, Cosenza, Capoue, Sora, avec leurs dépendances, et la moitié du comté

---

[1] *Anonimi Salernitani Paralipom.* c. 63 et 64, p. 221. — [2] *Erchemperti Chronic.* c. 17, p. 241. — [3] *Ibidem.* — *Anonym. Salernitan. Paralip.* c. 67, p. 223.

d'Acérenza, c'est-à-dire toutes les provinces du royaume actuel de Naples, qui sont situées sur la mer Méditerranée, à la réserve de la Calabre ultérieure, et des duchés de Naples et de Gaète, furent cédées au prince de Salerne : celui de Bénévent se réserva l'autre moitié de la principauté, qui, à la réserve de la terre d'Otrante, comprenait tout le reste du royaume de Naples, du côté de l'Adriatique. La limite des deux états fut placée à égale distance entre Bénévent et Salerne, et Bénévent et Capoue. Les deux princes, après ce partage, s'engagèrent à chasser, de concert, les Sarrazins de leurs états [1].

Mais ni l'un ni l'autre n'était assez puissant pour réparer le dommage qu'il avait occasionné. Tous deux moururent peu après le traité de partage; et, les Lombards ayant conservé dans le duché de Bénévent le droit d'élire leurs souverains, comme ils l'avaient exercé dans le royaume de Pavie, les deux principautés ne restèrent point dans la famille de Radelchise ni de Siconolfe, et s'affaiblirent par de nouveaux partages. Landolfe, comte de Capoue, se rendit indépendant : son exemple fut suivi en partie par d'autres comtes; et les princes lombards, réduits à la souveraineté d'une seule ville et affaiblis par de petites guerres et de petites intrigues, rentrèrent dans une obscurité d'où il serait difficile et peu avantageux de les tirer.

Les républiques grecques ne furent pas exemptes des calamités que la discorde des princes lombards avait attirées sur l'Italie méridionale. Une colonie militaire de Sarrazins se fortifia sur les bords du fleuve Garigliano, près de son embouchure, dans une plaine fertile, mais qui, désolée encore aujourd'hui, semble nous conserver les traces des ravages des Musulmans. D'autres Sarrazins se rendirent maîtres de Cumes, colonie grecque, autrefois fondée par les Eubéens, alors la

---

[1] *Capitulare Radelchisi princip. Beneventani de divisione princip. apud Camil. Pelleg.* T. II, p. 260.

plus occidentale des villes du duché de Naples. Le séjour des Sarrazins dans cette cité illustre, où ils s'établirent à plusieurs reprises, a causé sa ruine. Deux siècles plus tard on la détruisit de fond en comble, lorsqu'on réussit à les en chasser. Les Sarrazins se rendirent encore maîtres d'Acropoli, ou Capo-della-Licosa, et de Misène : ils assiégèrent Gaète en 846 ; mais les citoyens de Naples, d'Amalfi et de Sorrento se réunirent sous la conduite d'André, maître des soldats ou consul de Naples, et de Césario, son fils, et forcèrent les Africains à lever le siége [1]. La flotte de Gaète se réunit ensuite à celles des autres républiques grecques ; et toutes ensemble se rendirent à Ostie, pour secourir le pape Léon IV contre les mêmes ennemis [2].

Les républiques grecques de la Campanie étaient, avec les empereurs grecs, les seuls états chrétiens qui eussent une marine sur la Méditerranée. Leurs flottes, guerrières et marchandes tout ensemble, défendaient le territoire et augmentaient chaque année la richesse de Naples, de Gaète et d'Amalfi. La dernière de ces villes, ayant recouvré sa liberté depuis le règne de Siconolfe à Salerne, croissait en population et en richesse, et commençait à s'emparer du commerce de l'Orient. Les Amalfitains prétendaient être issus d'une colonie romaine : ils assuraient que leurs ancêtres, envoyés par le grand Constantin à Byzance, avaient fait naufrage à Raguse et séjourné longtemps en Illyrie ; qu'ils avaient ensuite traversé l'Adriatique, et qu'ils s'étaient établis à Melphi, dans la Pouille, où ils avaient séjourné longtemps encore ; enfin, ils avaient quitté cette province, pour chercher un pays où ils pussent vivre entièrement libres, et qu'alors seulement ils avaient bâti sur le golfe de Salerne une ville à laquelle ils avaient donné le nom de leur dernière habitation [3].

---

[1] *Johannis Diaconi Chron. episc. Neap.* p. 315. — [2] *Vita Leonis Papæ IV apud Anastas. biblioth.* p. 237. — [3] *Anonymi Salernitani Paralipom.* c. 73-75. p. 228.—Chronici

Leur petit état était composé de quinze ou seize villages et châteaux situés autour de la capitale, sur le penchant des montagnes qui ferment à l'occident le golfe de Salerne. Les uns sont resserrés entre la mer et les rochers, et leurs habitants profitaient de quelque rade ou de quelque port, pour s'adonner à la pêche et au commerce : les autres demeurent suspendus, comme l'aire d'un aigle, à mi-côte des monts dont le pied est baigné par la mer ; on ne les voit qu'à moitié au milieu des bois d'oliviers qui couvrent tout ce district. Les branches dorées des orangers qui entourent leurs maisons blanchies, attirent cependant de loin les regards, et indiquent l'habitation des propriétaires riches et industrieux ; tandis que, de l'autre côté de ce magnifique golfe, les temples majestueux de Pestum s'élèvent seuls au milieu d'une plaine déserte et désolée, que la liberté n'a plus visitée depuis deux mille ans.

Avant la conquête de Sicard, les Amalfitains recevaient leur gouverneur du duc, consul, ou maître des soldats de Naples. Après qu'ils se furent remis en liberté, en 839, ils se soumirent à un magistrat annuel élu par les suffrages du peuple, qu'ils appelèrent tantôt préfet, tantôt comte, maître des soldats ou duc [1]. Sous le gouvernement de ces chefs, la république d'Amalfi couvrit la mer de ses vaisseaux : elle répandit dans tout l'Orient sa monnaie, connue sous le nom de *tari* [2], et elle s'acquit une réputation brillante de sagesse, de courage et de vertu. L'Europe a reçu de ce peuple trois legs bien propres à perpétuer sa mémoire. C'est un citoyen d'Amalfi, Flavio Gisia ou Gioia, qui fut l'inventeur ou l'introducteur en Occident de la boussole ; c'est dans

---

Amalphitani Fragm. c. 1, p. 207, *Antiq. Ital.* T. I. — [1] *Anonym. Salernit. Paralip.* c. 76, p. 230. *Chronic. Amalphitan.* c. 8, p. 209. — [2] Le tari qui vaut douze grains, ou un cinquième en sus du carlin, est encore, au moins comme monnaie de compte, usité dans tout le royaume de Naples, depuis le temps de la république d'Amalfi.

Amalfi qu'on retrouva l'exemplaire des Pandectes, qui fit renaître dans tout l'Occident l'étude et la pratique de la jurisprudence de Justinien; ce sont enfin les lois d'Amalfi sur le trafic maritime, qui ont servi de commentaire au droit des gens, et de fondement à la jurisprudence du commerce et des mers : ces lois acquirent, dans la Méditerranée, le même crédit que celles des Rhodiens avaient eu anciennement sur la même mer, et que deux siècles plus tard on accorda sur l'Océan à celles d'Oléron [1].

C'est à peu près là tout ce qu'au milieu des ténèbres de l'histoire il nous est possible de recueillir sur l'origine et les progrès des républiques grecques de l'Italie méridionale. Trois siècles plus tard, nous les verrons envahies par les Normands, et rayées du nombre des nations : encore quelques mots, à cette seconde époque, et nous aurons complété l'histoire de leur longue existence. Une mémoire confuse de leur population, de leurs richesses et de l'étendue de leur commerce, est tout ce qui reste d'elles. Les tombeaux qui renferment les généreux citoyens d'Amalfi, de Naples et de Gaëte, recouvrent, avec leurs ossements, jusqu'au souvenir de leurs exploits et de leurs vertus. Tout est mort avec eux, et ce noble amour de la liberté qui les enflammait, et cette patrie à laquelle ils ont fait tant de sacrifices, et ces lois dont ils voulaient assurer l'empire, et ces ducs, ces magistrats, dont ils craignaient les usurpations, et ces ennemis dont ils étaient entourés et qu'ils combattaient sans cesse. Tant de hauts faits qu'inspira l'amour de la gloire, tant d'appels adressés à une postérité impartiale, tant d'adversités supportées avec courage dans la ferme confiance que les générations futures vengeraient l'injustice des contemporains; toutes ces espérances ont été trompées, et la race des héros s'est éteinte

---

[1] *Freccia de Subfeudatione, apud Giannone istoria civile del regno di Napoli.* L. VII, c. 3.

sans que l'avenir se soit acquitté envers elle de sa dette.

En 866, Louis II, empereur et roi d'Italie, fut appelé dans le duché de Bénévent, par les malheureux Lombards qui étaient alors persécutés de la manière la plus cruelle par les Sarrazins. Les derniers possédaient, dans toutes les parties de l'Italie, des montagnes dont ils fortifiaient les passages, des châteaux et même des villes. Ils en sortaient pour porter de toutes parts leurs ravages dans les pays chrétiens. Louis II attaqua successivement les diverses forteresses des Arabes; il s'empara de Matéra, Vénosa et Canosa, et entreprit le siége de Bari, la plus forte place que possédassent les Sarrazins sur le golfe Adriatique. Mais comme il reconnut qu'il était impossible de la réduire sans le secours d'une flotte, il fit alliance avec Basile, empereur des Grecs, qui, dans le même temps, venait de délivrer Raguse et les villes d'Illyrie, des incursions des mêmes Sarrazins [1]. La ville de Bari fut prise par les forces réunies des deux empereurs; et de cette manière les Grecs acquirent de nouveau quelque influence sur cette partie de l'Italie. Cette influence s'accrut encore, lorsque Louis II eut aliéné de lui les Lombards qui l'avaient appelé à leur secours. Le prince de Salerne arrêta par surprise l'empereur d'Occident et le retint quelque temps prisonnier au milieu de son palais. Après cette offense mortelle, dont aucun traité de paix ou aucun serment ne pouvait lui assurer le pardon, le prince de Salerne se jeta entre les bras de l'empereur grec, et lui prêta serment de fidélité, pour obtenir de lui quelque protection.

La ruine de la famille de Charlemagne, et les règnes orageux du grand Bérenger, de Hugues et de Bérenger II, dans l'Italie septentrionale, donnèrent, pendant près d'un siècle, une pleine liberté aux Grecs de pousser leurs conquêtes

---

[1] *Const. Porphyr. de Basil. Macedon.* c, 55, T. XVI, p. 132.

dans la province qu'ils nommaient Lombardie, parce qu'elle avait été soumise plus longtemps qu'aucune autre aux Lombards bénéventains. L'empire d'Orient se relevait quelquefois de ses pertes, non qu'il acquît une nouvelle vigueur, mais parce qu'il survivait à la dégénération des peuples ennemis [1]. Les Lombards, les Francs, les Sarrazins, qui tous avaient exercé leur puissance sur ces provinces, avaient cessé d'être redoutables : ils avaient voulu jouir de leurs succès passés, dans le luxe et la mollesse ; et leurs vastes empires s'étaient divisés en petites principautés, incapables d'opposer une vigoureuse résistance, même à un ennemi aussi faible que l'étaient les Grecs. Ces derniers se rendirent maîtres de la plupart des villes et des lieux forts que les Sarrazins avaient possédés dans la Pouille, et c'est ainsi qu'ils formèrent leur nouveau *Thême* [2] de Lombardie. Cependant, les princes lombards, placés sur la frontière des deux empires d'Orient et d'Occident, s'attachaient tour à tour à l'un ou à l'autre ; et, d'après leurs convenances privées, ils transportaient leur allégeance et leur serment de fidélité, du successeur de Charlemagne à celui de Constantin.

Mais lorsque la couronne d'Italie et celle de l'empire furent transférées à la maison de Saxe, les Othon se montrèrent jaloux de défendre ou de recouvrer les anciennes limites de l'empire d'Occident, de faire reconnaître leur suzeraineté par les princes lombards, et de chasser les Grecs, aussi bien que les Sarrazins, de toute l'Italie. Othon Ier soutint une longue guerre dans ces provinces contre Nicéphore Phocas. Cette guerre se termina en 970, lorsque Nicéphore fut assassiné :

---

[1] C'est de la même manière que les sujets révoltés de la Porte et ses ennemis finissent tous par retomber sous son joug, parce qu'elle attend en patience que leur force soit épuisée. De là vient le proverbe turc, que *c'est avec un chariot tiré par des bœufs que le grand Seigneur prend des lièvres à la course.* — [2] C'est le nom que dans la nouvelle division de l'empire d'Orient les Grecs donnèrent aux provinces. Il y en avait dix-sept en Asie et douze en Europe. *Constantini Porphyrogenitœ de thematibus. Ap. Banduri imper. orientale.* T. I.

Jean Zimiscès, son successeur, rechercha l'amitié d'Othon, et les deux familles impériales s'unirent par un mariage [1].

Othon II renouvela les prétentions de son père à la souveraineté du midi de l'Italie : il considéra même son mariage avec Théophanie comme lui donnant un titre de plus ; et il réclama des empereurs d'Orient, pour douaire de sa femme, les provinces de la Lucanie et de la Calabre, et la suzeraineté sur les républiques de Venise, de Naples, de Gaëte et d'Amalfi, qui, pour ne point lui obéir, faisaient valoir leur fidélité prétendue à l'empire d'Orient.

Constantin et Bazile, empereurs de Constantinople, après avoir vainement essayé de détourner, par des négociations, l'orage qui menaçait leurs possessions d'Italie, appelèrent à leur aide les Sarrazins de Sicile et d'Afrique ; Othon, d'autre part, entré en Italie, en 980, avec une puissante armée, et fortifié par l'alliance de Pandolfe-Tête-de-fer, qui avait réuni sous son autorité l'ancien duché de Bénévent presque entier ; Othon, dis-je, s'empara, en 982, de la ville de Tarente, puis il s'avança dans la Calabre ultérieure, jusqu'à la bourgade de Basentello, située près du rivage de la mer. Il y trouva l'armée combinée des Sarrazins et des Grecs qui l'attendait. La première attaque des Allemands fut vigoureuse et mit les Orientaux en désordre ; mais une colonne de Sarrazins, qui formait le corps de réserve, fondit sur les vainqueurs au moment où, dans l'ardeur de la poursuite, ils avaient déjà rompu leurs rangs. Elle en fit un massacre effroyable : Pandolfe-Tête-de-fer et beaucoup de comtes et prélats guerriers perdirent la vie dans cette déroute.

L'armée d'Othon était détruite ; aucun corps ne soutenait plus l'effort des ennemis, et l'empereur lui-même fuyait le long du rivage, craignant sans cesse d'être atteint par les

---

[1] Othon II épousa Théophanie, fille de l'empereur Romanus Lécapénus, prédécesseur de Phocaste, sœur de Constantin et de Bazile, qui succédèrent à Zimiscès.

Sarrazins et massacré dans leur première fureur. Une galère grecque avait jeté l'ancre près de ce même rivage; et l'empereur, qui se voyait entre deux dangers également pressants, préféra se livrer à des ennemis civilisés plutôt que de tomber entre les mains d'une horde barbare. Il se fit connaître au commandant de la galère; il se rendit à lui, et chercha un asile sur son bord. Bientôt il s'aperçut que cet officier subalterne, ébloui par une fortune aussi inattendue, sacrifierait l'avantage de son pays au sien propre. Othon promit au Grec des monceaux d'or, sous condition qu'il le conduisît à Rossano, où l'impératrice Adélaïde, mère du monarque prisonnier, s'était enfermée. La galère fit voile vers cette ville; une négociation secrète s'établit entre le capitaine, Othon et l'impératrice; des mulets, pesamment chargés, s'acheminèrent vers le rivage : des gardes du prince, conduits par Théodore, évêque de Metz, s'approchèrent dans une barque pour s'assurer si c'était bien lui qui, revêtu de pourpre, se montrait à eux sur le tillac; et tandis que les Grecs étaient distraits par leurs négociations, et qu'accoutumés à ce que leurs propres empereurs ne sussent pas marcher sans appui des eunuques, ils gardaient leur prisonnier moins soigneusement, Othon s'élança dans la mer, gagna la barque de ses gardes à la nage, fit virer de bord, mit lui-même la main à la rame, et parvint au port avant que la galère eût pu l'atteindre. Le Grec confus vit rentrer dans la ville, avec l'empereur, les mulets qu'on n'en avait fait sortir que pour lui tendre un piége; et lui-même il fut obligé de se retirer de la rade de Rossano, sans pouvoir se venger de ce qu'on l'avait trompé [1].

Quoique les Grecs eussent laissé échapper un captif aussi important, leur victoire n'en était pas moins complète. Pen-

---

[1] *Ditmarus Restitutus, apud Leibnitzium.* T. I, L. III, p. 346. — *Hermanni Contracti Chron.* p. 207. *Script. German, apud Struvium.* T. I. — *Arnulphi Hist. Mediol.* Lib. I, c. 9, T. IV, *Rer. Ital.* p. 10.

dant le reste du règne d'Othon II et la minorité de son fils, ils étendirent leurs conquêtes en Italie [1], et les soumirent au gouvernement d'un officier qu'ils établirent à Bari avec le titre de Catapan [2]. Ils bâtirent aussi la ville de Troies dans la Pouille, et plusieurs châteaux forts qui devaient les couvrir contre de nouvelles attaques. S'ils ne furent point troublés dans ces établissements, ce n'est pas qu'Othon II fût disposé à les laisser jouir en paix de leurs triomphes. Ce prince avait convoqué à Vérone une assemblée des états de Lombardie et d'Allemagne; il avait fait passer des troupes dans l'Italie méridionale, et il s'était rendu à Rome pour terminer les préparatifs de l'expédition qu'il méditait, non seulement contre la Calabre, mais même contre la Sicile, lorsqu'une maladie, causée à ce qu'on assure par l'humiliation et le chagrin qu'il venait d'éprouver, l'emporta à la fleur de son âge. Les républiques de Venise, de Naples, d'Amalfi et de Gaète, enveloppées dans les projets de vengeance d'Othon contre les empereurs d'Orient, furent sauvées d'une guerre désastreuse par cette mort prématurée.

Une des conséquences de la bataille de Basentello et de la mort de Pandolfe-Tête-de-fer qui y fut tué, fut le partage du duché de Bénévent, qu'il avait eu l'art de réunir sous sa domination; il se divisa après lui en un grand nombre de petites principautés. Pendant la minorité d'Othon III, les Grecs poursuivirent leurs conquêtes, et les Sarrazins leurs ravages. Quoique ces derniers eussent beaucoup perdu de leur activité, de leur esprit entreprenant et de leur ancienne valeur, ils étaient encore demeurés supérieurs aux peuples efféminés qui les entouraient, et leurs déprédations contribuèrent à jeter toutes

---

[1] *Lupus Protospata Chron. Barense.* T. V, p. 40. — [2] C'est du nom de cet officier que la province de Capitanate a reçu le sien. On l'appela d'abord Catapanate, ensuite l'usage a rapproché ce nom du mot italien *capitano. Leo Ostiens. Chron Cassinens.* L. II. c. 50, p. 371.

les provinces au midi du Tibre dans un état de faiblesse et d'épuisement qui seul peut expliquer l'étrange révolution qui devait bientôt s'y opérer. Vingt ans après la défaite d'Othon à Basentello, quelques aventuriers septentrionaux profitèrent de la faiblesse de ces provinces pour jeter entre les deux empires les fondements d'une puissance qui, en moins d'un siècle, s'étendit sur toute l'Italie méridionale : elle subjuga ses anciennes républiques et attacha chez les Italiens la dénomination distinctive de royaume [1] à cette Grande-Grèce, qui, à deux reprises, avait été la première patrie de la liberté.

Les Normands ou Danois, après avoir longtemps ravagé les côtes de France, y obtinrent, vers l'an 900, un établissement dans la Neustrie, qui, d'après eux, fut nommée Normandie. Un siècle de transplantation dans ce nouveau séjour ne leur fit point perdre leur antique passion pour les entreprises étranges et hasardeuses. Ils avaient embrassé la religion chrétienne : mais, de même que les Grecs avaient communiqué à cette religion leurs subtilités scolastiques, de même que les Égyptiens et les Syriens lui avaient donné leur caractère contemplatif et leur morale ascétique, lorsque les peuples du Nord professèrent la religion chrétienne, cette religion devint pour eux sombre et sanguinaire, à l'imitation de celle d'Odin ; elle réprima les craintes mortelles, elle excita la valeur, et elle promit aux exploits une récompense au-delà de ce monde.

Des peuples courageux et entreprenants, devenus chrétiens, crurent et se plurent à croire que leur salut était attaché à la visite des lieux illustrés autrefois par la présence des fondateurs et des martyrs de la religion. Une curiosité louable, une sensibilité vertueuse, un amour qu'on retrouve inné en l'homme pour tout ce qui lui retrace symboliquement l'antiquité, auraient été des motifs suffisants pour conduire beaucoup de

---

[1] *Il Regno,* par excellence, dans les écrivains italiens, veut toujours dire le royaume de Naples.

chrétiens à la Terre-Sainte, lors même que la religion n'aurait pas fait de leurs fatigues un moyen de salut ; mais le nombre de ces dévots voyageurs fut prodigieusement augmenté quand l'Église leur promit l'entrée du ciel et la rémission de leurs péchés, en récompense d'un pèlerinage, c'est-à-dire d'une expédition hasardeuse, il est vrai, mais intéressante, variée et toujours nouvelle.

Les Normands surpassèrent tous les Occidentaux dans leur ardeur pour les pèlerinages. Ils ne voulurent point, pour se rendre à la Terre-Sainte, se soumettre à la monotonie d'un trop long voyage maritime, d'autant plus qu'ils ne retrouvaient pas sur la Méditerranée les tempêtes impétueuses qui bouleversent les mers du Nord, les tristes et sombres brouillards, les écueils de glaces flottantes, et tous les dangers qu'ils s'étaient plu à braver dans leur ancienne patrie. Ils traversaient donc par terre toute la France et toute l'Italie, se fiant à leur épée pour se procurer leur subsistance pendant le voyage, lorsque la charité des fidèles n'y pourvoyait pas suffisamment par des aumônes. Les villes de Naples, d'Amalfi, de Gaète et de Bari entretenaient un grand commerce avec les côtes de Syrie ; on assurait que de fréquents miracles avaient illustré le mont Cassin, qu'on trouvait sur la route de Naples, et le mont Gargano, ou mont des Anges, au pied duquel on passait en se rendant à Bari. Les dévots pèlerins voulaient visiter durant leur voyage les monastères bâtis sur ces deux montagnes ; et presque tous, soit pour aller à la Terre-Sainte, soit pour en revenir, prenaient la route de la Grande-Grèce.

Dans une des premières années du xie siècle, environ quarante de ces religieux voyageurs, revenus de la Terre-Sainte sur des vaisseaux d'Amalfi, se trouvèrent réunis à Salerne au moment où une petite flotte de Sarrazins venaient insulter cette ville et en exiger une contribution militaire. Les habitants du midi de l'Italie s'étaient abandonnés aux délices de ce climat enchanté ; ils ne prenaient aucun intérêt aux querelles de leurs princes : ils n'étaient pas moins énervés que les Grecs, et ils avaient perdu presque tout courage militaire. Les Salernitains virent avec étonnement quarante chevaliers normands, après avoir demandé des armes et des chevaux à Guaimar III, alors prince de Salerne, se faire ouvrir les portes de la ville, charger avec intrépidité les Sarrazins et les renverser. Les Salernitains suivirent cependant l'exemple qui leur était donné par ces braves guerriers : la campagne fut couverte des cadavres des Musulmans, et ceux qui échappèrent au carnage furent forcés de se rembarquer à la hâte [1].

Guaimar combla d'honneurs et de présents les vaillants étrangers qui venaient de le délivrer et de conduire ses sujets à la victoire : pour mettre à profit leur bravoure, il essaya de les fixer à sa cour par les promesses les plus brillantes ; et lorsqu'il les vit déterminés à quitter la Campanie, il les supplia du moins d'inviter de sa part des hommes de leur nation, des hommes aussi braves qu'eux, à venir recueillir sur les infidèles les palmes dues à la valeur.

Les Normands, de retour dans leur pays, firent connaître à leur compatriotes les offres du prince de Salerne ; ils exposèrent à leurs yeux des dattes, des oranges, riches fruits des climats heureux du Midi [2] ; ils échauffèrent l'imagination de la jeunesse par le récit de leurs faciles exploits et de leurs éclatants triomphes. D'après leurs encouragements, un chevalier nommé Drengot, à qui une querelle avec un de ses rivaux rendait désagréable le séjour de sa patrie, résolut de tenter la fortune avec toute sa famille dans cette terre si favorisée du

---

[1] *Leo Ostiensis, Chronic. mon. Cassin.* L. II, c. 37, T. IV, p. 362. — *Anonymus monachus Cassin.* T. V, p. 55. — [2] Les fruits du Midi excitaient les désirs ardents des Septentrionaux. C'était en vantant leur saveur que l'on attirait les Varangiens du fond de la Scandinavie à Constantinople, pour y former la garde des empereurs ; et dans la langue islandaise, parlée autrefois par tous les Scandinaves, on dit encore aujourd'hui *figiakasta*, désirer des figues, pour dire, désirer quelque chose avec passion. *Bonstetten.*

ciel. Quatre de ses frères, avec leurs fils et leurs petits-fils, se joignirent à lui : quelques autres aventuriers normands se rangèrent sous ses étendards ; et lorsque les pèlerins arrivèrent au mont Gargano, terme apparent de leur voyage, ils étaient au nombre de cent. C'est là que Mélo, citoyen de Bari, l'un des plus riches et des plus puissants seigneurs de l'Appulie, vint les trouver. Ce gentilhomme avait voulu tenter une révolution dans son pays pour délivrer ses concitoyens du joug des Grecs et de l'autorité vexatoire des catapans ; mais ayant échoué, il avait été obligé de fuir loin de sa patrie. Mélo avait trouvé chez les princes lombards, et surtout chez Guaimar de Salerne, des dispositions favorables : il avait obtenu d'eux des subsides, et il se vit en état d'offrir aux Normands qui voudraient prendre parti avec lui une solde considérable ; il y joignit la promesse des plus magnifiques récompenses s'ils étaient victorieux [1].

Ce fut vers l'an 1016, que Drengot, avec ses Normands, commença la guerre contre les Grecs ; leurs armes ne furent pas constamment heureuses : Mélo, après trois victoires consécutives, fut enfin battu à Cannes, en 1019 [2], et la plupart de ses Normands furent tués ; lui-même il passa en Allemagne, pour implorer l'assistance de l'empereur Henri II, et l'engager à mettre une barrière aux usurpations des Grecs. Mélo mourut au-delà des monts, avant d'avoir vu l'issue de ses sollicitations, qui ne demeurèrent cependant pas infructueuses. Les Normands, qui échappèrent en petit nombre à la déroute de Cannes, quittèrent l'Appulie, et se rendirent auprès des princes de Salerne et de Capoue, au service desquels ils entrèrent. Quelque désastreuse que dût être pour leur petite troupe la perte de leurs compagnons d'armes tués

---

[1] *Leo Ostiensis.* L. II, c. 37, p. 363. — *Guilelmi Appuli de rebus Normannor. poema.* L. I, T. V, p. 253. — [2] *Georgii Cedreni Hist. Compend.* p. 553.—*Guilelmus Appul.* L. I, p. 254.

à Cannes, ils la réparèrent en peu de temps, en enrôlant les nouveaux aventuriers qui chaque jour arrivaient en pèlerinage pour se joindre à eux.

Ce fut seulement en 1021 que Henri II entra dans la Pouille avec une armée. Après la mort de Mélo, le pape Benoît VIII avait continué la négociation que ce noble exilé avait commencée, pour diriger les armes des Allemands contre les Grecs. L'expédition de Henri II n'eut d'autre résultat pour lui que la prise de Troies en Pouille [1]; car, bientôt après, une maladie épidémique se manifesta parmi les troupes allemandes, et les contraignit à se retirer : mais cette expédition eut pour les Normands des conséquences plus importantes. Ils s'étaient tous rangés sous les étendards de l'empereur; après sa retraite, ils se trouvèrent réunis sous les ordres de Rainolfe, frère de Drengot, qui lui avait survécu : d'après ses conseils, ils quittèrent pour la seconde fois la Pouille, et, s'emparant d'Averse, alors petit château du duché de Naples, entre cette ville et Capoue, ils s'y établirent et s'y fortifièrent comme dans une nouvelle patrie. Il n'y avait que peu d'années qu'ils étaient maîtres de ce château, lorsque Pandolphe IV, prince de Capoue, trouva moyen de s'emparer par surprise de Naples, ville qui jusqu'alors avait repoussé toutes les attaques des Lombards. Sergius, maître des soldats et chef de cette république, sortit, avec les principaux citoyens, d'une ville où il ne voyait pas sans horreur s'établir une domination étrangère : il se retira dans Averse; et, lorsqu'avec l'aide des Grecs et celle des citoyens fidèles à leur patrie, il eut rassemblé assez d'argent pour satisfaire l'avidité des aventuriers normands, il vint à leur tête attaquer la garnison du prince de Capoue; il la battit et rentra dans Naples. Ce fut alors qu'il confirma aux Normands la possession d'Averse et de

---

[1] *Leo Ostiensis.* L. II, c. 39, p. 304.

son territoire ; qu'il l'érigea en comté, et qu'il en investit Rainolfe ; en sorte que les premiers Normands qui aient eu un établissement en Italie, furent vassaux et feudataires de la république de Naples [1].

Ce n'était pas cependant la famille de Rainolfe, ou la colonie d'Averse, qui était destinée à jeter les fondements du royaume de Naples ; cet avantage était réservé à une maison plus illustre de la Normandie, celle de Tancrède de Hauteville. Ce seigneur avait douze fils, dont les aînés, séduits par les succès de leurs compatriotes, arrivèrent en Italie l'an 1035, accompagnés d'une troupe assez nombreuse de soldats habillés en pèlerins [2].

Guaimar le jeune [3], prince de Salerne et de Capoue, accueillit cette seconde colonie de Normands avec une bienveillance égale à celle que son père avait montrée à la première. Il se hâta de profiter de leurs armes pour étendre sa domination : il alla mettre avec leur aide le siége devant Sorrento, et ensuite devant Amalfi ; et il s'empara de ces deux villes l'une après l'autre [4]. Amalfi cependant ne se rendit à lui qu'en vertu d'une capitulation qui réservait aux citoyens leur liberté et tous leurs priviléges. La petite république ne fut point annexée à la principauté de Salerne ; mais Guaimar, en vertu d'une élection du peuple, fut déclaré duc d'Amalfi au mois d'avril 1039. Plus tard les Amalfitains virent leurs priviléges violés par le prince de Salerne : alors ils conjurèrent contre lui ; et Guaimar, percé de trente-six coups de poignard, périt sur le rivage qui sépare Salerne d'Amalfi [5].

[1] *Leo Ostiensis*. L. II, c. 58, p. 378. — *Guilelmus Appulus*. Lib. I, , p. 255. — *Giannone Istoria civile*, Lib. IX, c. 1, T. II, p. 17. — [2] *Gaufredi Malaterræ hist. Sicula*. Lib. I, c.5 et 6, T. V, p. 550. — [3] D'après Camillo Pellegrini, c'était Guiamar IV ; et le prince de Capoue dont nous avons parlé ci-devant, était Pandolphe IV. Antonio Caraccioli, dans ses *Propylæa*, appelle cependant, par erreur, l'un Guaimar III, l'autre Pandolphe II. T. V, p. 8.— [4] *Leo Ostiensis* L. II c. 65, p. 385.— [5] *Henricus Brencmannus de Repub. Amalfitana Dissert. I, ad calcem hist. Pandectar*. p. 8.—*Leo Ostiensis*. L. II, c. 85, p. 401.

Du service de Guaimar, les Normands passèrent à celui de Michel-le-Paphlagonien, empereur de Constantinople. George Maniacès, patrice grec, faisait des préparatifs en Calabre pour reconquérir la Sicile sur les Arabes, alors divisés par une guerre civile; et il prit à sa solde les trois fils aînés de Tancrède de Hauteville, Guillaume-Bras-de-fer, Drogon, et Unfroi, avec trois cents Normands [1]. Cette expédition, loin de réconcilier les Normands avec les Grecs, ne servit qu'à éloigner davantage ces deux nations l'une de l'autre, en appelant les aventuriers à voir de près la lâcheté, la dissimulation et la vénalité de leurs associés. Ils embrassèrent les intérêts d'un Lombard, nommé Ardoin, qui servait comme eux avec distinction dans l'armée de Maniacès, mais que ce général d'un peuple esclave, chez qui l'honneur n'était plus compté pour rien, avait fait frapper d'un bâton en présence de ses troupes, à l'occasion d'un cheval qu'il voulait lui ôter. Les Normands dissimulèrent cependant leur indignation jusqu'à ce qu'ils eussent repassé le détroit sur des vaisseaux grecs; alors ils se donnèrent rendez-vous dans la ville d'Averse pour le jour de Noël 1041; ils appelèrent à cette assemblée le Lombard Ardoin, qui leur communiquait sa haine implacable : ils résolurent, d'après ses conseils, d'attaquer l'empire d'Orient, et de conquérir pour eux-mêmes tout ce que les Grecs possédaient encore dans la Pouille et dans la Calabre. Quelque hardie que fût cette entreprise, elle était devenue moins téméraire, depuis qu'une révolution à Constantinople avait mis sur le trône un ennemi de Maniacès; ce général s'était vu forcé à la révolte, en sorte que les provinces grecques se trouvaient presque sans défense. Les Normands se choisirent douze chefs qu'ils nommèrent comtes, et entre lesquels ils partagèrent l'autorité; mais ils donnèrent au Lombard Ardoin le

---

[1] *Leo Ostiensis.* L. II, c. 67, p. 387. — *Cedrenus Compend. hist.* p. 577. *Anonymus Barensis cum notis Gamilli Pelleg.* p. 150.

commandement suprême de leur petite armée, à laquelle Rainolfe, comte d'Averse, avait joint trois cents hommes. Ils s'avancèrent jusqu'à Melphi, au centre de la Pouille; et cette ville leur ouvrit ses portes, sans avoir fait de résistance : ils s'emparèrent ensuite de Vénosa, d'Ascoli et de Lavello; ils livrèrent successivement trois grandes batailles aux Grecs, et remportèrent sur eux trois victoires signalées. Ils se fortifièrent par des alliances; et pour récompense des secours qu'ils obtenaient, ils décernèrent l'honneur de les commander à de nouveaux chefs, Aténolfe et Argyre : le premier, frère du prince de Bénévent, leur avait procuré l'assistance des Lombards; le second, fils de Mélo, le riche citoyen de Bari, les appuyait de son crédit dans la Pouille, et de celui du parti que son père avait formé dans les villes grecques. Dans cette guerre, la bravoure la plus signalée, secondée souvent encore par la ruse et l'intrigue, se trouvait du côté des Normands; les Grecs au contraire étaient lâches, désunis et découragés. En deux campagnes, la Pouille presque entière fut conquise; en 1042, elle fut partagée entre les conquérants. Melphi devint la capitale de leurs états; la propriété de cette ville demeura commune entre Ardoin, et Guillaume-Bras-de-fer, chef des Normands : leurs douze comtes furent mis en possession des douze villes suivantes, Siponte, Ascoli, Vénosa, Lavello, Monopoli, Trani, Cannes, Montépiloso, Trigento, Acérenza, Sant-Archangelo, et Minerbino. C'est ainsi qu'une espèce de république militaire et oligarchique fut établie par eux dans la Pouille [1].

Quoique les Normands se fussent donné pour chef Guillaume-Bras-de-Fer, ils daignaient rarement recevoir ses ordres; ils ne vivaient que de pillage, et, sans se tenir liés par aucun traité ou par aucun ordre public, ils exerçaient

— [1] *Leo Ostiensis.* L. II, c. 67, p. 389. — *Gaufridi Malaterræ hist. Sicula.* L. I, c. 9 et 10, p. 551. — *Guilelmus Appulus.* L. I, p. 257.

autour d'eux le brigandage à la tête de leurs satellites, plutôt qu'ils ne faisaient la guerre. Les couvents, les églises, et même les lieux saints, qui avaient été l'objet de leurs pèlerinages, n'étaient pas à couvert de leurs déprédations [1]. Aussi ces provocations répétées réunirent-elles enfin tous leurs voisins contre eux.

Ce fut le pape Léon IX qui forma la ligue des deux empires contre les aventuriers normands. Allemand lui-même, il recourut à Henri III, empereur d'Allemagne, comme au protecteur des peuples et de l'Église; il obtint de lui cinq cents gendarmes seulement, qui formèrent le noyau de son armée. Il annonça cependant que la guerre qu'il entreprenait pour la sûreté des peuples et des églises était sacrée; qu'il conduirait lui-même son armée, et qu'il combattrait avec l'appui du ciel, plutôt que par des moyens humains; les Appuliens, les Campaniens, les habitants de la Marche d'Ancône, et ceux du patrimoine de Saint-Pierre, se rangèrent sous ses enseignes : les Grecs s'unirent aussi à lui; et le saint Pontife, avec une armée fort nombreuse, mais sans général, commença son expédition par un pèlerinage au Mont-Cassin, pour obtenir la bénédiction du ciel sur ses armes [2].

[1] Léon d'Ostie raconte que les Normands s'étaient emparés de plusieurs possessions du monastère du Mont-Cassin, et enfin de deux forteresses, Saint-Victor et Saint-André : chaque jour on recevait d'eux quelque nouvel outrage, et l'abbé du monastère était réduit à un tel désespoir, qu'il ne parlait de rien moins que d'abandonner son couvent et de s'établir au-delà des monts. Tout à coup le comte lui-même de ces Normands, nommé Rodolphe, ou peut-être Rainolfe, parut au Mont-Cassin, accompagné de plusieurs soldats; on ne doutait pas qu'il n'eût l'intention de prendre l'abbé ou de le tuer; cependant lui et ses gens laissèrent leurs chevaux et leurs armes, selon les lois de l'Église, à la porte du temple, où ils entrèrent pour prier. Tandis qu'ils étaient à genoux devant le grand autel, les frères servants du monastère se jetèrent sur leurs chevaux et leurs armes, fermèrent les portes de l'église et sonnèrent les cloches d'alarme. Les habitants de la ville accoururent armés de traits; ils attaquèrent les Normands qui n'avaient plus que leurs épées pour se défendre, et qui imploraient en vain le respect pour les lieux saints qu'ils avaient si souvent profanés. Quinze d'entre eux furent tués; le comte fut pris par les moines et jeté en prison, et toutes les possessions du Mont-Cassin furent recouvrées par la force ou rendues comme rançon de Rainolfe. *Chronic. monaster. Cassin.* L. II, c. 71, p. 390. — [2] *Leo Ostiensis.* L. II, c. 87, p. 402.

Les Normands opposèrent à cette pieuse armée des troupes plus aguerries. Guillaume-Bras-de-Fer était mort; Drogon, qui lui avait succédé, venait d'être tué par des révoltés [1] : mais Unfroi, le troisième frère, et Robert Guiscard, l'aîné des enfants du second lit de Tancrède de Hauteville, pouvaient être mis au nombre des plus habiles et des plus vaillants guerriers de l'Europe. Robert Guiscard était arrivé tout récemment en Appulie, avec un renfort considérable de Normands; Richard, comte d'Averse, de la famille de Drengot, vint avec toutes ses forces se joindre à ses compatriotes, pour partager leurs dangers. Les soldats normands, bien moins nombreux que les troupes du pape, étaient d'autre part des hommes qui avaient constamment fait de la guerre leur métier, et qui, tout dévots qu'ils étaient quelquefois, se montraient peu accessibles aux scrupules [2].

Cependant, avant d'en venir aux mains, les Normands essayèrent de fléchir le pape; et ils lui demandèrent avec instance de leur prescrire les conditions moyennant lesquelles ils pourraient apaiser son courroux. Léon IX, qui se sentait fort de l'alliance des deux empires, et qui se prétendait plus assuré encore des secours du ciel, ne voulut entendre à aucun traité, si les Normands n'évacuaient pour toujours l'Italie. On combattit alors près de Civitella dans la Capitanate, le 18 juin 1053, et la victoire ne fut pas longtemps douteuse; car toute cette populace timide que les prédications des moines avaient rassemblée, et dont le pape croyait avoir formé une armée, s'enfuit dès le premier choc : les Allemands se défendirent seuls; et, comme leur nombre ne passait pas cinq ou, selon d'autres, sept cents gendarmes, ils furent enveloppés par les Normands, et ils périrent presque tous sur le champ de bataille. Le pape, au moment de la déroute, s'en-

---

[1] *Gaufredi Malaterræ*, L. I, c. 12 et 13, p. 552. — [2] *Guilelmus Appulus.* L. II p. 260.

fuit à Civitella ; mais les menaces des Normands déterminèrent les habitants à le faire sortir de leurs murs, et à le laisser seul et sans défense hors de leurs portes.

Les Normands victorieux s'avancèrent alors vers lui : comme ils approchaient, ils se jetèrent à genoux et se couvrirent de poussière, implorant son pardon et sa bénédiction. Ils le conduisirent dans leur camp, mais en lui prodiguant sur son passage les marques du respect le plus profond. Au milieu de ces démonstrations de leur humilité religieuse, ils le retinrent quelque temps prisonnier; et Léon IX, entre leurs mains, eut le loisir de se convaincre que les fonctions de général d'armée ne conviennent point à un pontife. De même qu'il avait compté sur les secours du ciel, il crut alors que le ciel lui-même avait prononcé contre lui; et il fit des avances pour se réconcilier avec les mêmes hommes contre lesquels il avait prêché une espèce de croisade. Sur leur demande, et pour sortir de leurs mains, il accorda aux Normands l'investiture, au nom de saint Pierre, de tout ce qu'ils avaient déjà conquis, et de tout ce qu'ils pourraient conquérir encore dans la Pouille, dans la Calabre et dans la Sicile, pour le tenir en fief de l'Église [1].

C'est ainsi qu'une défaite donna au Saint-Siége ce qu'il n'aurait jamais pu obtenir par une victoire, et que la faiblesse d'un pontife pieux et étranger à la politique humaine effectua une conquête, que les plus hardis des prédécesseurs de Léon IX n'auraient osé tenter. Le pape, en inféodant aux Normands les provinces que possédaient les Grecs et les Lombards, s'en attribua implicitement la propriété, quoiqu'il ne pût pas alléguer sur elles le moindre droit, ni même former à leur égard la plus légère prétention. Les Normands demandèrent cependant cette investiture, parce qu'ils croyaient sanction-

---

[1] *Gaufredi Malaterræ*.L. I, c. 14, p. 553.

ner ainsi, aux yeux des peuples superstitieux, les droits moins respectables de la force et de la conquête : mais l'Église recueillit le plus grand avantage de ce traité de paix, puisque depuis cette mémorable investiture, et pendant sept siècles, le royaume de Naples est demeuré un fief de saint Pierre, sans autre titre que ce don, arraché par la force à un prêtre qui savait lui-même n'avoir aucun droit à ce qu'il donnait.

Les Normands profitèrent de leur victoire, pour étendre leur domination sur toutes les provinces comprises dans l'inféodation du pape. Unfroi soumit toute l'Appulie. Robert Guiscard, avec un petit nombre de compagnons, alla tenter la conquête de la Calabre ; il se fortifia dans le château de Saint-Marc, d'où il faisait des incursions sur le territoire des Grecs, plutôt en voleur de grands chemins qu'en conquérant. Tous les villages qui l'avoisinaient étaient abandonnés par leurs habitants : aussi le maître-d'hôtel de Guiscard venait quelquefois le soir lui annoncer qu'il n'avait plus ni provisions pour le lendemain, ni argent pour en acheter ; et que, eût-il de l'argent, il ne trouverait personne, à plusieurs lieues à la ronde, qui voulût lui rien vendre. Guiscard sortait alors de son repaire ; et, tantôt avec des Normands, tantôt des Esclavons ou des bandits qui, de toutes parts, se rassemblaient autour de lui, il allait piller des villages plus éloignés[1].

Cependant Unfroi mourut en 1057, et Robert Guiscard quitta sa vie de brigandage pour venir prendre possession du comté de Pouille. En même temps il appela de Normandie, Roger, le plus jeune de ses frères, qu'il établit en Calabre avec le titre de comte pour y poursuivre ses conquêtes. Mais, soit avarice, soit jalousie, il laissa Roger manquer d'argent, plus encore qu'il n'en avait manqué lui-même, et ce jeune comte, plus tard le conquérant de la Sicile et le père de ses rois,

---

[1] *Gaufredi Malaterræ.* L. I, c. 16, p. 553.

n'ayant reçu de son frère qu'un seul cheval pour récompense de ses longs services, revint en Pouille et se mit à voler des chevaux et à dévaliser des marchands dans le voisinage de Melfi. Lui-même donna ordre ensuite à son historien Gaufrid Malaterra de garder le souvenir de ces aventures, pour faire connaître à la postérité de quel état de misère il s'était relevé [1]. Roger dévasta aussi les possessions de Guiscard, et il y eut entre les Normands une espèce de guerre civile, si plutôt il ne faut pas considérer les attaques du jeune homme comme des tentatives d'un chef de voleurs en guerre avec toute la société.

Guiscard cependant, après avoir soumis presque toute la Pouille, voulut étendre ses conquêtes sur la Calabre : pour cela, il se réconcilia, en 1060, avec son frère, et il lui confia le commandement d'une partie de son armée. De concert, ils attaquèrent Reggio dont ils s'emparèrent, ainsi que de plusieurs villes de la même province ; et Robert Guiscard trouvant alors le titre de comte au-dessous de lui, prit, de sa propre autorité, celui de duc d'Appulie et de Calabre, qu'il se fit confirmer ensuite par le pape Nicolas II [2].

Quoique les Normands fussent en guerre avec les deux empires, ils poursuivaient leurs conquêtes sans avoir le plus souvent à combattre aucune armée ou aucun général. Henri IV d'Allemagne n'était pas encore sorti de sa longue minorité, lorsque les attaques des papes mirent en danger sa couronne : en Grèce, Constantin Ducas, Romanus Diogénès et Michel Ducas, furent l'un après l'autre engagés dans la guerre la plus dangereuse avec les Turcs, et ce ne fut que pendant des trêves de peu de durée avec les premiers, qu'ils purent détourner leurs forces, pour secourir leurs provinces d'Occident. Dans l'année 1061, il ne restait plus aux Grecs, en Italie, que Bari,

---

[1] *Gaufredi Malaterrœ.* L. I, c. 25 et 26, p. 556. — [2] *Ibid.* L. I, c. 35, p. 558. — *Guilelmus Appulus.* L. II, p. 262.

Gallipoli, Tarente, Brinde, Otrante et quelques châteaux. Ce fut le temps où le jeune Roger, qui commandait pour son frère à Reggio de Calabre, forma le projet de conquérir la Sicile sur les Sarrazins, tandis que Guiscard achèverait de chasser les Grecs de la Calabre et de l'Appulie.

Les Sarrazins, si redoutables deux siècles auparavant, étaient tombés dans un état de langueur et d'impuissance qui les exposait à éprouver les mêmes craintes qu'ils avaient si longtemps répandues chez leurs voisins. L'enthousiasme religieux les avait rendus soldats, mais leurs conquêtes avaient détruit leur esprit militaire. Élevés dans une religion sensuelle, sans avoir de patrie, quoiqu'ils habitassent les plus beaux pays de l'univers, ils n'avaient consacré les richesses acquises par leur épée qu'à se procurer des plaisirs grossiers, et ils étaient devenus bientôt non moins efféminés que les peuples d'Asie, sur lesquels ils avaient remporté leurs premières victoires. Toute bravoure n'était pas éteinte dans les classes inférieures de ce peuple, et les Normands, qui avaient triomphé presque sans résistance des Sarrazins d'Italie, recrutaient parmi eux d'excellents soldats qui servirent Guiscard dans toutes ses guerres : mais les chefs des Sarrazins n'avaient plus ni talents ni courage, et leurs gouvernements étaient pusillanimes. Leur monarchie s'était divisée en petites principautés presque indépendantes. Chaque ville de Sicile appartenait à un petit prince ou émir; la discorde entre deux de ces émirs, Benhuména et Ben Hammed, dont le premier vint à Reggio implorer la protection de Roger, rendit plus facile l'entrée des chrétiens dans l'île.

Roger n'avait d'autres soldats que les chevaliers qui s'engageaient volontairement à le suivre dans l'espérance de partager ses conquêtes; mais ils étaient toujours en petit nombre

---

[1] Ismaël Alémujad, plus connu sous le nom d'Abulféda, date les troubles de Sicile et la division de l'île en petites principautés, de l'an 426 de l'hégire (1034-1035). *Hist. Saracen. Sicula*, p. 253, T. I, P. II, Rer. It.

et ne demeuraient pas longtemps avec lui, en sorte que Roger, après avoir passé quelques mois dans l'île, était ordinairement obligé de se retirer. Il conduisait rarement moins de cent cinquante ou plus de trois cents chevaliers dans ses expéditions, auxquelles il donna un caractère plus romanesque encore que n'avaient eu les premières conquêtes des Normands dans l'Appulie [1].

La ville de Traina dans le val de Démone, habitée par les chrétiens grecs, ouvrit ses portes à Roger, qui s'y établit avec sa jeune épouse et trois cents chevaliers ; de là, il attaquait les Sarrazins du voisinage. Mais les Grecs eurent bientôt sujet de se plaindre de leurs hôtes; ils se révoltèrent contre eux et introduisirent les Sarrazins dans la ville. Alors les chevaliers normands, réfugiés dans un seul quartier tout ouvert, furent appelés à soutenir des combats presque continuels contre des forces infiniment supérieures, et ils ne purent plus sortir de la ville pour se procurer des vivres. Ils éprouvèrent, dans cette situation, les dernières extrémités de la misère, et quelquefois de la famine. La comtesse, et deux ou trois femmes qui l'avaient suivie, étaient restées seules pour apprêter le repas de Roger et de tous ses compagnons d'armes, car on avait changé tous les valets en soldats. Ils étaient aussi tellement dépourvus d'habits, qu'entre le comte et la comtesse ils ne possédaient plus qu'un seul manteau qu'ils portaient alternativement, selon que l'un ou l'autre devait paraître en public. Dans un des combats, le comte resté seul au milieu des ennemis, eut son cheval tué sous lui. Cependant il se fit faire place avec son épée ; et, prenant sur ses épaules la selle de ce cheval afin qu'elle ne demeurât pas en trophée entre les mains des Sarrazins, il se fit jour au travers des ennemis et retourna lentement à pied vers les siens. Dans cet état de danger, de priva-

---

[1] *Gaufridus Malaterra.* L. II, c. 1-15, p. 560.

tions et presque de famine, les Normands se maintinrent quatre mois dans la moitié d'une ville, dont l'autre moitié était entre les mains de leurs ennemis. La rigueur de l'hiver produisit enfin leur délivrance. La ville de Traina, bâtie au pied de l'Etna, dans une région très élevée, fut couverte de neige : les Sarrazins et les Grecs, peu accoutumés à de tels frimas, se relâchèrent de leurs attaques, et les Normands réussirent une nuit à les surprendre et à les chasser de la partie de la ville qu'ils habitaient. Dès qu'ils se trouvèrent de nouveau maîtres des fortifications, ils se regardèrent comme en pleine sûreté au milieu d'une île ennemie [1].

Malgré la bravoure chevaleresque des aventuriers normands, leurs conquêtes ne furent point rapides, soit parce que leurs armées étaient très peu nombreuses, soit parce que les soldats méconnaissaient l'autorité de leurs officiers. Dès que les premiers avaient amassé quelque butin, ils se séparaient de leurs drapeaux pour aller jouir de leurs richesses ; ils ne retournaient au combat que lorsqu'ils étaient redevenus pauvres. Il fallut trente ans au comte Roger pour achever la conquête de la Sicile : il ne fallut guère moins de temps à Robert Guiscard pour achever la conquête de l'Appulie. Ce fut en 1080 que celui-ci chassa pour la dernière fois les Grecs de l'Italie, et qu'il réunit à ses états Tarente, Castanéto, Bari et Trani [2]. Mais, peu d'années auparavant, les Normands avaient tourné leurs armes contre les princes lombards qui se partageaient les restes du grand-duché de Bénévent ; et ils les avaient dépouillés sans éprouver presque de résistance. Richard, comte d'Averse, descendant de Drengot et des premiers Normands, avait, en 1062, conquis la principauté de Capoue, et dès lors il en portait le titre [3]. La principauté de Bénévent s'éteignit, en 1077, par la mort de Landolfe VI, et fut démembrée par

---

[1] *Gaufridus Malaterra.* L. II, c. 29 et 30, p. 566. — [2] *Chronicon breve Normannicum.* T. V, p. 278. — [3] *Leo Ostiensis.* L. III, c. 16, p. 423.

Guiscard, qui s'empara du territoire, et céda la ville au pape : le Saint-Siége prétendit avoir acquis, en 1052, des droits de suzeraineté sur cette ville, par une concession de l'empereur Henri III [1]. Enfin Guiscard attaqua Salerne, la dernière des principautés lombardes; et, pour réduire plus facilement la capitale où Gisulfe, le dernier prince, s'était enfermé, il fit alliance avec les Amalfitains. Ces républicains se crurent heureux de s'être assuré l'amitié des Normands par quelques concessions; ils nommèrent Guiscard leur duc, et ils l'assistèrent de leurs flottes; mais non seulement ils se réservèrent leur liberté et leur ancienne constitution, ils stipulèrent même que jamais les troupes de Guiscard ne seraient introduites dans leur ville ou territoire, et ils se réservèrent exclusivement la garde de toutes leurs forteresses. Guiscard, au moyen des flottes d'Amalfi, ferma la mer aux Salernitains, tandis qu'il les pressait vivement du côté de terre. Il les força enfin à capituler en 1077. Gisulfe fut obligé de sortir de la ville et de se retirer dans l'état de Rome; et Salerne fut réunie aux états du duc des Normands [2].

Ainsi fut soumise la dernière des dynasties lombardes, cinq cent neuf ans après l'entrée en Italie des Lombards, sous la conduite d'Alboin, et trois cent trois ans après la défaite de Désidério, leur dernier roi. Ce fut alors seulement que cette nation, jadis si puissante, fut privée du droit d'avoir ses propres souverains. Le nom de Lombardie est demeuré, chez les Occidentaux, à la partie septentrionale de l'Italie, qui relevait immédiatement des rois de Pavie; cependant les Grecs, avec plus de raison, ce semble, ont appelé Lombardie le royaume de Naples, que les Lombards bénéventains gouvernèrent pendant plus de cinq siècles en souverains indépendants.

[1] *Stemma princip. Langobard. apud Camill. Pelleg.* T. II, p. 326. — [2] *Gaufredi Malaterræ.* L. III, c. 3, p. 576.

Robert Guiscard avait chassé les Grecs de l'Appulie et de la Calabre, et les princes lombards de Salerne et de Bénévent : son frère Roger avait conquis la Sicile, qu'il gouvernait comme un fief du duché d'Appulie, avec le titre de grand-comte. Après ces longues guerres, Robert se trouva le chef d'un grand état, qu'il avait conquis avec les forces d'un simple gentilhomme, en composant lui-même, d'aventuriers et de pèlerins, la nation nouvelle qui devait combattre sous ses ordres. Son ambition ne fut pas satisfaite encore : elle ne s'élevait à rien moins qu'à la conquête de l'empire d'Orient; et c'est avec ce vaste projet qu'en 1081 il passa la mer Adriatique, s'empara de Corfou et de Botronto, et mit le siége devant Durazzo. Mais nous ne suivrons point Robert dans cette expédition, qui appartient à l'histoire du Bas-Empire. Qu'il nous suffise d'observer que, dans l'espace de trois ans, le prince normand eut la gloire de voir fuir devant lui les deux empereurs d'Orient et d'Occident. Au mois d'octobre 1081, il battit l'armée de l'empereur Alexis Comnène, qui était venu en personne pour faire lever le siége de Durazzo [1]. Rappelé en Italie par une rébellion dans ses états, il voulut ensuite, en 1084, délivrer des attaques des Allemands Grégoire VII, dont il s'était déclaré le protecteur, quoique auparavant il eût été excommunié par lui. C'est alors que Henri IV leva le siége du château Saint-Ange où le pape était enfermé, et se retira sans attendre les Normands, tandis que Guiscard, entré dans Rome, brûla la moitié de la ville, et l'abandonna au pillage des Sarrazins qu'il conduisait avec lui. Ce furent à peu près là les derniers exploits de Robert Guiscard; il mourut à Céphalonie, le 17 juillet 1085, comme il renouvelait ses attaques contre l'empire grec [2].

Les successeurs immédiats de Robert Guiscard ne méritent

---

[1] *Alexias Annæ Comnenis.* L. IV, T. XI, p. 83. — [2] *Guilelmus Appulus.* L. V, p. 276, ad fin.

point qu'on donne autant d'attention à leur histoire. Son fils et son petit-fils conservèrent avec peine une monarchie que lui seul avait su fonder. Des guerres civiles troublèrent le règne de Roger Ier, duc de Pouille. Roger avait pour frère aîné Boémond, depuis prince d'Antioche, et fameux dans l'histoire des croisades. Ce prince avait été dépouillé de ses droits héréditaires par le jugement de l'Église et le testament de son père. Guiscard, pour contracter un second mariage, avait fait divorce avec sa première femme, qui se trouvait être sa parente éloignée, et Boémond, fils de ce mariage, avait été déclaré bâtard. Jusqu'au temps où la prédication de la croisade, en ouvrant une carrière nouvelle à son ambition, l'entraîna en Asie avec les armées chrétiennes, il réclama contre le testament injuste qui l'excluait de l'héritage de son père; et il chercha, par les armes, à faire valoir son droit. Il partit pour l'Asie, en 1096, avec son cousin Tancrède. Les Normands, sur ce nouveau théâtre, déployèrent encore une fois la même bravoure et la même avidité, la même politique et la même ambition qui les avaient rendus puissants et redoutables en Neustrie, en Angleterre, en Italie et en Grèce[1]. L'absence de Boémond et de ses guerriers rendit la tranquillité à Roger, duc de Pouille, qui restait sans rivaux; mais d'autre part elle affaiblit ses états, et mit obstacle à tout projet d'agrandissement ou de conquête[2]. Guillaume, fils de Roger, lui succéda en 1111, et régna jusque en 1127, qu'il mourut sans enfants, et que tout l'héritage des fils de Tancrède de Hauteville fut réuni par Roger II, grand-comte de Sicile et fils de Roger Ier. Le règne de Guillaume ne mérite pas plus notre attention que celui de son père; en sorte que

---

[1] Le souvenir des exploits de Boémond et de Tancrède, ces héros célébrés par le Tasse, nous a été transmis par leur contemporain Radolphus Cadomensis, qui a écrit leur histoire, moitié en prose, moitié en vers. *Scr. Rer. Ital.* T. V, p. 285. — [2] Sur le règne de Roger, duc d'Appulie, on peut lire le quatrième et dernier livre de Gaufridus Malaterra, page 590.

nous nous empresserons d'arriver au règne de Roger II, qui acheva de consolider la monarchie des Normands, qui lui acquit le titre de royaume, et qui réunit à ses états la principauté de Capoue et les républiques de la Campanie, restées jusqu'alors indépendantes. Quoique le règne de Roger soit postérieur à la paix de Worms et à la période de temps comprise dans ce premier volume, nous avons cru devoir nous écarter de l'ordre que nous nous étions prescrit, pour ne point interrompre le récit de la fondation de la monarchie des Deux-Siciles, et pour terminer l'histoire des républiques grecques de la Campanie, à laquelle nous n'aurons jamais occasion de revenir.

Roger II, comte et ensuite roi de Sicile, joignit plus de vanité et moins de grandeur d'âme, à plusieurs des talents et même des vertus de Robert Guiscard. Il trouva le titre de duc au-dessous de sa dignité : il ambitionna le nom de roi; et, pour l'obtenir, il embrassa, dans un schisme qui partageait l'Église, le parti de l'antipape Anaclet II, à qui sa protection était nécessaire; tandis que tout le reste de la chrétienté reconnaissait Innocent II pour pape. Anaclet ne pouvait payer à un prix trop élevé la protection du seul prince qui se fût déclaré pour sa cause, d'un prince voisin de Rome, et assez puissant pour établir son protégé sur le siége pontifical, et l'y maintenir par ses armes. En vertu de la suzeraineté sur les Deux-Siciles, que Léon IX avait acquise au Saint-Siége, Anaclet décora son vassal du titre de roi, et plaça lui-même la couronne sur sa tête. En même temps, ce prince, pour former son nouveau royaume, joignit de nouvelles provinces auxquelles il n'avait aucun droit, à l'Appulie, à la Calabre et à la Sicile : savoir, la principauté de Capoue, qui appartenait aux Normands d'Averse, et la république de Naples [1].

---

[1] *Petrus Diaconus continuatio Chron. Cassinens.* L. IV, c. 97, p. 554. — *Abbas Telesinus.* L. II, c. 1 et seq. p. 622, T. V. — *Falco Beneventanus Chron.* T. V, p. 106.

Après son couronnement, Roger s'occupa de récompenser le pontife schismatique auquel il devait le nom de roi. Avec son armée, il s'avança contre Rome, où Innocent II, aidé par les Frangipani, ses parents, s'était mis en possession du souverain pontificat : Roger remporta plusieurs avantages sur les milices de l'Église; il établit Anaclet dans Rome, et il contraignit Innocent à s'enfuir à Pise, d'où ce pape se rendit ensuite en France, afin d'implorer des secours contre l'usurpateur.

Roger n'eut pas plus tôt obtenu le nom de roi, qu'il s'occupa de restreindre les priviléges de ses peuples. Les premiers dont il attaqua la liberté, furent les Amalfitains. Depuis que ces républicains s'étaient soumis, en 1038, à Guaimar, prince de Salerne, ils avaient presque toujours placé des princes étrangers à la tête de leur état. Les Normands avaient succédé aux Lombards ; Robert Guiscard et son fils Roger avaient obtenu presque par force, la dignité ducale ; et, quoique chaque capitulation assurât aux Amalfitains le maintien de leur liberté et de leurs priviléges, ils perdaient cependant, sous un chef étranger, ce sentiment d'une fière indépendance, qui, autrefois, avait fait leur force. Mais tandis que la république d'Amalfi chancelait en Europe, quelques-uns de ses concitoyens jetaient en Palestine les fondements d'un ordre qui devait hériter de son pouvoir sur les mers, et rester le dépositaire de la gloire chevaleresque de l'Europe.

Des marchands amalfitains, que les intérêts de leur commerce avaient attirés en Orient, et que la dévotion avait conduits ensuite à Jérusalem, obtinrent du calife d'Égypte, dès l'année 1020, la permission de construire auprès du saint Sépulcre un hôpital dédié à saint Jean, pour loger les voyageurs de leur nation et les chrétiens que la dévotion attirait aux saints lieux. Ils bâtirent en même temps une église dédiée à sainte Marie des Latins, et un couvent pour les femmes, consacré à sainte Marie-Madeleine. Ces trois édifices furent élevés aux frais des habitants d'Amalfi ; ils furent dotés par eux, et, pendant près d'un siècle, ils restèrent exclusivement entre les mains des citoyens de cette république, jusqu'au temps où Godefroi de Bouillon vint assiéger Jérusalem, à la tête des croisés. Gérard de Scala, bourgade dépendante d'Amalfi, était à cette époque recteur du couvent des hospitaliers de Saint-Jean. Il arma les cénobites en faveur des croisés, et il aida puissamment les derniers à soumettre la ville. La guerre sacrée changea la nature de cet ordre religieux ; les hospitaliers abandonnèrent le soin des malades pour défendre leur nouvelle patrie et combattre les infidèles ; l'ordre que le commerce avait créé ne fut plus ouvert qu'à la noblesse militaire : néanmoins les chevaliers de Malte, successeurs des bourgeois d'Amalfi, répandent encore quelque lustre sur la république qui leur donna naissance [1].

Les Amalfitains, comme nous l'avons vu, étaient demeurés, par leur traité avec Robert Guiscard, en possession de l'administration intérieure de leur ville, de leurs magistratures républicaines, et même de la garde de leurs fortifications et des châteaux de leur territoire. Roger, dès qu'il fut couronné comme roi de Sicile, leur demanda de renoncer à tous ces priviléges, qui étaient, disait-il, contraires aux prérogatives d'un monarque. Les Amalfitains s'y refusèrent : alors réunissant contre eux les flottes de la Sicile et les armées normandes, Roger attaqua cette petite république avec toutes ses forces, et après avoir emporté l'une après l'autre toutes ses forteresses par des siéges réguliers, il la contraignit enfin à la soumission [2]. Les gentilshommes qui avaient secondé Roger dans la guerre contre Amalfi, furent à leur tour victimes de l'ambition de ce monarque. Lorsque des hommes libres conjurent

---

[1] *Brencmannus de republica Amalfitana*, dissert. Ire, p. 7. — [2] *Abbas Telesinus* L. II, c. 7, p. 623.

contre la liberté d'autrui, ils ne doivent pas se flatter de conserver longtemps la leur.

Roger entreprit de faire plier sous le joug les principaux barons de son royaume, qui, n'ayant jusqu'alors combattu qu'en volontaires, jouissaient d'une indépendance presque absolue. Le premier des gentilshommes normands était Robert, prince de Capoue. Issu de Drengot, le fondateur de la colonie des Normands d'Averse, il n'était point uni par la parenté à la famille de Hauteville ; il était le chef d'un état conquis par ses ancêtres et demeuré presque indépendant. Cependant le prince de Capoue avait consenti à faire hommage au roi Roger, quand celui-ci avait été couronné à Palerme : mais, lorsque le roi voulut forcer ses barons à faire la guerre au pape légitime, le prince de Capoue refusa de marcher; et il fit alliance soit avec Sergio, maître des soldats de la république de Naples, soit avec plusieurs barons normands, disposés comme lui à défendre leur liberté civile et religieuse.

1132. — La guerre des barons contre leur roi n'eut pas une heureuse issue ; ils furent vaincus les uns après les autres : la ville de Capoue elle-même fut prise, et au milieu des états de Roger, qui s'étendaient sur toute l'Italie méridionale, la ville de Naples resta seule indépendante. C'est là que le prince Robert de Capoue se retira : mais, sûr d'y être bientôt poursuivi par les armes du roi Roger, il concerta, avec le maître des soldats de la république, les mesures nécessaires pour défendre ce dernier asile de la liberté.

Au nom des Napolitains, Robert se rendit à Pise, république déjà puissante, et qui avait succédé à l'empire du commerce et des mers, que les villes d'Amalfi et de Naples laissaient échapper. Le prince Robert sollicita pour lui-même et pour la république de Naples les secours des Pisans contre un roi qui cherchait à détruire dans le midi de l'Italie la liberté de leurs anciens alliés, et qui opprimait l'Église, en la forçant de recevoir un antipape au lieu du pontife légitime [1]. Les Pisans avaient embrassé avec chaleur la cause d'Innocent II ; ils équipèrent leur flotte sur laquelle ils embarquèrent environ huit mille hommes de milice pour secourir Naples : mais ils demandèrent qu'en paiement des frais de la guerre, les Napolitains leur avançassent trois mille livres pesant d'argent ; ces derniers sacrifièrent, sans hésiter, l'argenterie de leurs églises à la défense de leur liberté [2].

1135. — Cependant le roi Roger avait brûlé les faubourgs de Naples et fortifié Averse ; il fit ensuite armer en Sicile une flotte pour attaquer la ville du côté de la mer, tandis que la garnison d'Averse et les postes qu'il avait établis dans la Campanie, coupaient aux Napolitains toute communication avec la terre. Pour ce service, il avait mis en réquisition les meilleures milices des Amalfitains, qui se voyaient contraints de servir la cause de Roger et des schismatiques. Les galères d'Amalfi se joignirent à la flotte de Sicile : les soldats de la ville étaient cantonnés dans Averse ou avaient été appelés à Salerne, en sorte qu'Amalfi resta sans défense [3]. Les consuls de Pise, Alzopardo et Cane, qui commandaient la flotte de la république, forte de quarante-six voiles, en furent informés ; ils tentèrent un coup de main qui leur réussit : la ville d'Amalfi fut prise par eux et livrée au pillage. C'est dans cette occasion que le fameux exemplaire des Pandectes de Justinien fut enlevé et porté à Pise [4]. Mais le roi, qui était rentré dans Averse et qui s'occupait d'en relever les fortifications, ne tarda pas à être vengé. Il transporta son armée par des chemins que l'on croyait impraticables, au travers des montagnes ; et il surprit les Pisans comme ils étaient occupés au siége du château de la Fratta : il leur tua ou leur fit prisonniers quinze cents

---

[1] *Alexander Abbas Telesinus.* L. III, c. 1-7, p. 634. — [2] *Falco Beneventanus Chron.* p. 118. — [3] *Abbas Telesinus.* L. III, c. 24, 638. — [4] *Brencmannus dissertatio II, de Amalphi à Pisanis diruta,* c. 24 et seq. ad calcem histor. Pandectarum.

hommes, parmi lesquels se trouvait un de leurs cousuls ; et il força le reste à se rembarquer précipitamment [1].

Pendant l'hiver, le prince de Capoue retourna pour la seconde fois à Pise ; et Sergio lui-même, le maître des soldats de Naples, l'y accompagna. Mais en vain ce respectable magistrat, qui depuis trente-deux ans gouvernait sa patrie, remontra aux Pisans, assemblés en parlement sur la place publique, que la dernière république qui soutînt encore la cause de la liberté dans le midi de l'Italie était sur le point de succomber ; que Roger s'attribuait déjà le nom de roi, et qu'il ne tarderait pas, à ce titre, à vouloir asservir tous les Italiens [2] ; que l'intérêt de la liberté et de la sûreté générale se trouvait, dans cette occasion, uni à celui de la religion et de l'Église : les Pisans, épuisés par une longue guerre avec les Génois, et par l'échec qu'ils venaient de recevoir à la Fratta, se refusèrent à prendre sur eux seuls le poids d'une guerre à laquelle, dans le fait, ils étaient étrangers [3]. Robert voulut épuiser toutes les ressources ; il partit pour l'Allemagne, et, au nom du pape Innocent, au nom de la république de Naples et des barons normands opprimés par leur roi, il alla solliciter les secours de l'empereur : tandis que Sergio revint à Naples annoncer à ses concitoyens, que c'était de leur seule valeur qu'ils devaient désormais attendre leur délivrance. 1136.

La tentative de Robert auprès de l'empereur Lothaire eut plus de succès que lui-même peut-être n'aurait osé l'espérer. Le célèbre abbé de Clairvaux, saint Bernard, avait embrassé la cause d'Innocent II : il s'indignait de voir Anaclet résider paisiblement à Rome ; et comme Roger était le seul roi qui

---

[1] *Abbas Telesinus.* Lib. III, c. 25, p. 638.—D'après une chronique pisane, une flotte de Roger, forte de soixante voiles, seconda, du côté de la mer, l'attaque imprévue du roi. *Breviarium Pisanæ histor.* T. VI, p. 170.—[2] D'après un fragment de chronique pisane qui finit à cette époque, il paraît que les Pisans s'étaient déterminés à la guerre, parce que Roger prenait le nom de roi d'Italie. *Chronica varia Pisana.* T. VI, p. 110. — [3] *Falco Beneventanus Chron.* p. 120. — *Alex. Abbas Telesinus.* L. IV, c. 5 et ultim. p. 642.

protégeât le schisme, saint Bernard écrivit à Lothaire, avec cette vigueur et cette impétuosité qui lui étaient propres, pour l'engager à punir le Sicilien, protecteur d'un pontife schismatique [1]. L'empereur céda aux instances du saint ; et avant la fin de l'hiver il se mit en route pour l'Italie : mais comme il devait s'arrêter dans chaque province pour réformer l'administration et recouvrer les droits de l'empereur, Robert le devança ; il sollicita de nouveau les Pisans ; avec leur aide, il équipa cinq vaisseaux, il les chargea de vivres, et il entra en triomphe dans le port de Naples, échappant à la vigilance des galères de Sicile, qui le bloquaient. Les munitions de la ville étaient épuisées ; celles qu'apportaient Robert, et l'annonce d'un prochain secours, relevèrent les forces des citoyens abattus.

L'infatigable Robert, après avoir introduit ses vaisseaux dans le port, retourna auprès de l'empereur Lothaire, pour hâter sa marche. Il le trouva campé près de Crémone : il saisit le moment où ce monarque, entouré de ses généraux, passait son armée en revue, et se jetant à ses pieds, il se couvrit de poussière ; il supplia Lothaire de lui rendre son héritage, et de secourir ses malheureux alliés, qui ne tarderaient pas, s'il les abandonnait, à être moissonnés par la famine. En effet, Naples se trouvait réduite aux dernières extrémités ; les femmes, les enfants, les vieillards expiraient sur les places publiques, dans l'agonie de la faim ; « Mais, » ce sont les paroles d'un auteur contemporain, et qui partageait lui-même ces souffrance [2], « mais Sergio, le maître des soldats, et les citoyens
« fidèles qui veillaient à la liberté de la patrie, et qui mainte-
« naient les mœurs antiques de leurs pères, préféraient être
« emportés par la famine, plutôt que de courber leurs têtes
« sous le joug détesté des rois. »

---

[1] *Voyez* la lettre de saint Bernard à Lothaire, *apud Baronium, Annal. eccles. ann.* 1135, § 19. — [2] Falco de Bénévent était exilé de sa patrie, alors rebelle à Innocent II : il s'était réfugié à Naples. *Chron.* p. 120, A.

Heureusement que l'empereur s'avança à temps pour étouffer les murmures et prévenir le découragement. Les messagers de Naples qui avaient accompagné Robert, rentrèrent dans la ville, et déclarèrent, par serment, devant le maître des soldats et l'assemblée du peuple, qu'ils avaient vu l'empereur à Spolète, avec son armée. Peu de jours après, des messagers de Lothaire arrivèrent à leur tour, et annoncèrent que ce monarque était parvenu jusqu'aux bords du fleuve de Pescara : enfin l'archevêque de Naples, et quelques-uns des principaux citoyens envoyés à Lothaire, rentrèrent dans la ville avec l'assurance de sa prochaine arrivée ; et les Napolitains, dans cette espérance, persistèrent à souffrir la famine, et rejetèrent les offres de l'ennemi, qui déjà ne les pressait plus avec la même ardeur, quoiqu'ils n'eussent plus que trois cents hommes en état de porter les armes [1].

1137. — Ils ne tardèrent pas à être récompensés de leur constance. L'empereur, après avoir détaché trois mille hommes sous le commandement de Henri de Bavière, son gendre, pour accompagner le pape Innocent II, et lui faire recouvrer le duché de Rome et de Campanie [2], passa lui-même le fleuve de Pescara, le jour de Pâques. Bientôt il reçut la soumission de la ville de Termoli, et de tous les seigneurs des Abruzzes ; il entra dans la Pouille ; il s'empara de Siponte et du Mont-Saint-Ange, et il imprima une telle terreur aux sujets de Roger, que toutes les villes, jusqu'à Bari, s'empressèrent de devancer ses armes et de se soumettre à lui. De son côté le pape s'avança par Saint-Germain vers Capoue, où il rétablit le prince Robert : les Normands, battus partout où ils s'étaient présentés, fuyaient devant les armées allemandes ; et dans le cours d'une seule campagne, Roger perdit toutes les provinces qu'il possédait en-deçà du Phare.

---

[1] *Abbas Telesinus.* L. IV, c. 2, p. 642. — [2] *Petrus Diaconus Chron. Cassin.* L. IV, c. 105, p. 561.

Les Pisans avaient fait, pour la délivrance de Naples, un effort supérieur encore à celui de leurs puissants alliés. Ils avaient armé une flotte de cent navires, avec laquelle ils entrèrent victorieusement dans le port, et rétablirent l'abondance [1]. Ils tournèrent ensuite leurs armes contre Amalfi, pour se venger de l'échec qu'ils avaient reçu devant cette ville, deux ans auparavant. La cité se soumit à eux avec empressement; mais les châteaux de Scala et de Scalella, qui dépendaient d'elle, ayant fait résistance, furent emportés de force et livrés au pillage. Ce second échec compléta la ruine de la république d'Amalfi. Dès lors cette ville et son duché n'ont cessé de déchoir. A cette époque la cité seule comptait cinquante mille habitants : Brencmann assure que, lorsqu'il la visita, au commencement du XVIIIe siècle, il ne lui en restait pas mille [2]. Elle en contient de six à huit mille aujourd'hui. Elle avait eu des comptoirs dans tous les ports de Sicile, d'Égypte, de Syrie et de Grèce; ils furent tous abandonnés, surtout depuis que, vers l'an 1350, les rois de Naples eurent aboli les formes républicaines de son administration intérieure. Cependant deux hommes nés dans Amalfi contribuèrent encore à illustrer cette ville, après qu'elle eut perdu son ancienne puissance : ce furent Flavio Gioia, qui, en 1320, inventa ou perfectionna la boussole, et Mas Agnello, le chef fameux de la sédition de Naples, en 1647; ce vendeur de poissons, parvenu, sans éducation, à la tête d'un puissant état, se montra supérieur encore au rang élevé où le hasard le plaçait, et mérita d'être considéré comme le père du peuple dont il sut calmer les fureurs.

La république de Naples ne jouit pas longtemps de son triomphe sur le roi de Sicile : la discorde s'introduisit entre les confédérés, ses libérateurs, à l'occasion de la prise de Sa-

---

[1] *Falconis Beneventani Chron.* p. 122.—[2] *Brencmannus de repub. Amalphit. Diss. I*, c. 23.

lerne. Les Pisans s'indignèrent de ce que l'empereur avait signé, sans leur consentement, la capitulation de cette ville, que leur flotte, autant du moins que son armée, avait forcée à se rendre. Innocent, de son côté, prétendit, on ne sait sur quel fondement, que Salerne appartenait au Saint-Siége. Cette double division détermina la retraite des confédérés; les Pisans mirent à la voile pour la Toscane; l'empereur s'achemina vers l'Allemagne, et le pape s'établit à Rome. Roger n'ayant plus alors à combattre que des ennemis qu'il avait vaincus à plusieurs reprises, rentra dans son royaume deçà le Phare; Salerne lui ouvrit ses portes; il soumit Nocéra, brûla Capoue, et reconquit, aussi rapidement qu'il les avait perdues, presque toutes les provinces qui lui avaient été enlevées dans la précédente campagne [1].

Innocent II, délaissé par l'empereur, voulut essayer de mettre fin à la guerre et au schisme, par une négociation. Trois cardinaux de son parti disputèrent, devant Roger, contre trois cardinaux du parti d'Anaclet, sur la validité de l'élection de l'un et de l'autre. Cette conférence confirma chacun dans son opinion, comme il arrive d'ordinaire; et quand elle fut terminée, chaque pontife fulmina de nouveaux anathèmes contre son rival, qui avait eu assez de mauvaise foi pour ne pas se rendre à l'évidence. Heureusement, pour la paix de l'Église, qu'Anaclet mourut peu après : ses partisans, il est vrai, lui donnèrent un successeur qui prit le nom de Victor III; mais Innocent, au moyen d'une grosse somme d'argent, réussit à obtenir son abdication, et à faire cesser le schisme [2].

1138. — L'année suivante, Innocent renouvela, dans un

---

[1] *Falco Beneventanus Chr.* p. 124. — *Chron. monast. Cassin.* L. IV, c. 126, p. 598. — *Romualdus archiepisc. Salernit. Chron.* p. 189, T. VII, *Rer. It.* Mais il y a évidemment, dans le récit de ce dernier historien, des feuillets arrachés, quoiqu'on l'ait ensuite imprimé comme une narration suivie. — [2] *Petrus Diaconus Chron. monast. Cassin.* L. IV, c. ulim. p. 602.

synode tenu à Rome, l'excommunication déjà lancée contre le roi Roger et tous ses partisans ; et, afin de l'appuyer par la force, il s'avança, à la tête d'une petite armée, jusqu'au château de Galluzzo, dont il entreprit le siége. Comme il en suivait malhabilement les opérations, il fut surpris et enveloppé par les troupes de Roger et de son fils ; ses milices furent mises en fuite, et lui-même, fait prisonnier, fut conduit dans le camp du roi de Sicile.

Le sort de Naples fut déterminé par cette catastrophe ; Innocent, prisonnier, sacrifia sans hésiter ses anciens défenseurs à son ennemi le plus acharné : il accorda au roi Roger l'investiture de Capoue, dont il dépouilla juridiquement son malheureux ami le prince Robert ; il accorda également au roi de Sicile *l'honneur de Naples et de ses dépendances*, c'està-dire la souveraineté sur cette république, qui dans aucun temps n'avait relevé des papes [1]. Les Napolitains, qui avaient perdu leur duc Sergio dans une des dernières batailles [2], et qui ne savaient plus de quel chef implorer le secours, se soumirent les derniers au joug de la nécessité. Ils envoyèrent à Bénévent des députés offrir la couronne ducale au roi Roger, et ils se réunirent à la monarchie [3].

Le roi, qui jusqu'alors avait traité les pays reconquis avec une cruauté impitoyable, fut plus généreux envers les Napolitains. Il confirma ceux de leurs priviléges qui pouvaient s'accorder avec le pouvoir monarchique ; et il conserva l'administration municipale de leur ville, qui se maintint encore près d'un siècle sur le même pied [4]. Cependant, par la soumission de Naples à Roger, la liberté fut chassée de l'Italie méridionale ; et Naples, déchue de la seule prérogative qui puisse donner de la grandeur aux petites nations, devint

---

[1] *Voyez* cette bulle ; *apud Baronium, ad ann.* 1138. — [2] *Romualdus Salernitanus Chron.* p. 190. — [3] *Falco Beneven.* p. 129. — [4] *Ibid. ad finem, cum nota Camill. Pellegr.*

désormais étrangère à notre histoire. Sa richesse et son commerce diminuèrent, quoique sa population augmentât, lorsque cette ville devint la capitale du royaume. Les lois royales de Roger, l'institution d'une noblesse militaire, l'introduction d'une monnaie falsifiée que le roi des Deux-Siciles mit en circulation, et qui ruina le commerce et l'agriculture, firent verser aux Napolitains des larmes amères sur la perte de leur liberté [1].

[1] Le roi défendit la circulation des *romésines*, monnaie de bon aloi, de Constantinople ou de la Rome nouvelle ; à leur place, il frappa des ducats contenant moitié cuivre. — *Falco Benevent.* p. 131.

CHAPITRE V.

Origine de Venise ; ses révolutions avant le xiie siècle. — Pise et Gênes, nouvelles républiques maritimes ; leur rivalité avec Venise, et leurs premiers progrès.

Entre les républiques qui ont fleuri en Italie, la plus illustre est celle de Venise ; c'est presque la seule dont l'histoire soit connue hors de cette contrée ; c'est encore celle dont la durée s'est le plus prolongée. Son origine précède de sept siècles l'affranchissement des villes lombardes : sa chute, dont nous avons été témoins, est postérieure de près de trois siècles à l'assujétissement de Florence, la plus célèbre des républiques du moyen âge.

La république de Venise était, il y a peu d'années, l'état le plus ancien de l'Europe. La même nation, toujours indépendante, toujours libre, avait observé, comme un spectacle, les révolutions de l'univers ; elle avait vu la longue agonie et la fin de l'empire romain en Occident, la naissance de l'empire français lorsque Clovis conquit les Gaules ; l'élévation et la chute des Ostrogoths, en Italie ; des Visigoths, en Espagne ; des Lombards, qui succédèrent aux premiers ; des Sarrazins, qui dépossédèrent les seconds. Elle avait vu naître l'empire des califes ; l'avait vu menacer d'envahir la terre, et l'avait vu se diviser et se détruire. Longtemps alliée des empereurs de Byzance, elle les avait tour à tour secourus et opprimés; avait enlevé des trophées à leur capitale, partagé leurs provinces, et joint à ses titres celui de maîtresse d'*un quart et demi* de l'empire romain. Elle avait vu tomber cet empire, et les farouches Musulmans s'élever sur ses ruines; elle vit enfin la monarchie française s'écrouler; et, seule inébranlable, cette orgueilleuse république contemplait les royaumes et les nations qui passaient devant elles. Après tous les autres, elle a succombé cependant à son tour ; et le peuple qui liait le présent au passé, et les deux époques de la civilisation de l'univers a cessé aussi d'exister.

La nature même du pays qu'habitaient les Vénitiens fut la cause même de leur longue indépendance. Le golfe Adriatique reçoit, dans sa partie supérieure, toutes les eaux qui découlent de la pente méridionale des Alpes, depuis le Pô, qui prend sa source sur le revers des montagnes de Provence, jusqu'à l'Isonzo qui naît dans celles de la Carniole. L'embouchure du plus méridional de ces fleuves est éloignée de trente lieues de celle du plus septentrional; et, dans cet espace, la mer reçoit encore l'Adige, la Brenta, la Piave, la Livenza, le Tagliamento, et un nombre infini de rivières moins considérables. Chacune d'elles entraîne, dans la saison des pluies, des masses énormes de limon et de gravier ; en sorte que la partie du golfe qui les reçoit, comblée peu à peu par leurs dépôts, n'est plus une mer, n'est point encore une terre; on la nomme lagune : sous ce nom, on comprend un espace de vingt ou trente milles de largeur, à partir du rivage. La lagune, vaste étendue de bas-fonds et de fange, couverte d'un ou de deux pieds d'eau, que les bateaux les plus légers peuvent seuls traverser, est coupée par des canaux creusés sans doute par les fleuves qui portent leurs eaux à la mer, mais entretenus ensuite par la main des hommes pour l'intérêt du commerce. Ces canaux ouvrent des routes aux plus grands navires, et leur offrent des ancrages sûrs; la mer, qui se brise avec furie contre les *muracci* et les îles longues et étroites qui bordent la lagune, est calme par-delà ces limites : le vent ne peut plus la bouleverser là où des abîmes ne sont plus cachés sous ces vagues. Mais les canaux tortueux et entrelacés de la lagune forment un labyrinthe impénétrable pour les pilotes qu'une longue étude et une longue expérience n'ont pas instruits de leurs détours. Au milieu des bas-fonds, s'élèvent plusieurs centaines d'îles qui commencent au midi de Chiozza, vers les bouches du Pô et de l'Adige, et qui s'étendent, sans interruption, jusqu'à Grado, par-delà les bouches de l'Isonzo. Les unes ne sont séparées que par des canaux étroits, comme celles sur lesquelles Venise est bâtie; les autres dominent la lagune de place en place, comme des bastions avancés pour défendre l'approche de la terre ferme. D'autres enfin marquent l'enceinte de la lagune, et séparent les bas-fonds de la haute mer. Ces dernières, qu'on nomme l'*Aggéré*, forment une ligne prolongée et parallèle au rivage, mais coupée par un grand nombre de canaux, qui s'ouvrent pour la plupart en face de l'embouchure de chaque fleuve. Ces canaux forment autant de ports ouverts à la marine vénitienne, et ils en portent le nom. Les îles, soit de la lagune, soit de l'*Aggéré*, ne sont pas, en général, susceptibles d'une grande culture : mais elles sont placées d'une manière si avantageuse pour la pêche, pour la fabrication du sel, qui se recueille, presque sans travail, dans certains bas-fonds nommés *estuari*, pour la navigation et le commerce; ceux qui les habitent ont tant de facilité pour communiquer, sur de simples bateaux, avec toutes les villes de la Lombardie, avec tous les ports de l'Istrie, de la Dalmatie et de la Romagne, que cet archipel a dû, de tout temps, être peuplé d'hommes industrieux. Les îles vénitiennes ne sont pas moins sûres que commodes : également fortifiées contre les insultes des pirates et contre les armées des conquérants, elles ne sauraient être attaquées ni par mer ni par terre; et elles ne peuvent être prises que par la trahison de leurs propres habitants.

Le savant comte Figliasi a prouvé, dans ses Mémoires sur les Vénètes [1], que, dès les temps les plus reculés, cette nation, qui occupait le pays qu'on a nommé depuis états vénitiens de terre ferme, habitait également les îles répandues sur ces côtes, et que de là étaient venus les noms de *Venetia prima* et *secunda*, dont le premier s'appliquait au continent, et le second aux îles et aux lagunes. Dès le temps des Pélages et des Étrusques, les premiers Vénètes, habitant une contrée fertile et délicieuse, s'étaient voués à l'agriculture; les seconds, placés au milieu des canaux, à l'embouchure des fleuves, et à portée des îles de la Grèce comme des campagnes fécondes de l'Italie, s'étaient adonnés à la navigation et au commerce. Les uns et les autres se soumirent aux Romains peu avant la seconde guerre Punique : ce ne fut cependant qu'après la victoire remportée par Marius sur les Cimbres, qu'on réduisit leur pays en province romaine.

Sous le gouvernement des empereurs, la première Vénétie mérita plus d'une fois, par ses malheurs, une place dans l'histoire. Riche, fertile, peuplée, elle présentait aux ambitieux une proie qu'ils se partagèrent souvent durant les guerres civiles. Cette même province fermait l'Italie du côté par lequel les nations germanique, scythe et esclavone, pouvaient pénétrer dans l'empire. Lorsque cet empire fut affaibli, toutes les fois que le rempart du Danube était forcé, les barbares ne tardaient pas à fondre sur la Vénétie, et à la désoler par leurs ravages. La province maritime, occupée de la pêche, des salines et du commerce, échappait à la désolation : les Romains

---

[1] *Memorie de' Veneti primi e secondi, del conte Figliasi*, T. VI. *Venezia*, 1796.

ont considéré les peuples qui l'habitaient comme au-dessous de la dignité de l'histoire, et ils les ont laissés dans l'obscurité. Aucun pillage, aucun massacre, aucune dévastation, n'attiraient les regards sur eux.

Cette obscurité valait mieux sans doute que la triste illustration de Padoue et de Vérone. Il vint un temps où les habitants de ces villes jadis opulentes, mais efféminées, mais faibles, mais abandonnées sans défense à toutes les invasions, sentirent eux-mêmes combien leur sort était cruel, comparé à celui des insulaires, malgré les privations et la vie laborieuse de ceux-ci. Les peuples nomades qui envahirent l'empire, portèrent, dans leurs conquêtes, une férocité que notre imagination peut à peine concevoir : ils ne se contentaient pas de s'approprier, par le pillage, tout ce qu'ils pouvaient enlever aux malheureux sujets de Rome; ils semblaient se proposer de changer les contrées qu'ils envahissaient, en déserts pareils à ceux d'où ils étaient sortis. L'incendie détruisait les villes et les villages; le massacre des hommes, des femmes, des enfants, effaçait les générations.

C'est ainsi qu'Attila exerça ses fureurs sur Aquilée, Concordia, Oderso, Altino et Padoue. Mais la renommée le précédait, annonçant ses cruautés; et tous ceux des habitants de la première Vénétie, que leur fortune mettait en état de fuir, cherchèrent un asile dans la seconde. Hommes, femmes, enfants, vieillards, tout se réfugia dans les îles. Au centre de celles que couvre aujourd'hui la ville de Venise, la bourgade de Rialto accueillit les fugitifs : ils se répandirent également sur toutes les autres; et, se cachant sous des cabanes faites à la hâte, ils attendirent que l'orage dévastateur fût passé[1].

---

[1] *Constantinus Porphyrogenetus de Administr. Imp.* P. II, c. 28, p. 70. *Bys. Veneta*, T. XXII. — *Andreæ Danduli Chronicon.* L. V, c. 5, T. XII, Rer. Ital. p. 75. — *Marin Sanuto istoria de' duchi di Venezia*, p. 405, T. XXII, Rer. It. — *Andrea Navagiero storia Veneziana.* p. 926. T. XXIII, Rer. It. — *Andrea Navagiero storia Veneziana.* p. 926, T. XXIII. — *Storia civile Veneta di Vettor Sandi.* L. I, c. 2, T. I, p. 14.

Lorsque Attila se fut retiré dans la Pannonie, tous ceux qui n'avaient apporté dans leur retraite aucun moyen de subsister, se hâtèrent de regagner leurs habitations du continent. Les agriculteurs surtout, rappelés par leurs champs en friche, par l'amour de leur terre natale, et par les besoins de leur famille, retournèrent cultiver leurs campagnes : mais les grands propriétaires, les nobles romains, ceux qui, par leurs richesses, avaient pu se procurer, dans les îles, les commodités de la vie, et qui trouvaient, dans cet asile, la sûreté réunie à l'aisance, se gardèrent bien de quitter leurs nouvelles demeures, pour relever des ruines fumantes, que de nouveaux essaims de barbares recommençaient à menacer. Leurs possessions continentales souffraient, il est vrai, de leur absence; mais, à l'exemple de leurs hôtes, les réfugiés essayèrent d'acquérir de nouvelles richesses par le commerce et la navigation. C'est ainsi que nous avons vu, de nos jours, une noblesse ruinée, s'adonner au négoce qu'elle ne pouvait embrasser autrefois sans déroger. Les désastres mêmes des provinces avaient rendu le commerce plus nécessaire et plus lucratif. Les Vénètes devaient redoubler d'activité pour fournir aux habitants des villes incendiées les moyens de rétablir leurs habitations, et la subsistance nécessaire pour attendre de nouvelles récoltes. Un plus grand nombre de matelots et d'artisans pouvait être employé au service du commerce; et l'élite de la population pauvre, mais industrieuse, qui s'était réfugiée dans les îles, fut retenue dans cet asile par l'offre de salaires supérieurs, et par la jouissance d'une sûreté qu'on ne trouvait qu'en ce lieu. Une nouvelle nation se forma donc au milieu des lagunes, par la réunion forcée des premiers Vénètes aux seconds; une nation de nobles, d'ouvriers laborieux et de marins, qui tous devaient vivre, non plus du produit des terres, mais de celui d'une industrie active et croissante. Cette nation, c'est la Vénitienne.

La petite ville de Rialto paraît avoir reçu de Padoue, dans ses commencements, les consuls ou les tribuns qui formaient son gouvernement municipal. Mais Padoue était incendiée ; ses nobles, ses citoyens les plus puissants habitaient la seconde Vénétie ; et rien ne devait les engager à rester dans un assujettissement que la force ne pouvait maintenir, et qu'aucun avantage ne pouvait rendre volontaire. La nouvelle république faisait bien partie de l'empire romain ; mais cet empire impuissant ne subsistait plus que de nom : les barbares en disposaient, quoiqu'ils reçussent encore comme un honneur les titres de ses magistratures. Chaque province, aussi bien que chaque peuplade étrangère, après s'être cantonnée dans son enceinte, pouvait, sans opposition, faire valoir son indépendance. Elle en avait le droit dès qu'elle se sentait le pouvoir de résister aux agressions des barbares : et, quoique les provinciaux d'origine romaine n'eussent point oublié l'affection et le respect qu'ils devaient au vieux nom de Rome, ils se trouvaient heureux de secouer le joug d'un gouvernement oppressif et tyrannique ; de s'affranchir d'impôts excessifs qui n'empêchaient pas la misère du fisc ; de se libérer d'un tirage odieux de milices, qui ne portait point remède à la honteuse impuissance des armées. Les Vénitiens furent donc libres dès la fondation de leur état, lors de l'invasion d'Attila ; et les incursions désastreuses des Vandales, des Hérules, des Ostrogoths, leur donnèrent de nouvelles raisons de chérir leur liberté.

Nous avons déjà observé que, jusqu'aux derniers temps de l'empire romain, le gouvernement des municipalités demeura démocratique. L'assemblée du peuple de chaque ville décidait sur les intérêts communs, et sanctionnait des lois locales. Cette même assemblée nommait aussi les magistrats annuels qui remplissaient les fonctions de juges. Longtemps avant l'invasion d'Attila, on croit qu'à Rialto ces magistrats portaient déjà le titre de tribuns. La population s'étant augmentée par l'arrivée de plusieurs milliers de fugitifs, chacune des îles principales eut son tribun, nommé par ses propres habitants : ces tribuns s'assemblaient quelquefois pour délibérer en commun sur les intérêts de la Vénétie maritime ; mais leur fonction principale était celle de juger et d'administrer leur peuple, conformément aux instructions qu'ils recevaient de lui dans les assemblées générales de chaque île[1]. C'est ainsi que la nouvelle république, sans avoir besoin d'un législateur, sans révolution, presque sans délibération, se trouva régie par une constitution libre.

Le fantôme d'empire que le patricien Oreste avait conservé, en élevant Augustule sur le trône, fut détruit par Odoacre comme une pompe inutile et coûteuse. Les liens qui pouvaient unir encore Venise à Rome, tandis que l'empire subsistait, furent détruits par cette révolution. Cependant, lorsque Théodoric fonda le royaume des Ostrogoths, les Romains commencèrent à supporter avec moins de répugnance le joug d'un barbare vertueux et sage : les Vénitiens vécurent en paix avec lui ; et les services qu'ils lui rendirent, peuvent même être considérés comme une marque de dépendance de leur part. 523. — La lettre que Cassiodore, secrétaire de Théodoric, adressa aux Vénitiens, au nom du roi d'Italie, est le plus ancien monument de la république[2]. Le rhéteur, pour faire briller son éloquence, oublie le sujet de sa lettre, et décrit aux Vénitiens eux-mêmes, auxquels il s'adresse, l'étrange apparence de leurs pays, leur industrie, leur activité, leur égalité, leur liberté et leurs bonnes mœurs.

---

[1] *Vettor Sandi Storia civile.* L. I, c. 2, p. 27 ; et c. 3, p. 44. — [2] Cette lettre qui, dans le recueil de Cassiodore, est la vingt-quatrième du livre XII, a été insérée dans la plupart des histoires de Venise ; dans celle de l'abbé Laugier, L. I, p. 149 ; dans la Chronique de Dandolo, L. V, c. 10, p. 88 ; et dans Sandi, avec des remarques, T. I, p. 86, *Storia civile.*

Après avoir fait connaître la fondation de la république de Venise, il nous reste à choisir dans son histoire, durant la première moitié du moyen âge, les faits importants qui, de loin en loin, contribuèrent à former le caractère national, à modifier la constitution de l'état, ou à augmenter l'influence du nouveau peuple sur le reste de l'Italie. Une histoire suivie et circonstanciée des temps qui précédèrent le douzième siècle n'entre point dans notre plan : telle est au reste la sécheresse et l'obscurité des historiens qui ont écrit dans les temps antérieurs à cette époque, que nous sommes forcés de passer rapidement sur les siècles qu'ils nous font si peu connaître.

518-527. — Tandis que l'empereur Justin-l'Ancien régnait en Orient, les Esclavons, suivant la route que les autres nations barbares s'étaient ouverte au travers de l'empire, envahirent la Dalmatie et s'y établirent à demeure. Mais ce pays, déjà ravagé à plusieurs reprises, n'offrait plus un butin suffisant à leur avidité : ils profitèrent des nombreux ports de mer de leur nouvelle conquête; et, adoptant les mœurs des anciens Illyriens, dont ils occupaient le pays, ils s'adonnèrent à la piraterie. Les Vénitiens qui tenaient constamment la mer avec de faibles barques, étaient de tous les peuples d'Italie les plus exposés à leurs brigandages; mais une vie active et l'habitude de braver les dangers de la mer avaient relevé leur courage. Les mêmes hommes qui avaient fui comme de vils troupeaux devant les conquérants du Nord, armèrent leurs bateaux pour rencontrer, loin de leurs demeures, les mêmes ennemis. Ils les attaquèrent sans crainte, ils les battirent, ils assurèrent la liberté des mers : la rivalité entre ces nations maritimes et leurs guerres fréquentes, qui ne finirent que par la soumission de toute la Dalmatie à la république, rendirent de l'énergie aux Vénitiens; elles les forcèrent à joindre la bravoure à l'industrie, et elles furent la principale cause de leur grandeur. Cette première guerre, commencée avant le règne de Justinien, est citée aussi comme une des preuves de leur indépendance les plus reculées de l'antiquité [1].

568. — Quarante ans plus tard, l'invasion de l'Italie par les Lombards procura aux îles vénitiennes un double avantage : non seulement elle força de nouveaux habitants du continent à chercher un refuge dans ces îles ; elle leur procura aussi un clergé indépendant. Le patriarche d'Aquilée vint s'établir à Grado, où il fonda une nouvelle cathédrale ; l'évêque d'Oderso se fixa dans la ville d'Héraclée que bâtirent ses compatriotes ; celui d'Altino transporta son église à Torcello, celui de Concordia à Caorlo, et celui de Padoue à Malamocco. Comme les Lombards établirent un clergé arien dans toutes les villes du continent dont ils se rendirent maîtres, et comme le schisme entre les églises des deux communions occasionna une guerre sanglante entre le patriarche d'Aquilée et celui de Grado, les évêques qui s'étaient réfugiés dans les îles ne pensèrent plus à les quitter [2].

La constitution des villes et des îles vénitiennes pouvait être considérée comme fédérative ; mais les pouvoirs des magistrats et ceux de la nation, les droits de la ligue et ceux des peuples ligués n'étaient pas assez bien définis pour qu'une constitution semblable assurât la tranquillité intérieure de l'état et sa force au dehors. Les tribuns se livrèrent à leur ambition, les villes à leur discorde et aux jalousies du voisinage, tandis que les Lombards, du côté du continent, et les Esclavons, du côté de la mer, profitaient de ces querelles et de cet état d'anarchie. La république semblait arrivée au moment de sa ruine, mais un peuple libre et doué d'énergie a des ressources en lui-même ; une révolution qui paraît l'épuiser lui rend souvent ensuite une nouvelle vigueur.

[1] *Vettor Sandi storia civile Veneta.* L. I, p. 65.—*Dandulus Chronicon.* L. V, c. 7, p. 84.—
[2] *Vettor Sandi.* L. I, c. 3, § 4, p. 82.—*Chronic. Danduli.* L. V, c. 12; et L. VI, c. 1, p. 95.

697. — Une assemblée générale de tous les membres de l'état fut convoquée, en 697, à Héraclée ; les nobles s'y trouvèrent réunis au clergé et aux citoyens. Là, d'après la proposition du patriarche de Grado, la nation résolut de se donner un chef qui, avec le titre de duc ou doge, fût chargé de diriger les forces communes contre les ennemis du dehors et les factieux de l'intérieur, et qui, supérieur aux tribuns des îles réunies, pût d'une main ferme arrêter leurs discordes et punir leurs usurpations. Mais ce n'était pas de ce siècle d'ignorance qu'on devait attendre une constitution habilement balancée. Les Vénitiens voulaient être libres, et ils se réservèrent leurs assemblées générales, dont la souveraineté n'était pas contestée ; ils voulaient d'autre part être puissants, et ils donnèrent au chef de l'état tous les attributs d'un monarque. Celui-ci disposait de toutes les charges, admettait ou rejetait les avis de ses conseillers qu'il choisissait lui-même, traitait seul de la paix et de la guerre, et ne connaissait point enfin les limites de son autorité. Paul-Luc Anafeste d'Héraclée fut le premier homme que la nation décora de cette haute dignité [1].

Les Vénitiens n'eurent pas d'abord à se repentir d'avoir donné une nouvelle forme à leur gouvernement. Anafeste rétablit la tranquillité intérieure : il repoussa les Esclavons et força les Lombards à reconnaître l'indépendance de la république et les limites de son territoire. Son successeur suivit les mêmes errements ; mais le troisième doge, fatigué des entraves qui gênaient quelquefois sa volonté, voulut se rendre maître absolu de l'état, et commença une lutte funeste avec le peuple : cette lutte, dans laquelle des usurpations injustes étaient repoussées par des insurrections fu-

---

[1] *Dandulus Chron.* L. VII, c. 1, p. 127. — *Marin Sanuto storia de' duchi di Venezia*, p. 443. — *Navigiero storia Venez*, p. 933. — *Vettor Sandi storia civile Veneta*. L. I, c. 4, p. 94.—Laugier, *Histoire de Venise*, L. II, p. 189.

ricuses, coûta la vie à ce doge et à plusieurs de ses successeurs. Pendant que la nation était livrée à ces querelles, la domination des Lombards fut renversée en Italie et remplacée par celle des Carlovingiens [1].

Les Vénitiens n'avaient guère moins d'aversion pour les Francs, qu'ils n'en avaient eu précédemment pour les Huns, les Ostrogoths ou les Lombards. Tous ces peuples septentrionaux avaient également porté la désolation dans les provinces de l'empire qu'ils avaient envahies. Les Vénitiens se glorifiaient d'être issus sans mélange des Romains; ils donnaient à leur république le nom de fille aînée, de seule fille légitime de la république de Rome [2]. Isolés et indépendants au milieu de peuples de même origine mais asservis, ils prodiguaient le nom de *barbares* à ces étrangers qui opprimaient l'Italie. Les Grecs seuls, civilisés comme eux, et conservant, comme eux, du respect et de l'amour pour le nom de Rome, leur paraissaient dignes de leur alliance. Les Vénitiens s'intéressaient à leurs succès; ils les assistaient de leurs forces: c'est à eux qu'ils demandaient de les protéger dans leurs adversités, et les liens de la bienveillance se confondaient presque à leurs yeux avec ceux du devoir. S'ils ne consentaient pas à être les sujets, ils voulaient du moins être les fidèles de l'empire de Constantinople [3].

Pépin, fils de Charlemagne et roi d'Italie, projetait d'étendre son nouveau royaume aux dépens de Nicéphore, empereur d'Orient : il espérait lui enlever la Dalmatie et l'Istrie, et il

---

[1] *Danduli Chronicon.* L. VII, c. 3 et seq. p. 134. — [2] Quoique la nation vénitienne se fût formée, non de Romains proprement dits, mais d'Italiens, sa prétention était fondée : car elle était née pendant que l'empire subsistait encore ; et elle ne s'était composée que de citoyens romains d'origine italienne, sans mélange avec leurs ennemis. — [3] Ce n'est pas dans les écrivains byzantins qu'il faut chercher ces distinctions délicates. Constantin Porphyrogénète fait dire aux Vénitiens qu'ils ont toujours été et veulent toujours être les esclaves de l'empereur d'Orient. Ὅτι ἡμεῖς δοῦλοι θέλομεν εἶναι τοῦ Ῥωμαίων Βασιλέως. *De Administr. Imp.* P. II, c. 28, p. 70, *ed. Ven.* T. XXII.

avait mis dans ses intérêts Obélério, le doge régnant, à qui la cour de France avait accordé plusieurs grâces. Cependant, loin que ce magistrat réussît à entraîner les Vénitiens dans une querelle si contraire à leurs affections, il ne put empêcher leur assemblée générale, convoquée à Malamocco, de rejeter les propositions de Pépin et de faire valoir les engagements de la nation envers les Grecs. Pépin, irrité, tourna ses armes contre les Vénitiens, et brûla les deux villes d'Héraclée et d'Équilo, dont la première avait été pendant un temps la capitale de la république. Théodat, quatrième doge, avait transporté le siége du gouvernement à Malamocco [1]. 809. — Peu après, Pépin provoqué de nouveau, fit équiper à Ravenne une flotte considérable, et, la chargeant de troupes de débarquement, il se rendit maître de Chiozza et de Palestrine. Il descendit ensuite dans l'île d'Albiola, qui n'est séparée de Malamocco que par un canal étroit. Dans ce moment critique, Ange Participazio, l'un des principaux citoyens [2], détermina ses compatriotes à abandonner les murs de leur capitale et à transporter toutes leurs richesses à Rialto, dont la situation est bien plus forte, puisque cette île est vraiment au centre de la lagune. Les vaisseaux de Pépin essayèrent de les y poursuivre : mais les barques légères des Vénitiens, en fuyant devant eux, surent les entraîner sur les bas-fonds, et lorsque la marée descendante les eut mis dans l'impossibilité de manœuvrer, elles les attaquèrent avec avantage et en brûlèrent ou en prirent un grand nombre. Pépin, indigné et humilié, réduisit en cendres les villes vénitiennes dont il s'était emparé, et se retira à Ravenne. Peu après, la paix fut conclue entre les deux empires, et les Vénitiens y furent compris comme fidèles de celui d'Orient [3].

---

[1] *Danduli Chronic.* L. VII, c. 15, p. 153. — [2] Sa maison, dans le dixième ou onzième siècle, a changé de nom et pris celui de Badoéro ; elle subsiste encore. — [3] *Danduli Chronic.* Lib. VII , c. 15, P. 23, p. 158. — *Vettor Sandi.* L. II, c. 4, p. 258; et c. 5, p. 259.

Depuis ce temps-là, Rialto devint la capitale du nouvel état; on réunit par des ponts, à cette première île, les soixante îlots qui l'entourent, et sur lesquels s'étend aujourd'hui la ville de Venise. Le palais ducal fut élevé sur la place où il subsiste encore aujourd'hui ; et le nom de Venise, qui appartenait en commun à toute la république, fut affecté à sa capitale. Vingt ans plus tard, le corps de saint Marc fut transféré d'Alexandrie dans cette ville. L'on raconte que les marchands qui enlevèrent cette relique à l'église d'Égypte, lui substituèrent adroitement le corps de saint Claude pour lequel ils avaient moins de vénération. Dès lors saint Marc fut le patron de la république ; lui ou son lion devinrent l'empreinte de ses monnaies et l'étendard de ses armes : le nom de saint Marc s'identifia enfin tellement avec celui de l'état, qu'il fait tressaillir encore aujourd'hui les cœurs vénitiens et fait couler les larmes des patriotes, plus que le nom de la république ou le souvenir de ses victoires [1].

837-864. — Vers le milieu du neuvième siècle, une querelle entre quelques familles patriciennes divisa toute la république : le peuple se partagea entre les deux factions ; et il embrassa avec fureur une animosité qui paraît n'avoir eu d'autre cause qu'une rivalité de gloire. Le soin de la défense extérieure fut sacrifié au zèle insensé des partis ; et la mer Adriatique resta exposée aux brigandages des Sarrazins et des Narentins. Les premiers habitaient la Sicile et l'Afrique ; les derniers étaient des pirates de la Dalmatie, qui s'étaient réunis dans la ville de Narenta, au fond du golfe de même nom, à peu près vis-à-vis d'Ancône, et qui avaient fait de cette retraite le centre de leurs déprédations [2]. Un siècle plus tard, d'autres pirates s'établirent également dans quelques villes de l'Istrie, et une en-

---

Chronicon Danduli. L. VIII, c. 2, p. 170. — [2] *Constant. Porphyrogen. de Administr. Imper.* P. II, c. 36, p. 85. — *Chron. Danduli.* L. VIII, c. 3, p. 172.

treprise hardie de ces derniers attira sur eux l'attention et le courroux de la république.

D'après un usage antique, les mariages des nobles et des principaux citoyens se célébraient à Venise, le même jour, et dans la même église. La veille de la Chandeleur, époque à laquelle la république donnait une dot à douze jeune filles, était le jour consacré à cette fête publique. Dès le matin, des gondoles ornées avec élégance se rendaient, de tous les quartiers de la ville, à l'île d'Olivolo ou de Castello, qui est située à son extrémité, et où le chef du clergé, alors l'évêque et plus tard le patriarche, faisait sa résidence. Les fiancés débarquaient avec leurs fiancées, au son des instruments, sur la place de Castello; tous leurs parents, tous leurs amis, en habits de fête, leur servaient de cortége; les présents faits à l'épouse, ses joyaux, ses bijoux, y étaient portés en pompe; et le peuple, se pressant le long de la rive des Esclavons, et au travers des passages étroits qui débouchent vers le Castello, suivait sans armes et sans défiance cette prossession joyeuse.

Les pirates de l'Istrie, instruits dès longtemps de cette coutume nationale, eurent la hardiesse de dresser aux époux des embûches dans la ville même. Le quartier qui est derrière l'arsenal et tout près d'Olivolo, n'était point habité à cette époque; l'arsenal n'existait pas encore. Les Istriotes se rendirent de nuit auprès de cette île déserte et s'y cachèrent avec leurs barques. Le matin, comme les époux venaient d'entrer dans l'église, et que, suivis d'une foule d'hommes, de femmes, d'enfants, ils assistaient au service divin, les barques des corsaires traversent le canal d'Olivolo avec la rapidité de l'éclair; les soldats armés s'élancent sur la plage; ils pénètrent le sabre à la main dans l'église par toutes ses portes à la fois, et, saisissant au pied de l'autel les épouses éplorées, ils les forcent à monter sur les barques préparées pour leur enlèvement, et ravissent avec elles les bijoux que portaient leurs serviteurs ; ils disparaissent ensuite avec une égale promptitude, et, ramant à coups redoublés, ils s'efforcent de regagner les ports de l'Istrie.

Le doge Pierre Candiano III était présent à la cérémonie; il partagea la rage et l'indignation qu'éprouvaient les fiancés, en se voyant enlever leurs épouses : tous ensemble ils s'élancent hors de l'église, et, parcourant les quartiers voisins, ils appellent à grands cris le peuple aux armes et à la vengeance. Les habitants de Santa-Maria-Formosa rassemblent quelques vaisseaux ; le doge s'y jette avec les époux offensés, et, un vent favorable gonflant leurs voiles, ils ont le bonheur de rejoindre les Istriotes dans les lagunes de Caorlo. Le massacre fut épouvantable ; pas un des ravisseurs n'échappa aux vengeances des amants et des époux irrités ; le même jour, les belles Vénitiennes furent reconduites en triomphe à l'église d'où elles avaient été enlevées. Une procession de jeunes filles, et une visite que le doge faisait chaque année, la veille de la Chandeleur, à la paroisse de Sainte-Marie-Formose, solennisèrent jusqu'au temps de la guerre de Chiozza, la mémoire de cet événement [1].

Le doge ne se contenta pas d'avoir infligé cette première punition : il prit à tâche de purger pour jamais la mer Adriatique des corsaires qui l'infestaient ; et, à sa mort, il transmit à ses successeurs, avec le trône ducal, la poursuite de cette importante entreprise. 961-976. — Déjà il avait forcé les villes de Capo-d'Istria et de Narenta à payer un tribut à la république ; mais la conduite tour à tour déréglée et ambitieuse de son fils Pierre Candiano IV, les usurpations insultantes de ce prince, et sa mort, funeste exemple des vengeances du peuple [2], suspendirent, pour de longues an-

---

[1] *Marin Sanuto storia de' duchi di Venez.* p. 461. — *Navagiero storia Venez.* p. 953. — Laugier, Histoire de Venise. L. III, p. 296. — [2] *Chronic. Dandull.* L. VIII, c. 14, p. 206.

nées, les expéditions des Vénitiens. Ce ne fut que vers la fin du xe siècle que cet état, jusqu'alors agité par de cruelles guerres civiles, rétablit la paix dans son intérieur, et que, sortant de ses lagunes, il jeta dans les provinces d'outre-mer les fondements de l'empire qu'il y a conservé jusqu'à nos jours.

Lorsque Théodose avait partagé le monde romain, il avait annexé la côte orientale de l'Adriatique à l'empire de Constantinople; mais ce partage avait été bientôt annulé par la puissance des Barbares. Des conquérants de race esclavonne, après avoir inondé l'Illyrie, y fondèrent deux royaumes indépendants et ennemis de Byzance, celui de Croatie au nord, et celui de Dalmatie au midi. Les Grecs ne purent conserver sous leur domination qu'un petit nombre de villes fortes situées au bord de la mer; et comme ils n'avaient pas assez de troupes pour mettre des garnisons dans chacune, ils employèrent, pour les défendre, le même expédient dont nous avons vu qu'ils avaient fait usage dans le royaume de Naples; ils rendirent aux bourgeois le droit de porter les armes, et celui d'élire leurs magistrats. Après leur avoir ainsi donné une patrie et le désir de la défendre, ils se crurent avec raison dispensés de les protéger [1]. Les villes maritimes de l'Istrie qui relevaient de l'empire d'Occident, n'étaient guère moins indépendantes; en sorte que la côte illyrienne, d'une extrémité jusqu'à l'autre, était parsemée de républiques naissantes, et presque toujours en guerre avec les Barbares.

Parmi ceux-ci, les plus dangereux ennemis des villes maritimes étaient les Narentins. C'était un peuple de race esclavonne, qui, après s'être emparé d'un port de mer, s'était

---

[1] *Constant. Porphyrogen. de Administr. imper.* P. II, c. 29, p. 71 et seq. — C'est l'époque du premier affranchissement de Raguse. *Voyez*, sur l'origine de cette république et ses forces navales, une note curieuse de Banduri, citoyen de cette ville. *Animadversiones in Libr. de Administr. imp.* p. 36, T. XXII. *Bys.*

adonné à la piraterie, et qui étendait ses déprédations sur toute la mer Adriatique. La ville de Narenta était aussi forte que son port était sûr ; placée entre la Dalmatie et la Croatie, elle faisait avec facilité des recrues dans ces deux royaumes. L'élite des guerriers de la contrée se rendait sur ses flottes, pour y exercer le métier lucratif de pirate, qui, dans un siècle barbare, n'est point considéré comme déshonorant. Chacune des petites républiques qui souffraient de ces brigandages, se trouvait séparément trop faible pour les réprimer : elles crurent convenable de former une ligue pour soumettre les Narentins, et, comme elles comptaient surtout sur l'appui de la république de Venise, elles commirent l'imprudence de placer cette république à la tête de leur ligue, et d'acheter son secours et sa protection, par la concession de prérogatives qui bientôt les réduisirent à une dépendance absolue. La négociation fut ouverte avec le doge Pierre Urséolo II ; il fut convenu que les magistrats des villes prêteraient foi et hommage à la république, et que leurs troupes marcheraient sous ses étendards contre l'ennemi commun [1].

997. — L'an 997, Pierre Urséolo mit à la voile avec la flotte la plus redoutable que la république eût encore armée. Il se rendit d'abord à Pola, l'une des puissantes villes d'Istrie, et il y reçut successivement l'hommage des magistrats de Parenzo, de Trieste, de Justinople ou Capo d'Istrie, de Pirano, d'Isola, d'Émone, de Rovigno, de Humago, enfin de toutes les villes maritimes de l'Istrie. Il unit aussi à son armée les renforts qu'elles lui envoyèrent. Ensuite il se rendit à Zara, la plus ancienne alliée qu'eussent les Vénitiens dans la Dalmatie ; et il y reçut également l'hommage des villes de cette contrée, Salone, Sébénigo, Spalatro, Traù, None, Belgrade, Almissa et Raguse : les îles de Coronota, Pago, Osséro,

---

[1] *Chron. Danduli.* L. IX, c. 1, p. 223.

Lissa, Brazza, Arbo et Cherso, suivirent leur exemple; et à la réserve des deux îles de Corzola et de Lézina, qui, plutôt que de renoncer à leur indépendance, s'allièrent aux Narentins, toute la côte illyrienne reconnut volontairement l'autorité des Vénitiens.

Le doge s'avança ensuite contre ces deux îles, qui formaient en quelque sorte le golfe de Narenta; et, les ayant soumises après une assez vive résistance, il mit à feu et à sang tout le pays des Narentins. Il ne leur accorda ensuite la paix qu'à des conditions honteuses, et après les avoir réduits à un tel état de faiblesse qu'ils ne purent jamais s'en relever, ou renouveler leurs brigandages [1].

Quelque avantageuse que fût à la république la soumission de Narenta, l'alliance qui l'avait procurée lui fut plus profitable encore. C'est une association dangereuse que celle des faibles avec les forts : bientôt et vainqueurs et vaincus furent réduits à la même condition. Les Vénitiens envoyèrent dans les villes alliées des préteurs ou podestats, tirés du corps même de leur noblesse, pour y rendre la justice en leur nom; et ils firent prendre à leur doge le titre de duc de Venise et de Dalmatie.

Vers le même temps où Venise étendait sa domination sur la côte orientale du golfe Adriatique, et jetait les fondements de la haute puissance à laquelle elle devait bientôt s'élever, deux villes situées sur la mer Tyrrhénienne, Pise et Gênes, commençaient à secouer le joug qui avait pesé longtemps sur elles, et développaient les premiers germes de cette puissance qui devait contrebalancer celle des Vénitiens, et rendre les Italiens dignes de l'empire des mers, par une longue et sanglante rivalité.

---

[1] *Chronic. Danduli.* L. IX, c. 1, p. 227. — *Navagiero storia Veneziana,* p. 957. — *Marin Sanuto vite de' duchi di Venezia,* p. 467. — *Vettor Sandi storia civile Ven.* L. II, c. 9, p. 325.

980. — Othon II, lorsqu'il méditait la conquête de la Grande-Grèce, avait fait demander des secours de vaisseaux à Pise, pour porter la guerre dans les Deux-Siciles; et cette négociation nous révèle, pour la première fois, la grandeur d'une ville qui, avant toutes ses rivales, recouvra sa liberté dans le xe siècle, et adopta le gouvernement consulaire [1]. L'embouchure de l'Arno, moins encombrée peut-être par les sables qu'elle ne l'est aujourd'hui, formait, pour les vaisseaux légers qu'on employait alors, un port également assuré contre les tempêtes et contre les attaques des corsaires. Les Pisans s'adonnèrent de bonne heure à la navigation et au commerce. Dans un temps où toutes les îles de la Méditerranée étaient occupées par les Sarrazins, presque toujours ennemis; dans un temps encore où les Vénitiens et les Amalfitains, jaloux de l'empire des mers, cherchaient à en exclure tous les autres peuples, les expéditions maritimes ne demandaient guère moins de courage que d'habileté commerciale : elles éveillaient la valeur des jeunes Pisans, et leur inspiraient l'indépendance. Dès le siècle de Solon, on avait remarqué qu'aucune classe parmi le peuple ne se composait d'hommes plus fiers et plus attachés à la liberté que les marins. Cette observation s'est vérifiée dans les villes Anséatiques, comme dans Athènes; elle explique aussi l'antique prospérité de Pise et l'origine reculée de son indépendance. Les richesses acquises par le commerce se versèrent bientôt sur les campagnes voisines; le Delta de l'Arno, cette plaine

---

[1] Un siècle auparavant nous trouvons un premier indice du commerce et de la population croissante de Pise. L'anonyme de Salerne raconte qu'en 871, lorsque Guaifer, prince de Salerne, se préparait au siège qu'il soutint contre les Sarrazins, il confia la défense d'une partie des murs de Salerne aux Toscans qui, au nombre de deux mille, se trouvaient dans cette ville. Ces Toscans étaient sans doute des Pisans, puisqu'il se passa longtemps encore avant qu'aucune autre ville toscane fût commerçante, et surtout puisqu'aucune autre n'était maritime. *Anonym. Salernit paralipom.* T. II, P. II, c. 111, p. 256.

fertile dont une moitié est déserte aujourd'hui, fut transformée en jardins, et ses marais furent desséchés : le port Pisan et celui de Livourne furent ouverts aux galères; et les nombreux gentilshommes qui habitaient les collines, depuis le val de Niévole jusqu'aux rives de l'Ombrone, demandèrent et obtinrent le droit de cité à Pise, et la protection de la république.

Les sept plus anciennes familles de Pise, qui formèrent quelque temps un ordre séparé dans la noblesse de cette ville, font remonter l'époque de leur établissement en Toscane, au temps de l'expédition d'Othon-le-Roux. Sept barons de l'empereur passent pour avoir été les pères de ces sept familles; leurs noms étaient Visconti, Godimari, Orlandi, Verchionési, Gualandi, Sismondi et Lanfranchi [1]. Les trois derniers étaient fils d'un même père, nommé par quelques-uns Lanfranco Duodi, et gentilhomme de Cologne; d'où vient que Marangoni, l'historien de Pise, ne les comptant que pour une seule famille, en ajoute deux autres, Ripafratta et Gaétani [2]. Ces gentilshommes paraissaient avoir été envoyés à Pise, en 982, pour obtenir de cette ville qu'elle fît passer ses galères en Calabre, afin d'y seconder la nouvelle expédition que l'em-

---

[1] Tous les auteurs pisans ne s'accordent pas parfaitement sur les noms de ces sept familles; quelques-uns font entrer aussi dans leur liste ceux de Bénetti et Sardi. *Ranieri Sardo, Trattato dell' origine delle famiglie Pisane.—Libro della cancellaria communitativa di Pisa, continente gli stemmi e distinzioni di diverse famiglie Pisane,* f. 135, 136, 137. Ces livres, conservés à la chancellerie de Pise, ne sont ni moins anciens, ni moins authentiques. D'autres, avec de nombreux diplômes, dès le xie siècle, sont conservés dans les belles archives de la maison Roncione, qui se dit aussi issue d'une même souche. En général, toute généalogie européenne qui remonte au-delà du xie siècle, ne peut échapper à la confusion que devait créer l'absence de noms de famille et l'obscurité de tous les titres. *Comment. Constantini Caietani in vitam Gelasii II,* T. III, Rer. It. p. 410. — *Bern. Marangoni Script. Etrur.* T. I, p. 316. — [2] Constantin Gaétani n'admet point cette origine de sa famille; il la fait venir au contraire de Gaëte, et lui attribue tous les triomphes des ducs de cette république : cependant ceux-ci étant électifs, ne pouvaient appartenir à une seule maison. *Commentar. in vitam Gelasii II.* T. III, Rer. Ital. p. 410.

pereur méditait contre cette province. Pendant qu'ils s'occupaient de remplir leur mission, la mort d'Othon la rendit superflue. Enchantés du beau ciel et de la fertilité de l'Étrurie, ils résolurent alors de s'y fixer, et obtinrent de la ville les droits de citoyens, tandis que son évêque leur inféoda quelques châteaux ou manoirs. Les noms de famille n'étaient point encore en usage dans le xe et le xie siècles; mais la pratique constante de donner au petit-fils le nom de son grand-père, y suppléait et servait à distinguer les races : ce nom d'affection qui revenait à chaque seconde génération, devint, dans le siècle suivant, le nom de la famille. De cette manière, les sept barons d'Othon II transmirent leur nom à sept familles pisanes, qui demeurèrent longtemps à la tête de la faction noble et gibeline. Elles furent souvent persécutées, souvent exilées; mais elles n'en restèrent pas moins attachées à leur patrie et à sa liberté, jusqu'à l'époque fatale de l'asservissement de Pise[1].

En même temps que la ville de Pise mettait à profit le limon fertile que dépose l'Arno, et qu'elle associait la culture des riches plaines qui l'entourent, avec les expéditions maritimes et le commerce du Levant, celle de Gênes se livrait plus exclusivement, mais avec une égale ardeur, au commerce et à la marine. Gênes, bâtie sur des montagnes arides, entre des rochers que ne couvre aucune verdure, et une mer que les poissons semblent fuir, n'avait reçu de la nature qu'une seule faveur, un port aussi sûr qu'il est vaste. Les mêmes arts accumulaient chez elle les mêmes richesses; et elle retirait

---

[1] Comme cette tradition de l'origine des sept familles pisanes n'est pas appuyée sur le témoignage d'historiens contemporains, il est très possible qu'elle ait été inventée par les généalogistes, pour complaire à la vanité de quelques nobles. Il est certain seulement que l'histoire nous présente, dans les cinquante ans qui suivent cette époque, les noms de tous ces gentilshommes, et qu'une foule de chartes authentiques nous attestent, dès le xie siècle, leur existence et leur pouvoir. Voyez *Muratori Antiquit. Ital. med. œvi. dissert. LXIV.* T. III. p. 1104-1161.

du moins de ses montagnes sauvages, le bénéfice d'être séparée du siége de l'empire et de ses oppresseurs. Cette ville était demeurée entre les mains des Grecs, longtemps encore après la dernière invasion des Lombards : même après avoir été conquise, elle conserva peu de liens avec la monarchie ; dans son isolement elle fut surprise et pillée par les Sarrazins, en 936. Mais, à la fin du Xe siècle, sa population et son caractère belliqueux la mettaient à l'abri du retour d'un pareil malheur [1].

De ces deux républiques, Pise fut longtemps la plus florissante et celle qui nourrissait la plus nombreuse population. Ses exploits n'étaient pas renfermés dans les étroites limites de la Toscane ; les Sarrazins, l'Espagne, l'Afrique et la Grèce, apprirent à respecter en elle la bravoure italienne, et l'énergie d'une nation naissante.

Les Pisans étaient liés par des relations de commerce avec les Grecs de la Calabre ; ils avaient établi des comptoirs dans les principaux de leurs ports. Les sujets de Constantinople, énervés par une longue servitude, n'étaient point en état de défendre leurs fortunes et leurs vies contre les agressions des Musulmans. Une colonie de Maures s'était établie au milieu d'eux ; elle insultait leurs villes et dévastait leurs campagnes, sans rencontrer de résistance. Les marchands et les voyageurs pisans ne purent voir les outrages auxquels leurs amis et le nom chrétien restaient exposés, sans désirer d'y mettre un terme. Rentrés dans leur patrie, ils excitèrent leurs concitoyens à prendre les armes contre les infidèles : leur enthousiasme se communiqua aux diverses classes du peuple ; tous les jeunes gens montèrent sur les vaisseaux, et une flotte nombreuse fit voile vers les mers de Calabre, pour y combattre les Sarrazins.

---

[1] *Ubertus Folieta, Genuensium histor.* L. I, p. 235. *Apud Grævium script.* It. T. I.

1005. — Cependant, presque en vue des rivages de Pise, un roi maure, nommé Muset par les Latins, Musa par les Arabes, s'était emparé de la Sardaigne et y avait fondé une colonie de corsaires. Il fut bientôt averti que tous les plus vaillants citoyens de Pise s'étaient engagés dans cette expédition chevaleresque, et qu'ils avaient laissé leur ville presque sans défense. Une nuit, ses galères pénétrèrent dans l'embouchure de l'Arno et remontèrent le fleuve jusqu'au milieu de la ville. Les habitants, éveillés par des cris horribles, apprirent en même temps le débarquement des Musulmans dans le faubourg à gauche de l'Arno, et l'incendie de leurs maisons : tout le peuple prit la fuite et se dispersa dans les campagnes : une femme seule de la famille Sismondi, nommée Chinzica, au lieu d'accompagner les fuyards, se précipita vers le palais des consuls, encore que le pont et la route qui, le long de l'Arno, unissait le faubourg à la ville, fussent infestés par les Sarrazins. Elle annonça aux magistrats le danger de la patrie et fit sonner le tocsin du palais. Les cloches de la ville répondirent aussitôt à ce signal d'alarme; les citoyens s'encouragèrent à la vengeance; les Sarrazins déconcertés n'osèrent attendre le choc des milices républicaines; ils regagnèrent leurs vaisseaux, et s'échappèrent en tremblant des bouches de l'Arno. On consacra une statue à Chinzica dans le faubourg incendié, qui, rebâti ensuite, a reçu d'elle son nom [1].

---

[1] *Tronici Annali Pisani*, ad ann. 1005. — *Bernardo Marangoni Chronica di Pisa*, p. 318. — Muratori révoque en doute cet événement, parce que le nom de Chinzica étant arabe, selon lui il est plus probable qu'on l'aura donné au quartier des Arabes qu'à une femme chrétienne. Mais Muratori se trompe : le mot de *Chinzica* est allemand et non arabe. Un lieu nommé Chinzica, près de Fulda, est mentionné dans un grand nombre de chartes de cette abbaye. *Antiq. Fuldens.* L. I, p. 499, 507, 508, etc. T. III, *Rer. Germ. Struvii.* Et Chinzica Sismondi avait sans doute apporté en naissant une de ces marques ou envies, Rennzeichen, qui avait motivé son nom. Les noms des sept grandes familles de Pise ont tous de même une étymologie allemande.

Au reste, quant à la statue qui porte encore aujourd'hui le nom de Chinzica, et qui est à demi incrustée dans un mur, dans le quartier à gauche de l'Arno, où les Sismondi

Cependant la flotte envoyée en Calabre avait remporté sur les Sarrazins de grands avantages : elle les avait forcés de se réunir à Reggio, pour défendre cette ville dont ils s'étaient emparés ; et elle les avait battus une dernière fois dans son voisinage, avant de quitter les mers de Sicile[1].

Les guerriers qui montaient la flotte, rentrés dans le port de Pise, furent instruits de la tentative des corsaires de Sardaigne. Ils brûlaient du désir de s'en venger ; cependant la discorde qui avait lieu entre leur patrie et la ville voisine de Lucques, ou d'autres causes qui nous sont inconnues, retardèrent l'expédition qu'ils méditaient, jusqu'à ce qu'une nouvelle insulte des Maures, qui, partis d'Espagne, débarquèrent, en 1012, sur leurs côtes, les força de prendre des mesures pour punir leur insolence[2]. Le pape Benoît VIII leur envoya un légat pour les exciter à la guerre ; ce fut lui probablement qui proposa une alliance entre Pise et Gênes, et qui réunit les armes de ces deux républiques rivales, contre leur ennemi commun. Muset vit avec effroi la flotte la plus puissante qui depuis plusieurs siècles eût parcouru la mer Tyrrhénienne, s'avancer vers les côtes de Sardaigne. 1017.—Il ne put réussir à empêcher le débarquement des troupes qu'elle portait : bientôt les chrétiens restés dans l'île se réunirent aux Pisans ; et les Musulmans, attaqués de toutes parts, battus sur tous les points, furent obligés d'abandonner leur conquête, et de faire usage, pour leur fuite, des vaisseaux qu'ils avaient construits pour le brigandage.

Mais la discorde s'introduisit entre les vainqueurs, à l'occasion du partage des dépouilles. Au commencement de la

---

avaient leurs maisons, elle est évidemment d'un siècle fort antérieur. Les Pisans, au onzième siècle, étaient probablement réduits, comme les Romains au temps de Constantin, à n'élever leurs monuments qu'avec les dépouilles d'autres monuments plus anciens. L'arc-de-triomphe de Constantin au *Campo Vaccino* porte de honteux témoignages de cette spoliation de ses devanciers. — [1] *Annal. Antiq. Pisanor.* T. VI, *Rer. Ital.* p. 108 et p. 168. — [2] *Ibidem.* — *Bernard Marangoni*, p. 316.

guerre, les Génois, qui ne s'attendaient pas sans doute à des succès si brillants, avaient demandé tout le butin pour leur part, sous la condition que les Pisans garderaient pour eux la terre dépouillée qu'ils auraient conquise. Avec quelque rigueur cependant qu'ils s'emparassent de tout ce qui pouvait être enlevé aux Sarrazins, ils s'aperçurent avec douleur que leur lot était loin de valoir autant que le beau royaume qu'ils allaient céder à leurs rivaux [1]. Ils voulurent se dédire de leurs propres conditions, et les Pisans furent forcés de recourir aux armes, pour faire exécuter leur traité et chasser de la Sardaigne ceux qui les avaient aidés à y rentrer. Il est probable que cette brouillerie n'éclata qu'en 1021, lorsque Muset eut vu succomber ses dernières forteresses, et que les secours qu'il avait lui-même ramenés d'Afrique eurent été de nouveau défaits [2].

Muset cependant ne renonça point à l'espérance de rentrer en Sardaigne; chaque printemps il venait avec une flotte nouvelle insulter les garnisons de la république ou tenter de les surprendre. Les Pisans, après avoir longtemps combattu ses escadres devant les côtes de l'île, résolurent de mettre fin à une guerre qui durait depuis dix-huit ans, et d'attaquer les Sarrazins dans leur propre pays. Ils parcoururent les rivages de l'Afrique, ils menacèrent Carthage, et prirent Bona, l'ancienne Hippone de saint Augustin. Muset fut forcé de demander la paix, et, ce qui lui coûtait plus encore, de l'observer pendant de longues années. Sur la fin de sa vie, cependant, il voulut tenter de nouveau la fortune, dans un âge où le commun des hommes ne cherche d'ordinaire que le repos. 1050. — Il passa en Espagne, pour demander des secours aux Maures qui habitaient cette contrée; et de là,

---

[1] *Benvenuti Imolensis Comment. ad Dantis comœd. antiq. Ital. med. œv.* T. I, p. 1089.
— [2] *Bernard. Marangoni Chron. di Pisa,* p. 320. — *Ubertus Folieta Genuens. hist.* L. I, p. 236.

faisant voile vers la Sardaigne avec une flotte puissante, il surprit les garnisons pisanes qui y étaient restées, les tailla en pièces, et, à la réserve de Gagliari, il s'empara de nouveau de l'île entière [1].

Quelque constance que la république eût manifestée dans cette guerre contre les Maures, elle parut enfin sur le point de perdre courage. Le peuple, épuisé par des expéditions longues et coûteuses, épouvanté par le massacre de la florissante jeunesse qui composait les garnisons sardes, semblait succomber à l'abattement; mais la noblesse, qui se croyait plus spécialement chargée de la garde de l'honneur pisan, ranima l'ardeur des guerriers. Pour rentrer en possession de la Sardaigne, il fallait une nouvelle conquête; la république s'y prépara. Tous les gentilshommes ses feudataires lui fournirent des vaisseaux et des soldats. Les chroniques font surtout mention des Ghérardesca, des Sismondi, des Sardi, et des Caiétans. La république de Gènes, le marquis Malespina de Lunigiane, le comte Bernard Centilio de Mutica en Espagne, offrirent des secours; et les deux derniers voulurent marcher en personne à cette guerre sacrée. La flotte combinée était commandée par Gualduccio, plébéien pisan, dont les talents militaires étaient reconnus. Cet amiral sut effectuer le débarquement de ses troupes en présence de l'armée ennemie, près de la ville de Cagliari, qui était restée fidèle aux Pisans et que les Musulmans assiégeaient. Le combat s'engagea presque aussitôt et sur le rivage même. Muset, quoique âgé de plus de quatre-vingts ans, fit des prodiges de valeur; mais les Maures, en butte tout à la fois aux attaques des Pisans, aux traits lancés de la flotte et aux sorties des habitants de Cagliari, prirent la fuite en désordre. Muset, atteint de deux blessures, tomba de cheval et fut fait prison-

---

[1] *Bernardo Marangoni Chron.* p. 324.

nier : on le conduisit à Pise, où il mourut dans les fers; et l'île entière rentra sous la domination des chrétiens. Gualduccio, avec l'autorité de la république, en partagea les districts entre les confédérés. Les Ghérardesca reçurent en fief, pour leur part, les environs de Cagliari; les Sismondi, Oléastro; les Sardi, Arboréa; les Caiétans, Oriséto; les Génois, Algarie; le comte de Mutica, Sassari, et les Malespina, les montagnes. Le reste de l'île fut conservé, ainsi que Cagliari, sous la domination immédiate de la république pisane [1].

Durant le xie siècle, la république de Venise ne partagea point la gloire dont celle de Pise se couvrait par ses expéditions contre les infidèles : en proie à des dissensions intestines, elle tournait toute son énergie contre elle-même. Deux factions se combattaient avec acharnement dans son sein : on les désignait par les noms de Morosini et de Caloprini, soit que ces noms appartinssent en effet à deux des premières familles de la république, soit que ces deux familles eussent adopté pour elles-mêmes le surnom dérisoire que se donnaient les deux partis [2] Une querelle privée leur avait mis les armes à la main; mais, parmi des gens impétueux, vaillants, et qui croyaient que les faibles et les lâches seuls confiaient aux tribunaux le soin de défendre leur honneur, le ressentiment de deux individus devenait bientôt la querelle de deux familles, puis une guerre civile dans l'état. La première offense était confondue dans la foule de celles qui l'a-

---

[1] *Annal. Laurent. Bonincontri Miniatensis, frag. apud Murat. Scr. Rer. Ital.* T. III, P. I, p. 401. Ce fragment est rapporté dans les notes à la vie de Gélase II. Les annales de Lorenzo Bonincontri, l'un des ancêtres de la famille de Buonaparte de San-Miniato, ne sont imprimées qu'en partie, et seulement pour ce qui suit l'année 1360. *Rer. It.* T. XXI. *Præf. Muratorii ad Bonincontrum.*—[2] Ces noms sont grecs : Μωροξεινοι et Καλοπρηνης, avec la prononciation des Grecs modernes, se liraient Maroxini et Caloprinis. Ce sont les *hôtes* ou les *compagnons des sots, et les gens qui se prosternent bien*. Peut-être ces surnoms sont-ils équivalents à ceux de flatteurs et de dupes que se donnaient les deux partis : peut-être sont-ils plus anciens que leur discorde, et dès cette époque étaient-ils changés en noms de familles.

vaient suivie; et l'on naissait, l'on vivait ennemis, à cause du nom seul que l'on portait. Avant la fin du xie siècle, ces discordes furent apaisées [1], et dès le commencement du xiie, Venise se joignit aux deux autres villes maritimes, à Pise et à Gênes, pour seconder le passage des croisés dans la Terre-Sainte, et conquérir, dans le pays des infidèles, la gloire, la richesse et le pouvoir. Mais dans ces expéditions lointaines, ces trois républiques se retrouvèrent en concurrence : la rivalité de gloire leur fit oublier la communauté d'intérêts, et les armes de leurs soldats rougirent plus d'une fois du sang italien les mers et les rivages d'Asie.

A cette époque obscure, où l'histoire des républiques ne se compose que de quelques faits isolés, consignés par hasard dans des relations étrangères ou fort postérieures, celle de Gênes a un grand avantage sur toutes les autres. On nous a conservé une chronique de cette république, composée par Caffaro, l'un de ses premiers magistrats. Cette chronique était présentée chaque année aux consuls en plein conseil; et, après que le sénat de la république en avait approuvé le contenu, elle était consignée dans les archives publiques. Elle commence avec l'année 1101, époque à laquelle Caffaro servait sur la flotte; et elle s'étend jusqu'à l'an 1164, qu'il mourut, âgé de quatre-vingt-six ans. Après lui, elle a été continuée jusqu'à l'an 1294, par divers historiens publics. Leur récit à tous est évidemment partial, et destiné à plaire aux magistrats et au peuple, pour l'honneur desquels il était écrit ; mais on peut aisément faire abstraction de ce que les auteurs ont accordé au désir de flatter les Génois; et cette histoire, malgré sa partialité, n'en est pas moins le monument le plus curieux et le plus instructif du siècle.

Ce qu'elle nous apprend sur la forme qu'avait alors le gou-

---

[1] *Andreœ Danduli Chron*. L. IX, c. 2 et suiv. p. 238.

vernement de Gênes et sur ses révolutions, est le premier objet digne de notre attention. Les magistrats suprêmes portaient à Gênes, comme dans les autres villes d'Italie, le titre de consuls. Pendant les premières années du xiie siècle, ils étaient alternativement au nombre de quatre ou de six, et demeuraient en place trois ou quatre ans. L'an 1122, l'on réduisit à une seule année la durée du consulat; et l'an 1130, l'on divisa les attributions de ces magistrats pour en faire deux offices distincts. On appela dès lors *consuls de la commune*, les quatre ou six chefs de la république, qui, nommés annuellement par le peuple, étaient chargés du pouvoir exécutif, et spécialement du maintien de la police, de l'exécution des ordonnances criminelles, de la correspondance avec les puissances étrangères, du commandement des forces de terre et de mer, et même des expéditions lointaines. Ces consuls, à leur sortie de charge, rendaient compte au peuple, dans une assemblée générale, de l'emploi des deniers de l'état [1].

D'autres magistrats, en nombre tantôt égal, tantôt fort supérieur, furent créés la même année, sous le titre de *consuls des plaidoyers*, pour être les juges suprêmes de la république. La division du peuple en sept compagnies, et celle de la ville en sept quartiers, servaient tout à la fois à classer les électeurs et à limiter la juridiction des juges; car chaque consul était élu par la compagnie qu'il devait juger [2]. Dans la suite on forma deux tribunaux, l'un pour la ville et l'autre pour le bourg; et il fut statué, en 1179, que le défendeur pourrait ramener le demandeur à celui des deux tribunaux qu'il préférerait [3]. Ces consuls des plaidoyers, de même que ceux de la communauté, étaient annuels.

---

[1] *Caffaro Annales Genuenses Script. Rer. Ital.* T. VI, p. 284. — [2] *Ibidem.* p. 258. — [3] *Ottobonus Scriba Annal. Genuens.* L. III, p. 355.

Dans de certaines occasions, et sur la demande du peuple, la république nommait des *correcteurs des lois.* Ces commissaires, au nombre de douze ou quinze, étaient dépositaires du pouvoir législatif [1]. Les Italiens, loin de faire de ce pouvoir un attribut du peuple, avaient considéré le talent de la législation comme une conséquence de la jurisprudence : ils en avaient absolument abandonné l'exercice aux jurisconsultes, et ils s'étaient soumis aveuglément aux décisions fondées sur les maximes de l'école et sur l'autorité de Justinien. L'étude du droit en général était séparée des fonctions administratives, en sorte que les légistes n'avaient pas un intérêt de corps à abuser de la confiance du peuple, ou à l'asservir; mais la législation romaine et impériale leur avait donné un caractère servile : aussi dans tout le cours des disputes entre les républiques et l'Empire, se montrèrent-ils fauteurs du despotisme et ennemis de la liberté.

Il existait dans la republique un conseil ou sénat qui devait assister les consuls ; mais ce corps n'avait sans doute que des pouvoirs bien limités; car à peine est-il fait mention de lui deux ou trois fois dans l'histoire [2]. Le peuple de son côté, assemblé en *parlement,* et sur la place publique, prenait part à l'administration de l'état, soit en recevant les comptes des magistrats, soit en délibérant sur les intérêts communs dans les occasions importantes [3].

Cette constitution était simple, mais suffisante pour assurer la liberté du peuple, pour l'intéresser vivement aux affaires publiques, et pour lui faire chérir sa patrie, en raison de la part qu'elle lui donnait à son gouvernement. L'élection des magistrats, le compte qu'ils rendaient de leur gestion, les délibérations de la place publique, rappelaient chaque jour à tous les ci-

---

[1] *Ottobonus Scriba Annal. Genuens.* L. III, p. 355. — [2] *Caffaro ad init. Hist.—Obertus cancellarius.* L. II. *Ann. Gen.* p. 342.— [3] *Caffaro.* L. I, p. 284. — *Ottobon. Scriba.* L. II. p. 364.

toyen, que les affaires de l'état étaient aussi leurs affaires ; que leur intérêt privé était l'intérêt de la communauté. Cependant l'ordre public avait dans les mœurs et l'habitude, plutôt que dans les lois, une sauvegarde contre l'anarchie et la turbulence démocratique, c'était le rang des magistrats. Les consuls étaient tous ou presque tous gentilshommes. Comme cet ordre s'était déclaré le protecteur du peuple contre les empereurs et les grands, le peuple reconnaissant lui avait confié tous ses droits; aussi les listes du consulat présentent-elles des noms illustres dès cette époque, des Spinola, des Doria, des Ruffo, des Fornaro, des Négri, des Serra, des Picamiglio, etc. Heureuse la république lorsque le peuple jouissant d'un droit illimité d'élection, les nobles méritent cependant de fixer le plus souvent ses suffrages!

L'histoire de Gènes ne doit point être séparée de celle de Pise : ces deux républiques, dont les mœurs, la puissance et le gouvernement étaient presque semblables, commencèrent de bonne heure à se montrer rivales, et ne cessèrent leurs combats que lorsque Pise eut succombé, après une lutte de plusieurs siècles. Mais, aux yeux de la postérité, Pise, laissée dans l'obscurité par l'histoire, ne soutient point cette lutte avec autant d'avantage que ses guerriers le firent les armes à la main. Durant la période dont nous parlons, les seuls monuments de cette ville qui nous aient été conservés, sont une déclamation sur ses triomphes, un poème à moitié barbare sur la guerre de Majorque, et deux chroniques sèches et tronquées [1] ; c'est donc de ses ennemis mêmes qu'il faut emprunter le récit de ses victoires ou de ses défaites. Les historiens de Venise sont plus pauvres encore; le plus ancien de ceux qui nous ont été conservés, est le doge André Dandolo, qui écrivait au milieu du XIV⁰ siècle, et auquel on ne peut prêter qu'une foi

---

[1] *Chronica varia Pisana*, T. VI, Rer. It.

douteuse pour les faits fort antérieurs à l'époque où il vécut [1].

Les trois républiques prirent une part également active aux expéditions des chrétiens dans la Terre-Sainte. Tandis que pour les autres nations la guerre sacrée n'était qu'un épisode au milieu de leur histoire, pour les républiques maritimes elle devint la première et la plus importante de leurs affaires. Venise donna l'exemple du zèle, et elle y était appelée par sa position. Les Turcs avaient envahi, en Asie, les contrées et les cités où la république exerçait le commerce le plus lucratif : cette nation barbare menaçait de pousser plus loin ses conquêtes, et d'asservir les Grecs et les Sarrazins; alors il ne serait plus resté aux Vénitiens aucun marché libre dans tout l'Orient. Bien plus, ils devaient se préparer à défendre leurs propres foyers : déjà les Sarrazins avaient infesté la mer Adriatique; les Turcs pouvaient y paraître à leur tour, et l'Italie méridionale avait vu, dès le Xe siècle, des drapeaux musulmans, qui parurent sur la côte illyrienne, seulement quelques siècles plus tard. Les Vénitiens transportèrent donc avec empressement, mais non cependant sans salaire, les croisés aux rivages de l'Asie : ils se chargèrent du soin de les approvisionner ; et, unissant le commerce à l'art militaire, ils rapportèrent à Venise les plus riches cargaisons, sur les mêmes flottes avec lesquelles ils faisaient trembler les infidèles. 1099. — Les historiens de la république assurent que la première de ces flottes, qui accompagna la première croisade, était composée de deux cents vaisseaux; elle était commandée par le fils du nouveau doge, Vital Michieli. Avant que de parvenir à sa destination, elle livra, sur les côtes de Rhodes, une sanglante bataille à la flotte pisane. Ces deux peuples, aveuglés par leur jalousie, oubliè-

---

[1] *Chronic. Dandul.* T. XII, *Rer. Ital.* — Sandi, l'auteur de l'histoire civile de Venise, a eu entre les mains plusieurs chroniques manuscrites, mais il leur accorde lui-même peu de confiance. Les archives de la chancellerie, où il a consulté une foule d'anciens monuments, méritent une foi plus entière.

rent qu'ils étaient chrétiens, Italiens et croisés ensemble, pour n'écouter que leur animosité. Les Vénitiens s'emparèrent ensuite de Smyrne, qu'ils livrèrent au pillage ; et ils facilitèrent à l'armée de terre la prise de Jaffa ou Joppé [1].

1100. — Au mois d'août de l'année suivante, le Génois envoyèrent en Orient vingt-huit galères et six vaisseaux, avec des troupes de débarquement, commandées par l'un des consuls de la république. L'historien Caffaro était lui-même de cette expédition. Vers le même temps, les Pisans firent partir une flotte de cent vingt vaisseaux, commandée par leur archevêque Daimbert, qui fut depuis patriarche de Jérusalem. Ces deux flottes passèrent l'hiver à Laodicée, et maintinrent les provinces maritimes dans l'obéissance des Latins, au moment où la mort du bon roi Godefroi de Bouillon mettait en danger son nouveau royaume.

1101. — Le printemps suivant, les Génois, unis aux Pisans et aux autres croisés, entreprirent le siége de Césarée. Les républicains, transportant dans les camps les usages et la liberté de leur patrie, avant de livrer l'assaut aux murs de Césarée, assemblèrent un parlement ; et les citoyens se consultèrent sur les coups qu'ils devraient porter lorsqu'ils redeviendraient soldats. Daimbert parla le premier au peuple, et comme prophète et comme guerrier : il exhorta ses concitoyens à recevoir le lendemain matin la communion sainte, et, lorsqu'ils seraient munis de ce gage de la protection céleste, à s'avancer au pied des murs, et à les attaquer avec les seules échelles des galères, sans perdre leur temps à préparer des machines de siége, leur promettant au nom du ciel, que Dieu livrerait, le jour même, la ville entre leurs mains. Caput Malio, le consul génois, prit ensuite la parole, et seconda, par son éloquence guerrière, les exhortations prophétiques du

---

[1] *Andreœ Danduli Chron.* L. IX, c. 10, p. 256.

prélat pisan. Le peuple répondit à leurs discours par des acclamations enthousiastes. Le lendemain il monta à l'assaut avec courage, en appliquant aux murs les échelles navales ; le consul génois, l'épée à la main, gagna le premier le sommet du rempart, et s'y maintint seul pendant quelque temps contre les efforts de ses ennemis ; enfin ses compagnons d'armes le joignirent, les Musulmans furent renversés, et la ville fut prise et livrée au pillage. Le butin, selon l'usage antique des armées romaines, fut partagé par les consuls ; un quinzième fut mis à part pour les matelots restés à la garde des galères ; une autre portion fut réservée aux magistrats et aux officiers ; et le simple soldat reçut pour sa part quarante-huit sols d'argent (environ cent soixante-dix francs) et deux livres de poivre [1]. Après cette victoire signalée, les flottes républicaines remirent à la voile, pour retourner dans les ports de leur patrie [2].

Si les villes maritimes d'Italie rendirent de grands services aux croisés, elles leur demandèrent en retour des priviléges non moins considérables dans les nouvelles conquêtes. D'après un diplôme qui fut accordé, en 1130, aux Vénitiens, par Baudoin II, roi de Jérusalem, on leur assura dans chacune des villes du royaume latin un quartier indépendant où devaient se trouver une église, une place, un bain, un four et un moulin. Les officiers du revenu public ne pouvaient y pénétrer ni gêner en aucune manière leur commerce [3]. Les Vénitiens, dans leur quartier, restaient soumis aux lois de leur patrie, aux magistrats qu'ils élisaient eux-mêmes ; et ils formaient, au centre du royaume de Jérusalem, de petites colonies républicaines, alliées avec lui pour sa défense contre les ennemis communs, mais indépendantes de ses lois.

---

[1] Césarée était alors l'un des entrepôts des épiceries et du commerce de l'Inde. — [2] *Caffaro Ann. Genuens.* p. 248-253. — *Gesta triumphalia per Pisanos facta*, p. 100. *Chron. Pisan.* p. 168, T. VI, *Rer. Ital.* — [3] *Diploma ap. Muratori Antiq. Ital.* T. II., p. 919. Ce diplôme confirme des priviléges antérieurs, déjà accordés aux Vénitiens par Baudoin Ier et par la régence du royaume, durant la captivité de Baudoin II.

Les Pisans, dont le secours avait été plus efficace et peut-être plus désintéressé que celui des Vénitiens, obtinrent plus tôt qu'eux, de tous les princes latins d'Orient, des priviléges de même genre. Dès l'an 1108, le généreux Tancrède, le héros du Tasse, qui venait de succéder à la principauté d'Antioche, accorda aux Pisans un quartier dans les deux villes d'Antioche et de Laodicée, et l'usage des ports de ses états, à l'égal de ses propres sujets. Des chartes postérieures d'Amaury, en en 1169; de Beaudoin IV, en 1182, tous deux rois de Jérusalem; de Boémond III, prince d'Antioche, en 1170; de Raymond, comte de Tripoli, en 1187, confirmèrent et augmentèrent ces priviléges[1].

Cependant les relations multipliées des Vénitiens avec les croisés du royaume de Jérusalem, firent bientôt naître de la mésintelligence entre eux et les Grecs. Les croisés avaient porté en Orient le mépris qu'ont presque toujours les barbares pour les peuples policés. Ils bravaient les mœurs publiques, ils violaient les lois, ils offensaient la religion des Grecs par leur superstition et leur fanatisme; et dès que l'autorité publique entreprenait de réprimer leurs excès, ils en appelaient à leur épée, et versaient le sang des chrétiens qu'ils prétendaient secourir. Les Comnène, qui avaient les premiers sollicité l'appui des Occidentaux, et qu'on voulut rendre responsables de toutes les exactions des officiers subalternes, de toutes les fraudes des marchands leurs sujets, même des intempéries des saisons, furent de bonne heure obligés de se mettre en garde contre les Latins, et quelquefois de les combattre. Les Vénitiens, qui jusqu'alors, par leur conduite respectueuse, avaient laissé indécis s'ils étaient les alliés ou les vassaux de l'empire de Byzance, s'enorgueillirent de leurs succès; et, prenant à tâche d'imiter les croisés, leurs nouveaux

---

[1] Ces diplômes sont tous conservés par Muratori. T. II, p. 905 et suiv. *Antiq. Ital. med. œvi.*

alliés, ils renoncèrent tout à coup à leur ancien système de déférence et de respect. 1124. — Jean Comnène, surnommé Calojean, l'un des plus vaillants guerriers et des plus vertueux empereurs qui soient montés sur le trône de Byzance, donna l'ordre d'arrêter les vaisseaux vénitiens dans tous les ports de ses états, jusqu'à ce que la république eût satisfait aux plaintes qu'excitait la conduite de ses citoyens. Le doge Dominique Michiéli commandait alors une flotte qui venait de soumettre Tyr de la manière la plus glorieuse ; il la conduisit devant Rhodes, et, après avoir pris cette ville d'assaut, il la livra au pillage. 1125. — Il passa ensuite à Scio, dont il s'empara également, et où il fit hiverner sa flotte. Au printemps suivant il saccagea les îles de Samos, de Mytilène et d'Andros, avec non moins de cruauté [1]. Ces succès étaient faciles et peu glorieux : les Grecs, depuis l'affaiblissement des Sarrazins, n'avaient plus rien eu à craindre du côté de la mer ; aussi avaient-ils négligé la fortification de leurs îles, et en avaient-ils retiré les garnisons et les hommes en état de porter les armes pour les opposer aux Turcs sur le continent. La république de Venise a recueilli bien des lauriers sur le territoire de l'empire grec ; mais elle doit, plus qu'aucun des peuples croisés, se reprocher d'avoir occasionné sa chute. La nation grecque, il est vrai, corrompue par le long despotisme auquel elle avait été soumise, avait perdu depuis longtemps cette énergie, ce principe vital qui conserve les états, et qui lie les hommes à leur patrie. Cependant une heureuse chance avait porté sur le trône de Constantinople une famille valeureuse ; le goût des lettres était encouragé par les Comnène, aussi bien que celui des armes ; quelques notions d'honneur chevaleresque s'étaient répandues dans la nation : il paraissait même que les Grecs commençaient à puiser dans l'étude des anciens

---

[1] *Andreæ Danduli Chron.* L. IX, c. 12, p. 267.

l'amour de la patrie et celui de la liberté ; et, s'il est possible qu'une nation soit régénérée par ses maîtres, la nation grecque semblait être sur la voie de cette heureuse révolution : laissée à elle-même, ou modérément secourue, elle aurait enfin triomphé des Turcs, dont le fanatisme guerrier ne devait pas être durable. Les Latins, également dangereux comme amis et comme ennemis, ruinèrent les Grecs à leur passage; ils pillèrent leurs villes, dont ils massacrèrent les habitants; ils abattirent leurs murs et leurs forteresses : ils s'emparèrent de leur capitale; et, lorsqu'enfin ils quittèrent l'Orient en ennemis, ils laissèrent l'empire dans un tel état d'épuisement, que les Musulmans purent soumettre sans peine ce qui restait de chrétiens orientaux.

Cette première guerre des Vénitiens contre les Grecs ne fut pas de longue durée. Le doge Michiéli, en rentrant dans l'Adriatique, enleva aux Hongrois les villes de Spalatro et de Traù, qu'ils avaient conquises dans la Dalmatie ; puis il revint à Venise où il ne tarda pas à mourir [1]. La guerre qu'il avait portée dans la Grèce fut oubliée; et lorsque vingt ans plus tard Manuel Comnène fut attaqué par Roger, roi de Sicile, il recourut aux Vénitiens, et obtint d'eux qu'ils fissent en sa faveur une puissante diversion sur les terres de ses ennemis.

Tandis que les Vénitiens resserraient leurs liaisons avec les croisés du royaume de Jérusalem, qui avaient sans cesse besoin des secours des occidentaux, le zèle des Pisans contre les infidèles leur fit entreprendre de délivrer la mer Thyrrhénienne des brigandages des Musulmans. Un roi de Majorque, nommé Nazarédech, exerçait la piraterie sur toutes les côtes de France et d'Italie, où il répandait la terreur. On assurait que vingt mille chrétiens étaient retenus captifs dans ses pri-

---

[1] *Danduli Chronic.* Lib. IX, c. 12, p. 272.

sons. 1113. — Le jour de Pâques de l'an 1113, comme les habitants des campagnes voisines se réunissaient en foule à Pise, pour y recevoir la bénédiction épiscopale, l'archevêque Pierre leur présenta la croix à la porte du temple ; et, avec une mâle éloquence, il les exhorta, au nom du Dieu des chrétiens, à délivrer leurs frères qui gémissaient dans les prisons des infidèles, et qui chaque jour étaient exposés à renier leur foi. Quelques vieillards qui, dans leur première jeunesse, avaient pris part à l'expédition de Sardaigne et aux victoires sur les Sarrazins de Bona et d'Alméria, répondirent les premiers à la voix de leur prélat ; et, répétant le récit cent fois entendu de leurs exploits, ils exhortèrent la génération naissante à maintenir la gloire de Pise et à se couvrir de lauriers qui fissent oublier ceux qu'eux-mêmes avaient cueillis. L'enthousiasme dont ils étaient pleins se communiqua rapidement ; tous les jeunes gens prirent la croix : douze des principaux citoyens furent désignés, par les suffrages du peuple, pour être les chefs de l'expédition et pour en assurer le succès par des préparatifs de guerre et des alliances [1].

Le commencement de l'été fut consacré à construire la flotte et les machines de guerre qu'elle devait porter. Cependant, Rome d'une part et Lucques de l'autre, envoyèrent quelques secours, et un nonce du pape Pascal se rendit à Pise pour bénir l'expédition. La flotte mit à la voile au commencement du mois d'août, le jour même de Saint-Sixte, tandis que l'on célébrait l'anniversaire d'une victoire que les Pisans avaient remportée sur les Africains dans le siècle précédent. Les croisés se rendirent d'abord en Sardaigne, soit pour s'y procurer des informations, soit pour recevoir les secours des gentilshommes pisans qui avaient des fiefs dans cette île. Après quinze jours

---

[1] *Laurentii Vernensis Rerum a Pisanis in Majoricia gestar. Poema* T. VI, *Rer Ital*, p. 111. — *Bernard. Marangoni Chron. di Pisa*, p. 340.

de repos, ils se dirigèrent vers les îles Baléares ; mais dans un temps où les navigateurs n'étaient point guidés par la boussole, et où les cartes étaient très imparfaites, la navigation la plus courte n'était ni sans danger, ni sans difficulté. Les croisés, après avoir éprouvé une tempête, découvrirent une terre qu'ils attaquèrent aussitôt, ne doutant pas que ce ne fût l'île de Majorque. Ils se jetèrent sur les habitants des côtes ; ils les mirent en fuite, et leur enlevèrent quelques prisonniers. Bientôt cependant ils apprirent de ces derniers qu'ils avaient abordé sur les rivages de Catalogne, et que les paysans dont ils dévastaient les campagnes étaient des chrétiens. Alors, jetant leurs armes, ils s'assirent sur le bord de la mer et s'abandonnèrent au découragement, comme si les îles Baléares étaient introuvables pour eux [1]. Néanmoins leur séjour en Catalogne, où ils furent retenus longtemps par les vents, ne demeura pas sans utilité. Ils engagèrent dans la guerre sacrée Raimond, comte de Barcelone ; Guillaume, seigneur de Montpellier ; Emery, comte de Narbonne, et plusieurs autres seigneurs français et espagnols. Forcés ensuite par la mauvaise saison à remettre l'expédition jusqu'à l'année suivante, ils se retirèrent, satisfaits d'avoir aguerri leurs soldats et augmenté le nombre de leurs confédérés [2].

1114. — Au mois d'avril de l'an 1114, la flotte croisée aborda enfin à Iviça, et, après un combat sanglant, elle se rendit maîtresse de cette île. Elle passa ensuite à Majorque ; les Pisans entreprirent le siège de la ville du même nom, qui se défendit pendant une année. 1115. — Elle fut prise seulement vers les fêtes de Pâques de l'an 1115, malgré la résistance courageuse du roi sarrazin, et celle des nombreux alliés qu'il avait intéressés à sa défense. Ce roi fut tué ; son successeur, fait prisonnier, fut conduit à Pise, et des sommes im-

---

[1] *Laurentius Vernens. Poema.* L. I, p. 115. — [2] *Ibid.* L. II, p. 118.

menses, dépouilles de l'île soumise, furent portées en triomphe dans la même ville [1].

1118. — Les Pisans étaient à peine de retour de leur expédition contre les îles Baléares, lorsque le pape Gélase II, persécuté par Henri V et abandonnant Rome pour se réfugier en France, réclama leur protection et séjourna quelque temps dans leur ville. Ce pape était issu d'une maison illustre de Pise, celle des Caïétan ; et, soit reconnaissance pour les services des Pisans, soit amour pour sa patrie, il déclara les évêchés de Corse suffragants de l'église métropolitaine de Pise. Le prélat pisan portait bien le titre d'archevêque depuis l'année 1092 ; mais il paraît qu'à cette époque il n'y avait encore aucun évêché qui relevât de lui. La nouvelle dignité, conférée au métropolitain, devint un sujet de fête pour tout le peuple. Les consuls et les sénateurs conduisirent en pompe leur pasteur dans l'île de Corse, pour recevoir le serment d'obéissance et de fidélité des évêques, et pour consacrer leurs églises. Les rivaux de la République, et surtout les Génois, conçurent de cet événement une jalousie proportionnée à l'importance que les Pisans y avaient attachée [2].

1119. — L'année suivante, cette jalousie fit éclater la guerre entre les deux républiques. S'il faut en croire Caffaro, les Génois attaquèrent le port pisan avec quatre-vingts galères et quatre grands navires chargés de machines de guerre. Cette flotte portait vingt-deux mille hommes de troupes de débarquement, dont cinq mille étaient armés de cuirasses et de casques de fer [3]. Les Pisans ne parlent point de cet armement, qui paraîtra prodigieux si l'on considère qu'il fut mis en mer par une seule ville. L'une et l'autre nation s'attribua l'avantage de la première campagne ; et pendant les quatorze années

---

[1] *Laurent. Vernens.* L. IV et seq. p. 129. — [2] *Gesta triumphalia Pisan.* T. VI, p. 105. — *Bernar. Marangoni Chron. di Pisa,* p. 362. — [3] *Caffari Annales Genuens.* L. p. 254.

que continua la guerre, les succès furent balancés de manière à augmenter sans cesse l'émulation des deux peuples et à ne satisfaire jamais leur espoir. Beaucoup de vaisseaux furent pris de part et d'autre, brûlés ou coulés à fond ; beaucoup de villages et de châteaux situés sur les côtes furent pillés et incendiés ; beaucoup de braves citoyens périrent dans des combats sans cesse renaissants ; et cependant, loin que la population diminuât ou que le trésor public s'épuisât, jamais le commerce des deux nations n'avait eu plus d'étendue, et leur marine plus d'activité.

Enfin, en 1133, le pape Innocent II, qui s'était réfugié à Pise, s'interposa pour rétablir la paix entre les deux républiques, qui toutes deux lui avaient envoyé des secours contre l'antipape Anaclet. Comme la nouvelle dignité accordée à l'archevêque de Pise avait été la cause de la jalousie des Génois, le pape éleva leur évêque au même rang ; l'église de Gênes fut soustraite au métropolitain de Milan, et érigée en archevêché ; deux nouveaux évêchés, dans les deux côtes nommées Rivières, lui furent subordonnés ; ceux de la Sardaigne furent soumis à l'église de Pise, et ceux de l'île de Corse furent partagés entre les deux prélats [1].

Durant cette longue guerre, et peut-être déjà auparavant, les feudataires de la république pisane en Sardaigne avaient tout à fait secoué son joug, et s'étaient érigés en petits souverains. Quelques-uns d'entre eux, et particulièrement les seigneurs de Cagliari, Sassari, Logodoro et Arboréa, prirent quelquefois même, peu après, le titre de rois : d'autres, tels que les Visconti de Gallura, et les Sismondi d'Oléastro, sans rechercher de nouvelles dignités, n'en aspirèrent pas moins à l'indépendance [2]. Ces derniers, à peu près vers ce temps-là,

---

[1] *Baronius Annal. eccles. ad ann.* 1132, § 6. — *Ubertus Folieta hist. Genuens.* L. I, p. 249. — [2] C'est alors sans doute qu'ils prirent pour armes celles de leurs fiefs au lieu de celles de la famille ; les Visconti abaissèrent les leurs (parti de gueules et argent) sous

contractèrent alliance avec la république de Gênes, et obtinrent d'elle le droit de cité. Une branche de la famille Sismondi, mettant en oubli les devoirs de citoyens et les liens sacrés qui l'attachaient à Pise, s'établit dans la ville ennemie de Gênes. De cette branche sortirent Sismondi *Muscula*, consul des plaidoyers, en 1146 [1], et Corso Sismondi, consul de la communauté, et ambassadeur des Génois auprès de Frédéric, en 1164 [2]. Mais à la même époque, une autre branche de la même famille était restée fidèle à son ancienne patrie : elle contribua même, par une acquisition importante, à fermer le territoire pisan aux étrangers, et à délivrer les ports de la république d'une rivalité dangereuse. La Corse était gouvernée au nom de l'Empire, par un marquis, nommé Albert, qui s'y était rendu indépendant ; ce même Albert possédait un tiers du château de Livourne, dont le port n'avait pas encore été agrandi et fortifié par les travaux des architectes ; mais dès lors ce port avait la plus haute importance, soit à cause du voisinage du port pisan, soit à cause de sa situation au milieu du territoire de la république, entre la capitale et les vallées sujettes de la Maremme. L'année 1146, ce fief fut transmis, avec toutes ses redevances et appartenances, par le marquis Albert, aux deux frères Sismondi, selon la charte que conservent encore les archives de Pise, et que Muratori a fait imprimer [3].

Le territoire de Pise s'étendait de Lérici à Piombino, le long de la mer : toute cette contrée ne dépendait pas immédiatement de la république ; mais les petites villes et les châteaux situés sur les deux rivages, Lérici, Viareggio, Massa, Piombino et Grosséto, s'étaient mis sous la protection d'une

---

le coq de sable de Gallura, et les Sismondi partirent les leurs (argent, trois fasces de gueules) d'Oléastro, gueules, six olives d'argent croisetées.— [1] *Caffaro Annales Genuens.* L. I, p. 261. — [2] *Obertus cancellarius Ann. Genuens.* L. II, p. 292. — [3] *Antiq. Ital. med. œvi.* T. III, *Dissert.* LXIV, p. 1161.

cité plus puissante. Ces petites communautés libres, mais faibles, avaient consenti à faire marcher leurs milices sous les étendards de Pise, et à se soumettre aux décisions de ses consuls, au lieu de recourir aux armes, lorsqu'elles auraient entre elles quelques différends. De la même manière, les Génois avaient soumis à l'autorité de leur république, non seulement la Polsévéra, et les vallées qui entourent leur cité, mais encore toutes les petites villes des deux Rivières, Lavagna, Ventimiglia, Savona, Albenga [1]. Les uns et les autres tenaient ces bourgades à peu près dans la même dépendance à laquelle le peuple romain avait réduit ses alliés du Latium.

Les trois républiques maritimes se trouvaient donc, avant le milieu du XIIe siècle à la tête de trois petites confédérations, formées: pour les Vénitiens, des villes libres de l'Illyrie ; pour les Pisans, de celles des Maremmes ; et pour les Génois, de celles des Rivières. Toutes trois s'étaient assuré une telle prépondérance sur des alliés qu'elles s'étaient acquis presque par la force, qu'elles les considéraient déjà comme leurs sujets. Cependant les restes d'une constitution libre dans les petites villes secondèrent l'énergie des grandes cités, et contribuèrent à étendre leur puissance et à rendre durables leurs succès.

De ces trois confédérations, celle qu'avaient formée les Pisans prospérait moins que les autres; ils n'avaient pu étendre leur protection et leurs alliances que du côté de la Maremme [2], province fertile, mais malsaine, qui, par l'influence de la liberté, avait été rendue à la culture, mais qui ne pouvait jamais parvenir à une population très nombreuse, ni fournir à la république des soldats robustes et des marins expérimentés.

---

[1] *Caffaro Annal. Genuens.* L. I, p. 259. — [2] Le nom de Maremme, contracté du latin *maritima*, se donne à toute la partie de la Toscane située le long de la mer, depuis le pied des Alpes liguriennes jusqu'au Serchio, et depuis la Cécina jusqu'à l'état de l'Église. Tout ce pays est très malsain; mais il n'est pas tout marécageux ; il contient au contraire beaucoup de collines, souvent dépourvues d'eau.

De deux autres côtés et dans l'intérieur des terres, l'état pisan était resserré par celui de Lucques et celui de Florence; et ces deux villes étaient assez puissantes pour mettre obstacle à tout projet d'agrandissement. Lucques fut la première des deux à donner de la consistance à son gouvernement, et à réduire sous sa dépendance les vallées voisines; aussi, dès le XIe siècle, cette ville avait-elle été en guerre avec Pise. Florence au contraire était, à cette époque, alliée des Pisans; et Giovanni Villani, historien des Florentins, prétend même que ses compatriotes vinrent garder Pise, tandis que les Pisans étaient occupés à une expédition maritime. Il ajoute que les Florentins établirent leur camp à deux milles de cette ville pour le protéger contre les Lucquois, et qu'en même temps ils défendirent, sous peine de mort, à leurs propres soldats d'y entrer, de peur que les vieillards et les femmes, restés seuls à la garde des murs, n'eussent le plus léger sujet de se plaindre de la bonne foi de leurs alliés [1].

Ce fut après la pacification de Pise et de Gênes, en 1133, que les Pisans, pour complaire au pape Innocent et à l'empereur Lothaire, envoyèrent leur flotte dans le royaume de Naples, contre le roi Roger et l'antipape Anaclet. Nous avons déjà rendu compte, dans le précédent chapitre, de cette expédition glorieuse, signalée par la découverte des Pandectes et la ruine d'Amalfi.

[1] *Giov. Villani stor. Fior.* Lib. IV, c. 30, T. XIII, p. 123.

CHAPITRE VI.

Affranchissement de toutes les villes italiennes avant le xiiᵉ siècle.

Nous avons conduit l'histoire de l'Empire et celle de l'Église jusqu'au commencement du xiiᵉ siècle : nous avons repris ensuite, et séparément, l'histoire des républiques qui ont existé avant cette époque, et nous avons fait connaître, autant du moins que le permet l'obscurité de ces premiers siècles, les révolutions de Rome, de Naples, d'Amalfi, de Venise, de Pise et de Gênes. Mais, au xiiᵉ siècle, toutes les villes d'Italie furent libres : dès le prochain chapitre, nous les verrons toutes animées d'une même vie, également accoutumées à déployer toutes les vertus républicaines, également dignes de l'indépendance à laquelle elles étaient toutes parvenues. Les révolutions de l'Italie, dont nous avons tracé une esquisse, et les développements qu'elles avaient donnés au caractère national, nous ont préparés à voir s'opérer l'affranchissement des cités ; mais cette dernière révolution se dérobe en quelque sorte à nos regards. La naissance du gouvernement républicain, et ses progrès, auraient sans doute présenté un spectacle piquant, instructif, varié, si le temps ne nous en eût pas dérobé les détails ; mais nous pouvons à peine soulever le voile qui couvrira toujours cette première époque de l'histoire des villes libres. L'Italie septentrionale n'a eu presque aucun historien dans le xe et le xie siècle. Pour faire connaître les démêlés des Henri avec le Saint-Siége, nous avons été obligés de recourir aux narrations des Allemands, beaucoup plus complètes et plus détaillées, à cette époque, que celles des Italiens. Si des événements d'une si haute importance, et qui devaient, dans le temps, exciter un si vif intérêt, n'ont pas trouvé des écrivains qui nous en conservassent la mémoire, il n'est pas étrange que l'établissement et les progrès de municipalités obscures, qui cherchaient à soustraire à tous les yeux l'indépendance qu'elles acquéraient, n'aient été consignés dans aucune histoire. Les bourgeois ne recouvraient leur liberté qu'en s'appropriant lentement les prérogatives des princes; ils combattaient les abus avec les mêmes armes avec lesquelles les abus avaient été introduits : ils usurpaient la liberté comme on a vu souvent les seigneurs usurper la tyrannie; et tandis qu'ils cherchaient à dérober la connaissance de leurs succès aux princes intéressés à leur servitude, ils l'ont en même temps dérobée à la postérité. De nouveaux priviléges étaient introduits en silence, toujours à l'aide du temps; et avant qu'ils fussent contestés, on était toujours en droit d'invoquer à leur appui l'usage constant de plusieurs générations.

Quand les villes eurent acquis plus d'importance, elles commencèrent à désirer aussi plus de célébrité, et elles eurent des historiens qui s'efforcèrent de répandre quelque lumière sur leur première origine; quelquefois même ils essayèrent de l'anoblir, en accréditant des traditions fabuleuses. Les écrits de ces historiens sont d'autant plus arides, qu'eux-mêmes ont vécu dans un temps plus reculé; et les chroniques du xiie et du xiiie siècle, qui, au défaut d'écrivains contemporains, mériteraient le plus de confiance lorsqu'elles reprennent l'histoire dès le xe siècle, se contentent d'indiquer à chaque année la mort d'un évêque ou d'un saint, la construction d'un temple, ou l'irruption d'un peuple barbare. Une phrase leur suffit pour chaque événement; et cette phrase est insignifiante, de même que le fait isolé est par lui-même peu important.

A l'aide des historiens étrangers, et surtout des monuments tirés des archives des couvents ou des familles, les érudits du dernier siècle sont parvenus cependant en général à écrire l'histoire de leur ville pendant le xe et le xie siècle, d'une manière qui satisfait la curiosité de leurs compatriotes et surtout la vanité de leurs nobles; ils ont fourni à ces derniers des preuves, si ce n'est des exploits de leurs ancêtres, du moins de leur existence : mais une pareille histoire, hors des murs de chaque ville, ne présente presque aucun intérêt. De plus, elle est en quelque sorte intermittente, si une pareille expression peut être permise : les événements qui nous sont connus avec quelque détail, et qui indiquent le progrès des forces ou de l'esprit d'indépendance d'un petit peuple, ne se présentent que de loin à loin, et ils sont séparés par de longs intervalles, pendant lesquels nous ne trouvons rien qui mérite de fixer notre attention. Renonçant donc à des détails qu'il faut abandonner aux historiens de chaque ville, nous nous contenterons d'indiquer par des traits généraux ce qui appartient à toutes les cités de la Lombardie, de la Vénétie et de la Toscane ; savoir : les premiers rudiments d'une constitution républicaine dans l'établissement de leurs municipalités, la première acquisition du droit de guerre et de paix, la première impulsion donnée à leur industrie et à leur commerce, leurs premiers démêlés avec la noblesse, et la première admission dans les républiques nouvelles de cet ordre étranger, qui communiqua une partie de son lustre à la bourgeoisie, à laquelle il s'associait, et qui procura aux villes plus de considération dans les assemblées de l'Empire.

Le premier droit dont l'acquisition achemina les cités à devenir indépendantes, fut, comme nous l'avons dit ailleurs, celui de s'entourer de murailles, droit qu'elles sollicitèrent dans le ixe et le commencement du xe siècle, pour se défendre contre les brigandages des Hongrois et des Sarrazins. Les Germains et les Scythes avaient une extrême aversion pour les villes fermées; l'enceinte de leurs murs leur paraissait une prison. Dans tous les pays qu'ils avaient conquis, ils avaient rasé les fortifications des cités, qui devaient se trouver heureuses lorsqu'ils n'incendiaient pas aussi les maisons et ne massacraient ou ne dispersaient pas les habitants. Ainsi toutes les fortifications des villes furent détruites dans le royaume des Lombards, et il ne fut point permis d'en élever de nouvelles, sans le consentement exprès du roi, auquel appartenait le soin de la défense du royaume.

De là vint sans doute que, dans des temps postérieurs, les villes, ouvertes et ruinées par les incursions des barbares, furent obligées de recourir à leur monarque, pour obtenir la permission de se défendre. Ce fut toujours en vertu d'une charte des rois ou des empereurs, qu'elles relevèrent leurs murailles; et ces chartes, accordées d'abord avec réserve, se multiplièrent dans le ixe et le xe siècle, de manière qu'il n'y eut bientôt plus, non seulement de ville, mais presque de monastère, de village ou de château, qui n'eût acquis, par un diplôme impérial, le droit de se fortifier [1].

Les villes commencèrent à recouvrer le sentiment de leur importance, lorsqu'elles purent se défendre par elles-mêmes. Dès qu'elles formèrent des corps politiques, ce devint la principale étude de chacun de leurs bourgeois d'augmenter les priviléges de ces corps. Cependant, jusqu'au règne d'O-

---

[1] Plusieurs diplômes contenant ce privilége sont imprimés dans les antiquités de Muratori; deux entre autres de Bérenger Ier, en 911 et 912. T. II, p. 467 et 469.

thon-le-Grand, malgré l'avantage qu'elles retiraient déjà de leurs fortifications, les villes, abandonnées par la noblesse, qui aurait pu jeter du lustre sur elles, furent appauvries par les contributions fréquentes que leur imposaient les barbares, et plus appauvries encore par les désordres de l'anarchie ou d'un mauvais gouvernement. Aucun citoyen ne pouvait s'y distinguer, par les lettres, qu'on avait absolument négligées; par la naissance, qui, chez les bourgeois, n'avait point encore d'illustration; par la fortune, que les nobles seuls possédaient; par le commerce, qui était presque nul; par les talents militaires, enfin, et la bravoure que des citadins n'avaient aucune occasion d'exercer : aussi les villes sont-elles, à cette époque, enveloppées d'une obscurité profonde.

Ce fut, comme nous l'avons dit, pendant le règne d'Othon Ier, et avec sa protection, que la plupart des villes se donnèrent un gouvernement municipal, fondé sur la confiance et l'élection du peuple. Elles avaient eu de tout temps des magistrats populaires, appelés *schultheiss* par les lois des Lombards, et échevins par celles des Francs; c'étaient eux qui formaient le conseil du comte de la ville, et qui représentaient la bourgeoisie : mais lorsque Othon Ier permit aux habitants des villes d'avoir une administration plus libre, ils rejetèrent ces institutions septentrionales, et cherchèrent à se constituer sur le modèle de la république romaine ou de ses colonies, autant du moins qu'ils pouvaient y réussir, d'après leur connaissance imparfaite de l'histoire [1].

A la tête de leur administration, toutes les villes placèrent d'abord deux consuls annuels, élus par les suffrages du peuple. Leur première et leur plus importante fonction de-

---

[1] *Muratori antiq. Ital. Dissert. XLV et XLVI.* T. IV.— *Cherubino Ghirardacci storia di Bologna.* Lib. II, p. 37. Bologna, 1596, 2 vol. p. fol. — *Carolus Sigonius de Regno Ital.* L. VII.

vait être celle de dispenser la justice à leurs concitoyens ; car la division des pouvoirs et l'indépendance de l'ordre judiciaire, auxquelles les progrès des lumières ont fait attacher une haute importance dans les grands états, n'ont jamais été connues ou suffisamment appréciées par les petites républiques. Juger est la fonction la plus importante du gouvernement d'un petit peuple : celui-ci a peu de lois, et les change rarement ; peu de dépenses, et peu d'emplois à distribuer. Son premier besoin, en reconnaissant des chefs, n'a pas été de leur confier un pouvoir législatif ou exécutif qu'il exerce par lui-même ; mais de leur faire réprimer les désordres, punir les crimes, et terminer les différends des citoyens.

Les fonctions de général étaient toujours unies, dans le moyen âge, à celles de juge. Ceux qui troublaient l'état au dehors par leurs agressions, ou au dedans par leurs crimes, étaient considérés comme également ennemis de la société ; le même chef était chargé de diriger la force publique contre les uns et contre les autres. De même que les ducs et ensuite les comtes de chaque ville avaient été ses généraux et ses juges, les consuls annuels qui leur succédèrent, réunirent aussi ces deux fonctions. Lorsque le roi ou l'empereur convoquaient l'*host*, et que les milices de chaque ville recevaient l'ordre de suivre leur monarque dans une expédition, ou bien lorsque, d'après le droit féodal, la ville vengeait une offense particulière par une guerre privée, les consuls marchaient à la tête de leurs concitoyens, et les commandaient dans les camps.

Une autre fonction des consuls, c'était de convoquer et de présider les conseils de la république. Ordinairement il y en avait deux dans chaque ville, outre le conseil général ou de tout le peuple. L'un était peu nombreux, et plus immédiatement destiné à seconder les consuls dans les fonctions que l'on croyait trop importantes pour les confier à des magistrats. On appelait ce corps le conseil de *credenza,* c'est-à-dire, conseil de confiance, ou conseil secret : il était chargé de l'administration des finances de la ville, de la surveillance sur les consuls, et de toutes les relations extérieures de l'état. Un autre corps, composé de cent conseillers ou davantage, était désigné, dans différentes villes, par les noms de sénat, de grand conseil, de conseil spécial, ou de conseil du peuple. C'était dans le sénat que l'on préparait les arrêtés, qui devaient être soumis ensuite aux délibérations du peuple, dont l'assemblée générale, convoquée au son de la grosse cloche, se faisait sur la place publique, et était nommée le parlement. L'assemblée du peuple était souveraine, et les magistrats la consultaient dans les occasions les plus importantes; mais, presque dans toutes les villes, la loi ne permettait pas qu'on portât une délibération à l'assemblée du peuple, avant que le conseil de crédenza et le sénat eussent donné leur assentiment au projet proposé [1].

Les villes étaient divisées en quatre ou en six quartiers, qui prenaient ordinairement leur nom de la porte la plus prochaine, parce que les habitants du quartier étaient plus particulièrement chargés de la défense de cette porte et de la muraille attenante. Cette division était en même temps civile et militaire. Plusieurs villes, au bout de peu d'années, augmentèrent le nombre de leurs consuls, afin que chaque quartier en pût élire un; alors il devait être choisi parmi les citoyens habitant ce quartier. L'élection du conseil de crédenza et du sénat était répartie de la même manière entre les quartiers, en sorte qu'il y avait dans la constitution des villes un mélange du système représentatif.

Les quartiers formaient aussi des corps militaires, avec des étendards différents. Chaque quartier choisissait parmi

---

[1] *Antiquit, Italicœ.* T. IV. *Dissert,* XLV et XLVI,

ses plus riches citoyens, et lorsque les nobles eurent commencé à se faire affilier aux républiques, chaque quartier choisissait, parmi ses nobles, une ou deux compagnies de cavaliers armés de pied en cap. Le même quartier formait ensuite deux autres corps d'élite, dont chacun était du double plus nombreux que le précédent; c'étaient les arbalétriers et l'infanterie pesante. Cette dernière était armée du *pavois*, espèce de bouclier, de la *cervellière* ou coiffe de fer, et de la lance. Les autres citoyens, également divisés par compagnies, et n'ayant pour armes que leurs épées, étaient obligés de se rendre sur la place d'armes de leur quartier, toutes les fois que le tocsin sonnait. Aucun homme, depuis l'âge de dix-huit ans jusqu'à celui de soixante-dix, n'était dispensé de ce devoir. Les consuls commandaient les armées, et sous leurs ordres ils avaient le capitaine du quartier, son gonfalonier ou porte-étendard, et le capitaine de chaque compagnie. D'ailleurs, on ne connaissait point cette foule d'officiers et de sous-officiers que la discipline moderne a introduite. L'ordre était de combattre; la seule règle, de ne pas s'écarter du gonfalon, qu'on avait toujours en vue. Chaque soldat, pour le reste de sa conduite, était abandonné à sa propre impulsion; tandis que, de nos jours, il fait partie d'une machine compliquée, dont les mouvements sont dirigés par une intelligence supérieure, et que chaque individu, réduit à n'agir que comme un rouage de cette grande machine, ignore le but de sa propre action [1].

Comme les villes avaient été érigées en corporations pour les mettre en état de se défendre, la même charte qui leur avait permis de se fortifier, leur avait aussi permis d'organiser leurs milices. Mais ce ne fut pas seulement pour les guerres publiques de l'Empire qu'elles firent usage de cet

---

[1] *Antiquit. Ital. med. œvi. Dissert. XXVI. T. II.*

établissement militaire, elles reclamèrent pour elles-mêmes le droit dont les comtes, les marquis, les prélats, et même les seigneurs de châteaux étaient en possession, le droit de venger par leurs propres armes leurs propres injures. Dans le système féodal, les tribunaux ne terminaient les différends que par une espèce d'arbitrage. Lorsque l'offense était reconnue, ils déterminaient quelle était la compensation légale, moyennant laquelle les deux partis devaient renoncer à leur haine, à leur *faida;* mais ils ne les forçaient pas même à donner ou à recevoir cette compensation. Lorsque le droit était douteux, ils invitaient à terminer la querelle par un duel, parce que le jugement de Dieu s'y manifesterait aussi bien que dans une guerre soutenue par les forces des deux parties, et que l'effusion de sang serait moins longue et le dommage moins général. Mais toute la législation était fondée sur le droit de défense naturelle, et sur celui de se faire justice à soi-même; chaque membre de l'Empire était autorisé à récuser un juge partial, et à en appeler à son bon droit et à son épée[1]. Les premières guerres que les villes soutinrent, ou les unes contre les autres, ou contre les marquis et les comtes qui voulaient les opprimer, ne furent donc point considérées comme des actes de rébellion, mais comme des actes légitimes de justice ou de défense naturelle, des actes conformes au droit des autres membres de l'Empire.

La rivalité entre des villes égales en puissance, et jalouses de leur grandeur ou de leur population respective, envenima ces guerres privées, et leur donna un caractère plus national et moins juridique. Les deux métropoles de la Lombardie furent les premières cités qui s'abandonnèrent à cette haine de voisinage. Les rois du moyen âge n'avaient pas de capitale proprement dite; ils résidaient ordinairement dans

---

[1] *Voyez* Montesquieu, *Esprit des Lois,* entre autres Liv. XXVIII.

leurs châteaux, ou bien ils visitaient tour à tour toutes les villes de leurs états. Cependant Pavie et Milan se disputaient la primauté entre les cités italiennes. Pavie avait été la résidence favorite des plus illustres rois lombards; c'est là qu'était bâti le plus beau de leurs palais. Pavie, également éloignée des Alpes suisses et liguriennes, et maîtresse du passage du Tésin, commandait les deux plaines qui s'étendent à la droite et la gauche du Pô. Maîtresse également de la navigation de ce fleuve, ses barques pouvaient le descendre jusqu'à l'Adriatique, où il termine sa course, ou bien remonter les rivières qui s'y jettent, jusqu'aux lacs dont il reçoit les eaux. Pavie, au milieu des terres de la Lombardie, était comme la clef de tous ses fleuves : son territoire, formé de leurs plus riches dépôts et arrosé de leurs ondes, ne le cédait à aucun autre en fertilité [1]. Profitant de tous ces avantages, Pavie s'était accrue en étendue et en population : elle n'égalait pas cependant Milan en richesse ou en jouissance; soit que l'exemple et le long séjour d'une cour eussent corrompu son énergie, soit que l'air épais qu'on y respire, et les brouillards qui la couvrent presque sans cesse, rendissent les habitants moins propres à la carrière de l'ambition et des succès.

Milan, ancienne capitale des Insubres, et de toute la Gaule cisalpine, avait été la résidence de quelques-uns des derniers empereurs romains d'Occident; c'était le premier et le plus ancien archevêché de toute la Lombardie. L'air de cette ville est salubre; la campagne qui l'entoure est fertile : cependant, comme dans sa position aucun avantage exclusif ne paraît devoir lui assurer une supériorité sur toutes les autres cités de la Lombardie, telle que celle dont elle a toujours joui, il faut que sa grandeur et sa population se fus-

---

[1] *Anonymi Ticinensis de laudibus Papiæ commentarius.* Rer. Ital. T. X, p. 1. — *Bernardi Sacci Patritii Papiensis, hist. Ticinensis L. II; apud Grævium.* T. III, p. 603.

sent conservées au travers des siècles barbares, dès les temps de l'empire d'Occident, et comme un héritage des Romains. Les Milanais, au commencement du XIe siècle, plus riches, plus puissants et plus belliqueux que les Pavesans, ne pouvaient permettre que ceux-ci regardassent leur ville comme la première du royaume. C'est à l'occasion de la double élection de Henri II et d'Ardoin, pour occuper le trône laissé vacant par la mort d'Othon III, que ces deux capitales s'abandonnèrent pour la première fois à leur jalousie, et attirèrent, par leur rivalité, les premiers regards de l'histoire.

Après que les guerres entre ces deux villes eurent exercé pendant assez longtemps leurs milices et qu'elles eurent réveillé dans leurs citoyens, avec l'amour de la patrie, le sentiment de leur indépendance et la confiance dans leurs propres forces, les Milanais, excités par leur archevêque, et croyant soutenir avec leurs droits nationaux la cause de l'Église, osèrent lutter contre un ennemi plus puissant. Nous avons parlé, dans un précédent chapitre, de leur guerre avec l'empereur Conrad-le-Salique. Ce fut pendant cette guerre que leur archevêque Éribert compléta leur système militaire, par une invention que toutes les villes d'Italie adoptèrent presque immédiatement. Il mit à la tête de leurs armées, à l'imitation de l'arche d'alliance des tribus d'Israël, un étendard d'un genre particulier, qu'il nomma le *carroccio*.

Le carroccio était un char porté sur quatre roues, et traîné par quatre paires de bœufs. Il était peint en rouge ; les bœufs qui le traînaient étaient couverts jusqu'aux pieds de tapis rouges : une antenne également peinte en rouge s'élevait du milieu du char à une très grande hauteur ; elle était terminée par un globe doré. Au-dessus, entre deux voiles blanches, flottait l'étendard de la commune : plus bas encore, et vers le milieu de l'antenne, un Christ, placé sur la croix, les bras étendus, semblait bénir l'armée. Une espèce de plate-forme était réservée, sur le devant du char, à quelques-uns des plus vaillants soldats destinés à le défendre ; derrière, une autre plate-forme était occupée par les musiciens avec leurs trompettes. Les saints offices étaient célébrés sur le carroccio avant qu'il sortît de la ville, et souvent un chapelain lui était attaché, et l'accompagnait sur le champ de bataille. La perte du carroccio était considérée comme la plus grande ignominie à laquelle une cité pût être exposée : aussi tout ce que chaque ville avait de valeureux soldats, tout le nerf de l'armée était-il choisi pour former la garde du char sacré, et tous les coups décisifs se portaient-ils autour de lui [1].

Il fallait rendre redoutable l'infanterie des villes, et relever son importance, en l'opposant à la cavalerie des gentilshommes; il fallait lui donner de l'aplomb, du poids et de la confiance en elle-même; l'introduction du carroccio dans les armées fut un coup de maître pour atteindre ce but. On ne devait point attendre de rapidité dans les évolutions d'une troupe dont les mouvements étaient subordonnés à ceux d'un char pesant, trainé par des bœufs ; la retraite devait être lente et mesurée ; la fuite, à moins d'être honteuse, devenait impossible : les manœuvres de la cavalerie se trouvaient subordonnées à celles de l'infanterie ; les milices s'accoutumaient à recevoir la charge de la première sans s'ébranler ; mais leur choc à elles-mêmes devait être d'autant plus formidable qu'il était plus uniforme et mieux dirigé vers un seul point. Il n'est pas hors de propos de remarquer que les bœufs ont, en Italie, une allure bien plus légère et bien plus prompte qu'en France ; en sorte que leur marche s'accorde mieux avec celle de l'infanterie.

L'époque de l'invention du carroccio est aussi celle de la

---

[1] *Arnulphus Mediol.* L. II, c. 16, p. 18, T. IV. — *Ricordano Malaspina hist. Flor.* cap. 164, T. VIII, p. 987. — *Burchardus Epistola de excidio urbis Mediolanens.* T. VI. *Rer. It.* p. 917. — On en peut voir un bon dessin dans *Ludovicus Cavitellius Ann. Cremonenses.* T. III, *Grævii*, p. 1289.

première brouillerie éclatante entre les nobles et le peuple. Ce fut encore, et nous l'avons raconté ailleurs, l'archevêque Éribert qui l'excita en abusant de son droit de suzeraineté sur les gentilshommes qui relevaient de la mense archiépiscopale de Milan. La jalousie que le peuple manifesta dans cette occasion contre les nobles nous indique assez que dès lors les villes n'étaient plus peuplées seulement d'artisans timides et pauvres, mais que les plébéiens avaient ce sentiment de fierté et d'indépendance que leur inspirait l'accroissement de leur richesse et de leur instruction. Les citoyens sentaient que les nobles ne possédaient plus à eux seuls toute la fortune de l'état; qu'ils ne pouvaient plus, à leur gré, accorder ou refuser la substance aux classes inférieures de la nation, que leur éducation ne les rendait pas plus propres que les bourgeois au gouvernement des peuples, et que les changements opérés dans l'état, par l'introduction du commerce, par l'éducation plus soignée des bourgeois et par l'ignorance des gentilshommes, avaient ramené les deux classes à une égalité de droits.

Chez les peuples les plus opprimés et les plus barbares, le commerce ne peut jamais être entièrement étouffé : l'homme cherchera toujours à pourvoir à ses besoins par des échanges; et ceux qui se chargeront de faciliter ces échanges y trouveront toujours leur avantage. Mais comme jusqu'au xe siècle les républiques de Venise, de Naples et d'Amalfi jouissaient seules d'un gouvernement libre, protecteur et vivifiant, elles avaient les premières développé cet esprit d'entreprise qui multiplie les échanges, et elles faisaient seules tout le commerce de leurs voisins. Les Vénitiens étaient les courtiers des deux empires : accueillis avec faveur par les Grecs, ils portaient aux Occidentaux les produits des manufactures qui florissaient à Constantinople et dans la Morée, comme aussi les marchandises des Indes, qu'ils allaient acheter indifféremment soit chez les Grecs, soit chez les Musulmans. Ils remontaient ensuite avec leurs bateaux légers les fleuves de l'Italie ; ils vendaient aux villes bâties le long de leurs rives des tapis et des étoffes de l'Asie, ou des épiceries de l'Inde, et surtout du sel de leurs salines, qu'ils étaient en possession de fournir exclusivement à tous les Lombards. Ils recevaient, en retour, des blés, des cuirs, des laines, et toutes les productions brutes de la terre : chez eux ils cultivaient aussi les arts mécaniques, et la première fonderie de cloches fut établie dans leur ville. Ils introduisirent ensuite l'usage des cloches, aussi bien dans la Grèce que dans l'Occident, lorsqu'ils en firent des présents aux empereurs de Constantinople et aux monarques d'Europe [1]. Liutprand l'historien, qui fut envoyé par Othon-le-Grand en ambassade auprès de l'empereur Nicéphore Phocas, à Constantinople, ne vit, dans le luxe de cette capitale du monde, rien qui l'étonnât ou qui fût nouveau pour lui : les magasins de Venise, à ce qu'il dit aux Grecs eux-mêmes, lui avaient déjà fait connaître toutes ces richesses [2].

La nature du commerce des Vénitiens dans le xe siècle, et sa prospérité même, indiquent le peu d'industrie des autres villes, et leur pauvreté. Ce commerce n'enrichissait ses agents que par l'espèce de monopole qu'ils exerçaient contre leurs chalands : il n'était point fondé sur la multiplication des productions et des besoins ; il était pauvre, au contraire, et limité à un petit nombre d'objets. Les profits seuls en étaient considérables. Ce commerce encore était inégal : les Vénitiens fournissaient tous les produits des manufactures, toutes les marchandises de luxe ; et ils ne recevaient en retour que des matières brutes ou de l'argent. La balance du commerce, selon le système de ceux qui prétendent aujourd'hui le favoriser en l'accablant d'entraves, était donc

---

[1] *Voyez* le comte Marsigli, *Ricerche storico-critiche sull' opportunità della Laguna Veneta pel commercio; sull' arti e sulla marina di questo Stato.* 1 vol in-8°, 1803. —
[2] *Liutprandus de Legatione*, p. 487.

toute en faveur des Vénitiens, et toujours contraire aux Lombards. Mais le commerce chez ceux-ci était absolument libre ; et telle fut l'influence de la liberté, tels furent pour les Lombards les avantages de cette balance prétendue défavorable, qu'en moins d'un siècle ils accumulèrent des capitaux, et rivalisèrent avec l'industrie de leurs correspondants ; que leurs villes se remplirent d'ateliers, de manufactures, et que le commerce le plus prospère, triomphant des désavantages d'une situation méditerranée, vint animer tous leurs marchés.

La langue italienne naquit ou se développa en même temps que le commerce des villes, c'est-à-dire dans le XIIe siècle seulement ; et son adoption complète contribua aussi à rapprocher les distances qui séparaient les diverses classes de la société.

Il est assez étrange qu'il ne nous reste pas un seul monument du langage que parlait le peuple en Italie jusqu'à la fin du Xe siècle. Le savant Muratori a fouillé, avec une patience infatigable, toutes les anciennes archives, tous les dépôts d'anciens papiers de famille ou de communauté, sans qu'il lui ait été possible de découvrir un seul écrit dans ce langage qu'on appelait *vulgaire,* par opposition au latin, réservé pour les savants, au *roman* qu'on parlait dans les Gaules, et au *tudesque* qu'employaient les peuples venus du Nord. Cependant, il semble que la langue *vulgaire* aurait dû être non seulement celle de la conversation, mais encore celle des lettres familières et du commerce. Il paraît que, jusqu'au XIIe siècle, les Italiens n'avaient pas soupçonné que leur patois fût susceptible de s'écrire. C'est ainsi qu'encore aujourd'hui on ne trouverait peut-être aucun acte, aucune lettre, écrits dans le patois limousin, picard, normand, plutôt qu'en français, ou dans les dialectes bolonais et génois, plutôt qu'en italien [1].

[1] *Muratori Antiq. Ital.* T. II, *Diss.* XXXII, p. 989.

Il est probable que, dès le temps de la puissance romaine, les provinciaux avaient une manière vicieuse de s'exprimer en latin, qui pouvait déjà avoir quelques rapports avec l'italien moderne. Le mélange des nations barbares corrompit davantage encore ce langage provincial, et y introduisit les articles et les verbes auxiliaires, usités dans le Nord, pour remplacer les déclinaisons et les conjugaisons latines, qui rendaient la grammaire trop compliquée [1]. Le *sermon vulgaire*, c'est le nom qu'on lui donnait, dut être la langue habituelle des campagnards et des citadins. Quoique les nobles ne reçussent pas en général plus d'éducation que leurs inférieurs, cependant comme ils étaient presque tous d'origine allemande, outre cette langue vulgaire qu'ils étaient forcés de parler aussi, ils avaient conservé l'usage de la langue tudesque. Nous avons vu que, dans le IXe siècle, les Lombards bénéventains donnaient encore à leurs princes des surnoms allemands; il paraît, il est vrai, qu'ils perdirent peu après l'usage de leur langue maternelle; car les historiens du siècle suivant, qui rapportent ces surnoms, se croient obligés de les expliquer [2]. Les empereurs francs et allemands renouvelèrent en Italie l'usage de la langue tudesque; les Francs la parlaient tous, comme il est facile de s'en convaincre par la lecture des lois salique, ripuaire et bavaroise, ou même des capitulaires de Charlemagne, où tous les mots qui ne sont pas latins sont dérivés de l'allemand. Ainsi deux langues, l'une pour la noblesse, l'autre pour le peuple, semblaient séparer ces deux ordres, et, en leur rappelant une

[1] La plupart des conquérants de l'Italie sont sortis de cette partie de l'Allemagne où l'on parle le plat allemand, dans lequel tous les noms sont indéclinables. La conjugaison des verbes en allemand n'a que deux temps simples, le présent et le passé; tous les autres, dans chaque mode, sont indiqués par des verbes auxiliaires. La grammaire italienne tient un milieu entre cette grammaire teutonique et la latine. — [2] *Storesaits*, le surnom de Grimoald II, est traduit dans l'anonyme de Salerne par cette phrase : *qui ante obtutum Principum et regum milites hinc inde sedendo præordinat*. Paralipom. T. II, P. II, c. 29, p. 195; et un journal allemand m'en a donné l'explication que je n'avais pas su découvrir : Störer Sitzen, le *dérangeur des chaises*, était probablement un maître des cérémonies.

origine différente, renouveler entre eux la haine ou la jalousie.

On demandait bien aussi que les gentilshommes, les ecclésiastiques, et surtout les gens de loi, entendissent le latin; mais la manière dont ils l'écrivaient donne une idée peu avantageuse du style de leur conversation, si jamais ils voulaient y employer cette langue. Il nous reste une foule de chartes stipulées dans ce latin prétendu. L'on y voit tout ensemble avec combien peu de scrupule les notaires admettaient dans leurs actes les barbarismes les plus grossiers, et combien, malgré cette licence, ils avaient de peine à exprimer leur pensée. L'on souffre, en les lisant, une double fatigue; on se lasse de s'occuper de choses aussi fastidieuses; on se lasse plus encore de la fatigue qu'ont éprouvée les hommes qui les ont écrites [1].

Pendant le règne de la maison de Saxe, un nouveau mélange de gentilshommes allemands parmi la noblesse italienne, remit en vigueur, pour la troisième fois, l'usage de la langue teutonique, qui était celle de la cour et du gouvernement: mais cette langue, si difficile pour des organes italiens, avait peine à se maintenir; dès la seconde ou la troisième génération, elle était négligée : les enfants apprenaient naturellement à parler comme le peuple ; dans les écoles, les ecclésiastiques ne leur enseignaient que le latin, et il ne paraît pas même qu'un

---

[1] Voici une charte de l'année 782, qui donnera une idée du latin des siècles les plus barbares; c'est une donation de l'église San-Damaso de Lucques, faite à une abbesse de la même ville, fille d'un roi des Anglo-Saxons. *Antiquit. Ital. Dissert.* I, p. 19.

« *In Dei nomine, regnante Domno nostro Carulo Rex Francorum, et Langobardo-*
« *rum, et Domno nostro Pipino idem Rex filio ejus, Anno Regni eorum nono et secundo,*
« *mense Augusto per indictione quinta. Promtto et manus meam facio, ego Magni-*
« *prand Clericus, filio quondam Magniperti, tivi Adeltruda Saxa, Dei Ancilla, filia Adel-*
« *waldi, qui fuit Rex Saxonorum, Oltramarini, de Ecclesia Monasterii Sancti Dalmati,*
« *vel casis et omnia res, et hominibus ibidem pertinentibus, ubi te per alia cartula*
« *confirmavi, excepto Magnulo, quem liverum dimisi, ut si quacunque homo (excepto*
« *de qualivet publico) de ipsa et Clericis, et casi et hominibus eidem Ecclesie perti-*
« *nente, et vel successores tuo, quem tu ibidem ordinaveris, foris expellere potuerit,*
« *extra omnem meum conludio, per jura legem et justitia (excepto ut dixi de quolivet*
« *publico) ut ego redda vobis solidos septinentos Lucani et Pisani, quas mihi de-*
« *disti*...... etc., etc.

orgueil national s'attachât à conserver dans les familles la langue tudesque. Les Allemands ont senti fort tard le prix de leur propre langue. Cependant plus les bourgeois acquéraient d'importance, plus les villes augmentaient en population et en richesse; et plus la langue *vulgaire*, qu'elles avaient adoptée, acquérait de supériorité sur le latin ou l'allemand, plus aussi cette langue vulgaire était près de devenir la langue nationale. Dans le xiie siècle, elle devint complètement dominante : elle commença dès lors à se former, à se polir, à prendre des règles générales ; et dans le xiiie siècle, nous la verrons enfin adoptée et embellie par les historiens et les poëtes.

Ce fut cependant tandis que les Italiens, partagés entre trois langues, n'en possédaient encore aucune, et au milieu de l'ignorance du xe siècle, que Liutprand composa une histoire de son temps, qu'encore aujourd'hui on ne lit pas sans intérêt et sans plaisir. Son ouvrage est presque le seul monument littéraire de l'Italie septentrionale, dans le xe siècle. On fouille péniblement dans les chroniques de ses contemporains, pour y chercher des faits historiques ; on sent de l'attrait pour Liutprand, et l'on n'abandonne son livre qu'à regret. Il ne faut pas, il est vrai, entreprendre cette lecture après celle des écrivains de l'âge d'Auguste ; on serait alors étonné de la dureté germanique de son style ; mais quand on le compare à son siècle, on est frappé de sa concision et de son énergie, de la profondeur de quelques-unes de ses pensées, et surtout de l'agréable variété qu'il a su mettre dans ses récits. Il manque d'ordre ; il est souvent partial, mais il amuse ; son érudition n'est point méprisable, il cite à propos les bons auteurs de Rome ; il étale (avec une ostentation quelquefois ridicule, il est vrai) sa connaissance de la langue grecque ; on voit que la langue allemande lui est également familière : enfin, toutes les fois que son sujet l'anime, il passe de la prose à la poésie, et ses vers ne sont pas sans quelque agrément.

Liutprand était chanoine de Pavie et secrétaire de Bérenger II, par qui il fut, en 946, envoyé en ambassade à Constantinople, auprès de l'empereur Constantin Porphyrogénète. A son retour, mécontent de Bérenger, il le quitta pour passer en Allemagne, à la cour d'Othon-le-Grand. Lorsque Othon fit la conquête de l'Italie, Liutprand y revint avec lui ; il obtint de l'empereur l'évêché de Crémone, et fut chargé par lui d'ambassades à Rome et à Constantinople. Il a laissé une relation piquante de sa mission dans cette dernière ville, auprès de l'empereur Nicéphore Phocas [1]. Quelques anecdotes trop libres, que Liutprand a insérées dans ses écrits, ne donnent pas une idée très favorable du ton qui régnait parmi les grands et de ce que l'on appelait alors la bonne compagnie, surtout si l'on se rappelle et le rang à la cour, et les fonctions ecclésiastiques de cet historien.

Quelques écrivains de l'Italie méridionale, pendant le xe et le xie siècles, méritent aussi d'être distingués. L'anonyme de Salerne, Gaufrid Malaterra, Alexandre de Télèse, et Falco de Bénévent, se font tous lire avec intérêt. Les historiens du royaume actuel de Naples ont conservé pendant plusieurs siècles une supériorité marquée sur ceux du reste de l'Italie. Cette supériorité se fait sentir aussi lorsque l'on compare le poëme de Guillaume l'Appulien, sur les conquêtes des Normands, avec les autres poëmes historiques, dont cet âge abonde plus qu'aucun autre [2]. Les poëmes historiques d'un siècle barbare sont, de tous les monuments où l'on est obligé de chercher des faits, les plus rebutants et les plus fastidieux. L'écri-

---

[1] *Rer. Ital. script.* T. II, p. 479. — [2] Les principaux poëmes historiques du xe au xiie siècle, sont: *Donizo, vita comitissæ Mathild.* T. V, p. 335. — *Magister Moses, de laudibus Bergomi,* T. V, p. 521. — *Laurentius Verniensis. Rer. Pisan.* T. VI, p. 111. — *Panagyricus Berengarii Aug. apud Leibnitz.* T. I. — *Guilelmus Appulus de gestis Normann.* T. V, p. 245. — *Cumanus de excidio Novocomi.* T. V, p. 399. — *Guntherus in Ligurino. Ædit. Basileæ,* 1569. — *Benzo Albensis, Panegyricus Henrici IV; apud Mechen. Scr, Germ.* T. I.

vain incapable de mettre aucune vraie poésie dans ses écrits, semble n'avoir pris à tâche de ranger ses mots dans un ordre symétrique, que pour ôter toute harmonie à son style et toute liberté à ses pensées. Jamais il ne dit ce qu'il veut dire ; jamais il ne satisfait par ce qu'il dit ; et comme il semble avoir pris à tâche d'exclure les nombres et les noms propres de ses vers, ou d'exprimer les uns et les autres d'une manière classique, il ne parle que par énigmes, et il donne autant de fatigue pour le comprendre que de dépit du peu qu'il vous apprend après qu'on l'a compris.

Tous les premiers historiens de l'Italie étaient ou des prélats ou des moines. Ce ne fut que dans le xie siècle que quelques laïques commencèrent à écrire l'histoire, lorsque les progrès de l'aisance dans les cités eurent donné du loisir pour s'appliquer aux études, et lorsque l'influence que les citoyens avaient acquise sur l'état, leur fit prendre plus d'intérêt aux affaires publiques. Les deux premiers historiens des villes sont Arnolphe et Landolphe-l'Ancien, de Milan, qui, tous deux, ont vécu dans le milieu du xie siècle, pendant le temps des disputes sur le mariage des prêtres. Ils ne méritent, ni par leur exactitude, ni par l'intérêt de leur narration, une mention fort honorable : mais la nature même de leur histoire est un symptôme de l'importance croissante des villes ; et leur récit embrasse les temps des premières brouilleries entre la noblesse et le peuple, brouilleries qui modifièrent la constitution des nouvelles républiques.

Nous avons déjà parlé, dans notre second chapitre, de la querelle des gentilshommes ou vavasseurs, avec l'archevêque Éribert et les bourgeois de Milan ; et nous avons dit que cette querelle fut terminée en 1039, à la mort de Conrad, par l'adoption des nouvelles lois que cet empereur avait portées sur les fiefs. Les cités de Lombardie retirèrent plusieurs avantages de cette pacification ; car un grand nombre de gentilshommes, et surtout les moins puissants, demandèrent, à cette époque, et obtinrent la bourgeoisie des villes les plus voisines; ils se mirent, eux et leurs fiefs, sous la protection de ces nouvelles communautés, qui, mieux qu'aucun autre membre de l'état, savaient faire respecter leurs amis. Les gentilshommes, par cette adoption, recouvrèrent une patrie que le royaume de Lombardie, dans son état de dissolution, ne pouvait plus leur offrir; et les villes, de leur côté, acquirent des citoyens distingués, en qui la valeur paraissait héréditaire, et qui, par l'éclat de leur naissance et leur avidité de gloire, jetèrent du lustre sur les bourgeois devenus leurs égaux.

C'est une chose digne d'attention que la conduite des nouvelles républiques envers les comtes ruraux et les gentilshommes qui les entouraient. Plusieurs de ceux-ci n'avaient point voulu faire alliance avec elles, ou recevoir d'elles le droit de cité. Les possessions des villes étaient resserrées entre ces petites souverainetés; et comme leur population s'accroissait, si elles n'avaient pas joui d'un commerce libre avec la campagne et les vassaux des comtes ruraux, elles auraient été moins exposées à la famine. Il fallait donc qu'elles se gardassent d'indisposer les seigneurs par trop de hauteur, ou par des prétentions exagérées ; car s'ils s'étaient ligués contre elles, ils les auraient exposées aux plus grands dangers; d'autant plus que, par leur position, ils pouvaient attendre et traîner la guerre en longueur. De leur château comme d'un repaire ils fondaient sur les voyageurs et les marchands pour les dépouiller ; ou bien ils dévastaient le diocèse de la ville jusqu'à ses portes, tandis que les bourgeois, quoique bien supérieurs en force, étaient rappelés par leurs besoins à leurs occupations journalières, et ne pouvaient déployer longtemps de suite toute leur puissance. L'art des siéges n'était point encore assez perfectionné pour qu'ils pussent forcer les gentilshommes dans leurs châteaux; et les seigneurs, enfermés dans les tours qu'ils avaient bâties sur des rochers escarpés, entourés seulement de leur famille et d'un petit nombre d'écuyers à leur solde, défiaient toute la rage des armées les plus redoutables.

Les républiques cherchèrent donc à se concilier l'affection des comtes ruraux, en les admettant aux droits de bourgeoisie, et les revêtant des premiers emplois de l'état. Cependant, toutes les fois que les seigneurs abusaient de leurs avantages, et que quelque bourgeois avait à se plaindre de leurs exactions, la république épousait avec chaleur la cause de chacun de ses membres, et ne posait pas les armes que le gentilhomme qui l'avait offensé ne fût humilié.

Le peuple de Milan était divisé en six tribus, dont chacune prenait son nom d'une des portes de la ville. Depuis que les nobles avaient été admis au partage des droits de cité, ils s'étaient mis en possession exclusive de l'office de capitaines des portes, de consuls, et de chefs de milices. Ceux mêmes qui n'étaient revêtus d'aucun emploi, se crurent assurés de la protection des magistrats qui appartenaient tous à leur ordre; aussi traitèrent-ils avec une arrogance insultante les artisans et les classes inférieures du peuple. En 1041, un gentilhomme osa, en plein jour, dans les rues, frapper de sa canne un plébéien : la cause de ce citoyen obscur devint aussitôt celle de tout le peuple. Un autre, nommé Lanzone, embrassant par ambition la cause du peuple, s'offrit pour chef aux citoyens irrités; et ceux qui voulaient humilier la noblesse, s'enorgueillirent d'avoir un noble à leur tête : tant le préjugé favorable à la naissance a de force sur l'esprit humain. Lanzone fut déclaré chef du conseil de confiance; de nouveaux consuls furent tirés du corps des plébéiens; les milices sous leurs ordres attaquèrent successivement les tours et les forteresses que les gentilshommes avaient élevées dans l'enceinte de la ville, lieux forts d'où ils bravaient le pouvoir des tribunaux : plusieurs de ces forteresses soutinrent un siége régulier, avant d'être rasées; plusieurs combats sanglants furent livrés dans les rues pour les défendre : mais les nobles, trop inférieurs en forces pour n'être pas toujours battus, furent enfin réduits à sortir tous ensemble de la ville, avec leurs familles, et à livrer au peuple leurs tours et leurs maisons fortifiées, qui furent démolies le même jour [1].

Les nobles, entourés des campagnards leurs vassaux, retrouvèrent hors des murs l'avantage du nombre. Ils entreprirent le blocus de la ville, qu'ils prolongèrent pendant plusieurs années. Lanzone, qui dirigeait toujours la défense du peuple, prit enfin le parti de passer en Allemagne, pour obtenir la protection de Henri III. Ce monarque, qui ne voyait pas sans inquiétude les villes affermir leur indépendance, saisit avec avidité cette occasion de rétablir son autorité sur Milan. Il offrit à Lanzone quatre mille chevaux, et demanda même avec instance qu'on se hâtât de les recevoir dans la ville. Lanzone, de retour à Milan, annonça ce secours au peuple, pour relever son courage abattu par la famine; mais il sentit cependant que la vengeance d'une faction allait livrer sa patrie à la servitude; il eut des conférences avec les chefs de la noblesse; il leur fit voir les malheurs qu'ils allaient attirer sur leurs têtes, et les amena enfin à signer une paix qui leur laissait une part dans le gouvernement de la ville, sans en exclure le peuple [2].

Depuis cette guerre jusqu'à celle de Como, qui fera l'objet de notre prochain chapitre, il se présente comme un gouffre à franchir dans l'histoire des républiques lombardes, et de toutes les villes du nord de l'Italie. C'est un espace de soixante et dix ans, pendant lequel cette contrée fut la scène des révolutions les plus étranges et des guerres les plus acharnées, mais

---

[1] *Arnulphus hist. Mediolan.* L. II, c. 18, T. IV, p. 19. — [2] *Landulphus senior, hist. Mediolan.* L. II, c. 26, p. 86.

pendant lequel aussi tous les écrivains contemporains se taisent sur les progrès des villes et sur la marche de la liberté. La guerre des investitures et les vicissitudes de la fortune des empereurs et des papes, sont décrites avec d'amples détails, mais par des auteurs presque tous allemands. Ces grands événements fixaient seuls leur attention : les villes, à cette époque, n'ont aucun historien ; et les antiquaires ont été réduits à recueillir avec empressement le stérile et fatigant récit de Landolphe-le-Jeune ou de Saint-Paul [1]. Cet écrivain milanais était contemporain, il est vrai : mais au lieu de faire l'histoire de sa patrie, il nous a donné seulement celle des vexations auxquelles il fut exposé dans la jouissance d'un misérable bénéfice ; de ses disputes avec les hérétiques nicolaïtes, et des intrigues fastidieuses du clergé de Milan. Nos lecteurs nous sauront gré sans doute d'abandonner ce guide désagréable, et de les transporter enfin au XIIe siècle, à un temps où les auteurs contemporains commençant à être moins stériles, nous pourrons nous-même écrire l'histoire, au lieu d'être réduits à la résumer en la parcourant.

Mais, avant d'entrer dans une autre carrière, arrêtons-nous pour examiner l'espace que nous avons déjà parcouru. La révolution qui créait des nations nouvelles et des hommes nouveaux, était accomplie. De même que la terre, échauffée après le déluge par les rayons ardents du soleil, s'agitait jusque dans ses entrailles par un principe inconnu, et que la matière semblait se hâter pour marcher à la vie [2]; ainsi, un feu céleste

---

[1] *Landulphus junior, sive de Sancto-Paulo, hist. Mediolanens.* T. V, *Rer Ital.*

[2] *Cœtera diversis tellus animalia formis*
Sponte suâ peperit, postquam vetus humor ab igne
Percaluit solis, cœnumque udœque paludes
Intumuere œstu, fœcundaque semina rerum
Vivaci nutrita solo, seu matris in alvo
Creverunt, faciemque aliquam cepere morando.

OVIDII Metamorph. L. 1, v. 416.

avait animé les âmes italiennes ; un mouvement noble et vivifiant s'était communiqué à la nation entière, et la masse inerte du peuple sortait de son ancienne apathie, et s'avançait dans la carrière de la gloire et de la liberté. Perdus au milieu d'une foule de faits trop imparfaitement connus, nous avons peut-être laissé échapper, dans les détails, cet esprit de force et d'indépendance qui animait l'ensemble, lorsque chaque marquis et chaque prélat, s'érigeant en juge de son prince, pesait, au tribunal de sa conscience, les droits de l'Empire et ceux de l'Église, et se déterminait, d'après sa seule volonté, à favoriser ou les pontifes ou les empereurs ; lorsque chaque gentilhomme, chaque chevalier, méprisant une existence dépendante, demandait à ses forteresses, à ses vassaux, ou à son propre courage, une sûreté qu'il ne voulait pas devoir à des supérieurs ou à des lois ; lorsque chaque ville, se confiant à ses seules forces, au dévouement réciproque, à la fraternité des concitoyens, se suffisait à elle-même, et défiait le reste de l'univers. Une main invisible, une main libérale semblait avoir semé en même temps dans tous les cœurs le sentiment de la dignité de l'homme et de son indépendance naturelle : l'Italie n'avait pas reçu seule ces germes sacrés ; ils avaient été répandus sur l'Europe entière : les principes libéraux s'avançaient lentement, mais avec un mouvement uniforme, du midi au nord. L'Italie et l'Espagne donnèrent l'exemple ; bientôt la Suisse et l'Allemagne, la France et l'Angleterre le suivirent.

Les premières institutions libérales avaient été apportées du Nord aux Romains dégénérés. Mais le mouvement rétrograde, du midi au nord, dans le développement du système républicain, est aussi un phénomène constant et très remarquable. En Italie, nous avons vu Naples, Gaëte, Amalfi, et même Rome, secouer le joug avant toutes les autres ; en Espagne, dès le IXe siècle, les vaillants guerriers qui avaient fondé le royaume de Soprarbia, avaient établi, entre le roi et le peuple, un juge moyen, le premier modèle du justicier des Aragonais [1]; et en 1115, Alfonse Ier, le conquérant de Saragosse, avait accordé aux bourgeois de sa capitale les droits et les libertés des gentilshommes ou *infançones* [2]. Cependant les villes de l'Allemagne et de la Suisse ne commencèrent à connaître la liberté que dans les dernières années du XIIe siècle; celles de la France et de l'Angleterre acquirent plus tard encore les droits de communautés.

Deux qualités paraissent requises avant toutes les autres pour rendre les hommes capables de conquérir la liberté : la force individuelle et la force sociale. Ces deux qualités ont une origine différente, et paraissent naître de principes presque opposés; il a été donné à peu de nations de les réunir dans un heureux équilibre. La force individuelle, cette confiance en ses propres ressources, cette constance pour braver les dangers personnels, ce mépris pour une force étrangère, dès qu'elle est injuste, et cette détermination de prendre pour seule loi sa conscience et ses lumières, sont les qualités et les vertus du sauvage. C'est avec un pareil esprit que les habitants de la Germanie et de la Scandinavie s'établirent dans les pays méridionaux : ils portèrent avec eux leur indépendance, et lorsqu'ils formèrent des nations, ils ne surent jamais se résoudre à leur donner un lien assez fort pour les maintenir unies : leurs principes mêmes devaient naturellement produire ce qu'ils produisirent en effet, la fierté libre de tous les chevaliers, mais en même temps leur désunion et l'opinion des conquérants, que, pour demeurer libres, il fallait devenir princes.

La force sociale, au contraire, devait naître dans les villes;

---

[1] *Hieronym. Blancæ Aragon. Rer. comment.* T. III, *Hisp. illust.* p. 588. — [2] Ibid, *Privilegium regis Alfonsi Bellatoris*, p. 640.

et les villes, création des peuples policés, n'existaient que dans le Midi. Les Scandinaves, croyant que les hommes ne pouvaient vivre réunis sans s'exposer à la servitude, avaient pris à tâche de détruire les villes ; et celles qui donnèrent en Italie l'exemple de cette force sociale, dont les Barbares méconnaissaient l'existence, ou avaient échappé, comme par miracle, à leurs dévastations, ou s'étaient relevées de leurs ruines.

La force sociale réside dans le sacrifice entier de l'individu à la société dont il fait partie. Cette abnégation de soi-même est fondée, il est vrai, sur une première conviction, que le bien de tous constitue le bien de chacun : mais le calcul seul ne peut jamais conduire un citoyen au dévouement complet qu'exige sa patrie ; on aurait beau lui démontrer que, cent fois de suite, l'avantage de sa patrie a été le sien, dès l'instant qu'on lui demande sa ruine personnelle, l'avantage de cette patrie cesse d'influer sur son bonheur. Il y a donc eu, dans l'union sociale, quelque chose de plus noble qu'un contrat entre les intérêts privés ; ce sont les vertus, non les égoïsmes qui s'associent. C'est la reconnaissance qui lie à des amis et des frères dont on a reçu des bienfaits ; la révérence filiale et religieuse qui lie à la patrie, à cet être plus qu'humain, que notre imagination place entre Dieu et les hommes ; la tendance de l'âme vers l'immortalité, qui lie notre être aux siècles passés et aux siècles à venir, et qui nous rend dépositaires de la gloire de nos ancêtres et du bonheur de nos descendants.

Les peuples du Nord ne connaissaient que la liberté sans patrie ; ceux du Midi avaient une patrie sans liberté. Les uns et les autres restaient étrangers à la plus haute des vertus humaines, au sacrifice de soi-même : les premiers ne devaient ce sacrifice à personne ; les seconds n'avaient point assez de vertus pour le faire. L'héroïsme des Scandinaves et celui des héros d'Ossian, a ce caractère étrange qu'il est sans but, et que le guerrier qui va chercher la mort ne se dévoue ni à sa patrie, ni à la mémoire de ses pères, ni à la prospérité de ses enfants [1] : sa gloire est toute personnelle. Dans le Midi, le but des sacrifices fut trouvé avant le courage de les faire ; chaque citoyen sentait ce qu'il devait à la ville qui l'avait vu naître, à la ville où reposaient les cendres de ses ancêtres et dont les murs protégeraient sa prospérité. Ainsi, dans la grande refonte des nations, le Nord et le Midi donnèrent les vertus qui leur étaient propres. Les peuples conquérants apportèrent l'énergie ; les peuples conquis la sociabilité. Les derniers, dans leur profonde corruption, devaient être régénérés avant d'être admis à donner aucun exemple, à enseigner aucune vertu. Cependant leur affection pour le lieu qui les avait vus naître, pour le nom qu'ils portaient, pour les bourgeois d'une même ville, dont les pères avaient été associés à leurs pères, dont les enfants seraient associés à leurs enfants, cette affection était un vieil héritage de Rome : ils n'avaient besoin que de redevenir libres, pour en sentir de nouveau la valeur. Au milieu des calamités qui affligeaient les peuples de l'Italie, tous les événements, vus d'une certaine distance, semblèrent tendre vers un seul but et préparer la période de gloire et de liberté qui devait s'ouvrir pour les Italiens, dans le XIIe siècle.

La conquête des Lombards, en morcelant l'Italie et en formant d'une seule province plusieurs nations nouvelles, rapprocha la patrie du citoyen : le Romain s'unit au Romain, le Grec au Grec ; et plusieurs états indépendants, de Naples jusqu'à Venise, datèrent leur liberté de cette époque.

Les conquêtes de Charlemagne et le règne de ses succes-

[1] L'existence de la république d'Islande, du neuvième au treizième siècle, contredit cette observation sur la naissance de l'esprit social dans les villes seules. Je ne connais point assez l'histoire de la république d'Islande pour rendre un compte satisfaisant de son existence. On peut comprendre néanmoins que sous ce ciel de fer, avec un climat si hostile, les individus sont trop faibles pour ne pas s'associer de bonne heure ; et que, bien qu'il n'y eût pas de ville en Islande, les sources chaudes du pied de l'Hécla, et les ports les plus propres à la navigation et à la pêche devaient être des points de réunion où les hommes apprenaient de bonne heure à s'aimer et à se conduire en frères.

seurs, retardèrent la civilisation ; mais, en détruisant la monarchie lombarde, et en augmentant la désorganisation, les Carlovingiens rendirent plus nécessaire une organisation nouvelle, et firent partager aux villes lombardes les avantages que de bonnes institutions municipales assuraient depuis longtemps à Naples, Amalfi et Venise.

Les ravages des Hongrois et des Sarrazins, et la désolation qu'ils portèrent dans toutes les provinces, nécessitèrent la formation des milices, la construction des murailles, et rendirent de nouveau le peuple dépositaire de la force nationale.

Avant que la monarchie détruite fît place aux gouvernements municipaux, l'anarchie était générale. Le grand Othon vint d'Allemagne, pour être le législateur d'une nation dont il ne devait jamais être le maître ; et les institutions nouvelles dont il fut l'auteur, attestent sa sagesse et son désintéressement.

Ni les désordres des papes du xe siècle, ni l'ambition de ceux du xie ne furent dépourvus de tout avantage pour les Italiens ; les premiers pontifes les affranchirent en partie des chaînes de la superstition : les seconds, par la lutte sanglante entre les empereurs et les papes, donnèrent au peuple l'occasion de mettre à prix ses services, et de se déclarer pour ceux qui avaient été ses maîtres, comme allié zélé, et non comme sujet.

Ainsi, dans le plan général de la Providence, dont il ne nous appartient point de saisir les détails, le bien naît souvent du mal ; et les calamités générales peuvent être les avant-coureurs d'une réforme universelle. Ne désespérons donc jamais des principes et des vertus qui forment le noble héritage de l'espèce humaine ; et lors même que nous les verrions mis en oubli, ou attaqués avec acharnement, attendons le lent ouvrage des siècles, et reposons-nous sur l'assurance que les vérités éternelles survivront aux attaques de leurs ennemis, et renaîtront du cœur de l'homme, s'il ne restait point de monuments sur la terre pour attester leur antique existence et le culte qu'on leur a rendu.

CHAPITRE VII.

Ambition des Milanais ; leurs conquêtes en Lombardie pendant la première moitié du xııᵉ siècle. — Règnes de Lothaire III et de Conrad II. — Révolutions de Rome.

1100—1152.

Les passions religieuses, excitées par la querelle des investitures, après avoir produit la fermentation la plus violente, s'étaient enfin calmées d'elles-mêmes ; c'était la conséquence naturelle de leurs excès et de leur durée. Les mêmes mots de ralliement, les mêmes injures, les mêmes calomnies, ne peuvent pas toujours produire les mêmes effets sur les peuples ; ces levains politiques se neutralisent par un long usage. Les avantages balancés des deux partis apprennent enfin à la nation entière que le ciel n'en protége aucun ; qu'elle ne doit point s'attendre à voir réaliser les brillantes promesses des uns, ou les menaces des autres ; que toutes les vertus ne sont point rangées sous une seule bannière ; que tous les vices ne sont point le partage d'une seule faction : les vues privées des ambitieux qui excitaient le peuple se dévoilent ; l'enchantement cesse, et la machine redoutable qui avait ébranlé la société, ne peut plus se remonter, après qu'on a brisé ses rouages.

Déjà plusieurs années avant la paix de Worms, on voyait des symptômes de lassitude dans les deux partis de l'empire et du sacerdoce. Le plus frappant, et le seul qui nous intéresse immédiatement, c'était la renaissance des rivalités entre les villes, leurs guerres privées, et le développement de passions républicaines, qui remplaçaient chez elles le fanatisme religieux.

Pendant le règne orageux de Henri IV, les villes lombardes avaient affermi en silence leur gouvernement municipal. Dès le commencement du règne de Henri V, on put reconnaître qu'elles n'étaient pas animées par le seul amour de la liberté; et que, non moins que les princes, elles étaient disposées à se livrer à l'ambition et à la passion des conquêtes. Chaque ville était libre; mais la population de toutes les villes n'était pas égale : quelques-unes devaient à la fertilité et à l'étendue de leur territoire, aux avantages de leur situation, ou aux anciennes prérogatives de leurs gouverneurs civils et ecclésiastiques, une grande supériorité en richesse et en puissance. Milan et Pavie s'élevaient au-dessus de toutes les villes lombardes; et les citoyens de ces deux cités s'abandonnaient à une haine d'autant plus violente les uns pour les autres, qu'ils étaient plus proches voisins. Une plaine de vingt milles d'étendue, qu'aucune grande rivière ne traverse, formait la seule séparation entre les deux peuples ennemis. Des contestations sur le cours des eaux destinées à l'arrosement, et sur les limites des diocèses, qui n'en avaient reçu aucune de la nature, auraient souvent pu être de justes motifs de guerre entre les deux républiques, lors même que la rivalité de gloire n'aurait pas suffi pour les armer l'une contre l'autre.

Cependant ces deux villes ne s'attaquèrent pas immédiatement; mais leurs guerres contre des cités voisines, qu'elles croyaient plus faibles et plus faciles à conquérir, divisèrent toute la Lombardie en deux ligues, à la tête desquelles se trouvèrent ces deux républiques. Crémone, qui après elles était la plus puissante de la contrée, attaqua, dès l'an 1100, la ville de Crème, et s'efforça de la soumettre [1] : Pavie, un peu plus tard, en 1107, porta ses armes contre Tortone; et Milan, contre Lodi et Novare. Chacune des villes qui craignait d'être opprimée, demanda du secours à la métropole qu'elle redoutait le moins; Crème et Tortone se mirent sous la protection des Milanais, tandis que, pour leur résister, Pavie, Crémone, Lodi et Novare formèrent une ligue opposée. Les Bressans, par haine pour Crémone, s'allièrent aux Milanais; les habitants d'Asti, ennemis de ceux de Tortone, se joignirent aux Pavesans. A une plus grande distance, Parme et Modène étaient ordinairement confédérées avec Milan, tandis que Plaisance et Reggio s'attachaient à la ligue contraire.

Les guerres entre ces cités commençaient par quelques escarmouches; chaque peuple cherchait d'abord, pendant la saison des récoltes, à enlever les moissons de ses ennemis, et lorsque la multitude était suffisamment irritée par ces injures mutuelles, souvent les deux villes se défiaient : alors, à un jour fixé, dans un lieu convenu, sur les frontières des deux états, tous les hommes en âge de porter les armes se rassemblaient autour de leur carroccio, et marchaient au combat. La bravoure était le seul art militaire que connussent ces républicains; avec la bataille finissait d'ordinaire la campagne, et souvent la guerre. Les deux nations ne recherchaient dans le combat que l'honneur du triomphe; et elles désiraient jeter de la honte ou du ridicule sur les vaincus, bien plus que les écraser. C'est ainsi que, l'an 1108, les Milanais, ayant battu les Pavesans, leur firent un grand nombre de prisonniers qu'ils conduisirent sur la place publique : là, ils leur lièrent les

---

[1] *Campi historia di Cremona.* L. I, p. 17. — *Ludovici Cavitellii Cremonenses Annales*, apud Græcium. T. III, p. 1293.

mains derrière le dos, et attachant au-dessous un flambeau allumé, ils leur ouvrirent les portes de la ville, et leur permirent de retourner chez eux, en les accompagnant de leurs huées [1].

Toutes les guerres ne se terminaient pas cependant d'une manière aussi peu ruineuse. Les Milanais se trouvaient resserrés entre le territoire de sept républiques : Como, Novare, Pavie, Lodi, Crémone, Crème et Bergame. De ces sept villes, la plus éloignée n'était pas à plus de quarante milles de Milan. Crème était la plus faible de ces petites républiques; mais elle s'était mise, comme on l'a dit, sous la protection des Milanais, et formait, en quelque sorte, partie de leur état. Les autres cités étaient unies d'intérêt entre elles contre Milan; mais il suffisait de réussir à les diviser momentanément, pour que cette dernière république pût espérer d'asservir les plus faibles; aucune alliance stable n'avait été contractée entre elles, et une victoire ou un traité de paix pouvait les détacher l'une de l'autre. Les Milanais, ayant trouvé une occasion favorable pour les combattre séparément, déclarèrent, en 1107, la guerre à la ville de Lodi [2].

1107-1111. — Cette guerre dura quatre ans; et pendant cet espace de temps les historiens de Lodi assurent que leurs compatriotes remportèrent sur les Milanais plus d'une victoire en rase campagne. Cependant une partie de leurs récoltes leur fut enlevée, et les Milanais s'approchèrent jusqu'au pied de leurs murs pour les insulter. C'était là jusqu'alors presque la seule manière de former un siége : si les assaillants ne pouvaient déterminer leurs ennemis à accepter le combat hors des portes, ils étaient bientôt eux-mêmes forcés de se retirer. Les artisans qui composaient en grande partie l'armée, et qui n'é-

---

[1] *Galvano Fiamma Maniput. Florum*, c. 159, T. XI, p. 628. — [2] *Joannis Baptist. Villanovæ, Laudis Pompeiæ hist. ap. Grævium.* T. III, Lib. I, p. 856. — *Landulphi Junioris, hist. Mediol.* c. 16, p. 486.

taient point payés, ne pouvaient pas vivre longtemps loin de leurs ateliers. Chaque année les Milanais renouvelèrent leurs attaques, et ils réussirent chaque année à incendier les récoltes des Lodésans, ou à les enlever, malgré les renforts que ceux-ci recevaient de Crémone et de Pavie. Enfin, au mois de juin de l'an 1111, ils emportèrent d'assaut les murailles, que les bourgeois, épuisés par les veilles et la misère, n'avaient plus la force de défendre [1]. Alors, donnant carrière à leur fureur, ils abattirent les remparts de Lodi; ils démolirent ou incendièrent ses maisons, ils distribuèrent ses habitants dans six bourgades, qu'ils soumirent au régime le plus sévère et aux lois les plus dures; enfin ils détruisirent de fond en comble cette ville rivale, dont on ne voit que de misérables ruines, dans l'endroit nommé Lodi-Vecchio. Quarante-sept ans plus tard, le peuple vaincu rebâtit une nouvelle ville qu'il appela également Lodi; mais ce fut dans un autre lieu.

1118. — Une guerre plus importante encore pour les Milanais fut celle de Como, qu'ils commencèrent en 1118, et qui a été célébrée par un poëte comasque demi-barbare. Son ouvrage est presque le seul monument de cette sanglante querelle qui soit parvenu jusqu'à nous [2].

Dès son début, le chantre de Como compare les malheurs de sa patrie à ceux de Troie [3]. Il est loin sans doute d'avoir lui-même aucune ressemblance avec Homère; mais les rapports entre les événements célébrés par les deux poëtes sont assez

---

[1] *Galvanei Flammæ Manip. Florum*, cap. 163, T. XI. *Rer. Ital.* p. 629. — *Tristani Calchi histor. Patriæ.* L. VII, p. 208. — [2] *Cumanus, seu de bello Comensi anonymum poema*, apud Scr. *Rer. Ital.* T. V, p. 399. *Cum notis Jos. Mar. Stampæ.*

[3] *Testantur montes, testatur et hoc Baradellus,*
Troja suis ducibus defenditur; Hector in illis
Affuit, Æneas, nec non Paris, Hectoris omnes
Pugnabant fratres, pugnat fortissimus Adam,
Deque Piro dictus, duros deverberat hostes,
Hortatur socios, in pugna recreat omnes.
CUMANUS, V. 38, p. 414.

réels. Le siége de Como dura dix ans comme celui de Troie ; toutes les républiques de la Lombardie furent conjurées contre les malheureux Comasques : ce fut le premier grand essai que les cités firent de leurs forces ; leurs milices combattirent contre les montagnards des Alpes, les riverains des lacs, les habitants des vallées de Saint-Martin : elles s'aguerrirent ainsi, et se mirent en état de résister ensuite à Frédéric Barberousse, le redoutable Xerxès du moyen âge.

Au commencement de cette querelle, la religion s'y était mêlée. Tandis que les Lombards étaient en général attachés au parti de l'empereur, les Comasques soutenaient le pape, qui leur avait donné un évêque dont ils étaient satisfaits [1]. L'antipape Burdino, ou Grégoire VIII, avait destiné à l'évêché de Como un diacre de l'église de Milan, noble milanais lui-même, nommé Landolphe de Carcano. Celui-ci, espérant profiter de la présence de Henri V en Italie, s'était avancé jusqu'au château de Saint-George, d'où il troublait, par ses intrigues, le diocèse de son rival. Une nuit, Guido, l'évêque légitime, sortant de la ville avec les deux consuls de Como, Adam de Pirro et Gaudenzo Fontanella, surprit le château de Saint-George, fit prisonnier Landolphe, et massacra plusieurs de ses parents et de ses partisans, qui avaient tenté de le défendre : les autres s'enfuirent à Milan et y rapportèrent les vêtements ensanglantés de ceux qui avaient été tués. Ils les étendirent sur la place publique, et demeurèrent auprès en silence, tandis que les veuves et les enfants des morts, s'aban-

---

[1] Guido Grimoldi de Gavalesca. Les historiens milanais considérèrent comme une honte pour leur patrie d'avoir soutenu le schisme : aussi dissimulent-ils ce reproche, ou s'efforcent-ils de le rejeter sur les Comasques, leurs ennemis ; ce qui jette beaucoup de confusion sur cette partie de leur récit ; mais ce qui n'est pas douteux, c'est que Landolphe de Carcano, que les Milanais défendaient, était un évêque schismatique, élu par Henri V (*Scheda Antiq. ap. Jos. Mar. Stampam, præfatio ad Cumanum*, p. 407), et que le poëte comasque donne à Anselme de Clivio, l'un des archevêques de Milan, l'épithète de *Male pactus*, qui semble équivalente à simoniaque. Voyez *Cumanus*, v. 686, p. 428 ; la préface de Muratori, p. 402, et Landulphus de Saint-Paul, ch. 37, T. V, p. 507.

donnaient aux pleurs et aux gémissements, invoquaient les passants et suppliaient le peuple de venger leur injure. Pendant ce temps les cloches sonnaient, pour appeler les fidèles aux offices sacrés de l'église. L'archevêque Jordan, à la tête de son clergé, arrêta le peuple sur le péristyle du temple, et, donnant l'ordre d'en fermer les portes, il déclara qu'il ne les rouvrirait qu'à ceux qui auraient pris les armes pour venger l'Église et la patrie [1]. Dans les pays libres, l'on frappe et l'on ébranle l'esprit des citoyens par tout l'éclat d'un grand spectacle ; un tel apprêt n'est plus nécessaire, lorsque la volonté d'un seul homme peut faire la guerre ou la paix.

Les Milanais cependant coururent aux armes; et après avoir envoyé défier les Comasques par un héraut, ils sortirent en pompe avec leur carroccio, et marchèrent contre Como, bannières déployées. Au pied du mont Baradello, ils trouvèrent les Comasques qui les attendaient : ils les attaquèrent, et la mêlée se prolongea, sans avantage de part ni d'autre, jusqu'à la nuit, qui sépara les combattants. Les Milanais profitèrent de son obscurité pour descendre dans le lit du torrent *Aperto*, qui se trouvait à sec, et pour le suivre jusqu'à Como. Tous les habitants en état de porter les armes étaient dans le camp au pied du Baradello ; la ville était sans défense, et les Milanais purent aisément en enfoncer les portes, et la livrer aux flammes. Les Comasques cependant, au lever du soleil, voyant leurs ennemis partis, reprirent le chemin de Como, au travers de la montagne. Comme ils arrivaient à son sommet, ils virent avec effroi leur cité couverte d'un tourbillon de fumée, d'où s'échappaient des flammes dévorantes. Ils descendirent avec impétuosité le revers du Baradello, fondirent sur les Milanais occupés au pillage, les accablèrent, les mirent en

---

[1] *Landulph. junior. hist. Mediol.* c. 34, p. 504. *Notæ Saxii ad eundem.* — *Tristanus Calchus hist. Patriæ.* L. VII, p. 210.

fuite ; et, maîtres de nouveau de leur cité, ils en éteignirent l'incendie, et en releverent les portes abattues [1].

Parmi les habitants des villes d'Italie, les Comasques paraissent à cette époque avoir été les plus braves. Peut-être que le voisinage des Suisses, l'habitude de parcourir les hautes montagnes, et de naviguer sur un lac souvent orageux, les avaient aguerris de bonne heure. Les riches et puissants villages bâtis sur le revers des Alpes étaient tous dans leur dépendance; mais plusieurs de ces villages trouvaient cette dépendance onéreuse. Celui d'Isola, situé au bord du lac et vis-à-vis d'une petite île qui lui donne son nom [2], voulant s'affranchir entièrement de la domination de Como, envoya des députés à Milan, qui signèrent un traité d'alliance avec cette république. Les habitants d'Isola équipèrent alors une flotte de bateaux avec laquelle, au printemps suivant, ils vinrent défier Como. La flotte comasque sortit à leur rencontre, les battit et les dispersa ; elle rentra ensuite en hâte dans le port, pour que ceux qui la montaient pussent combattre des ennemis bien plus redoutables, qui s'avançaient du côté de terre.

On a peine à comprendre comment toutes les villes de la Lombardie purent embrasser la querelle de la cité dont elles étaient le plus jalouses, contre une république qui n'avait jamais pu les offenser, dont elles n'avaient rien à craindre : on est surtout étonné de les voir entrer dans cette confédération, lorsqu'on se rappelle que le premier motif de la guerre avait été de soutenir un évêque schismatique, contre le légitime pas-

---

[1] *Cumanus*, v. 63-114, p. 415. — *Tristanus Calchus hist. Patriæ.* L. VII, p. 211. — *Bernardino Corio, dell' hist. Milan.* P. I. p. 28. — Lorsqu'en venant de Milan on approche de Como, le mont Baradello forme un rideau qui cache cette dernière ville. C'est une colline verte, peu élevée, mais d'une forme pittoresque, et surmontée par par un vieux château. On peut la regarder comme le dernier prolongement des montagnes dans lesquelles le lac de Como est encaissé. Pour arriver à la ville, on tourne pendant une demi-heure autour du promontoire que le Baradello forme dans la plaine. — [2] L'île d'Isola, à seize milles au nord de Como, et à cinquante pas seulement du rivage, peut avoir un mille de tour : elle contient un fort château des rois lombards,

teur. Sans doute qu'à cette époque le parti de Henri et de l'antipape Burdino prévalait dans toute la Lombardie : du moins le poëte de Como nous raconte-t-il [1] que les Milanais, ayant envoyé des députés à toutes les villes voisines, obtinrent des secours de Crémone, Pavie, Brescia, Bergame, Verceil, Asti, Novare, Vérone, Bologne, Ferrare, Mantoue et Guastalla. La comtesse de Blandrate, dont le fief était situé entre Milan et Novare, se rendit en personne à leur armée, portant dans ses bras son fils encore en bas âge; et les gentilshommes de la Garfagnana, contrée montueuse dans les Apennins, envoyèrent de leur côté de la cavalerie aux confédérés.

Les Comasques n'osèrent pas marcher au-devant d'ennemis si redoutables; ils les attendirent dans leurs murs. La figure de la ville de Como rappelle celle de l'écrevisse des rivières; sa bouche est tournée vers l'extrémité du lac, c'est le port. Deux faubourgs, Vico et Coloniola, en embrassent les deux rives; comme les serres de l'écrevisse : le corps se prolonge dans la plaine, mais il est resserré entre trois collines, sur chacune desquelles s'élève un château-fort, Castelnovo au levant, Baradello au midi, Carnésino au couchant; enfin un faubourg prolongé, qui se courbe entre l'orient et le midi, représente la queue de l'écrevisse [2]. Les Milanais, avec leurs confédérés, attaquèrent les deux faubourgs de Vico et de Coloniola; mais, n'ayant pas pu les emporter d'assaut, après avoir perdu beaucoup de monde, et en avoir tué presque autant aux assiégés, ils firent publier par un héraut, qu'il reviendraient mettre

---

[1] *Cumanus*, v. 200-215. Malgré le témoignage précis du poëte de Como, copié depuis par tous les historiens de la Lombardie sans exception, je doute encore d'une ligue entre tant de villes qui n'avaient aucun sujet d'inimitié contre les Comasques, et dont plusieurs étaient rivales. Peut-être quelques citoyens de chacune s'enrôlèrent-ils volontairement dans l'armée milanaise ; peut-être le poëte n'a-t-il fait parade de leurs noms que pour rendre plus glorieuse la longue résistance de sa patrie, et ennoblir jusqu'à sa chute. — [2] *Voyez* un plan de la ville de Como, *apud Alexandrum Ducker. Grœvius*, T. III, p. 1199.

le siége devant la ville au mois d'août de l'année suivante. Cet usage d'annoncer d'avance l'époque d'une nouvelle expédition [1], était comme un engagement d'honneur, qui mettait les ennemis à l'abri d'une surprise, et qui, au milieu des inimitiés de tant de villes, procurait de longs intervalles de trêve aux peuples rivaux.

1120-1127. — Pendant les huit années qui suivirent, les Milanais renouvelèrent chaque été leurs attaques contre les Comasques, mais avec moins de vigueur que la première fois. Ils envoyaient des secours aux divers villages qu'ils avaient fait révolter, et la guerre ne se faisait presque plus que sur les lacs Majeur, de Lugano, ou de Como, sur les rives desquels ces villages étaient situés. Les Comasques repoussèrent longtemps leurs ennemis avec avantage ; ils châtièrent, sur leur propre lac, les habitants d'Isola et de Ménaggio ; ils construisirent aussi une flotte sur celui de Lugano, pour contenir ou faire rentrer dans l'obéissance les habitants de ses bords : et comme leurs ennemis étaient maîtres du fleuve Trezza, qui forme la communication entre ce bassin et le lac Majeur, ils transportèrent cette flotte sur des chariots jusqu'au dernier, quoique la distance entre eux soit de huit milles ; et le matin, ayant lancé à l'eau leurs brigantins, il parcoururent en triomphe les rives du Verbano, raffermissant le courage de leurs alliés, et se chargeant des dépouilles de leurs ennemis étonnés.

Mais dans l'année 1125, ils perdirent Guido, leur évêque, qui avait été l'âme de toutes leurs entreprises. Une longue guerre les avait épuisés d'hommes et d'argent ; chaque année une partie de leurs récoltes avait été incendiée : la moitié de leurs sujets était révoltée contre eux, et leurs victoires mêmes étaient achetées trop cher par le sang des guerriers qu'ils

---

[1] *Cumanus*, v. 263. On en trouve d'autres exemples les années suivantes, v. 271 et 313.

perdaient. La campagne de 1126 leur fut presque constamment défavorable, et les Milanais purent dès lors augurer, qu'en redoublant d'efforts ils parviendraient l'année suivante à réduire la ville qui les avait bravés si longtemps.

Au printemps de l'an 1127, les Milanais s'avancèrent en effet contre Como, avec plus de troupes qu'ils n'en avaient encore jamais rassemblé. Ils trouvèrent moyen d'engager dans leur querelle à peu près les mêmes républiques qui y avaient pris part l'an 1119. On voyait dans leur armée, à ce qu'assure le poëte de Como, les étendards de Pavie, de Novare, de Verceil, du jeune comte de Blandrate, d'Asti, d'Alba, d'Albenga, de Crémone, de Plaisance, de Parme, de Mantoue, de Ferrare, de Bologne, de Modène, de Vicence et des chevaliers de la Garfagnana [1]. Les Milanais ne se contentèrent plus cette fois d'attaquer les châteaux qui défendaient la ville ; ils s'avancèrent dans la plaine même où elle est bâtie, et assirent leur camp au pied de ses murs. Ils avaient donné l'ordre aux habitants de la bourgade de Lecco, qui est située à l'extrémité d'un golfe du lac de Como, de leur conduire des bois de construction ; d'autre part, ils avaient pris à leur solde, à Pise et à Gènes, des ingénieurs habiles dans l'art des siéges : ceux de Pise étaient surtout exercés à diriger les mines ; ceux de Gènes, à construire les machines de guerre [2]. Ces derniers fabriquèrent en effet, à quelque distance des murs, quatre tours garnies de claies recouvertes de cuir de bœuf, pour les préserver du feu. Entre les tours, ils placèrent deux *gatti*, espèce de bélier qui ne différait de celui des anciens que par le crochet de fer dont il était armé pour arracher les pierres que son choc avait ébranlées. Ils construisirent également quatre balistes, pour lancer des quartiers de rocher par-dessus les

---

[1] *Cumanus*, v. 1834 et suiv. p. 452. — *Voyez* la note à la page 302. — [2] *Ibid.* v. 1815 et suiv. p. 452.

murs. Lorsque ces machines de guerre furent achevées, l'armée, au son des trompettes, les traîna jusqu'au pied des murailles, en les accompagnant de cris de joie.

Les Comasques, de leur côté, ne négligeaient aucun moyen de défense. Ils avaient creusé leurs fossés, appuyé leurs murs par des éperons, couvert de claies et de cuirs de bœuf les parties les plus faibles. En même temps ils avaient équipé leur flotte, et ils la tenaient toute prête dans le port, pour pouvoir, au moment favorable, attaquer les habitants d'Isola, qui les bloquaient du côté du lac. Malgré le nombre infiniment supérieur de leurs ennemis, ils tentèrent aussi, dans une sortie, de mettre le feu aux machines des assiégeants; mais ils furent repoussés, après avoir donné des preuves éclatantes de leur valeur.

Cependant, malgré la résistance des assiégés, les machines avaient été conduites jusqu'au pied des remparts; le bélier avait ébranlé la muraille, et les Milanais continuaient à la battre, afin d'élargir assez la brèche pour que la cavalerie elle-même pût la franchir le lendemain matin. Pendant la nuit, les Comasques s'efforcèrent de fermer l'ouverture de cette brèche par une palissade; mais la plupart de leurs guerriers avaient péri dans la longue guerre qu'ils avaient soutenue, et surtout dans les deux dernières sorties. Il ne leur restait presque plus que des vieillards épuisés de fatigue, et des enfants hors d'état de porter les armes [1]. Plutôt que de se rendre, ils prirent alors la résolution désespérée d'abandonner leur ville pour aller défendre, dans une nouvelle forteresse, leur paix et leur liberté. Ils choisirent le château de Vico pour leur première retraite; et, tandis qu'ils faisaient monter sur leurs barques leurs femmes et leurs enfants, avec leurs effets les plus précieux, ils tentèrent, au milieu de la nuit, une sortie désespérée,

---

[1] *Cumanus*, v. 1900 et suiv. p. 454.

pour occuper les Milanais autour de la brèche, et les empêcher de s'apercevoir de leur évasion. Cet expédient leur réussit : après avoir, par une attaque imprévue, jeté la terreur dans le camp de leurs ennemis, ils s'embarquèrent eux-mêmes, et gagnèrent le château de Vico, sans être inquiétés dans leur retraite.

Les Milanais, revenus de leur surprise, et ne voyant plus d'ennemis, se rapprochèrent des portes, qu'ils trouvèrent ouvertes et abandonnées [1] ; ils y allumèrent des feux, et n'osèrent point s'aventurer au-delà, jusqu'à ce que le retour du soleil les eût rassurés contre le danger d'une embuscade. Leur surprise fut extrême de trouver la ville déserte et dépouillée, et de voir le château de Vico, garni de soldats et de machines de guerre, prêt à soutenir un nouveau siége, plus long peut-être que celui de Como, puisque les rochers sur lesquels Vico était bâti ne pouvaient être ébranlés ni par la sape, ni par le bélier. Alors, ils envoyèrent une députation d'ecclésiastiques offrir aux Comasques une capitulation avantageuse, et qui fut bientôt acceptée. Les Milanais promirent de conserver aux vaincus toutes leurs propriétés : mais ils exigèrent d'eux qu'ils servissent désormais dans toutes leurs guerres, qu'ils se soumissent à leurs impôts, et qu'ils abattissent les murailles de Como, de Vico et de Coloniola [2]. C'est ainsi que se termina la guerre de Como. Cette ville, désormais hors d'état de se défendre, demeura longtemps ensuite au pouvoir des Milanais : elle ne secoua leur joug que durant la guerre de la ligue lombarde, et à l'instigation de Frédéric Barberousse, dont elle embrassa le parti.

La soumission de Lodi et de Como élevait la république de Milan au-dessus de toutes ses rivales, dont aucune n'avait encore étendu sa domination sur des villes sujettes. L'ambition

---

[1] *Cumanus*, v. 1953, p. 455. — [2] *Ibid.* v. 1974 *ad finem*, p. 455.

des Milanais s'accrut avec leurs succès, et les engagea bientôt dans une guerre nouvelle. Nous avons vu qu'ils avaient pris sous leur protection Crème, bourgade plutôt que cité qui relevait, au spirituel, de l'évêque, et au temporel, de la ville de Crémone. Les Crémasques, vers l'an 1129, tentèrent de s'affranchir de toute dépendance de Crémone, et ils réclamèrent l'appui des Milanais, comme garants de leurs priviléges. Les Crémonais, de leur côté, recoururent aux habitants de Pavie, Plaisance, Navarre et Brescia, qui, jaloux des succès auxquels eux-mêmes avaient contribué, saisirent avec ardeur ce prétexte pour attaquer les Milanais.

Cette nouvelle guerre entre des peuples de forces plus égales resta subordonnée à des querelles d'un ordre supérieur, auxquelles la succession à l'empire avait donné lieu. Henri V était mort sans enfants, l'an 1125, et la diète des princes allemands, assemblée à Mayence pour nommer son successeur, avait été partagée entre deux maisons dès longtemps rivales, dont les divisions bouleversèrent l'Allemagne et l'Italie, et dont les noms mêmes devinrent dans la suite des distinctions de parti. Les quatre derniers empereurs étaient sortis d'une maison qui gouvernait le duché de Franconie, lorsque Conrad fut élevé au trône; maison qu'on désignait, tantôt par le nom de Salique, et tantôt par celui de Gueibelinga, ou Waiblinga, château du diocèse d'Augsbourg, dans les montagnes de Hertfeld [1], d'où cette maison était était peut-être sortie. Ses partisans furent ensuite appelés Gibelins. Une autre maison puissante, originaire d'Altdorf, possédait, à cette époque, la Bavière [2] : comme elle eut à sa tête, successivement, plusieurs

---

[1] *Otto Frising. de gestis Friderici I.* L. II, c. 2, Rer. Ital. T. VI, p. 699. — *Mascovius Commentar. de rebus Imperii sub Conrado III.* L. III, p. 141. — [2] *Chronicon Weingartense de Guelfis Princip.* ap. *Leibnitz.* T. I, p. 781. D'après une chronique de Bavière, citée par Mascovius, L. III, p. 141, ces noms commencèrent à être donnés aux partis après la bataille de Winsberg, entre Conrad III et Guelfo, le 21 décembre 1140. Ces noms y furent donnés pour cri de guerre.

princes qui portaient le nom de Guelfo ou Welf, elle fut elle-même, ainsi que ses partisans, désignée par celui de Guelfe. Les deux derniers Henri, et la maison des Gibelins, avaient eu de longues guerres avec l'Église : les Guelfes, au contraire, s'étaient déclarés ses protecteurs. Lorsque Henri V mourut, son neveu, Frédéric de Hohenstauffen, duc de Souabe, qui avait recueilli la principale part de son héritage, se flatta d'obtenir aussi que la couronne impériale ne sortît pas de sa famille. La diète cependant, à la suggestion de l'archevêque de Mayence, ennemi de la maison salique, en ordonna autrement ; elle proclama empereur Lothaire duc de Saxe [1], ennemi de la maison gibeline. Ce monarque ne tarda pas à s'attacher plus étroitement aux Guelfes, en donnant à leur chef, Henri IV, duc de Bavière, sa fille et son unique héritière en mariage, avec l'investiture de son duché de Saxe [2].

Quoique Lothaire fût le légitime successeur de Henri, le passage de l'autorité souveraine à une maison ennemie, devait exciter de violentes convulsions dans l'état. Le prince gibelin prit les armes au printemps de l'année 1126 ; et, comme il possédait de nombreux châteaux en Alsace, il y attira la guerre, qui ne fut, dans cette première année, signalée par aucune action d'éclat [3].

1127. — Mais l'année suivante, Conrad, duc de Franconie, et frère de Frédéric, revint de la Terre-Sainte, où il avait été combattre les infidèles, et releva, par sa présence, le parti que dès lors nous appellerons gibelin. Il força Lothaire à lever le siége de Nuremberg : il prit lui-même à Spire, avec le consentement de son frère, le titre de roi, et il passa ensuite en Italie, dans l'espérance d'y prévenir Lothaire et d'attirer les Lombards à son parti [4].

[1] *Otto Frisingens. in Chronico.* Lib. VII, c. 17, p. 137. — *Mascovius Comment. de rebus Imperii sub Lothario II.* L. I, p. 1. — [2] En 1127, à la diète de Mersburg. *Mascov.* p. 12. — [3] *Mascov. Comment.* L, I, § 6, p. 9. — [4] *Otto Frisingens. Chron.* L. VII, c. 17, p. 137.

1128. — Les Milanais, en effet, reçurent Conrad avec pompe, comme le successeur des Henri et le monarque légitime. Un parlement du clergé et du peuple fut convoqué sur la place publique : Roger Clivelli, chevalier, et Landolphe de Saint-Paul, l'historien, députés par l'archevêque, discutèrent devant le peuple les droits des deux compétiteurs; et, tout d'une voix, les Milanais s'écrièrent que l'archevêque devait venir lui-même et couronner le prince. Cette cérémonie eut lieu en effet dans l'église de Monza, le 29 juin 1128, et elle fut répétée ensuite à Milan dans la basilique de Saint-Ambroise [1].

Cependant le pape Honorius s'était déclaré en faveur de Lothaire; et les villes de Pavie, Crémone, Novare, Brescia et Plaisance, embrassèrent le même parti : elles assemblèrent une diète à Pavie, pour se concerter sur les moyens de faire la guerre à Conrad; et leurs évêques réunis excommunièrent Anselme, archevêque de Milan, en punition de ce qu'il avait couronné un usurpateur. Conrad, affaibli par cette opposition du clergé, fut arrêté dans l'expédition qu'il méditait contre Rome, et contraint de perdre à Parme un temps précieux; tandis que les villes lombardes, tout en empruntant son nom pour se faire la guerre, ne songeaient qu'à leurs seuls intérêts. En Allemagne, l'indépendance des princes et des prélats de l'Empire mettait obstacle à ce que la guerre se poursuivît avec vigueur, de même qu'en Italie la liberté des villes ralentissait toutes les opérations militaires. Aussi Lothaire, qui, en 1131, attaqua de nouveau le duc Frédéric en Souabe et en Alsace, n'eut-il sur lui d'autre avantage que celui de détruire quelques châteaux [2], et lorsque, l'année suivante, il passa en Italie par les Alpes de Trente, il conduisit avec lui une armée si faible, qu'elle excitait le mépris et la risée des Italiens dont

[1] *Landulphus junior.* c. 39, T. V, p. 510. — [2] *Mascovius Comment.* L. I, § 23, p. 37.

il traversait le pays; en sorte qu'il n'osa pas même s'approcher de Milan, et qu'il fit un détour pour arriver à Roncaglia, où il tint l'assemblée des plaids du royaume. Conrad, de son côté, après avoir été longtemps à charge aux Milanais et aux Parmesans ses alliés, n'ayant plus ni soldats ni argent, avait prévenu l'arrivée de son rival, et s'était retiré furtivement et d'une manière humiliante en Allemagne [1].

1133. — Lothaire cependant s'avança jusqu'à Rome avec sa petite armée, et il fut couronné empereur par le pape Innocent II, le 4 juin 1133. Mais cette cérémonie, contre l'usage antique, se fit dans l'église de Saint-Jean-de-Latran; car la basilique du Vatican était occupée par les soldats de Roger Ier, roi de Sicile, et par l'antipape Anaclet, ennemis plus puissants que Lothaire [2]. Aussi le nouvel empereur se hâta-t-il, après son couronnement, d'abandonner Rome et l'Italie.

1130. — Tandis que les prétentions opposées des deux souverains d'une égale faiblesse, et la manière misérable dont ils soutenaient la guerre, apprenaient aux républiques d'Italie à mépriser l'autorité impériale, un schisme élevé dans l'Église portait atteinte au respect dû aux pontifes, et encourageait le peuple de Rome à leur retirer son obéissance.

Ce schisme était dû à la rivalité de deux familles puissantes à Rome, les Frangipani et les Piétro Léone. Elles s'étaient attribué tous les droits de la nation et tous ceux de l'Église. Déjà, l'an 1118, à la mort de Pascal II, ces deux mêmes familles avaient fait naître un premier schisme. Piétro Léone, dans cette occasion, s'était déclaré le protecteur de Gélase II, que l'Église a reconnu pour le vrai pape; tandis que les Frangipani, avec l'aide de Henri V, avaient fait sacrer Grégoire VIII, plus connu sous le nom d'antipape Burdino. En 1130, les

---

[1] *Otto Frisingens. Chron.* L. VII, c. 18, p. 138. — [2] *Falconis Beneventani Chron.* T. V, p. 115. Suivant cet auteur, Lothaire n'avait pas plus de deux mille soldats avec lui.

mêmes partis divisèrent de nouveau les cardinaux, qui, depuis le décret de Nicolas II, s'attribuaient la part principale dans les élections. L'un de ces partis porta au Saint-Siége le fils de Piétro Léone, qui prit le nom d'Anaclet II, tandis que Léon Frangipani et les siens se déclarèrent pour le cardinal de Saint-Ange, qui prit le nom d'Innocent II. Mais dans ce second schisme, où le droit paraît au moins égal des deux parts [1], l'Église a décidé en faveur de la faction contraire à celle à laquelle, douze ans plus tôt, elle avait accordé la victoire. Piétro Léone, le protecteur de Gélase II, avait eu pour aïeul un juif converti : ce fut une raison pour prodiguer à son fils Anaclet les noms de sacrilége et de juif impie, tandis que l'on proclama, comme défenseurs de la foi, les Frangipani [2], que, douze ans plus tôt, on appelait les oppresseurs de l'Église. Les écrivains ecclésiastiques oublient absolument que le bon droit n'était reconnaissable à aucun signe certain ; en sorte que les deux compétiteurs doivent être jugés comme également innocents ou également coupables. Il est reconnu qu'à l'élection de 1130, le plus grand nombre des cardinaux se déclara pour Anaclet [3] : mais les plus *respectables*, nous dit-on, s'étaient rangés du parti d'Innocent ; et on les jugea plus *respectables*, parce qu'ils ne s'associèrent pas avec un schismatique [4] : tant le cercle vicieux le plus grossier, le sophisme le plus absurde, sont admis comme des raisonnements concluants dans les disputes de religion.

Cependant les deux compétiteurs s'efforcèrent de soutenir leur droit par les armes. Innocent s'était fortifié dans le palais de Saint-Jean de Latran, à l'extrémité de la ville, et loin de

---

[1] D'après la relation même de Fleury, *Histoire ecclésiast.* L. LXVIII, c. 1 et 2, tout homme impartial jugera l'élection d'Innocent II illégale. — [2] *Baronius Annales eccles.* ad ann. 1130, p. 183. — [3] Vingt-sept contre dix-neuf. Parmi les premiers, on comptait l'évêque de Porto, doyen du sacré collége, et les plus anciens cardinaux. La noblesse et le peuple favorisaient aussi Anaclet. — [4] *Anonymus, apud Baronium.* ann. 1130, § 2, T. XII, p. 184.

toute habitation. Ne trouvant pas encore cette demeure assez sûre, il se retira bientôt, avec les cardinaux de son parti, dans les monuments ruinés de Rome, dont les Frangipani avaient fait des forteresses, au-dessus de l'arc de Janus, et des arcs de Titus et de Constantin. De son côté, Anaclet se rendait maître, l'épée à la main, des basiliques de Saint-Pierre, de Sainte-Marie-Majeure, et de toutes les églises de Rome. Innocent, cédant à des forces supérieures, s'enfuit d'abord à Pise ; il visita ensuite la France et l'Allemagne. 1132. — C'était lui qui avait déterminé Lothaire à venir prendre à Rome la couronne impériale ; il avait espéré, avec son aide, pouvoir s'emparer de force du trône pontifical : mais la faiblesse à laquelle la guerre civile avait réduit l'empereur, fit comprendre à Innocent qu'il était plus urgent de donner la paix à l'Empire qu'à l'Église.

1134. — Lothaire, de retour en Allemagne, réussit enfin, en 1134, à y faire reconnaître son autorité. Les deux frères de Hohenstauffen, humiliés par la prise d'Ulm, se résolurent à demander la paix. Frédéric de Souabe fut le premier que l'empereur reçut en grâce, au mois de mars 1135 ; et peu après Conrad, renonçant à la dignité royale, fut aussi réconcilié et admis à partager avec son souverain le commandement de l'expédition que Lothaire se préparait à conduire de nouveau en Italie [1].

1136. — Nous avons rendu compte, dans le quatrième chapitre, de cette expédition, dans laquelle Lothaire et Conrad parurent, aux yeux des Italiens, d'une manière plus honorable qu'ils n'avaient fait trois ans auparavant. Les Milanais et les Parmesans accueillirent l'empereur avec empressement : les Pavesans et les Crémonais, qui s'étaient auparavant montrés pour lui des alliés si tièdes, trouvèrent moins de grâce auprès

---

[1] *Mascovius*. L. II, § 7 et 9, p. 59-64.

de lui que ses anciens ennemis. Après un séjour de quelques mois en Lombardie, l'armée allemande s'avança contre Rome, d'où elle chassa l'antipape Anaclet, et elle força Roger, roi de Sicile, à lever le siége de Naples. Nous avons dit ailleurs combien les avantages recueillis dans cette campagne brillante furent de courte durée. L'année suivante, comme Lothaire retournait en Allemagne, il mourut dans les montagnes de Trente, le 3 décembre 1137; et le pape Innocent, qui était resté seul à soutenir la guerre contre Roger, fut fait prisonnier par ce prince, au château de Galluzzo, le 22 juillet 1139.

1139. — Une longue anarchie et des désordres scandaleux furent la conséquence de cette guerre entre les deux papes, et de cette dernière catastrophe. Le peuple romain, de son côté, profita du schisme et de l'affaiblissement du pouvoir pontifical, pour ressaisir les prérogatives qu'il s'était laissé enlever durant l'administration vigoureuse de Grégoire VII et de ses successeurs, dans un temps où le fanatisme lui faisait fermer les yeux sur les usurpations du Saint-Siége. Les prédications d'un moine républicain, nommé Arnaud de Brescia, contribuèrent surtout, vers la fin du règne d'Innocent II, à faire renaître l'esprit public.

Arnaud, à son retour de France, où il avait étudié, osa, pour la première fois, dévoiler dans ses prédications, à Brescia [1], les iniquités du clergé, et dénoncer au monde chrétien son ambition et son despotisme. Les mœurs pures de ce prédicateur, et plus encore sa foi orthodoxe, ne donnaient pas même de prise aux calomnies de ses adversaires. Une érudition profonde pour son siècle, et une éloquence mâle, lui assuraient l'avantage dans toutes les conférences. Les vices du clergé, et les dangereuses conséquences de son pouvoir

---

[1] *Otto Frisingens. de gestis Frid. I.* L. II, c. 21, p. 719.

temporel, étaient le sujet habituel de ses discours; ce sujet était à la portée de tous ses auditeurs : aussi l'hérésie des *politiques* (nom expressif qu'on donnait à ses opinions) fit-elle des progrès alarmants [1].

Arnaud avait étudié sous Pierre Abailard, et il était lié à cet homme célèbre par une tendre amitié. Il est probable que les persécutions qu'Abailard éprouva en 1140, et l'accusation d'hérésie qui fut intentée contre lui, procédaient en partie de la haine que le clergé avait vouée à son disciple. L'un et l'autre furent inculpés pour des erreurs obscures et inintelligibles sur le dogme de la Trinité. Abailard abjura modestement tout ce qu'il pouvait y avoir d'erroné dans sa doctrine, et mourut regretté des moines de Clugny, qui lui avaient donné asile [2]. La persécution d'Arnaud de Brescia avait commencé plus tôt; elle fut plus longue et plus opiniâtre, et elle le conduisit enfin à un supplice cruel. Dès l'an 1139, Arnaud fut condamné par le concile de Latran, et obligé de quitter l'Italie [3]. Il se réfugia dans l'évêché de Constance, où saint Bernard s'efforça d'exciter par ses lettres une nouvelle persécution contre lui [4] : aussi n'est-ce pas sans étonnement qu'on voit Arnaud échapper à la rage des dévots, prêcher sans crainte la liberté à Zurich, comme il l'avait prêchée en Italie, et revenir triomphant, au

---

[1] *Guntherus in Ligurino.* L. III, v. 270, p. 41, *apud Pithœum scr. Germ.* Bâle, 1569.
— [2] *Baronius Annal. eccles.* ann. 1140, § 4-19. — Fleury, Histoire ecclésiastique. L. LXVII, c. 55, 63, 64-69. — [3] *Annal. eccles.* 1139, § 10 et 11. — [4] *Sancti Bernardi Epistolæ*, 195, 196. Saint Bernard écrivait à l'évêque de Constance : « Vous verrez « en lui un homme qui se révolte ouvertement contre le clergé, se confiant dans le « pouvoir tyrannique des gens d'épée, un homme qui s'insurge contre les évêques « eux-mêmes, et qui exerce ses fureurs contre tout l'ordre ecclésiastique. Sachant « cela, je doute que, dans un si grand danger, vous puissiez rien faire de mieux et « de plus salutaire que de suivre le précepte apostolique, *ôter le mal du milieu de* « *vous.* Un ami de l'Église, cependant, voudrait plutôt le lier que le mettre en fuite, « de peur qu'en errant davantage, il ne puisse nuire encore plus. Notre seigneur le « pape, quand il était encore au milieu de nous, en avait donné l'ordre par écrit, sur « le rapport du mal que faisait cet homme ; mais il ne s'est trouvé personne qui voulût « faire une si bonne action. »

bout de cinq ou six ans, pour donner des lois à la république romaine.

1140. — A l'époque de l'exil d'Arnaud de Brescia, les Romains étaient engagés, avec les habitants de Tivoli, dans une guerre dont le schisme précédent était bien moins le motif que le prétexte. Rome retournée en quelque sorte aux jours de sa première enfance, et n'étant plus obéie au-delà des limites de ses propres champs, était devenue rivale de Tivoli, ville formée des maisons de campagne de ses anciens citoyens. Tant que les Romains furent attachés à Innocent II, les habitants de Tivoli soutinrent le schisme d'Anaclet. 1141. — En 1141, une armée romaine, après avoir fait précéder ses attaques par une excommunication, alla mettre le siége devant cette petite ville. Une sortie imprévue des Tiburtins mit cette troupe en désordre : elle s'enfuit honteusement, et laissa dans son camp un riche butin. L'année suivante, les Romains se vengèrent de cet échec ; ils renouvelèrent le siége de Tivoli, et réduisirent cette ville aux dernières extrémités. Ils voulaient la démanteler, et répartir ses habitants dans les villages voisins, pour effacer les traces de leur honte. Le pape, plus modéré et plus sage, accorda la paix aux Tiburtins, à des conditions équitables ; mais il exigea d'eux un serment d'obéissance à l'Église comme s'il les avait soumis avec ses propres armes, et non avec celles des Romains [1].

Les disciples d'Arnaud, et tous ceux qui trouvaient dans leur cœur l'amour de la liberté et de la gloire de Rome, supportaient déjà impatiemment la domination théocratique ; ils profitèrent de l'indignation que causait la paix de Tivoli, pour soulever leurs concitoyens. 1143. — Les nobles se répandirent dans les places publiques ; ils représentèrent au peuple la conduite d'Innocent comme le résultat d'un plan

---

[1] *Otto Frisingens. in Chron.* L. VII, c. 27, p. 143.

formé pour entacher leur honneur et détruire leurs priviléges : ils invoquèrent le souvenir toujours puissant de l'antique grandeur de Rome; ils firent un rapprochement effrayant du gouvernement auguste et du sénat de leurs ancêtres avec celui des prêtres; puis, profitant du mécontentement du peuple, ils entraînèrent sur leurs pas la foule au Capitole. Ce fut sur ce mont consacré à la liberté qu'ils rétablirent le sénat, comme premier gage de la restauration de la république. C'est encore aujourd'hui sur le Capitole qu'est la demeure du sénateur, faible représentant des anciens maîtres du monde. Placé sur l'extrême frontière, entre la Rome antique et la Rome nouvelle, le sénateur semble appartenir encore aux temps de gloire de la première, et faire partie de ses ruines. C'est ainsi que devant son palais une colonne isolée rappelle seule la grandeur et la majesté d'un temple de Jupiter, dont elle est le dernier reste [1].

Innocent II éprouva tant de chagrin de ce mouvement populaire, qu'il en contracta une maladie dont il mourut peu de jours après. Célestin II, son successeur, régna trop peu de temps pour pouvoir essayer de restreindre le pouvoir toujours croissant du peuple. 1144. — Peu de temps après que Lucius II eut été élu pour lui succéder, les Romains mirent la dernière main à leur constitution, en substituant au préfet de la ville, que nommait le pape, un nouveau magistrat qui, sous le titre de patrice de Rome, devait présider le sénat, et représenter la majesté de la république. Jordan, fils de Piétro Léone, et frère du défunt antipape Anaclet, fut celui qu'ils choisirent pour l'élever à cette haute dignité [2].

La ville était divisée en treize quartiers, ou *Rioni*. Les citoyens, assemblés dans chaque quartier, nommaient annuelle-

---

[1] On suppose que cette colonne appartenait à un temple de Jupiter *Custos*. Elle est de marbre grec, d'ordre corinthien, et de soixante-quatre palmes de hauteur. *Vasi Itin.* T. I. P. 110. — [2] *Otto Frisingens. in Chron.* L. VII, c. 31, p. 145.

ment dix électeurs, auxquels ils remettaient le pouvoir de choisir les cinquante-six membres dont se composait le sénat [1]. Les sénateurs étaient probablement gentilshommes ; on doit le croire, d'après l'ardeur avec laquelle la noblesse soutenait le gouvernement républicain. Les plus distingués d'entre eux ajoutaient au titre de sénateur celui de conseiller ; ce qui ferait supposer que le patrice avait un conseil privé, formé peut-être successivement, et par rotation, de tous les membres du sénat.

Le pape, d'autre part, avait un parti considérable dans la noblesse et dans le peuple : à la tête de cette faction on voyait les Frangipani, et, ce qui est plus étrange, les propres frères du patrice Jordan, jaloux sans doute de son autorité. Le pontife, qui depuis peu avait fait alliance avec Roger, roi de Sicile, pouvait aussi compter sur son appui. Le sénat, pour se délivrer d'abord des ennemis intérieurs, fit attaquer les tours que les Frangipani et les autres adversaires de la république avaient élevées dans la ville. Plusieurs de ces tours furent alors démolies ; mais d'autres furent bientôt construites à leur place : les monuments antiques, qui presque tous servaient aussi de forteresses, furent conservés ; et les nobles continuèrent longtemps encore à posséder dans Rome des retraites fortifiées, qui les soustrayaient au pouvoir de leurs magistrats. Le sénat, pour contre-balancer l'influence de Roger, crut ensuite devoir envoyer une députation au monarque de l'Allemagne, pour l'engager à venir prendre à Rome la couronne de l'Empire.

Ce monarque était Conrad III [2], le même qui avait été couronné à Milan, en 1128, et qui avait abdiqué en 1135. A la mort de Lothaire, Conrad avait eu pour concurrent le gendre

---

[1] Charte ou traité de paix entre le pape Clément III et le sénat et le peuple. *Anno* 1188. *Muratori Ant. Ital. Diss. XLII.* Vol. III, p. 785.—*Storia diplomatica de' Senatori di Roma, di F. A. Vitale.* Roma, 1791, 2 vol. in-4.— [2] Conrad II pour l'Italie, et III pour l'Allemagne.

de cet empereur, Henri-le-Superbe, héritier de la maison guelfe, duc de Saxe, de Bavière, et marquis de Toscane ; mais dans la diète de Coblentz de 1138, la maison gibeline, ou de Hohenstauffen, avait recouvré l'avantage sur Henri-le-Superbe, que son orgueil rendait odieux aux princes, et Conrad avait été sacré à Aix-la-Chapelle, le 6 mars de la même année. Les Saxons et les Guelfes, cependant, ne regardèrent point cette élection comme légitime : ils prirent les armes ; et Conrad, occupé à les combattre, ne put jamais descendre en Italie pour s'y faire couronner [1].

Une des lettres que le sénat et le peuple romain adressèrent à Conrad, nous a été conservée par Othon de Frisingen. « Si « des fils et des fidèles, lui disent-ils, peuvent se permettre « de juger les actions de leur seigneur et de leur père, nous « nous étonnons que votre excellence royale n'ait pas répondu « aux lettres par lesquelles nous avions pris soin de l'informer « de nos démarches : cependant toutes nos actions sont di- « rigées à votre honneur par notre fidélité. Le sénat a été « rétabli par la grâce de Dieu. Constantin et Justinien régi- « rent glorieusement tout l'empire, par la vigueur de ce sénat « et par celle du peuple romain ; nous souhaitons, et nous « nous efforçons de faire que vous puissiez gouverner comme « eux, et que vous puissiez recouvrer tous les honneurs qui « vous appartiennent et qui vous ont été ravis...... Nous « avons jeté les fondements de cet ordre nouveau, car nous « maintenons la paix et la justice en faveur de tous ceux qui « les aiment ; nous nous sommes rendus maîtres des tours, « des forteresses et des maisons des seigneurs qui, de concert « avec le Sicilien et le pape, se préparaient à résister à votre « empire ; les unes, nous les gardons fidèlement en votre nom ; « d'autres, nous les avons rasées jusqu'au sol....... Que votre

---

[1] *Mascovius Comment. de rebus Imper. sub Conrado III.* L. III, p. 114. — *Otto Frisingens. Chron.* L. VII, c. 22, p. 140. — Idem, *de gestis Frid,* I, L. II, c. 22, p. 656.

« prudence se rappelle tous les maux que la cour des papes, et
« les seigneurs dont nous parlons, ont faits aux empereurs
« qui vous ont précédé. Les mêmes gens, d'accord avec le
« Sicilien, vous en préparent de plus grands encore..... [1]. »

Conrad, qui savait quel esprit d'indépendance se cachait sous cette soumission apparente, crut plus prudent de ne pas se mêler de ces querelles, et de ne point répondre au sénat, pour ne pas indisposer le pontife, qui en même temps s'était aussi adressé à lui.

Cependant, Lucius II se flatta que les Romains, découragés par l'abandon de Conrad, et intimidés par l'alliance que lui-même avait contractée avec le roi de Sicile, renonceraient à leur nouvelle magistrature dès qu'ils verraient leur pontife l'attaquer avec vigueur. 1145. — Un jour donc, entouré de ses prêtres et de tout l'appareil pontifical, et suivi de ses partisans, armés et disposés pour un siége, il marcha au Capitole pour en chasser le sénat. Le peuple, étonné de ce mélange d'armes spirituelles et temporelles, resta quelque temps indécis sur le parti qu'il devait prendre, et laissa la procession s'approcher de la Colline sacrée. Tout à coup, cependant, honteux d'abandonner ses magistrats, seuls champions de la liberté romaine, il fit pleuvoir sur les soldats pontificaux un déluge de pierres. Lucius lui-même en fut atteint; et sa blessure, dont il mourut peu de jours après, détermina la retraite de ses satellites [2].

Eugène III, disciple de saint Bernard, fut élu pour le remplacer. Ce nouveau pape s'éloigna immédiatement de Rome, afin de ne pas sanctionner, comme on l'exigeait de lui, la restauration du sénat. Cependant, au bout de peu de mois, il consentit à le reconnaître, pourvu que les Romains reconnussent de leur côté son préfet, et renonçassent à leur patrice.

---

[1] *De gestis Frider.* I. L. I, c. 27 et 28, p. 662. — [2] *Godefridus Viterbiens. in Pantheo.* Pars XVII, T. VII, Rer. Ital. p. 461.

A ces conditions il rentra dans la ville, où on lui fit une réception brillante : mais il s'en éloigna de nouveau bientôt après; et tandis qu'il voyageait en Italie et en France, Arnaud de Brescia, rappelé par ses partisans, revint à Rome comme en triomphe [1]. Celui-ci s'efforça de ramener les Romains à des idées plus justes sur les causes de la grandeur de leur ancienne république. Persuadé que de toutes les réformes la plus durable est celle qui, loin de détruire les anciens usages, s'en rapproche et leur rend de la vigueur, il demanda aux Romains de former un ordre équestre, comme intermédiaire entre les sénateurs et les plébéiens; de rétablir les consuls pour présider le sénat, les tribuns pour défendre le peuple; d'exclure les papes de toute part à l'administration politique; de circonscrire les droits qu'ils étaient forcés de conserver à l'empereur. Mais le silence absolu des historiens italiens, dans tout le cours de cette période, et la brièveté des Allemands, auxquels nous sommes forcés de recourir, ne nous laissent aucun moyen de connaître jusqu'à quel point ces réformes furent exécutées [2]. Il paraît seulement que, durant tout le pontificat d'Eugène III, les Romains furent en guerre avec le pape, et que, durant le même temps, Arnaud ne cessa point de leur rappeler l'exemple de leurs ancêtres, et les efforts qu'ils devaient faire pour maintenir la liberté de leur pays. Dans le chapitre suivant, nous verrons le supplice de ce grand homme, martyr de la liberté, dans la ville même qu'il avait voulu affranchir.

---

[1] J. de Müller nous apprend, d'après une chronique de Corbie, que deux mille Suisses des montagnes suivirent Arnaud à son retour à Rome, et l'assistèrent dans le rétablissement de la liberté. Geschichte der Schweiz : B. I, c. 14, p. 410. — [2] *Guntherus in Ligurino.* L. III ; p. 43. — *Otto Frising. de gestis Frid. I.* L. II, c. 21, p. 719. — Les Vies des papes, par Bernard Guidonis et le cardinal d'Aragon, T. III, p. 437, 439, ne nous apprennent presque rien.

CHAPITRE VIII.

Frédéric-Barberousse, empereur. — Sa première expédition contre les villes libres d'Italie.

1152-1155.

Conrad III avait régné quatorze ans sur l'Allemagne; pendant aussi longtemps il avait porté le titre de roi d'Italie, sans avoir eu, durant tout son règne, la moindre influence sur ce dernier pays. Il avait été retenu plusieurs années en Allemagne, par la guerre qu'il faisait aux princes guelfes, Henri-le-Superbe et Guelfe VI, ducs de Bavière et de Saxe. En 1147, il céda, ainsi que Louis VII de France, aux éloquentes observations de saint Bernard; et il passa en Orient, aussi bien que ce prince, à la tête d'une puissante armée de croisés. De retour, après trois ans d'une guerre malheureuse, comme il se préparait à descendre en Italie pour y recevoir la couronne de l'Empire, il fut surpris par la mort, le 15 février 1152[1].

1152. — Quoiqu'il laissât après lui un fils en bas âge, la diète

---

[1] *Voyez*, sur ce règne, *Mascovius Comment. de rebus Imp. sub Conrado III.* L. IV et V.

du royaume, assemblée à Francfort, décerna la couronne, d'après le conseil que Conrad lui-même avait donné en mourant, à son neveu Frédéric-Barberousse, duc de Souabe, alors dans la fleur de la jeunesse. Les princes pouvaient se flatter que l'élection de ce nouveau monarque mettrait fin aux longues et sanglantes divisions des deux plus puissantes familles de l'Empire, les Gibelins, ou la maison de Souabe et Franconie, et les Guelfes, ou la maison de Bavière et Saxe. Frédéric était l'héritier de la maison gibeline, comme petit-fils d'une sœur de Henri V : d'autre part, il était allié à la maison guelfe, comme fils d'une fille de Henri-le-Noir, duc de Bavière ; en effet, par sa mère, il était neveu de Guelfe VI, duc de Bavière, et cousin de Henri-le-Lion, duc de Saxe, les deux chefs de la maison guelfe [1].

L'attente de l'Allemagne ne fut pas trompée; et durant presque tout le règne de Frédéric, les dissensions furent assoupies entre ces deux familles, qui avaient troublé l'administration de ses prédécesseurs. Les armées de l'Allemagne, rendues plus redoutables par l'habitude des guerres civiles, marchèrent réunies sous les étendards de Frédéric. Mais cette concorde finit avec sa vie : les deux familles se séparèrent de nouveau sous le règne de son successeur ; et leur haine, se communiquant aux peuples, et se confondant avec l'esprit de parti qu'avaient fait naître les querelles de l'Empire et du Saint-Siége, donna naissance, en Italie, aux factions trop fameuses des Guelfes et des Gibelins, que nous verrons, pendant plusieurs siècles, faire couler des torrents de sang.

Le jour même de son couronnement, le nouveau souverain laissa entrevoir le caractère sévère et inflexible qu'il devait porter sur le trône. Un de ses courtisans qui avait encouru sa disgrâce, et reçu l'ordre de s'éloigner de la cour, crut que,

---

[1] *Otto Frising. de gestis Frid. 1.* L. II, c. 2, *Scr. Rer. Ital.* T. VI, p. 699.

dans ce séjour d'allégresse, il lui serait plus facile d'obtenir son pardon. Au milieu de la cérémonie, il se prosterna aux pieds du nouveau roi, et lui demanda grâce. Les grands qui l'entendirent, joignirent aussitôt leurs sollicitations aux siennes, sans même connaître sa faute ; et toute la multitude, cédant à l'émotion qu'un grand spectacle lui inspire d'ordinaire, répéta le cri de grâce avec un accent suppliant. Frédéric imposa silence à ces acclamations ; et, au moment où il allait recevoir l'onction sacrée, il éleva la voix pour délarer, d'un ton sévère que la justice et non la haine avait motivé son jugement, et que rien ne le lui ferait révoquer [1]. Tel était l'homme qui allait armer l'Allemagne contre la liberté italienne.

Frédéric avait été élu, dans la diète de Francfort, par les seuls princes allemands : l'Italie, comme une province dépendante, se trouvait donnée à un nouveau monarque, par le suffrage d'autrui. Un petit nombre de gentilshommes toscans, lombards et liguriens, avaient, il est vrai, assisté, par hasard et sans mission, à la diète [2]. Ils n'avaient pas la prétention de conférer, par leurs suffrages, les deux couronnes d'Italie ; mais leurs compatriotes, contents, si ce n'est de la domination allemande, du moins de la manière dont leur patrie était administrée, et de la liberté dont elle jouissait sous des souverains étrangers, applaudirent à l'élection de Frédéric, loin de chercher à la contester.

Ce fut devant la diète convoquée au mois d'octobre, à Herbipoli ou Wurtzbourg, que les députés que Frédéric avait envoyés en Italie, rendirent compte de leur mission. Ils étaient revenus, accompagnés des messagers d'Eugène III. Ce pape sollicitait les secours du nouveau monarque contre les Romains,

---

[1] *Otto Frising.* L. II, c. 3, p. 701. — *Guntheri Ligurinus.* L. I, p. 12, ad *Pithœum.* — [2] *Guntheri Ligurinus.* L. I. p. 6. La Ligurie contenait plusieurs feudataires immédiats de l'Empire, tels que les Palavicini, les Malaspina, les marquis de Bosco et de Carréto : cependant il n'est pas sûr qu'ils assistassent à la diète ; car le nom de *Ligurus* est donné par Guntherus à tous les Lombards.

que dirigeait toujours Arnaud de Brescia. Robert, prince de Capoue, le même qui avait assisté les Napolitains avec tant de courage, durant la guerre où succomba leur république, se rendit en personne à cette même diète; et, secondé par plusieurs barons de la Pouille exilés comme lui, il supplia le roi et la nation allemande de lui rendre son patrimoine, et de réprimer les usurpations du roi de Sicile, leur ennemi comme le sien [1].

Frédéric était jeune, vaillant et avide de gloire; il savait combien la réunion de tous les partis d'Allemagne augmentait ses forces, et il était impatient de les mettre en usage. L'Italie était la seule contrée où il pût déployer l'activité et les talents militaires dont il se sentait doué; l'Italie, où il devait être couronné empereur et roi, et où cependant il savait qu'il ne trouverait ni obéissance, ni sujets ni trésors, ni armée à ses ordres; l'Italie, dont il considérait l'indépendance comme un état de révolte, et les privilèges comme autant d'usurpations. Il promit donc des secours à Robert et aux barons appuliens; il signa un traité d'alliance avec le pape: Eugène lui promit de placer sur sa tête la couronne impériale; et Frédéric prit l'engagement de rétablir l'autorité du pontife dans Rome: enfin, Frédéric somma tous les vassaux du royaume de Germanie, de se préparer à marcher avec lui en Italie, dans moins de deux ans. Avant que la diète fut dissoute, tous les seigneurs qui avaient assisté à ses délibérations prêtèrent serment de suivre leur monarque dans cette expédition [2].

1153. — Au mois de mars 1153, comme Frédéric présidait, à Constance, à une nouvelle diète, deux citoyens de Lodi, portant des croix à leurs mains, traversèrent la foule des princes, et se jetèrent à ses pieds, les yeux pleins de larmes, demandant la liberté de leur patrie, que les Milanais rete-

---

[1] *Otto Frising. Frid. I.* L. II, c. 7, p. 703. — [2] *Ibid.* L. II, c. 7.

naient dans une dure servitude. Il y avait déjà quarante-deux ans que la république de Lodi avait été soumise et réunie au territoire de Milan ; la génération qui avait pris part à un gouvernement libre, qui s'était rassemblée sur la place publique pour y délibérer en peuple souverain, était peut-être déjà toute entière couchée dans le tombeau ; mais le doux et triste souvenir d'une indépendance qu'on a perdue, est un héritage sacré, que des républicains lèguent à leurs enfants, qu'ils les chargent de transmettre de générations en générations, et de faire valoir toutes les fois qu'ils pourront appeler la force à l'appui du plus précieux des droits. Les citoyens de Lodi, que le hasard avait conduits à Constance, sans mission de leurs compatriotes, trouvèrent dans leur cœur les accents qui pouvaient émouvoir, quoique dans une langue étrangère pour eux, une assemblée imposante. Leurs sanglots, au souvenir seul d'une patrie qui n'existait plus que dans leur cœur, réussirent, mieux encore que leurs paroles, à toucher Frédéric. Celui-ci fit expédier aussitôt, par son chancelier, un ordre adressé aux Milanais, de rétablir les Lodésans dans leurs anciens priviléges, et de renoncer à la juridiction qu'ils s'étaient arrogée sur eux. Il chargea un officier de sa cour, nommé Sichérius, de porter sans délai cet ordre aux consuls et au peuple de Milan [1].

Sichérius se rendit d'abord à Lodi ; et il communiqua aux magistrats des bourgades, qui formaient les tristes restes de cette ville, la mission dont il était chargé. Les Lodésans savaient bien que ce n'était pas une simple lettre qui leur ferait recouvrer la liberté ; ils virent avec effroi le péril où la démarche inconsidérée de leurs concitoyens les avait entraînés. Leur ville avait été réduite en cendres ; ils habitaient des villages ouverts de tous côtés, et presque aux portes de Milan : les citoyens de cette ville puissante, provoqués par la lettre

---

[1] *Otto Morena hist. Laudensis.* T. VI. *Rer. It.* p. 957. — *Galvan. Flamma Manip. Florum*, c. 173, T. XI, 634.

hautaine de Frédéric, pouvaient, en peu d'heures, détruire leurs maisons et leurs récoltes; tandis que les secours qu'on leur faisait espérer d'Allemagne n'arriveraient pas dans moins d'une année. Frédéric les avait protégés, comme les grands protégent d'ordinaire : ils croient avoir assez fait pour leurs clients, s'ils se réservent le moyen de les venger Les magistrats de Lodi représentèrent vainement à Sichérius les dangers de leur situation; ils ne purent obtenir de lui qu'il supprimât les lettres dont il était chargé, ou qu'il différât de les remettre jusqu'à l'approche de Frédéric.

Les consuls de Milan reçurent Sichérius en présence de l'assemblée du peuple, qui entendit la lecture des dépêches qu'il portait. Personne, dans cette assemblée, ne fut maître de réprimer l'indignation qu'excitait une lettre aussi impérieuse : elle fut arrachée des mains du héraut, et foulée aux pieds; des protestations de défendre l'indépendance de la patrie, des imprécations contre le despote, se firent entendre de toutes parts, et Sichérius n'échappa qu'avec peine à la multitude en fureur [1].

Les Lodésans cependant étaient livrés à des terreurs mortelles : ils envoyaient leurs femmes et leurs enfants, avec leurs effets les plus précieux, dans les villes voisines, à Crémone ou à Pavie; eux-mêmes, pendant le nuit, ils restaient attachés à leurs demeures; mais de jour, ils n'osaient s'y livrer au sommeil; ils se dispersaient dans les bois, ils erraient dans les campagnes, croyant toujours que l'armée milanaise allait fondre sur eux, et les punir des souhaits qu'ils avaient osé former. Néanmoins les Milanais, avertis de la prochaine arrivée de l'empereur, ne voulurent pas provoquer son courroux en attaquant les Lodésans qu'il avait pris sous sa protection. Au contraire, ils envoyèrent à Frédéric, avec les autres Lombards,

---

[1] *Otto Morena Rerum Laudensium*, p. 965.

le présent que les villes étaient dans l'usage d'offrir à un nouveau souverain. Les députés de Crémone, chargés d'un présent semblable, portèrent en même temps au pied du trône leurs plaintes contre l'ambition croissante des Milanais. 1154. — Ces derniers furent bientôt instruits des mauvais services que leur avaient rendus leurs voisins; et, quand la saison des combats fut revenue, ils essayèrent de s'en venger par des incursions sur le territoire de Pavie et de Crémone [1].

La Lombardie était donc en armes au mois d'octobre 1154, lorsque Frédéric y entra. Il descendait des Alpes par la vallée de Trente, et marchait à la tête de tous ses vassaux, et d'une armée plus brillante qu'aucune de celles que ses prédécesseurs avaient jusqu'alors conduites en Italie. Il s'arrêta quelque temps sur les bords du lac de Garda, pour donner à ses feudataires le loisir de le rejoindre; puis il s'avança jusqu'à Roncaglia, dans le voisinage de Plaisance : il y traça son camp sur la plaine qui borde le Pô; et, selon l'antique usage, il y ouvrit les comices du royaume d'Italie [2].

Il commença par priver de leurs fiefs ceux des feudataires qui ne se trouvèrent point à la revue, puis il se déclara prêt à juger les différends de ses sujets d'Italie, ainsi qu'à écouter leurs plaintes. Guillaume, marquis de Montferrat, fut le premier à demander justice : il accusa la ville d'Asti, et la bourgade de Cairo ou Chiéri. L'une et l'autre se gouvernaient en républiques; et, n'ayant pu forcer le marquis de Monferrat à se mettre sous leur protection, elles faisaient la guerre à ses vassaux. L'évêque d'Asti se joignit au marquis, pour accuser son troupeau. Toutes les nouvelles républiques excitaient la défiance ou la colère de Frédéric; il promit donc au prélat et

---

[1] *Otto Morena*, p. 971. — [2] *Otto Frising.* L. II, c. 12-15, p. 706. — *Otto Morena*, p. 969. — *Sire Raul, seu Radulphus Mediolanensis, de gestis Frid.* I, p. 1175, T. VI. — *Lugurinus.* L, II, p. 24.

au marquis de tirer une vengeance exemplaire des peuples qui les avaient offensés.

Les consuls de Como et ceux de Lodi se présentèrent ensuite, et renouvelèrent les plaintes que les Lodésans avaient déjà portées à Constance contre les Milanais. Les consuls de Milan étaient présents et prêts à répondre : la discussion s'engagea devant le roi, et toutes les villes manifestèrent leurs inclinations. On vit que les Milanais pouvaient compter sur l'appui de Crème, de Brescia, de Plaisance, d'Asti et de Tortone ; que, d'autre part, les Pavésans n'étaient secondés que par Crémone et Novare, puisque les villes de Como et Lodi étaient déjà soumises à leurs rivaux. Le parti de Pavie était évidemment le plus faible ; et le roi d'Allemagne, appelé à choisir entre les deux ligues, se détermina en faveur de celle qui ne pouvait se soutenir sans lui, afin de rester toujours maître de l'opprimer ensuite ; sentant bien que s'il secondait les Milanais, ceux-ci n'auraient bientôt plus besoin de son assistance [1]. Il ordonna cependant aux deux partis de poser préalablement les armes, et il fit relâcher les prisonniers que les Milanais avaient faits sur les Pavésans ; puis, ayant annoncé son intention de s'approcher de Novare, avant de rien décider sur les plaintes de Como et de Lodi, il demanda aux consuls milanais de le conduire eux-mêmes au travers de leur territoire.

La route naturelle que devait suivre l'armée fut celle qu'ils lui indiquèrent en effet ; elle traversait, par une ligne à peu près droite, et d'environ cinquante milles de longueur, Landriono, Rosate et Trécale, où se trouvait le pont sur le Tésin. Mais cette ligne même était celle sur laquelle les Milanais et les Pavésans s'étaient battus, à plusieurs reprises, peu de mois auparavant, en sorte que la campagne était dévastée ; et

---

[1] *Sire Raul*, p. 1175.

comme les Allemands enlevaient, sans rien payer, non seulement les munitions dont ils avaient besoin, mais souvent encore le bétail et les meubles, les paysans fuyaient devant eux, et la route que suivait l'armée paraissait absolument déserte. La première nuit, l'armée de Frédéric campa devant Landriano, où à peine elle trouva suffisamment de vivres. Le jour suivant elle parvint à Rosate ; et, comme des pluies violentes retardaient sa marche, elle s'y reposa quarante-huit heures, en dehors du château. Les Milanais ne s'étaient pas attendus à ce retard ; les munitions qu'ils avaient fait préparer furent consommées en un seul repas, et l'armée se trouva sans vivres. De plus, Othon de Frisingen convient que le prince et les soldats, fatigués des pluies éternelles auxquelles ils se trouvaient exposés, s'abandonnaient à leur humeur et rendaient les Milanais responsables des intempéries de la saison [1]. Frédéric, le soir du second jour, donna l'ordre à leurs consuls de s'éloigner de son camp et de fuir son indignation ; il y ajouta celui de faire évacuer auparavant le château de Rosate, où ils avaient une garnison de cinq cents soldats, afin que son armée profitât des vivres qu'on y conservait. Les consuls obéirent : non seulement la garnison, mais encore tous les habitants sortirent du château, emmenant leurs femmes et leurs enfants, quoique la nuit commençât et qu'une pluie froide et abondante rendît cette exécution militaire plus cruelle encore. Ils se retirèrent vers Milan, dont ils étaient éloignés de douze milles ; et ils laissèrent dans le château tous leurs effets, selon l'ordre qu'ils avaient reçu. Au point du jour, l'armée allemande y entra ; et, après l'avoir pillé, elle le rasa de fond en comble [2].

Lorsque les fuyards de Rosate arrivèrent à Milan, empressés d'accuser de leur malheur quelqu'un sur qui ils pussent se

---

[1] *De Reb. Gest. Frid. I*, Lib. II, c. 14, p. 710. — [2] *Otto Morena*, p. 973.

venger, ils répétèrent les plaintes des Allemands, et reprochèrent aux consuls milanais d'avoir excité la colère de Frédéric et de ses troupes. Ces magistrats avaient tort à leurs yeux, dès qu'ils avaient conduit l'armée devant leur château. Le peuple milanais ne savait point se défendre contre l'émotion qu'on cherchait à exciter en lui : les pleurs des femmes de Rosate, la misère de leurs enfants qu'elles portaient dans leurs bras, couverts de boue, et transis par une pluie glacée, l'abattement des chefs de famille qui avaient tout perdu, faisaient, sur ce peuple, une impression bien plus profonde que l'éloquence ferme et mesurée des deux consuls, Obertho dall'Ortho, et Ghérardo Nigro, qui justifiaient leur conduite. La foule irritée se porta contre la maison du dernier, et la démolit entièrement. Ce magistrat cependant oublia l'ingratitude du peuple, et n'en servit pas sa patrie avec moins de zèle et de fidélité [1].

De nouveaux députés furent envoyés à Frédéric; ils lui représentèrent le châtiment infligé au consul, comme une satisfaction éclatante que lui donnait le peuple milanais : ils cherchèrent aussi à l'apaiser, en lui offrant une rançon considérable, sous la condition qu'il ne troublerait point la république dans la possession de Lodi et de Como. Mais le lion avait goûté du sang, et repoussait toute autre nourriture. Frédéric s'indigna de l'offre d'un tribut, comme si l'on avait cherché à le corrompre à prix d'argent [2] ; et, conduisant ses soldats dans les plus fertiles campagnes du Milanais, il en livra les richesses à leur discrétion. Il s'avança ensuite vers les deux ponts que les Milanais avaient jetés sur le Tésin, pour pénétrer dans le territoire de Novare ; et, après les avoir traversés avec son armée, il les livra aux flammes. Sur l'autre rive, le même peuple possédait encore deux châteaux qu'il consi-

---

[1] *Otto Frising. de gestis Frid. I*, L. II, c. 13 et 15. — [2] *Otto Frising. de gestis Frid. I*, L. II, c. 14.

dérait comme la clef du Novarais, et il y entrenait garnison ;
c'étaient Trécale et Galiate. Frédéric les prit d'assaut, et,
après les avoir abandonnés au pillage, il les fit raser [1].

Les Milanais considéraient avec étonnement les ravages de
cette armée barbare, qui, comme une trombe funeste, avait
traversé leur territoire. Elle en était enfin sortie ; mais on ne
pouvait prévoir ses mouvements futurs ; et, après plusieurs
tentatives infructueuses, on avait renoncé à désarmer son
aveugle colère. Revenus de leur première surprise, les magistrats songèrent à se prémunir contre de nouvelles attaques ;
ils firent entrer dans la ville le plus de munitions qu'il leur
fut possible ; ils relevèrent avec soin ses fortifications, et mirent les châteaux de leur territoire dans le meilleur état de
défense. En même temps, ils envoyèrent des ambassadeurs
aux cités de leurs alliés, pour renouveler les anciens traités,
et pour leur demander ou leur promettre des secours en cas
d'attaque [2].

1155. — Frédéric célébra les fêtes de Noël dans le voisinage de Novare ; et, au commencement de l'année 1155, il
traversa le territoire de Verceil et celui de Turin [2]. Ces deux
villes se gouvernaient en républiques ; mais elles eurent le
bonheur de trouver le monarque bien disposé pour elles, et,
dans la longue guerre qu'il fit ensuite aux Lombards, la dernière fut constamment attachée à son parti. Frédéric, après
avoir passé le Pò, reprit, au travers de la plaine qui est à sa
droite, la route de Pavie. Guillaume de Montferrat, qui suivit l'armée, lui rappela les injures qu'il avait reçues des habitants de Chiéri et d'Asti, et lui demanda de châtier ces
bourgeois si fiers de leur indépendance. Ceux-ci, effrayés de
l'approche d'une armée aussi formidable, et ne se confiant

---

[1] *Epistola Frederici ad Ottonem Frisingensem, ap. Scr. Rer. Ital.* T. VI, p. 633. —
[2] *Tristani Calchi hist. Patriæ.* L. VIII, p. 222. — [3] *Otto Frising. de gestis Frid. I.* L. II, c. 15.

point assez dans leurs tours et leurs murailles, prirent d'avance le parti de la fuite. Frédéric trouva déserte la bourgade de Chiéri [1] et la ville d'Asti. Après les avoir abandonnées au pillage des soldats, il y fit mettre le feu.

Il s'approcha ensuite de Tortone; cette ville était alliée de Milan, et avait pris part à la guerre contre Pavie. Le roi lui fit signifier l'ordre de renoncer à l'alliance des Milanais, et d'en contracter une avec les Pavésans; et, comme les magistrats de Tortone répondirent qu'ils n'avaient point coutume d'abandonner leurs amis dans le malheur, la ville fut aussitôt mise au ban de l'Empire, par un décret solennel; et, le 13 février, le roi en entreprit le siége [2].

La ville de Tortone est bâtie sur un monticule qui domine les plaines de la rive droite du Pô, et qui est placé en avant des Alpes liguriennes, à quelque distance de leur base. Des terres basses et profondes l'entourent de tous les côtés, et le séparent même de Novi, où commence la chaîne des Alpes. La colline de Tortone ne se rattache à cette chaîne que par quelques hauteurs qui se prolongent du côté de l'orient. Sur cette colline escarpée est bâtie la forteresse; au-dessous est un bourg qui, bien qu'entouré d'une muraille, est à peine susceptible de défense: aussi, dès les premières approches, le roi s'empara-t-il de ce bourg ou de la ville basse, tandis que les habitants, avec toutes leurs richesses, s'enfermèrent dans la ville haute.

Dès que les Milanais furent instruits du danger que couraient leurs alliés, ils leur envoyèrent deux cents hommes de leurs meilleurs soldats [3]. Ils engagèrent aussi plusieurs gen-

---

[1] Tous les historiens contemporains appellent *Cairo* cette bourgade; et Muratori suppose qu'il s'agit d'un château de ce nom, situé au pied des Alpes liguriennes, à quarante milles au midi d'Asti. Mais, d'après la route que suivait Frédéric, il ne peut être ici question que de Chiéri. Cette bourgade, qu'il traversait en se rendant de Turin à Asti, s'est gouvernée en république jusqu'à la fin du xIII siècle.—[2] *Otto Frising.* L. II, c. 17, p. 712. — *Tristani Calchi*, L. VIII, p. 222. — [3] Tristanus Calchus nous a transmis les

tilshommes des montagnes liguriennes, qui s'étaient mis sous leur protection, entre autres le marquis Obizzo Malaspina, seigneur de la Lunigiane, à se jeter dans la ville assiégée.

Frédéric avait établi son quartier à l'occident de la ville, et du côté du fleuve Tanaro ; le duc Henri de Saxe occupait, au midi, le faubourg même ; et les milices pavésanes étaient campées du côté de leur propre ville, c'est-à-dire, au nord et au levant. Les assiégeants creusèrent, entre ces divers quartiers, un fossé qui coupait toute communication entre Tortone et la campagne. Des machines de tout genre furent fabriquées ; les unes pour atteindre les soldats, en lançant des flèches ou des pierres, les autres pour ébranler les murs. Tels étaient déjà les progrès des ingénieurs dans la science de la mécanique, que l'on raconte qu'une baliste lança un rocher qui vint tomber devant le portique de la cathédrale, sur une esplanade où trois des premiers citoyens de Tortone délibéraient sur les moyens de défendre la ville, et qu'il les écrasa tous trois de ses éclats. Vis-à-vis des murs, des potences étaient élevées par l'ordre de Frédéric ; et l'on y attachait les prisonniers qui, considérés comme des rebelles, étaient livrés au dernier supplice.

Les Tortonais cependant trouvaient des forces dans leur désespoir ; ils insultaient les assiégeants par de fréquentes sorties ; surtout ils attaquaient presque chaque jour le quartier des Pavésans, parce que c'était entre les postes avancés de ces derniers et des leurs qu'était située la seule fontaine où les assiégés pussent prendre de l'eau. Le roi renforça ce quartier, en y plaçant le marquis de Montferrat avec sa troupe. Il essaya aussi de faire crouler une tour, nommé *Rubea*, la seule qui ne fût pas fondée sur le roc ; mais ses mineurs furent rencontrés par les assiégés qui creusèrent des contre-mines ; et ils périrent étouffés dans leurs galeries [1].

noms des chefs de ces braves gens. *l. s. c.* — [1] *Otto Frising. de gentis Frid. l.* L. II, c. 17.

Les Pavésans, ne pouvant parvenir à écarter les Tortonais de la fontaine confiée à leur garde, y jetèrent des cadavres d'hommes et d'animaux, pour la corrompre : mais la soif triomphait du dégoût, et l'eau de la fontaine n'en était pas enlevée avec moins d'avidité. A la fin cependant ils y éteignirent de la poix et du soufre enflammés ; et ils parvinrent à la rendre si amère qu'on ne put plus en faire usage. Ces combats se renouvelèrent jusqu'à l'avant-veille de Pâques : Frédéric, à cette époque, accorda une trêve de quatre jours à son armée, pour célébrer les fêtes; trêve dont les assiégés profitèrent à peine, puisqu'ils souffraient toujours plus de la soif.

Pendant ces fêtes, le clergé de Tortone sortit en procession, pour demander au roi la grâce de ne point être compris dans la punition d'une ville coupable qu'il abandonnait à son courroux : Frédéric n'écouta point ces lâches prières d'un corps qui voulait s'isoler au milieu des calamités publiques; il força les ecclésiastiques à rentrer dans la ville, et renouvela ses attaques [1].

Cependant la soif devenait insupportable ; et les assiégés avaient épuisé toutes les ressources de la patience et du courage : après soixante-deux jours de combats, ne pouvant obtenir une capitulation plus honorable, ils se rendirent sous la seule condition qu'ils sortiraient de la ville, et qu'ils emporteraient sur leurs épaules les effets dont ils pourraient se charger en une seule fois, tandis que tout le reste du butin serait abandonné à l'armée victorieuse. En effet, ils sortirent de Tortone, mais dans un état de maigreur et de faiblesse qui rendait plus glorieuse encore leur longue résistance. Ils se retirèrent vers Milan, tandis que leurs maisons, après avoir été pillées, furent abandonnées aux flammes [2].

---

[1] *Otto Frisingens* L. II, c. 19. — [2] *Otto Morena*, p. 981. — *Otto Frising.* L. II, c. 20, 21, p. 718. — *Abbas Uspergensis in Chron.* p. 283, ap. Pithœum. — *Godefridus Viterbiensis in Pantheo.* Pars. XVIII, T. VII, p. 464. — *Sicardi episc. Cremonens. Chron,* p. 599, T. VII, Rer. Ital,

Quelque lamentable qu'eût été la fin du siége de Tortone, les républicains lombards se félicitèrent de ce qu'une seule de leurs villes, une des moins peuplées et des moins puissantes, avait arrêté deux mois la plus formidable armée que le roi d'Allemagne pût conduire contre eux, et lui avait coûté plus de sang et de fatigues qu'il n'en avait fallu au premier Othon pour conquérir l'Italie. Un grand exemple de constance et de courage avait été donné en faveur de la liberté : les Tortonais étaient ses martyrs; ils furent placés sous la protection des républiques dont ils avaient défendu la cause. Les réfugiés furent répartis entre les différentes familles milanaises, avec lesquelles ils avaient contracté des liens d'hospitalité, et les consuls de Milan s'engagèrent à rebâtir les murailles de Tortone, dès que l'armée allemande se serait éloignée.

Tandis que ces braves réfugiés entraient à Milan, avec leurs femmes et leurs enfants, portant les faibles restes de leur fortune, et qu'ils y étaient reçus aux acclamations du peuple, qui admirait leur valeureuse résistance, Frédéric, de son côté, célébrait sa victoire par une entrée triomphale à Pavie, où il se fit couronner dans l'église de Saint-Michel, près de l'ancien palais des rois lombards [1].

Impatient de joindre le titre d'empereur à celui de roi, ce monarque s'achemina ensuite vers Rome; il passa près de Plaisance et de Bologne, et traversa la Toscane, sans provoquer ni éprouver de résistance.

Le pape Eugène III était mort en 1153. Anastase IV, qui lui avait succédé, n'avait régné qu'une année; et Adrien IV était monté sur le trône de saint Pierre, lorsque Frédéric s'approcha de Rome. Depuis plusieurs années Arnaud de Brescia vivait en paix dans cette ville, protégé par le sénat et applaudi par le peuple, auquel il dénonçait les ambitieuses

---

[1] *Otto Frising.* L. II, c. 21, p. 718.

usurpations du clergé. Au commencement de cette année, Adrien IV, poussé à bout, avait mis Rome sous l'interdit [1]. Jamais, jusqu'alors, la capitale de la chrétienté n'avait éprouvé ce châtiment spirituel; et, comme le peuple commençait à murmurer de ce qu'on le privait des saints offices aux approches de Pâques, le sénat crut prudent de ne pas compromettre la liberté publique, en la mettant aux prises avec la suppression : il engagea Arnaud à s'éloigner; et, à cette condition, il réconcilia la ville avec le pape. Arnaud se retira dans le château d'un gentilhomme de la Campanie, et attendit la détermination que prendrait Frédéric.

Les deux partis s'efforçaient également de gagner la faveur de ce monarque. Adrien avait envoyé, jusqu'à San-Quirico, trois cardinaux pour le recevoir; et, après lui avoir promis la couronne impériale, il avait demandé et obtenu, en retour, que Frédéric l'aidât à subjuguer les Romains. Le roi, pour donner au pontife une première preuve de sa protection, fit arrêter le comte campanien qui avait accordé un refuge à Arnaud; et il ne le relâcha que lorsque celui-ci eût livré l'éloquent antagoniste des papes entre les mains du préfet de Rome, officier élu par le pontife, et qui lui était entièrement dévoué. Le peuple, cédant à la double terreur des foudres spirituelles et du glaive de l'armée allemande, ne fit aucun effort pour délivrer l'apôtre de la liberté, que la sentence d'un concile avait diffamé, en le déclarant hérétique. Avant que les Romains eussent le temps de revenir de leur surprise, la cruelle vengeance du pape était accomplie. Le préfet demeurait dans le château Saint-Ange avec son prisonnier : il le fit transporter, un matin, sur la place destinée aux exécutions, devant la porte du peuple. Arnaud de Brescia, élevé sur un bûcher, fut attaché à un poteau, en face du Corso. Il pouvait mesurer des

---

[1] *Baronius Ann. eccles. ad. ann.* 1155, § 2, 3 et 4. — *Card. Aragonius in vita Adriani IV*, p. 442, *Scr. Rer. Ital*, T. III, p. 1.

yeux les trois longues rues qui aboutissaient devant son échafaud; elles embrassent presque une moitié de Rome. C'est là qu'habitaient les hommes qu'il avait si souvent appelés à la liberté. Ils reposaient encore en paix, ignorant le danger de leur législateur. Le tumulte de l'exécution et la flamme du bûcher réveillèrent les Romains : ils s'armèrent, ils accoururent, mais trop tard; et les cohortes du pape repoussèrent, avec leurs lances, ceux qui, n'ayant pu sauver Arnaud, voulaient du moins recueillir ses cendres comme de précieuses reliques [1].

Après cette exécution, Adrien, accompagné de ses cardinaux, s'avança jusqu'à Viterbe, pour recevoir Frédéric. Quelque besoin qu'il eût de lui, il voulait, à l'exemple de ses prédécesseurs, forcer l'empereur élu à s'humilier devant l'Église, avant d'être exalté par elle. Frédéric, en le voyant arriver, n'accourut point pour lui tenir l'étrier et l'aider à descendre de sa mule : c'en fut assez pour que le pontife refusât de recevoir de lui ou de lui rendre le baiser de paix, jusqu'à ce que l'orgueilleux monarque, persuadé par les remontrances de ceux des courtisans qui avaient vu Lothaire dans une circonstance semblable, se fût conformé à ce cérémonial humiliant. On eut soin de l'assurer cependant que cette condescendance ne pouvait le compromettre, puisque ce n'était pas au pape, mais à l'apôtre qu'il représentait, qu'on le pressait de rendre hommage [2].

Vingt milles plus loin, entre Népi et Sutri, des députés du sénat de Rome se présentèrent à Frédéric : le discours qu'ils lui adressèrent nous a été conservé en entier par Othon de Frisingen [3]. Ils retraçaient l'ancienne gloire de Rome, qu'il était du devoir du nouvel empereur de rétablir; ils rappe-

---

[1] *Vita Adriani Papæ, a card. Aragonio.* T. III, p. 442. — *Otto Frising.* L. II, c. 21, p. 720. — [2] *Muratori Antiq. Ital. Dissert. IV.* Vol. I. p. 117, *ex Cencio Camerario* — [3] *Otto Frising.* L. II, c. 22.

laient la domination de cette ville sur l'univers, domination à laquelle elle pouvait prétendre encore, depuis qu'elle avait secoué le joug injuste des prêtres; et ils demandaient à Frédéric, avant qu'il entrât dans la ville, de prêter serment qu'il respecterait les coutumes et les lois antiques de Rome, que tous les empereurs avaient déjà confirmées par leurs chartes; qu'il préserverait les citoyens de la licence des Barbares, et qu'il paierait cinq mille livres d'argent aux officiers qui devaient, au nom du peuple romain, le couronner au Capitole.

Quoique Frédéric eût été blessé de la hauteur d'Adrien IV, il avait cependant accordé à la dignité de la religion et à l'âge du pontife le sacrifice de son propre orgueil; mais rien ne le prévenait en faveur de la morgue du sénat romain. Les sentiments républicains qu'il avait déjà combattus en Lombardie ne lui inspiraient ni respect ni estime; aussi répondit-il en despote : qu'il n'était pas fait pour recevoir des conditions; que le prince doit donner des lois au peuple, et non point les prendre de lui; que lorsqu'il fait le bien de ses sujets, il suit l'impulsion de son cœur, sans qu'aucun devoir ou aucun serment l'y oblige. Puis, retraçant aux envoyés romains la dégénération de leurs concitoyens, et la faiblesse qui avait succédé à leur antique énergie, il les renvoya avec mépris. Comme ces députés se retiraient, il les fit suivre par un corps de mille chevaux, qui occupèrent la cité Léonine. C'est la partie de Rome qui est bâtie sur le mont Vatican, au-delà du Tibre, et autour de la basilique de Saint-Pierre. Ce quartier avait été fortifié, en 848, par le pape Léon IV, après que les Sarrazins eurent pillé, sous son pontificat, cette même basilique : dès lors il portait son nom [1]. La cité Léonine ne communique avec la ville que par un pont bâti sous

---

[1] *Anastasius* (*Biblioth. de vita Leonis IV*, p. 240, *Scr. Rer. Ital.* T. III, P. I.

le château Saint-Ange [1] ; pont dont les Allemands s'emparèrent aussi, et qu'ils barricadèrent. Après ces précautions, Frédéric et Adrien purent, le lendemain matin, entrer sans danger et sans résistance dans ces rues désertes, et célébrer la cérémonie du couronnement en dépit des Romains, qui, retenus en dehors des barricades, frémissaient de ce que le nouvel empereur croyait pouvoir se passer de leurs suffrages. Après que Frédéric eut reçu la couronne d'or des mains d'Adrien IV, dans la basilique de Saint-Pierre, il se retira, avec ses soldats, dans le camp qu'il avait tracé hors des murs [2].

A peine les Romains eurent vu relever la garde qui défendait le pont du Tibre, qu'ils se précipitèrent dans la cité Léonine, et massacrèrent ceux des écuyers de l'empereur qui se trouvaient encore autour du Vatican. Frédéric, averti de ce mouvement populaire, rassembla en hâte ses soldats, et s'avança dans la cité Léonine, pour y rencontrer les Romains. Le combat s'engagea devant le château Saint-Ange, à la tête du pont, avec les habitants de la ville, et, entre le Janicule et le fleuve, autour d'une piscine dont il ne reste point de traces, avec les Transtévérins. Tel était déjà l'effet de la discipline républicaine, que les Romains soutinrent, pendant tout le reste du jour, l'effort de l'armée impériale, quoiqu'elle fût composée des meilleures troupes de l'Allemagne. Ils furent cependant enfin mis en fuite, après avoir eu mille hommes tués, et deux cents faits prisonniers. Dès le lendemain, l'empereur qui commençait à manquer de vivres, s'éloigna de Rome avec le pape, et traça son camp dans le voisinage de Tivoli. C'est là qu'il célébra la fête de saint Pierre et de saint Paul, durant laquelle le pape, après la messe, donna l'absolution à tous les soldats qui avaient massacré ses

---

[1] On l'appelle aujourd'hui le pont des Anges, autrefois *pons Ælii Hadriani*. — [2] *Otto Frising.* L. II, c. 23, p. 724.

ouailles, déclarant que *verser du sang pour maintenir le pouvoir des princes, ce n'est point commettre un meurtre, c'est venger les droits de l'Empire* [1].

Cependant l'approche de la canicule multipliait dans l'armée les fièvres pestilentielles. Frédéric, pour éviter la fatale influence des grandes chaleurs, conduisit ses troupes dans les montagnes du duché de Spolète. La capitale de ce duché, qui comme toutes les autres villes italiennes, se gouvernait en république, eut le malheur d'exciter son courroux. Le fisc réclamait d'elle une redevance de huit cents livres, comme droit de fodéro, pour laquelle on l'accusait d'avoir fraudé les revenus royaux. De plus, les consuls de Spolète avaient arrêté le comte Guido Guerra, un des plus puissants gentilshommes toscans, qui, de retour d'une légation, voulait rejoindre l'armée. Frédéric marcha donc contre Spolète; les citoyens s'avancèrent courageusement au devant de l'armée, et l'attaquèrent avec des frondes et des arbalètes : mais il ne purent soutenir le choc de la cavalerie allemande; ils s'enfuirent vers la ville, où les vainqueurs entrèrent pêle-mêle avec les vaincus. Les premiers y mirent le feu avant d'en avoir achevé le pillage; mais ils restèrent encore deux jours dans son voisinage, afin de s'approprier toutes celles des dépouilles des malheureux Spolétains qui n'auraient pas été consumées par les flammes [2].

Les barons de l'Appulie, qui s'étaient réfugiés auprès de l'empereur, le pressaient de porter la guerre dans les états du roi de Sicile. Roger, premier des rois normands de cette île, était mort à Palerme, le 26 février 1153, dans la cinquante-sixième année de son âge, après un règne glorieux, mais dont la fin fut lamentable. Dans la dernière année de sa vie, ce monarque avait perdu ses deux fils aînés, Roger et Al-

---

[1] *Otto Frising.* L. II, c. 24, p. 725. — [2] *Ibid.* L. II, c. 24, p. 726.

phonse, qui promettaient d'être, par leur valeur et leurs vertus, de dignes successeurs des héros normands. Guillaume Ier, le troisième fils qui succéda à Roger, était un homme pusillanime et incapable de se conduire. Il s'était abandonné à la direction de Mayo, citoyen obscur de Bari, qu'il avait fait chancelier et grand-amiral ; déjà il avait mécontenté la noblesse, et une rébellion avait éclaté dans l'Appulie [1]. Robert, prince de Capoue, était entré dans la Campanie, à la tête des exilés, et l'avait fait révolter; toutes les villes lui avaient ouvert leurs portes, à la réserve de Naples, Amalfi, Salerne, Troies et Melphi. Emmanuel Comnène, empereur de Constantinople, avait en même temps fait attaquer, par une flotte, Brindes et Bari, qui n'avaient fait presque aucune résistance. Tout le royaume en deçà du Phare semblait être perdu pour le monarque normand, si Frédéric, selon qu'il l'avait annoncé, s'était avancé pour en achever la conquête : mais les Allemands étaient impatients de regagner leur patrie, et de se remettre des fatigues et des maladies d'une campagne aussi meurtrière ; en sorte que Frédéric ne fut pas le maître de prolonger la guerre. Il fut forcé de licencier son armée à Ancône : plusieurs des seigneurs qui l'accompagnaient, s'embarquèrent dans cette ville pour Venise ; d'autres, traversant toute la Lombardie et le Piémont, vinrent gagner les Alpes de Savoie. Frédéric, qui avait conservé avec lui un corps considérable, se rendit sur le territoire de Vérone, en traversant la Romagne et les diocèses de Bologne et de Mantoue [2].

C'était l'usage des Véronais de ne point accorder aux armées impériales un passage au travers de leur ville. Pour s'en dispenser et se mettre à l'abri du pillage des Allemands, ils leur bâtissaient un pont sur l'Adige, en dehors des murs. Lorsque Frédéric entra sur leur territoire, avec les restes affaiblis d'une

---

[1] *Romualdi Salernitani Chron.* p. 197, T. VII. — [2] *Otto Frising.* L. II, c. 25.

armée qui avait porté la désolation dans toute l'Italie, et qui, depuis Asti jusqu'à Spolète, avait tracé sa route par l'incendie et le massacre, ils se flattèrent, s'ils réussisaient à la diviser, de pouvoir l'anéantir, et d'accomplir seuls la vengeance des Lombards. Le pont de bateaux qu'ils construisirent au-dessus de la ville, était, dit Othon de Frisingen [1], un piége bien plutôt qu'un pont : les barques qui le composaient étaient à peine assez liées pour résister à la force du courant ; et tandis que l'armée le traversait, d'énormes masses de bois, qu'on faisait descendre le long du fleuve, devaient le frapper et le rompre. Une légère erreur de calcul sur le temps nécessaire pour faire flotter ces bois, fit échouer le complot. Les impériaux avaient précipité leur marche, pour se soustraire à la poursuite des paysans, qui voulaient se venger de leurs déprédations : non seulement ils eurent le temps de traverser le pont avant qu'il fût rompu, mais plusieurs des insurgés qui les poursuivaient le traversèrent aussi ; et ces derniers, séparés quelques moments plus tard de leurs compatriotes, furent tous massacrés. L'empereur, cependant, ne se sentit point assez fort pour tirer vengeance de ceux qui lui avaient préparé ce piége ; il continua son chemin vers les montagnes, et rentra en Bavière par Trente et Bolzano, un an après en être parti.

[1] *De gestis Frid.* L. II, c. 26.

CHAPITRE IX.

Suite de la guerre de Frédéric Barberousse avec les villes lombardes. — Premier siége de Milan ; siége de Crème ; prise et ruine de Milan.

1155-1162.

Les consuls de Milan n'avaient pas attendu que Frédéric eût licencié ses troupes, pour tenir aux habitants de Tortone la parole qu'ils leur avaient donnée. L'empereur avait à peine quitté Pavie, en s'acheminant vers Rome, qu'ils présentèrent au peuple ces malheureux réfugiés, victimes de leur dévouement à la cause de la liberté lombarde, et qu'ils obtinrent du parlement ou conseil général un décret pour rebâtir Tortone aux frais du public. Le trésor cependant n'était rien moins que riche; mais les citoyens étaient accoutumés à venir à son secours. Ceux qui ne pouvaient contribuer de leur bourse, donnaient leur travail à l'état. Deux des portes ou des six quartiers de la ville furent commandés pour cette expédition. Gentilshommes et bourgeois, chevaliers et fantassins, tous partirent ensemble; et durant un séjour de trois semaines à Tortone, tour à tour soldats et maçons, ils repoussèrent les Pavésans qui voulaient mettre obstacle à la réédification de cette ville, et ils relevèrent ses murailles abattues et ses maisons ruinées [1]. Après les portes du Tésin et de Verceil, celles de Renza et de Rome furent commandées à leur tour pour le même service. Tandis que ces dernières étaient de garde, les Milanais cantonnés dans le bourg de Tortone, se laissèrent surprendre par les Pavésans ; et, forcés de s'enfuir dans la ville haute, ils perdirent la plus grande partie de leur bagage et de leurs munitions. Quelques-uns se réfugièrent dans l'église, tandis que leurs frères d'armes repoussaient les Pavésans de leurs remparts encore entrou'verts. Les consuls, après la bataille, firent inscrire, à la porte de ce même temple, les noms de ceux qui, désespérant du salut public, y avaient cherché un refuge, au mépris de leur honneur [2].

1156. — Les Milanais ne se contentèrent pas d'avoir relevé les murs de Tortone et d'avoir rappelé dans cette ville ses anciens habitants; ils se préparèrent à punir ceux qui, intéressés autant qu'eux-mêmes à la liberté de l'Italie, avaient cependant fait cause commune avec son oppresseur. Ils rebâtirent et fortifièrent le pont d'Abbiate-Grasso sur le Tésin, qui avait été brûlé par Frédéric. Ce pont, en leur ouvrant la Lomelline et le Vigévanasco qu'ils soumirent, les laissait maîtres de porter à volonté leurs armes sur le territoire de Novare, sur celui de Pavie, ou sur celui du marquis de Montferrat. 1157. — Ils profitèrent de cette position, qui menaçait tous leurs ennemis, et les empêchait de se réunir, pour forcer les Pavésans à une paix humiliante : ils battirent le marquis de Montferrat, ils s'emparèrent de plusieurs châteaux des Novarais, et rétablirent entièrement la réputation de leurs armes, que les victoires de Frédéric avaient ternie [3].

En même temps, à l'autre extrémité de leur territoire, ils étaient entrés dans la vallée de Lugano, et ils y avaient pris une

---

[1] *Otto Morena historia Rerum Laudens.* p. 983.—*Tristani Calchi hist. Patriæ.* L. VIII, p. 223. — [2] *Sire Raul de gest. Frid. I*, p. 1176. — [3] *Carolus Sigonius de regno Ital.* L. XII, p. 293. — *Sire Raul.* p. 1179. — *Tristanus Calchus.* L. VIII, p. 225.

vingtaine de châteaux qni avaient embrassé le parti de l'empereur. Ils avaient rebâti et fortifié les ponts sur l'Adda, mis en fuite un parti de Crémonais qui venait les attaquer, et raffermi l'obéissance des Lodésans dont ils se défiaient [1]. Après une guerre aussi désastreuse que celle que Frédéric leur avait faite, on ne se serait pas attendu à voir leurs armes triomphantes parcourir la Lombardie, et leurs consuls dépenser cinquante mille marcs d'argent pour fortifier la ville et ses divers châteaux.

L'énergie que déployaient les Milanais se communiqua aux peuples engagés dans la même cause. Les Bressans et les Plaisantins resserrèrent l'alliance qui les unissait à eux, et travaillèrent en même temps à rétablir leurs propres fortifications. La Lombardie entière prit un aspect hostile pour les Allemands, et Frédéric apprit bientôt que, loin d'avoir affermi sur sa tête la couronne d'Italie, sa première expédition n'avait servi qu'à le rendre plus odieux et moins respecté qu'aucun de ses prédécesseurs.

Le midi de l'Italie avait été, pour son parti, la scène de revers plus humiliants encore. Le prince Robert de Capoue, trahi par Richard de l'Aquila, comte de Fondi, l'un de ses vassaux, avait été livré au roi Guillaume de Sicile; et, privé de la vue avec barbarie, il avait péri dans les prisons de Palerme [2]. Les Grecs, qui soutenaient son parti, et qui se trouvaient à la fois alliés du pape et de l'empereur d'Occident, avaient été battus à Brindes [3]; presque tous les barons rebelles de la Pouille avaient été pris et envoyés au supplice, ou jetés dans les fers; enfin le pape Adrien, effrayé des succès d'un ennemi si rapproché et si redoutable, avait fait sa paix avec Guillaume, et il avait abandonné à leur malheureux sort tous ceux qui, pour le servir d'après ses ordres exprès, s'étaient soumis à tant de travaux

---

[1] *Sire Raul,* p. 1178. — [2] *Romualdi Salernitani Chronic.* p. 198. — [3] *Willelmus Tyrius.* L. XVIII, c. 8, p. 937. *Gesta Dei per Francos.*

et tant de dangers [1]. Il accorda au roi Guillaume l'investiture du royaume de Sicile, du duché d'Appulie, du comté de Capoue, de Naples, Salerne, Amalfi et la Marche. Le traité fut signé à Bénévent, pendant l'été de 1156, moins d'une année après que Frédéric avait reçu la couronne impériale, à Rome, des mains du même pape [2].

Ce monarque pouvait s'attendre que le pontife, même après la paix qu'il était forcé de signer, conserverait quelque reconnaissance pour le prince qui l'avait protégé. Mais Adrien s'occupa d'humilier l'empereur, dès qu'il se fut réconcilié avec le roi normand, allié non moins puissant qu'ennemi redoutable. Quelques seigneurs allemands avaient arrêté un archevêque de Lunden, en Suède; le pape écrivit à l'empereur, pour demander justice de cet outrage fait à l'Église. Dans sa lettre, il annonçait tout l'orgueil d'un successeur d'Hildebrand, accoutumé à créer et à déposer les rois. Ses nonces se présentèrent à Frédéric, dans la diète de Besançon ; leur début manifestait déjà les prétentions et la hauteur de la cour de Rome. « Le bienheureux pape Adrien, votre père et le nôtre, et les « cardinaux vos frères, vous saluent », lui dirent-ils. Puis ils lurent les lettres dont ils étaient porteurs. On remarqua surtout dans ses dépêches la phrase suivante . « Nous t'avons ac- « cordé la couronne impériale, et toute le plénitude des dignités « mondaines ; nous n'aurions pas regretté de te *conférer* de « plus grands *bienfaits* encore, s'il pouvait y en avoir de « plus grands [3]. » L'indignation du monarque superbe fut

---

[1] *Baronius. Annales, ann.* 1156, § 1. — [2] *Ibid* § 4-9. — [3] *Radevicus Frisingensis, Appendix ad Ottonem de Rebus gestis Friderici I*, L. I, c. 8, T. VI, Rer. Ital. Radevicus est un chanoine de Frisingen, qui continue l'histoire commencée par son évêque Othon. Nous allons prendre congé de celui-ci, l'un des historiens les plus élégants, les plus éclairés, et même les plus impartiaux du moyen âge. Othon de Frisingen était de la plus haute naissance ; il était fils de Léopold, marquis d'Autriche, et d'Agnès, sœur de l'empereur Henri V; il était frère de Conrad III, roi des Romains, et oncle de Frédéric Barberousse. Nous avons de lui deux ouvrages : l'un est une chronique depuis l'origine du monde jusqu'à son temps, publiée à Bâle, in-fol. 1569,

extrême à ces paroles; elle était redoublée encore par le sens équivoque du mot *bienfait*, BENEFICIUM, qui servait à désigner les fiefs ou *bénéfices conférés* par le suzerain ; de manière que le pape s'attribuait en quelque sorte la suzeraineté sur la couronne impériale. Tous les seigneurs allemands qui assistaient à la diète, partagèrent le ressentiment de Frédéric ; et, sans daigner faire au pape aucune réponse, ils donnèrent ordre à ses légats de sortir immédiatement du royaume de Germanie.

L'empereur sentait la nécessité de rentrer au plus tôt en Italie; et, dès le printemps de l'année 1157, il envoya des lettres de convocation à tous les princes, pour les inviter à se rendre à Ulm, accompagnés de leurs vassaux, le jour de la fête de Pentecôte de l'année 1158, afin de passer de là en Italie, et de réduire les Milanais à la soumission envers l'empire [1]. En même temps, des députés furent envoyés aux feudataires italiens, pour leur annoncer cette expédition [2].

1158. — Le pape s'aperçut alors que Frédéric n'était pas si éloigné, qu'il ne fût encore à craindre. Adrien avait déjà cherché à mettre de son parti le clergé d'Allemagne, et n'avait pu réussir : il écrivit donc à l'empereur, mêlant adroitement les expressions les plus flatteuses à celles de tendresse et d'affection paternelle; il expliqua la phrase qui avait donné ombrage ; « *Beneficium*, dit-il, c'est un bienfait, et non un bénéfice : « *conférer* la couronne, c'est l'avoir placée sur votre tête; « nous n'avons pas attaché d'autre sens à ce mot, et, dans « cette occasion, vous ne pouvez nier que nous n'ayons *bien*

---

par Pithou : elle est divisée en huit livres. Nous avons cité plusieurs fois le septième, qui comprend le siècle qui a précédé son propre temps. Le huitième est consacré à l'histoire religieuse. Son second ouvrage est d'un intérêt bien plus grand ; c'est le récit de la première expédition de Frédéric en Italie, divisé en deux livres : il a été publié, T. VI, *Rer. Ital.* Othon mourut en 1158. Quoique son continuateur Radevicus ne soit pas sans mérite, il ne console pas de la perte d'un écrivain supérieur, qui, presque seul, répand quelque lumière sur un siècle barbare et obscur. — [1] *Otto Frising.* L. II, c. 31. — [2] *Radevic. Frising.* L. I, c. 19.

« *agi* envers vous [1]. » La lecture de ces lettres apaisa l'empereur, qui, en retour, assura le pape de son amitié, et de son désir de conserver la paix avec l'Église.

Cependant à l'approche des fêtes de Pentecôte, la ville d'Ulm se remplit d'hommes d'armes, et plusieurs princes allemands, voyant que l'armée serait trop considérable pour marcher tout entière par la même route, s'acheminèrent, avec la permission de l'empereur, par différents passages des Alpes, de manière que, depuis le Friuli jusqu'au grand Saint-Bernard, toutes les vallées versaient dans la Lombardie des bataillons allemands. Le duc d'Autriche, celui de Carinthie, et les Hongrois, s'acheminèrent par Canale, le Friuli et la Marche de Vérone; le duc de Zéringen passa le Saint-Bernard, avec les Lorrains et les Bourguignons; les habitants de Franconie et de la Souabe descendirent par Chiavenne et le lac de Como; enfin Frédéric lui-même, accompagné du roi de Bohême, de Frédéric, duc de Souabe, fils du roi Conrad, du frère de ce duc, Conrad, comte palatin du Rhin, et de la fleur de la noblesse allemande, suivit les passages du Tyrol et des vallées de l'Adige [2].

Les Milanais, avertis de la marche prochaine de cette armée destinée à les subjuguer, n'avaient rien négligé pour se mettre en état de lui opposer une vigoureuse résistance. Surtout ils avaient cherché à s'assurer de la fidélité et de l'obéissance des Lodésans dont ils se défiaient avec raison. Les précautions qu'ils prirent dans ce but témoignent en faveur des mœurs et de la bonne foi des Italiens du xiie siècle. Ils ne leur demandèrent point d'otages; ils ne mirent point de garnison dans leurs châteaux : mais les consuls milanais s'étant rendus à Lodi, au mois de janvier, exigèrent que tous les habitants du district, sans exception, jurassent devant eux d'obéir en

---

[1] *Radevic. Frising.* L. I, c. 22. — [2] *Ibid.* L. I, c. 25.

toutes choses aux ordres de la commune de Milan. Les Lodésans, déterminés à la révolte, ne voulurent jamais consentir à prêter un serment qui leur en aurait ôté les moyens ; ils se récrièrent sur ce qu'on n'y insérait par la clause de *sauf la fidélité due à l'empereur,* qu'ils déclaraient nécessaire à l'acquit de leur conscience, puisqu'un serment antérieur les liait à ce monarque [1]. Les consuls, pour forcer l'obéissance des Lodésans, marchèrent contre eux, à la tête des milices milanaises, et leur enlevèrent leurs meubles, sans rencontrer de leur part aucune résistance. Au bout de deux jours, le dernier terme qu'ils leur avaient accordé étant écoulé, ils se présentèrent de nouveau devant les bourgades de Lodi ; mais tous les habitants, hommes, femmes et enfants, avaient quitté leurs demeures, et s'étaient retirés à Pizzighettone. Les Milanais, après les avoir pillées, y mirent le feu [2].

Quoique engagés dans cette guerre civile, au moment de l'invasion la plus redoutable, les Milanais ne perdirent pas courage. Ils comptaient sur la résistance des Bressans, leurs alliés, que l'armée impériale attaqua en effet les premiers, au commencement de juillet. Mais, au bout de quinze jours, les Bressans, effrayés des dangers de leur situation, livrèrent des otages et une grosse somme d'argent, pour acheter la paix [3].

Frédéric tint, sur leur territoire, au milieu de son camp, une espèce de diète dans laquelle il proclama un règlement sur la discipline militaire, qui, non moins que les faits historiques, peut nous faire connaître la manière dont se faisait la guerre, et les mœurs du XIIe siècle. On l'appela *la paix du prince,* parce que ce règlement était surtout destiné à prévenir les querelles dans le camp.

Pour empêcher les batailles privées, il faut offrir un moyen

---

[1] *Otto Morena hist. Laudens.* p. 995. — [2] *Ibid.* p. 1003. — [3] *Radevic. Frising.* L. I, c. 25.

de réprimer et de punir légalament les offenses : c'est le but du premier article de ce règlement, qui, proportionnant la peine à la gravité de l'insulte, prouvée par la déposition de deux témoins non parents du plaignant, ordonne, selon les cas, la confiscation de l'équipage, le supplice de battre de verges, celui de couper les cheveux et de brûler à la mâchoire; enfin, pour les homicides, la mort. Mais, au défaut de témoins, les querelles devaient se décider par le combat judiciaire, ou, si des esclaves étaient parties au procès, par l'épreuve du fer chaud.

Quelques autres articles sont destinés à protéger les peuples au milieu desquels l'empereur se préparait à conduire son armée. Ainsi il est dit : « Que le soldat qui dépouille un mar-
« chand, sera obligé de restituer au double, et de jurer qu'il
« ignorait que celui qu'il pillait était marchand ; » en sorte qu'il paraît que cet état était plus protégé que les autres.
« Celui qui brûlera une maison dans une ville ou à la cam-
« pagne, sera frappé de verges, tondu, brûlé à la mâchoire.
« Celui qui trouvera des vases pleins de vin, ne brisera point
« les vases, et ne coupera point les cercles des tonneaux ; il
« se contentera de prendre le vin. Lorsque l'armée s'em-
« parera d'un château, les soldats enlèveront tout ce qu'il
» contiendra; mais ils ne le brûleront point sans l'ordre du
« maréchal. Lorsqu'un Allemand aura blessé un Italien, si
« celui-ci peut prouver par deux témoins idoines qu'il avait
« juré la paix, l'Allemand sera puni ». Les vingt-quatre articles de ce règlement portent tous la même empreinte d'indiscipline et de barbarie. S'il fut connu des Lombards, il ne dut pas leur inspirer beaucoup de confiance en l'armée qui venait visiter leur pays [1].

[1] Ce règlement est rapporté textuellement dans Radévicus, L. I, c. 26. Un Allemand contemporain et sujet de Frédéric, nommé Gunthérus, a fait un poëme en douze chants avec les quatre livres d'Othon de Frisingen et de son continuateur Radévicus. Il les a

Dans la même diète, les Milanais furent cités à comparaître, pour se justifier de leur rébellion. Ils n'avaient point tellement secoué le joug de l'Empire, qu'ils ne reconnussent encore leur allégeance envers son chef, en sorte qu'ils obéirent à la citation. Leurs députés, après avoir défendu leur conduite, offrirent, en guise de rançon, une somme d'argent considérable, que l'empereur refusa. La diète les déclara ennemis de l'Empire, et l'armée reçut l'ordre de se préparer au siége de Milan.

Les Milanais avaient placé mille chevaux au pont de Cassano, le seul qu'ils eussent laissé subsister sur l'Adda. Ce fleuve, gonflé par la fonte des neiges, semblait former une barrière suffisante pour défendre leur territoire, ainsi qu'il l'avait défendu souvent contre les incursions des Crémonais dont il les sépare. Mais le roi de Bohême, descendant le long de l'Adda, jusqu'à Cornaliano, où la rivière est le plus large, s'élança dans ses eaux à la tête de sa cavalerie; et, partie à gué, partie à la nage, il parvint jusqu'à l'autre rive, après avoir, il est vrai, perdu deux cents hommes, noyés dans le courant [1]. Quelques partis de Milanais, qui suivaient le fleuve, rencontrèrent le roi de Bohême, comme il s'avançait vers le pont de Cassano. Ils donnèrent l'alarme à la cavalerie qui s'était chargée de la défense du pont, et qui, exposée à être prise par derrière, ne pouvait plus rester dans la même position. Elle se replia aussitôt sur Milan, qui n'est pas éloigné de plus de douze milles de la rivière. Tous les paysans, avertis que l'ennemi était sur leur territoire, s'enfuirent aussi vers la ville, chassant leur bétail devant eux, et emportant leurs effets

---

presque toujours paraphrasés servilement dans ses vers, qui cependant sont les moins mauvais parmi ceux des poëtes historiques de ce siècle. Il a traduit jusqu'à ce règlement, L. VII, p. 101 ; ce qui fait une étrange sorte de poésie. Son *Ligurinus* fut imprimé à Bâle en 1569, à la suite d'Othon de Frisingen, par les soins de Pithœus. — [1] *Otto Morena,* 1007. — *Sire Raul,* p. 1180. — *Radevic. Frising.* L. I, c. 29. — *Guntherus in Ligurino.* L. VII, p. 105.

les plus précieux. Pour excuser leur propre effroi, ils augmentèrent, par leurs rapports, celui de leurs concitoyens.

Frédéric, après avoir passé le pont de Cassano, avec le reste de son armée, au lieu de marcher vers Milan, attaqua et soumit le château de Trezzo, puis celui de Mélégnano; il s'avança ensuite jusqu'à la rivière de Lambro, sur laquelle était bâtie l'ancienne ville de Lodi. Comme il était campé près de ses ruines, les Lodésans qui, forcés de fuir loin de leur patrie incendiée, s'étaient retirés à Pizzighettone, se présentèrent à lui. Ils portaient des croix à leurs mains, ce qui était alors la marque distinctive des suppliants, et ils réclamaient un nouvel emplacement pour bâtir leur ville, que les Milanais avaient détruite. Frédéric leur assigna celui de Montéghezzone, au bord de l'Adda, à quatre milles de distance des ruines du vieux Lodi. Sur ce tertre qui domine à peine la plaine, il fit poser en sa présence les premières pierres de la ville qui subsiste aujourd'hui [1].

Cependant presque tous les marquis et feudataires italiens, ainsi que les milices de la plupart des villes, s'étaient rendus au camp de Frédéric. Il comptait dans son armée plus de quinze mille chevaux et de cent mille hommes de pied. Un gentilhomme allemand se flatta que des forces aussi considérables effraieraient tellement les Milanais, qu'ils n'oseraient sortir de leurs murs. Dans cette confiance, il partit de Lodi avec environ mille chevaux : son dessein était de se distinguer par quelque haut fait d'armes, en insultant les ennemis de l'empereur jusque sur leurs portes; mais il fut reçu vigoureusement par les milices milanaises, et, après un long combat, il perdit la vie avec la plupart de ses soldats [2].

Deux jours après cette escarmouche, le 6, ou, selon d'autres, le 8 du mois d'août, l'empereur vint placer son camp dans le

---

[1] *Otto Morena*, p. 1009. — *Joh. Bap. Villanovæ, Laudis Pompeiæ hist. apud Grævium*, T. III, L. II, p. 863. — [2] *Radevic. Frising.* L. 1, c. 31.

Brolio de Milan, promenade située hors de la porte Romaine [1].
Le circuit des murs était immense; et ils étaient fortifiés en
dehors par un large fossé plein d'eau [2]. Frédéric ne crut point
qu'il fût possible de les attaquer avec le bélier, les tours mouvantes et la tortue, qu'on employait alors dans les autres siéges.
Il lui parut plus prudent de profiter de l'immense population
de Milan, pour réduire la ville par la famine, d'autant plus
que les Milanais, croyant qu'on ne réussirait jamais à les entourer, n'avaient pas de très grands approvisionnements. Dans
ce but, l'empereur divisa son armée en sept corps; il en plaça
un vis-à-vis de chaque porte, et il leur donna l'ordre de se
couvrir aussitôt de retranchements.

De ces corps, celui qui avait le plus de difficulté à conserver
ses communications avec les autres, était commandé par le
comte palatin du Rhin et par le duc de Souabe. Les Milanais
remarquèrent son isolement; et dès la première nuit ils l'attaquèrent et y jetèrent le désordre. Cependant le roi de Bohême
marcha au secours de ses alliés, et força les Milanais à se
retirer avec perte. Peu de jours après, les assiégés tentèrent
une autre sortie du côté où commandait Henri, duc d'Autriche,
et furent également repoussés.

En dehors de la porte Romaine, à deux ou trois cents pas
de distance, était un monument antique que l'on appelait l'arc
des Romains; quatre arcades massives de marbre formaient
une espèce de portique, au-dessus duquel s'élevait une tour
également en marbre, et d'une très grande hauteur [3]. Quarante soldats milanais étaient logés dans cette tour : quoique

---

[1] *Radevic. Frising.* L. I, c. 32.—*Sire Raul,* p. 1180.—[2] Radévicus dit que la ville avait cent stades de circuit. Cette mesure grecque, également étrangère à l'historien allemand et aux assiégés, ne nous donne qu'une idée fort inexacte. Les murs actuels ont environ six mille toises de longueur.—[3] Il y avait autrefois dans tous les forums à Rome, et probablement dans toutes les colonies romaines, des portiques semblables, nommés *arcs de Janus*, et destinés à défendre les négocians contre le soleil ou la pluie. L'arc de Janus *Quadrifrons*, dans le Vélabre à Rome, est le seul qui ait été conservé jusqu'à nous. La tour qui surmontait l'un et l'autre était l'ouvrage d'un temps postérieur et barbare.

privés de toutes communications avec la ville, ils y soutinrent un siége de huit jours; mais, les Allemands s'étant établis sous le portique même, et par conséquent à l'abri des flèches et des pierres qu'on lançait d'en haut, percèrent la voute de ce monument, et forcèrent ceux qui l'occupaient à se rendre [1]. Frédéric fit placer sur le haut de cette tour une machine à lancer des pierres, qui, dominant les murs de la ville, causa le plus grand dommage aux assiégés.

Ces derniers réussirent, dans des escarmouches de peu d'importance, à surprendre les Allemands; et ils leur enlevèrent un si grand nombre de chevaux, qu'on les vendait ensuite pour quatre sols de Terzuolo la pièce [2] : mais ce furent là leurs seuls avantages. Dès le commencement de la guerre, les Milanais avaient eu constamment la fortune contraire; tout leur avait mal réussi : non seulement leurs alliés les avaient abandonnés, ils servaient même dans le camp ennemi. Les Crémonais et les Pavésans abusaient de l'appui de l'empereur pour ruiner les campagnes; ils arrachaient ou brûlaient les vignes, les figuiers, les oliviers; ils renversaient les maisons; ils égorgeaient les prisonniers; enfin ils faisaient la guerre avec la barbarie à laquelle s'abandonnent souvent les faibles, lorsqu'une longue oppression les a aigris, et que le succès les enivre [3]. Tandis que les Milanais voyaient du haut de leurs murs la ruine de leurs campagnes, ils étaient en proie, dans la ville, à la famine et à la mortalité; et parmi le peuple, plusieurs citoyens qui regardaient l'obéissance à l'empereur comme un devoir sacré, attribuaient ces calamités, nouvelles pour

---

[1] *Radevic. Frising.* L. I, c. 38. — *Otto Morena*, p. 1013. — [2] Trois francs de France. Les monnaies du temps des Othon avaient été fort altérées; Frédéric les rétablit. Son denier d'argent pesait un denier et un grain; mais il laissa aussi en cours des deniers de Terzuolo, pesant dix-huit grains, et tenant un tiers fin sur deux tiers cuivre. Vingt de ces deniers faisaient le sol dont il s'agit. Je dois au comte Castiglione, de Milan, et à sa riche collection de monnaies milanaises, tous mes renseignements sur l'histoire monétaire de Lombardie, que les antiquaires ont laissée dans une profonde obscurité. — [3] *Radevic. Frising.* L. II, c. 39.

eux, à la vengeance céleste. D'autres, cependant, et surtout les jeunes gens, faisaient preuve de plus de constance; ils s'engageaient les uns envers les autres, dans leurs assemblées, à sacrifier leur vie pour le salut de leur patrie et l'honneur de leur cité.

Tandis que les citoyens, divisés d'opinions, balançaient entre la soumission et la résistance, le comte de Blandrate, le premier et le plus puissant gentilhomme du Milanais, qui avait su se ménager la bienveillance des deux partis, et ne rien perdre de sa considération auprès du peuple, tout en conservant son crédit à la cour, s'assura des dispositions de l'empereur pour accorder les termes les plus honorables; puis il demanda et obtint des consuls qu'ils fissent assembler le peuple sur la place publique.

C'est là que, rappelant à ses concitoyens tout ce qu'il avait fait lui-même pour la défense de sa patrie, et son amour bien connu pour la liberté, le premier des biens, le seul pour lequel il soit glorieux de combattre, il les conjura de ne pas prolonger une résistance qui désormais serait vaine; de céder non aux armes, mais à la famine, mais à la peste, ennemis bien plus redoutables que Frédéric; de céder à ceux à qui leurs ancêtres n'avaient pas dédaigné de se soumettre, car, malgré leur valeur et leur vertu, ils avaient obéi aux rois transalpins, à Charlemagne, au grand Othon; de céder, parce que la fortune est variable, et qu'en conservant leur patrie, ils pouvaient espérer de la voir recouvrer de nouveau tout son lustre [1].

Les Lombards n'avaient point, comme les anciens Romains, cette ferme confiance dans la destinée de leur république; cette impossibilité de concevoir une existence hors de l'indépendance et de la liberté; cette force d'âme qui se raidit contre les revers par un sentiment supérieur au calcul des avantages et des dangers. Leur république était jeune, et la mémoire d'une soumission passée nuisait à leur énergie; leurs institu-

---

[1] *Radevic. Frising.* L. I. c. 40. — *Ligurinus.* L. VIII, p. 114.

tions n'avaient point l'ensemble propre à former et soutenir les vertus publiques ; ils ne devaient leur mérite, quel qu'il fût, qu'à la nature et à la liberté, non point au génie de leurs législateurs. Ils se laissèrent persuader par le comte de Blandrate et envoyèrent des députés à Frédéric.

Celui-ci cependant leur accorda des conditions assez avantageuses pour qu'ils pussent s'y soumettre sans honte. Les Milanais s'obligèrent à rendre la liberté aux villes de Como et de Lodi ; à prêter serment de fidélité à l'empereur ; à lui bâtir un palais à leurs frais ; à lui payer, en trois termes, dans l'année, neuf mille marcs d'argent, pour laquelle somme ils devaient donner des otages ; enfin à renoncer aux droits régaliens qu'ils possédaient. De son côté, l'empereur promit que son armée n'entrerait point à Milan, et qu'elle s'éloignerait des murs de cette ville trois jours après qu'on lui aurait livré les otages convenus. Il comprit dans le traité les alliés des Milanais, des Tortonais, Crémasques et insulaires du lac de Como ; il donna sa sanction à la continuation de leur alliance : il confirma le droit des Milanais d'élire eux-mêmes leurs consuls dans l'assemblée du peuple : mais il exigea que ces consuls lui prêtassent serment de fidélité, et que des députés, pris entre ceux qui leur succéderaient, vinssent auprès de lui, aux calendes de février suivantes, répéter cet engagement. Enfin, il promit de s'entremettre pour faire la paix entre Milan et ses alliés, d'une part, et les villes de Crémone, Pavie, Novare, Como, Lodi et Verceil de l'autre, sous condition qu'on relâcherait tous les prisonniers de part et d'autre ; mais il permit que, dans le cas où il ne réussirait pas à faire la paix, les Italiens gardassent les captifs qu'ils se seraient faits réciproquement, reconnaissant que lui-même n'aurait point droit de s'en plaindre [1].

---

[1] Le traité est rapporté textuellement par *Radevic, Frising.* L. II, cap. 41.

Loin que la constitution républicaine de Milan et des villes qui relevaient de l'Empire, fût reconnue par les lois, ces villes ne prétendaient pas même ouvertement à l'indépendance ; elles ne refusaient point le serment de fidélité, c'était une formalité à laquelle elles savaient bien qu'elles étaient obligées : elles étaient accoutumées à payer une somme d'argent à l'empereur, à sa venue en Italie, et la rançon de neuf mille marcs, imposée dans cette occasion aux Milanais, ne pouvait paraître exorbitante. L'affranchissement de Lodi et de Como était le seul article de ce traité qui fût réellement onéreux pour eux : à d'autres égards il semblait presque fait d'égal à égal [1] ; et comme il nous a été conservé textuellement, il infirme en partie les récits des historiens de l'empereur, qui nous le peignent dans cette expédition, comme toujours accompagné par la victoire. Si ses succès n'avaient pas été balancés de revers, jamais les Milanais n'auraient obtenu de lui des termes si avantageux. Mais, durant cette période, nous n'avons presque à consulter que des écrivains partiaux en sa faveur [2].

---

[1] Le préambule du traité ne fait mention ni de l'humiliation des Milanais qui demandaient grâce, ni de la clémence de l'empereur qui pardonne. Il n'y a rien dans sa forme qui soit plus dur que ses conditions. Il commence simplement par ces mots : « *In nomine Domini nostri Jesu Christi, hœc est conventio per quam Mediolanenses in gratiam Imperatoris redituri sunt et permansuri.* » —
[2] Nos guides pour cette partie de l'histoire, jusqu'à la prise de Milan, sont trois écrivains contemporains. Radévicus, le chanoine de Frisingen, dont j'ai déjà parlé, est le premier. Créature d'Othon de Frisingen, dont il est le continuateur, il adopte ses préjugés de famille ; il partage son admiration pour Frédéric, à qui son histoire est dédiée, et, en toute occasion, il cherche à relever sa gloire aux dépens de ses ennemis. Cependant il n'est point insensible à l'enthousiasme de la liberté ; et comme il rapporte, pour l'ordinaire, les pièces originales, la vérité perce souvent dans ses récits, lors même qu'elle est défavorable à son patron. Otto Moréna est le second historien contemporain que nous consultons. Magistrat de Lodi et employé par Frédéric, comme juge, il a écrit une histoire de son temps, intitulée *Historia Rerum Laudensium*, assez volumineuse et riche en détails curieux, mais qui porte l'empreinte de la servilité que je reproche aux jurisconsultes italiens, et de la haine la plus violente contre Milan. Enfin nous avons aussi un historien milanais, sire Raul, ou *Radulphus Mediolanensis*; mais son histoire de Frédéric Ier, toujours très abrégée, et probablement tronquée en plus d'un endroit, nous apprend bien plus à connaître les passions des Lombards que

Ce fut le 7 de septembre que Frédéric signa le traité que nous venons de rapporter. A la fête suivante de la Saint-Martin, il se rendit à Roncaglia, pour présider une diète du royaume d'Italie, à laquelle assistèrent les archevêques ou évêques de vingt-trois des principaux diocèses, un grand nombre de princes, de ducs, de marquis et de comtes, et les consuls ainsi que les juges de toutes les villes. L'empereur y conduisit avec lui quatre jurisconsultes bolonais, disciples de Guerniéri, qui, au commencement du siècle, avait introduit l'enseignement de la jurisprudence dans l'université de Bologne.

Aucune diète italienne n'abandonna jamais aussi honteusement les droits des peuples, que le fit celle-ci. L'archevêque de Milan, dans un discours d'apparat, en réponse à celui d'ouverture par lequel avait débuté Frédéric, donna l'exemple de la lâcheté et de la basse flatterie. Dès que les villes eurent secoué le joug de leurs évêques, ceux-ci renoncèrent au caractère d'indépendance qu'ils avaient revêtu deux siècles plus tôt, et se liguèrent avec l'autorité, contre la liberté des peuples. « C'est à vous, dit le prélat milanais à Frédéric, c'est à
« vous à délibérer sur les lois, la justice et l'honneur de l'em-
« pire ; sachez que tout droit sur le peuple pour établir des
« lois nouvelles vous a été accordé ; votre volonté même fait
« à elle seule la règle de justice ; une lettre de vous, une sen-
« tence, un édit, deviennent à l'instant la loi du peuple.
« N'est-il pas juste, en effet, que la récompense suive le tra-
« vail, et que celui qui se charge du fardeau de nous protéger,
« jouisse en revanche des douceurs du commandement [1] ? »

---

les faits. Telle qu'elle est cependant, elle nous est bien précieuse, puisque Radulphus est le seul écrivain républicain de tout ce demi-siècle qui nous ait été conservé, et que c'est par lui que nous devons rectifier les exagérations des partisans de l'empire et de ceux de l'Église. J'ai lu aussi, mais avec peu de profit, deux auteurs allemands contemporains : *Otto de Sancto Blasio*, et *Abbas Uspergensis Chronicon*. — [1] *Radevic Frising.* L. II. c. 4, p. 786.— *Gunther Ligurinus.* L. XVIII, p. 124.

Tel était aussi à peu près de langage des jurisconsultes : approuvant tout ce qu'il y a de plus bas et de plus servile dans la jurisprudence des empereurs romains, accoutumés à considérer les livres de Justinien comme la raison écrite, et ne connaissant de Rome que ses maîtres, ils unissaient les maximes du despotisme à l'affection qu'ils portaient à leur science, et ils en faisaient la base de leur crédit et toute leur gloire. Jusqu'à la fin des républiques italiennes, les hommes de loi ont professé chez elles ces sentiments peu libéraux.

Frédéric fit revendiquer par ses jurisconsultes, en présence de la diète, les droits régaliens dont la couronne s'était dessaisie peu à peu. Les prérogatives impériales, réclamées par un prince victorieux à la tête d'une puissante armée, furent expliquées et défendues avec toutes les subtilités de l'école et des gens de loi. Les propriétaires des droits régaliens, découragés par la défection du clergé, et se trouvant aussi peu en état de repousser les arguments des docteurs bolonais, que les armes allemandes, prirent le parti de résigner tous leurs priviléges entre les mains du monarque. La diète déclara que les régales n'appartenaient qu'à lui seul, et que, sous le nom de *régales*, on devait entendre les duchés, marquisats et comtés, le droit de battre monnaie, les péages, le droit de *fodero* ou approvisionnement, les tributs, les ports, les moulins, les pêches, et tous les revenus qui pouvaient provenir des fleuves. Elle ajouta enfin, que les sujets de l'empire étaient tenus à payer une capitation à son chef [1].

Cependant Frédéric n'usa pas à la rigueur d'une concession aussi vaste ; et peut-être n'eût-il pu le faire sans imprudence. Il confirma les droits dont chacun était en possession, moyennant une redevance annuelle qui servit à constater la suzeraineté de l'empire. C'est ainsi qu'avec l'apparence de la géné-

---

[1] *Otto Morena*, p. 1019. — *Radevic. Frising. L. II, c. 5.*]

rosité, il ajouta trente mille *talents,* nous dit Radévicus, qui ne veut employer que des expressions classiques, aux revenus de l'empire. Ce furent probablement ou trente mille marcs, ou trente mille livres d'argent, puisque ces évaluations se trouvent employées dans les édits de la même époque.

La même diète reconnut que le droit d'élire les consuls et les juges appartenait à l'empereur, mais avec l'assentiment du peuple. Un changement important dans l'administration de la justice fut introduit à cette occasion par Frédéric. On avait porté à son tribunal durant la diète, selon l'ancien usage du royaume, un nombre prodigieux de causes privées, sur lesquelles on l'avait pressé de statuer. Il se récria sur ce que sa vie entière lui suffirait à peine pour s'acquitter de son office, s'il devait être le juge unique de ses vastes états; et il délégua en conséquence toute l'autorité judiciaire à des *Podestats,* magistrats nouveaux, qu'il élut pour chaque diocèse, en s'imposant la loi de les choisir toujours étrangers à la ville qu'ils devaient régir [1].

Cette innovation, motivée uniquement en apparence sur l'amour de la justice, pouvait devenir fatale à la liberté; et elle eut en effet les conséquences les plus fâcheuses et les plus durables. Les podestats se trouvèrent en opposition avec les consuls : les premiers, élus par l'empereur, parmi les gens de loi ou les gentilshommes les plus dévoués à l'autorité royale, se montraient toujours les défenseurs du pouvoir arbitraire; les seconds, choisis par le peuple parmi les citoyens, étaient les champions de la liberté à laquelle ils devaient leur existence. Dès que cette opposition se fut manifestée, l'empereur prit à tâche d'abolir partout les consuls, pour leur substituer des podestats. Les guerres, qui se renouvelèrent bientôt, n'eurent presque pas d'autre motif; et cependant, lorsque le peu-

---

[1] *Radevic. Frising.* L. II, c. 6.

ple eut réussi à secouer absolument le joug, il ne sut pas se défaire d'une institution étrangère qu'il devait à la main d'un maître. Par respect pour l'ordre établi, il conserva les podestats, en se réservant leur élection ; et avec eux il entretint dans les villes un levain de pouvoir arbitraire, une habitude d'en appeler à l'autorité d'un seul, qui fut dans la suite, pour plusieurs républiques, la cause immédiate de la perte de leur liberté.

Dans la même diète, on porta, sur le maintien de la paix, une loi non moins contraire aux prérogatives des cités. Elle leur enlevait, aussi bien qu'aux ducs, marquis, comtes, capitaines et vavasseurs, le droit de guerre et de paix dont elles avaient joui depuis longtemps. Mais tout le monde avait souffert des désordres qu'entraînaient avec elles les guerres privées ; et personne n'osa élever la voix pour s'opposer à une loi qui paraissait conforme au vœu de l'humanité [1].

Frédéric termina cette diète remarquable en prononçant sur le différend qui subsistait depuis longtemps entre Crémone et Plaisance. La première de ces villes avait envoyé ses milices sous les drapeaux de l'empire ; la seconde avait été alliée des Milanais : ce fut une raison suffisante pour la condamner. L'empereur fit raser les murailles de Plaisance, combler ses fossés, et abattre ses tours.

Tout pliait sous l'obéissance de Frédéric ; mais, son ambition croissant avec ses succès, il cherchait avec inquiétude dans les anciennes provinces romaines, ce qu'il pourrait encore réclamer comme son droit. Les îles de Corse et de Sardaigne, dans l'ancienne division de l'empire, étaient échues au souverain de l'Occident ; le monarque allemand n'avait guère d'autre titre pour les revendiquer. Il envoya cependant aux Pisans et aux Génois des commissaires impériaux avec

---

[1] Radevic. Frising. L. II, c. 7.

ordre de les transporter dans ces îles. Ces deux peuples s'en dispensèrent ; la colère de Frédéric s'enflamma contre eux, et il menaça les Génois de tout son courroux [1]. Les Génois, de leur côté, réclamaient contre la loi portée à la diète sur les droits régaliens. Ils faisaient valoir d'anciens priviléges des empereurs, en vertu desquels ils étaient dispensés de tout impôt et de tout service, en raison de la pauvreté de leurs montagnes et du soin dont ils se chargeaient de défendre les côtes contre les infidèles. Cependant, dès qu'on apprit à Gênes les menaces de Frédéric, on vit hommes, femmes et enfants travailler nuit et jour, avec une ardeur égale, à relever et fortifier les murs de la ville, à les couvrir de machines de guerre, et à pratiquer, de place en place, des plate-formes soutenues par des mâts et des agrès de navires. En même temps, l'historien Caffaro ainsi que plusieurs des magistrats furent envoyés en députation vers l'empereur : ils employèrent tour à tour avec adresse, les raisonnements, le courage et la soumission ; ils apaisèrent sa colère, et l'engagèrent à se contenter d'une somme de douze cents marcs d'argent, qu'ils lui payèrent [2].

1159. — Frédéric se figurait que les décisions de la diète de Roncaglia l'avaient affranchi des obligations que lui imposait son traité avec les Milanais. En conséquence, il se permit de soustraire Monza à leur juridiction, quoique par ce traité il les eût expressément confirmés dans la possession de tout leur territoire, à la réserve de Lodi et de Como. Peu après il leur enleva également les deux comtés de la Martésana et de Séprio, dont il investit un nouveau seigneur ; puis il mit une garnison allemande dans le château de Trezzo ; enfin il donna l'ordre de détruire celui de Crème, pour complaire aux Crémonais. Vers le même temps il avait envoyé à Milan son chancelier, pour y établir un podestat à la place des consuls ; ce

---

[1] Radevic, Frising, L. II c. 9. — [2] Caffari Annales Genuenses, L. I, p. 270 et 271.

qui était contraire à la lettre même du traité de paix [1]. Le peuple ne put supporter ce nouvel outrage; il prit les armes avec un mouvement de fureur, et força le chancelier à sortir en hâte de la ville. Les Crémasques avaient traité de même les messagers qui leur avaient porté l'ordre d'abattre leurs murs.

Une grande partie des seigneurs allemands qui avaient accompagné l'empereur, s'étaient retirés dans leurs foyers après la soumission de Milan; d'autres étaient partis aux approches de l'hiver : l'armée de Frédéric était fort diminuée, et ne campait plus dans le voisinage; ce prince s'était avancé jusqu'à Bologne, pour soutenir ceux de ses députés qui mettaient à exécution, dans les terres de l'Église, les décrets de la diète de Roncaglia. Les Milanais qui venaient d'éprouver que le monarque se croyait au-dessus des traités envers ses sujets; les Milanais qui l'avaient offensé, et qui connaissaient son humeur vindicative, jugèrent plus sage de le prévenir, et se préparèrent immédiatement à la guerre. L'empereur avait mis garnison dans le château de Trezzo, sur les bords de l'Adda, au-dessus du pont de Cassano; il s'assurait ainsi l'entrée de leur territoire, et les empêchait de se défendre derrière les fleuves qui, de deux côtés, ceignent le diocèse de leur ville. Les Milanais attaquèrent ce château avec vigueur, et s'en rendirent maîtres au bout de trois jours. Ils attaquèrent aussi la nouvelle ville de Lodi, qui commandait un autre passage sur l'Adda; mais ils ne purent s'en emparer [2].

L'empereur, cependant, ne se sentait pas assez fort pour punir immédiatement ces outrages; il se contenta de les dénoncer à une cour plénière, qu'il assembla près de Bologne, à Antimiaco. L'évêque de Plaisance, quoique cette ville fût alliée de tout temps aux Milanais, enchérit encore sur lui,

---

[1] *Sire Raul*, p. 1181, 1182. — *Otto Morena*, p. 1021. — *Radevic. Frising*. L. II, c. 21. — [2] *Radevic Frising*. L. II, c. 32. — *Otto Morena*, p. 1023. — *Sire Raul*, 1182.

dans ses invectives contre eux; et un décret fut porté par la cour, pour mettre Milan au ban de l'empire, et sommer les princes de se rassembler de nouveau pour l'attaquer.

D'autres intérêts non moins graves occupèrent aussi la cour ou diète assemblée dans le camp de Bologne. Adrien IV y porta ses plaintes contre la conduite et les prétentions des messagers royaux qui étaient venus visiter le patrimoine de l'Église. Le pape soutenait que l'empereur ne pouvait, sans son consentement, envoyer des députés à Rome, parce que cette ville ne reconnaissait d'autre autorité que celle de l'Église; que l'empereur ne pouvait requérir le droit de *fodero* des domaines de saint Pierre, si ce n'est à la seule époque de son couronnement; que les évêques d'Italie n'étaient tenus envers l'empire qu'au simple serment de fidélité, et non point à l'hommage; qu'ils n'étaient point obligés à recevoir les messagers de l'empereur dans leur palais; qu'enfin toutes les possessions de la comtesse Mathilde étaient dévolues au Saint-Siége, et que c'était en conséquence à lui qu'appartenaient les tributs de Ferrare, de Massa, de tout le territoire entre Aquapendente et Rome, du duché de Spolète, et des îles de Sardaigne et de Corse. Une dispute plus frivole, mais non moins vive, sur le style de la chancellerie impériale, en écrivant au pape, avait déjà aigri les deux cours [1].

L'empereur répondit que, puisque tous les palais des ecclésiastiques étaient bâtis sur le sol impérial, dans tous ces palais les messagers de l'empire devaient se trouver chez eux; que les évêques ne pouvaient se dispenser de lui faire hommage qu'autant qu'ils renonceraient aux fiefs qu'ils tenaient de sa main; qu'il trouvait enfin étrange la prétention du pape à l'autorité souveraine dans Rome, tandis que ce même pape ne lui contestait point son titre d'empereur des Romains.

---

[1] *Radevic. Frising.* L. II, c. 18-20, et 30, 31. — *Baron: ann.* 1159, § 1-19.

La guerre de ce monarque avec les Milanais, et bientôt après, la mort d'Adrien, ne laissèrent point à cette querelle le temps de s'envenimer. Cependant elle donna occasion au sénat romain, qui subsistait toujours, et qui toujours était ennemi des papes, de faire sa paix avec l'empereur [1].

Pour soutenir la lutte inégale dans laquelle les Milanais s'engageaient de nouveau, ils n'avaient d'autres alliés que les Crémasques, peuple brave, mais faible, et les Bressans qui, dans la précédente campagne, n'avaient pas fait preuve de beaucoup de persévérance. Les Tortonais n'osèrent ou ne purent leur donner aucun secours. Frédéric avait forcé les habitants de Plaisance et ceux d'Isola, sur le lac de Como, à renoncer à l'alliance de Milan, pour en contracter une avec lui; les villes de Como et de Lodi, autrefois sujettes des Milanais, étaient armées contre eux. Lodi, fortifiée et entre les mains de leurs ennemis, devenait, avec son pont sur l'Adda, la clef de leur territoire : leur campagne ravagée pendant la précédente guerre, leur trésor épuisé, la mort de plusieurs de leurs braves, leur promettaient moins de ressources en eux-mêmes qu'ils n'en avaient lors de la première invasion de Frédéric. Le parti qu'ils prenaient de lui déclarer la guerre aurait été insensé, s'il n'avait été généreux; mais il y avait de la noblesse à oser dire : Nous sommes faibles, nous sommes abandonnés, nous serons écrasés, soit; il ne dépend pas de nous de vaincre la fortune ; mais, ce reste de richesses que nous pouvons sacrifier à la patrie, ce reste de vigueur que nous trouvons dans nos bras, ce reste d'un sang libre qui bouillonne encore dans nos veines, c'est à une noble cause que nous devons les consacrer; nous ne les avons reçus que pour combattre le despotisme : avant de nous soumettre à lui, nous attendrons, non que l'espoir de vaincre soit perdu, il

[1] Radevic. Frising. L. II, c. 41

l'est depuis longtemps ; mais qu'aucun moyen de résistance ne reste plus en notre pouvoir. Avec de pareils sentiments, avec une pareille constance, l'enthousiasme se transmet au loin, la génération naissante venge celle qui succombe ; les despotes s'épuisent à force de vaincre, et sur les ruines des villes libres s'élève de nouveau l'étendard de la liberté.

Frédéric n'entreprit point une seconde fois le siége de Milan; mais, profitant de tous ses avantages, de la facilité qu'il avait pour entrer à l'improviste sur le territoire de cette ville et pour se retirer ensuite en lieu de sûreté, de la supériorité de sa cavalerie, soit pour le nombre, soit pour la discipline, il dévasta les campagnes du Milanais à plusieurs reprises, pendant toute la durée de l'été ; il brûla les moissons ; il fit abattre les arbres fruitiers ou enlever leur écorce ; il détruisit toute espèce de comestibles : en même temps il fit garder toutes les routes qui conduisaient à Milan, et il soumit aux peines les plus sévères ceux qui porteraient des munitions dans cette ville [1]. Les Milanais cependant avaient fait leurs approvisionnements d'avance; et, redoublant d'économie dans la distribution des vivres, ils contemplèrent, avec une apparente indifférence, la désolation de leurs campagnes.

Sur ces entrefaites, les Crémonais, qui venaient de remporter sur les Bressans un avantage considérable, engagèrent l'empereur à entreprendre le siége de Crème. Ils se rendirent eux-mêmes devant cette ville, le 3 ou le 4 juillet, et Frédéric les y suivit huit jours après, avec les secours qu'il avait reçus d'Allemagne.

Crème est située sur le Sério, dans une plaine marécageuse entre l'Adda et l'Oglio, à vingt-quatre milles de Milan, et à une distance presque égale des montagnes. Cette ville, ou plutôt cette bourgade, comme on l'appelait alors, était entou-

---

[1] Radevic. Frising. L. II, c. 33.

rée d'une double muraille et d'un fossé plein d'eau très large et très profond. Les Crémasques, qui s'étaient soustraits avec peine à l'obéissance des Crémonais, avaient conservé pour Milan une fidélité inébranlable. Les Milanais, avertis du danger que couraient leurs alliés, leur envoyèrent aussitôt un de leurs consuls, Manfred de Dugnano, avec quelques chevaux et quatre cents hommes de pied, qu'ils promirent d'entretenir à leurs frais dans Crème aussi longtemps que durerait le siége, quoique à cette époque même, Frédéric, qui avait divisé son armée, eût recommencé, avec une moitié de ses forces, à ravager leur territoire [1]. Les Bressans, de leur côté, envoyèrent aussi quelques secours aux Crémasques.

Cependant les assiégeants avaient commencé, selon l'usage antique, une ligne de circonvallation, pour interrompre toute communication entre la ville et la campagne, et pour se mettre eux-mêmes à couvert des sorties des assiégés. Ces derniers ne les laissaient pas travailler tranquillement. Une de leurs attaques, pendant l'absence de l'empereur, fut si violente, que, quoiqu'ils n'eussent guère que six cents chevaux, ils conservèrent l'avantage jusqu'à la fin de la journée. Frédéric, à son retour au camp, fut outré de colère de l'insolence des Crémasques qui avaient osé battre ses troupes ; et, comme si c'eût été en effet un juste motif de sévir contre eux, il donna l'ordre de faire pendre en face des murs un certain nombre de prisonniers. Les assiégés crurent devoir de leur côté faire usage du droit barbare et souvent impolitique des représailles : ils livrèrent au même supplice, du haut de leurs créneaux, le même nombre de prisonniers allemands [2].

Frédéric les fit alors avertir, par un héraut, que désormais, à aucune condition, il ne les recevrait en grâce, et qu'il était résolu à les traiter avec la dernière rigueur. En même temps

---

[1] *Sire Raul*, p. 1182. — [2] *Radevic. Frising.* L. II, c. 45, p. 820.

il envoya au supplice quarante otages qu'il avait levés précédemment dans Crème ; il fit pendre également six députés que les Milanais envoyaient à Plaisance, et dont l'un était neveu de l'archevêque de Milan.

Il restait encore d'autres otages de Crème, entre les mains de Frédéric ; c'étaient des enfants : il les fit attacher à une tour qu'il faisait avancer contre la ville, tandis que les assiégés, avec neuf *mangani,* ou espèces de catapultes, s'efforçaient de la repousser. Sans doute Frédéric se flattait de forcer ainsi les Crémasques à suspendre l'action de leurs machines qui menaçaient de mettre sa tour en pièces ; cependant il ne leur avait laissé aucune espérance de salut : déjà il avait fait mourir d'autres otages ; et quand les assiégés, pour ménager ceux-ci, auraient sacrifié leur ville, ils n'auraient pas été assurés de les sauver. Les pères de ces malheureuses victimes, en armes sur la muraille, poussaient des cris lamentables, et ne cessaient cependant de combattre, et de diriger les catapultes contre la tour qu'on faisait approcher ; mais l'un d'eux, à ce qu'assure Radévic de Frisingen, élevant la voix, criait à ses enfants [1] : « Bienheureux ceux qui meurent pour la patrie et
« pour la liberté ! Ne craignez point la mort, elle seule peut
« désormais vous rendre libres ; si vous étiez parvenus à notre
« âge, ne l'auriez-vous pas bravée avec nous pour la patrie ?
« heureux de la rencontrer avant d'avoir, comme nous, à redouter l'infamie pour vos épouses, ou à résister aux gémissements de vos enfants qui vous demandent de les épargner !
« Oh ! puissions-nous bientôt vous suivre ! Puisse aucun vieillard d'entre nous n'être assis sur les cendres de sa cité !
« Puissent nos yeux être fermés avant d'avoir vu notre sainte
« patrie tomber entre les mains impies des Crémonais et des
« Pavésans ! »

La tour cependant, contre laquelle les catapultes des assié-

[1] Radevic. Frising. L. II, c. 47. — Guntheri Liguurinus. L. X, p. 146.

gés lançaient des rochers énormes, commençait à menacer ruine : sa charpente était ébranlée ; et l'empereur eut lieu de craindre qu'avant d'être poussée jusqu'au pied des murailles, elle n'accablât de sa chute les guerriers qu'elle renfermait. Il donna donc ordre de la retirer, et fit en même temps détacher les otages qui la couvraient de leurs corps ; neuf d'entre eux, savoir quatre Milanais et cinq Crémasques, avaient été tués : parmi les premiers on comptait un da Posterla et un Landriano ; ces noms appartiennent aux premières familles de Milan : parmi les seconds, un jeune prêtre. Deux autres otages avaient été blessés grièvement ; mais plusieurs aussi n'avaient été atteints d'aucune pierre [1].

Ce ne furent pas là les seules atrocités qui signalèrent d'une manière odieuse le siége de Crème ; mais le devoir d'historien ne nous force pas à nous arrêter davantage sur des scènes aussi révoltantes.

Les Milanais désiraient forcer par quelque diversion une partie de l'armée impériale à s'éloigner de Crème ; dans ce but, ils allèrent mettre le siége devant le château de Manerbio, que les Allemands possédaient près du lac de Como : mais l'empereur envoya contre eux le comte Goswino (c'est le nom que lui donne Radévic), qui les contraignit à se retirer avec perte. Vers le même temps, les habitants de Plaisance furent mis au ban de l'Empire, parce qu'ils avaient envoyé des vivres à Milan et à Crème [2].

Il y avait déjà six mois que cette dernière ville était assiégée, et l'empereur ne se laissait point rebuter par les glaces d'un hiver rigoureux. Il fit rétablir la tour mouvante que les assiégés avaient repoussée, et il en fit construire une autre ; après de longs combats, il réussit à les faire avancer jusqu'auprès

---

[1] *Otto Morena*, p. 1037, 1039. — *Sire Raul*, p. 1183. — *Tristani Calchi hist. Patr.* L. IX, c. 239. — [2] *Radevic. Frising.* L. II., c. 48 et 49.

de la muraille ; en sorte que ses arbalétriers dominaient les assiégés. 1160. — Il parvint aussi à corrompre le principal ingénieur des Crémasques, nommé Marchése, qui passa dans son camp, et qui dirigea la construction de nouvelles machines, pour attaquer la ville qu'il avait longtemps défendue [1]. D'après ses conseils, Frédéric fit monter dans ses tours ses meilleurs guerriers ; il plaça les arbalétriers à l'étage supérieur, pour qu'ils dominassent la muraille et qu'ils écartassent ses défenseurs, tandis que les soldats d'élite, logés à l'étage inférieur, jetaient des ponts par lesquels ils s'avançaient de plain-pied sur cette même muraille : le reste de l'armée marchait à l'assaut, entre les tours, avec ordre de tenter ou la sape ou l'escalade, dès que les ponts-levis seraient abaissés. Les assiégés, de leur côté, se distribuèrent sur la muraille : ils se couvrirent de mantelets, et s'efforcèrent avec leurs *gratti* ou béliers crochus, de s'emparer des ponts qu'on abaissait sur eux, ou de les renverser. Chassés du mur à plusieurs reprises, ils réussirent autant de fois à le recouvrer, et repoussèrent toujours avec bravoure les assaillants, parmi lesquels se distinguait Othon, comte palatin de Bavière, le premier à s'élancer sur le rempart et le dernier à le quitter. Enfin, comme le jour commençait à décliner, et qu'ils avaient déjà perdu beaucoup de monde par les flèches des arbalétriers, dont ils ne pouvaient ni se garantir ni se venger, les assiégés furent contraints d'abandonner le mur extérieur, et de se retirer dans l'enceinte, où ils voulaient soutenir un second siége [2].

Pendant la nuit, néanmoins, lorsqu'ils examinèrent l'effrayante diminution de leurs forces ; qu'ils firent le compte de leurs soldats et des braves qu'ils avaient perdus ; qu'ils virent leurs fossés comblés, et qu'ils reconnurent la faiblesse de

---

[1] *Otto Morena*, p. 1046. — [2] *Radevic. Frising.* L II, c 59. — *Otto Morena*, 1045, 1047. — *Guntheri Ligurinus*, L. X, 148, 150.

leur muraille intérieure, ils s'abandonnèrent au désespoir. Dès le lendemain ils s'adressèrent au patriarche d'Aquilée et au duc de Bavière, et demandèrent par leur entremise à entrer en négociation. Le patriarche, dans la conférence qu'il eut avec les consuls, les assura que le seul moyen qui leur restât pour apaiser la colère de l'empereur, c'était de se rendre à discrétion.

L'un d'eux répondit, en contenant sa douleur, que ce n'était pas contre Frédéric, mais contre les Crémonais, que les Crémasques avaient pris les armes, déterminés qu'ils étaient à ne servir que Dieu et l'empereur. Ils croyaient avoir prouvé qu'ils préféraient la mort à un esclavage injuste. Ils avaient maintenu, aussi longtemps que Dieu l'avait permis, leur alliance avec les Milanais, contractée pour les soustraire à la servitude; mais ils étaient forcés de considérer comme une preuve du courroux céleste, la situation désespérée où ils se voyaient réduits. En effet, il leur restait des armes, il leur restait des vivres, et ils ne pouvaient les employer à sauver leur liberté. Le consul termina son discours en demandant que l'empereur victorieux, à quelque punition qu'il voulût soumettre ses compatriotes, ne les livrât pas du moins entre les mains des Crémonais, leurs plus féroces ennemis.

Frédéric consentit enfin à offrir des conditions; et elles furent aussitôt acceptées. Il permit aux Crémasques de sortir de leur ville, avec leurs femmes et leurs enfants, et d'emporter sur leurs épaules ceux de leurs effets dont ils pourraient se charger en une seule fois. Quant aux garnisons de Milan et de Brescia, il exigea qu'elles sortissent sans armes ni bagages; mais il permit indifféremment à tous les assiégés de se rendre ensuite où bon leur semblerait.

Ce fut le 20 janvier 1160, que les habitants de Crème, hommes, femmes et enfants, au nombre de vingt mille environ, sortirent de cette ville malheureuse, et s'acheminèrent vers Milan. L'empereur livra Crème au pillage de ses soldats, qui y mirent ensuite le feu. Les Crémonais prirent soin de raser jusqu'aux fondements tout ce qui avait échappé à l'incendie [1].

Dès le mois de septembre de l'année précédente, le pape Adrien IV était mort, à l'époque où sa brouillerie avec l'empereur commençait à prendre un caractère sérieux. Le collége des cardinaux, rassemblé pour lui donner un successeur, se partagea entre deux rivaux. Rolland, originaire de Sienne, chanoine de Pise, cardinal du titre de Saint-Marc, et chancelier de l'Église, fut élu par un parti ; et Octavien, cardinal titulaire de Sainte-Cécile, noble romain, fut élu par l'autre. Le premier réunissait plus de cardinaux ; il était secondé par l'affection du peuple; il fut sacré sous le nom d'Alexandre III : c'est celui que l'Église a reconnu. Le second avait en sa faveur le sénat et la noblesse de Rome. Il est probable que ce dernier, qui prit le nom de Victor III, sentait lui-même l'illégitimité de son élection, puisqu'il rechercha l'appui des antagonistes des papes, des amis de la liberté à Rome, de l'empereur en Allemagne et en Lombardie. Frédéric, se flattant que la cour de Rome serait affaiblie par cette double élection, convoqua, de sa propre autorité, un concile à Pavie, et somma les deux pontifes d'y comparaître, pour qu'il eût à décider entre eux. Alexandre avait été captif entre les mains de son rival; et, quoique délivré par le parti populaire, il ne s'était point senti assez fort pour séjourner à Rome : aussi errait-il de ville en ville. Cependant il répondit fièrement à cette sommation, que le successeur légitime de saint Pierre n'était soumis au jugement ni des empereurs, ni des conciles. Victor, au contraire, se rendit en personne à Pavie, et se concilia les suffrages de Frédéric et de ses évêques; son

---

[1] Radevic. Frising. L. II, c. 62.

élection fut confirmée par eux, tandis que l'excommunication fut lancée par le concile contre Rolland ou Alexandre III. Ce dernier fit retomber à son tour les foudres de l'Église sur Frédéric, et délia ses sujets de leur serment de fidélité [1].

Malgré la prise de Crème, les Milanais n'avaient pas encore lieu de perdre courage ; l'alliance du pape légitime rattachait leur cause à celle d'une moitié de l'Europe, et ralentissait le zèle de leurs ennemis. De plus, les Allemands, après une campagne aussi pénible, languissaient de retourner chez eux ; et Frédéric, quoiqu'il demeurât lui-même en Lombardie pour y continuer la guerre, se vit obligé de licencier la plus grande partie de son armée [2]. Il ne garda près de lui que son cousin le duc Frédéric, fils du roi Conrad, les deux comtes palatins Conrad et Othon, avec leurs vassaux et les siens propres, enfin, les Italiens de son parti. Ses forces n'étant plus supérieures à celles de ses ennemis, il se borna, pendant l'année 1160, à faire la petite guerre.

Le combat de Cassano fut le plus important de cette campagne. Les Milanais avaient entrepris le siége de ce château,

---

[1] *Baronius ad ann.* 1159, § 70 et seq. — *Vita Alexandri papæ tertii, a cardinali Aragonio*, T. III, *Rer. Ital.* p. 448-450.
Nous faisons usage ici, pour la première fois, de l'histoire d'Alexandre III, écrite par un auteur contemporain et recueillie avec quelques autres par le cardinal d'Aragon. Ce précieux ouvrage doit nous dédommager de Radévicus, que nous allons perdre. Il faut le considérer bien moins comme l'histoire du pontife, que comme celle de la guerre de Lombardie. Cette histoire est écrite avec netteté : l'on reconnaît, à ses détails, le témoin oculaire ; et l'on y trouve autant d'impartialité qu'on en peut attendre d'un écrit composé au milieu des guerres civiles. Il est probable que l'auteur mourut avant Alexandre : son récit n'est pas terminé, et n'arrive que jusqu'à l'an 1178. Les deux autres vies presque contemporaines du même pape, recueillies par Almaric Augérius et par Bernard Guidonis, ne valent pas la peine d'être citées. — [2] *Otto Morena*, p. 1061. — *Radevicus Frisingenis.* L. II, c. 75. C'est le dernier secours que nous tirerons de cet estimable auteur. Il écrivait son histoire l'année même 1160 ; et il l'a terminée au licenciement des troupes allemandes. Gunthérus finit son poëme à la même époque. Parmi les Allemands, il ne nous reste donc plus qu'Othon de Saint-Blaise et l'abbé d'Usperg. C'est une faible ressource.

où l'empereur avait laissé une garnison. Celui-ci, le 9 août, marcha au secours des assiégés ; il avait sous ses ordres un petit nombre de Pavésans, toutes les milices de Novare, de Verceil et de Como, les vassaux de Séprio et de Martésana, le marquis de Montferrat et le comte de Blandrate. Un renfort, conduit par le roi de Bohême, vint le joindre pendant qu'il était en présence de l'armée républicaine ; en sorte qu'il réussit à la mettre dans l'impossibilité de recevoir des vivres. Lorsque les consuls s'aperçurent qu'ils étaient enveloppés, ils crurent ne pas devoir donner à leurs soldats le temps de reconnaitre les dangers de leur position, ou de souffrir du manque de vivres ; ils ordonnèrent immédiatement l'attaque. Ils opposèrent aux Allemands et à l'empereur, les bataillons de porte romaine et de porte orientale ; ils leur confièrent la garde du carroccio, pour que l'ardeur qu'on mettrait à le défendre contrebalançât la supériorité des Allemauds dans l'art militaire. Ils placèrent les bataillons de deux autres portes, avec les auxiliaires de Brescia, vis-à-vis des Italiens. La bravoure personnelle de Frédéric surmonta l'obstacle qui lui était opposé. Il parvint jusqu'au carroccio, tua les bœufs qui le conduisaient, abattit la croix dorée qui le décorait, et enleva l'étendard de la commune. Mais l'autre aile des Milanais remporta sur les Impériaux une victoire complète. Tandis que les deux armées croyaient, chacune de leur côté, avoir assuré le gain de la bataille, une pluie violente sépara les combattants, et détermina leur retraite. En rentrant au camp, l'aile victorieuse apprit la déroute de l'aile qui avait succombé. Les Milanais, furieux de l'affront fait à leur carroccio, s'ébranlèrent de nouveau pour attaquer l'empereur ; mais celui-ci, qui avait perdu un grand nombre de ses meilleurs soldats, et que les Novarais mis en fuite n'avaient pu rejoindre, abandonna ses prisonniers et ses bagages avec précipation. Les républicains, après avoir eu la satisfaction de voir Frédéric fuir devant eux, et de se charger de ses dépouilles, rentrèrent à Milan en triomphe [1].

Le lendemain de ce combat, les Crémonais et les Lodésans, qui marchaient au secours de l'empereur avec un convoi de provisions, furent également défaits; d'autre part les assiégés du château de Cassano firent une sortie hardie; ils brûlèrent les machines des Milanais, et les forcèrent à lever le siége, malgré tous les avantages qu'ils venaient de remporter.

Avant de prendre ses quartiers d'hiver à Pavie, Frédéric y rassembla les feudataires italiens, et leur fit prêter serment de rejoindre ses drapeaux, avec toutes leurs forces, au printemps suivant. On compte avec regret, parmi ceux qui prirent cet engagement, le marquis Obizzo Malaspina, et le comte de Blandrate, qui, au commencement de la guerre, avaient combattu pour une cause plus noble [2].

1161. — La campagne de 1161 s'ouvrit par des escarmouches peu importantes. Le 16 de mars, les citoyens de Lodi et ceux de Plaisance se rendirent, à l'insu les uns des autres, dans le bois de Bulchignano, sur les confins du territoire des deux peuples, pour s'y tendre réciproquement des embûches. Ils y passèrent la nuit les uns près des autres, sans s'apercevoir; mais le matin, ceux de Plaisance découvrirent les premiers les Lodésans, couchés comme eux entre les buissons; et, profitant de leur surprise, ils les firent presque tous prisonniers.

Cependant, vers le milieu de juin, les Allemands, honteux de ce que l'empereur était en quelque sorte abandonné au milieu des Lombards, passèrent les Alpes pour marcher à son secours. Ils formèrent une armée de près de cent mille hommes, qui fut assemblée à temps pour que Frédéric pût, à sa tête, entrer avant les moissons sur le territoire milanais, et

---

[1] *Otto Morena hist. Laud.* p. 1073-1075. — [2] *Ibid.* p. 1087.

brûler les blés encore sur pied. Ses dévastations s'étendirent à douze ou quinze milles de rayon autour de la ville. En vain les Milanais essayèrent, à plusieurs reprises, de le chasser de leur territoire; ils eurent du désavantage dans presque tous les combats [1].

Lorsque, dans le mois de septembre, les secondes récoltes, le millet et le sorgo [2], commencent à mûrir, Frédéric rentra sur le territoire de Milan, et incendia les champs qui en étaient couverts, comme il avait incendié les blés. Pendant le reste de la campagne, les avantages furent balancés; les seuls faits remarquables furent les cruautés de l'empereur, qui faisait couper les mains aux prisonniers, ou qui les livrait au dernier supplice.

Au retour de l'hiver, Frédéric établit son quartier-général à Lodi; il fortifia en même temps Ripalta-Secca et San-Gervasio, pour couper la communication entre Milan, Brescia et Plaisance, en sorte que les Milanais n'eurent plus aucun moyen de tirer des vivres de ces deux villes.

Ces derniers, dont les récoltes de l'année avaient été presque absolument détruites, avaient en outre eu le malheur de voir leur ville en proie à un cruel incendie. Deux quartiers, qui contenaient presque tous leurs greniers, avaient été consumés par les flammes; tellement que, dès l'entrée de l'hiver, ils commencèrent à manquer de vivres. 1162. — L'empereur,

---

[1] *Otto de Sancto Blasio in Chronico*, c. 16, Scr. Rer, It. T. VI, p. 874. — [2] Morena les appelle *blava* dans son latin barbare; c'est le *biada* des Italiens, mot par lequel ils désignent les récoltes d'automne, mais surtout le millet, le blé de Turquie et le millet africain ou sorgo (*holcus sorgum*). On connaît mal l'époque de l'introduction dans l'agriculture italienne de ces plantes si précieuses pour l'homme; il est probable cependant que l'Italie a dû ce bienfait, quant au sorgo, aux Arabes cantonnés dans le royaume de Naples, ou aux expéditions maritimes des Pisans, mais que sa culture ne devint pas générale avant le XIIe siècle. Quant au blé de Turquie, malgré le nom qu'il porte, c'est une plante d'Amérique, qui ne fut introduite en Europe que dans le XVIe siècle.

pour redoubler leur détresse, punissait par les supplices les plus cruels ceux qui leur portaient quelque secours. Dans un seul jour il fit couper le poing à vingt-cinq paysans, que ses soldats avaient surpris chargés de munitions [1]. Les Milanais voyaient donc l'impossibilité d'attendre la récolte qui était encore éloignée; et cette récolte même, ils ne pouvaient se flatter qu'elle ne fût pas détruite, ainsi que la précédente. Ce que la force des armes n'avait pu faire, la faim put seule l'opérer. Les consuls envoyèrent à l'empereur, qui était alors à Lodi, des propositions de paix; ils lui offrirent, en signe de soumission, de démolir en six endroits le mur de la ville, et de recevoir à l'avenir des podestats de sa main. Mais Frédéric répondit à leurs députés qu'il ne ferait grâce aux Milanais qu'autant que ceux-ci se rendraient à lui sans condition, et se reposeraient sur sa clémence. Lorsque cette réponse fut portée dans la ville, en vain les magistrats déclarèrent qu'ils ne voulaient renoncer à la liberté qu'en perdant la vie; le peuple mutiné triompha de leur résistance, et les contraignit à la soumission [2].

Cédant aux volontés du peuple, les huit consuls se présentèrent le premier jour de mars 1162, avec huit autres chevaliers, au palais de l'empereur à Lodi; et, l'épée nue à la main, ils se rendirent à discrétion au nom de la ville. Ils jurèrent en même temps qu'ils étaient prêts désormais à obéir à tous les ordres impériaux, et que tous les Milanais répéteraient le même serment. Trois jours après, sur la demande de Frédéric, trois cents chevaliers vinrent déposer leur épée à ses pieds, et lui livrer trente-six drapeaux de la commune. Giuntellino, le chef des ingénieurs, lui remit en même temps les clefs de la

---

[1] *Sire Raul*, p. 1186. — [2] *Otto Morena*, p. 1099. L'empereur, il est vrai, leur avait laissé le choix entre le parti de se rendre à discrétion, et celui d'accepter des conditions tellement dures, que la cour elle-même les jugeait impossibles à exécuter. Ils choisirent le premier parti. *Burchardi epistola de excidio Mediolanensi*. T. VI, *Rer. Ital.* p. 915.

ville. L'empereur, sans manifester encore ses intentions futures, exigea que tous ceux qui, depuis trois ans, avaient exercé le consulat, se rendissent auprès de lui, et que l'on consignât entre ses mains tous les étendards de la ville ; cérémonie humiliante à laquelle les Milanais se soumirent le mardi suivant.

Les citoyens de trois des quartiers de la ville marchaient devant le carroccio, et tenaient à leurs mains des croix de suppliants ; les trois autres quartiers fermaient la procession. Dès que le char sacré fut à la vue de l'empereur, les trompettes de la seigneurie firent, pour la dernière fois, retentir l'air de leurs fanfares ; le mât sur lequel flottait l'étendard s'abaissa comme de lui-même devant le trône, et ne se releva que lorsque Frédéric en eût donné l'ordre. Ce carroccio, avec quatre-vingt-quatorze drapeaux, fut ensuite livré aux Allemands. Alors un des consuls milanais éleva la voix ; et, dans une touchante harangue, il supplia l'empereur d'user de miséricorde envers sa patrie. Toute la multitude se jeta aussitôt à genoux, en demandant merci au nom des croix qu'elle portait. Le comte Blandrate, qui se trouvait dans l'armée de Frédéric, prit une croix des mains de ceux qu'il venait de combattre et qu'il avait servis autrefois ; il se jeta à genoux au pied du trône, en demandant grâce pour eux. Toute la cour, toute l'armée, pleuraient de compassion. L'empereur seul ne laissa voir sur son visage aucune trace d'émotion. Comme il se défiait de la sensibilité de sa femme, il ne lui avait pas permis d'assister à cette cérémonie ; mais les Milanais, ne pouvant approcher d'elle, jetaient de loin vers ses fenêtres les croix qu'ils avaient apportées, et qui devaient parler pour eux. Frédéric, après avoir reçu le serment de fidélité de tous ceux qui accompagnaient le carroccio, et après avoir choisi quatre cents otages, ordonna au reste du peuple de retourner à Milan, de démolir les six portes de la ville et les murs attenants, et de combler les fossés, pour qu'il pût entrer librement avec son armée. En même temps il envoya six seigneurs allemands, et six Lombards, dont l'un était notre historien Moréna, pour recevoir le serment de fidélité de tous ceux qui étaient demeurés dans la ville : d'autre part, Frédéric révoqua la sentence qui avait mis les Milanais au ban de l'Empire.

Il y avait déjà dix jours que la ville s'était rendue, et le vainqueur, au lieu d'y entrer, conduisit son armée de Lodi à Pavie, où il séjourna huit autres jours, sans faire connaître ses volontés. Enfin, le 16 de mars, il expédia aux consuls de Milan l'ordre de faire sortir tous les habitants de l'enceinte des murs. Ces magistrats obéirent en tremblant à cette injonction mystérieuse. Plusieurs citoyens se réfugièrent à Pavie, à Lodi, à Bergame, à Como, et dans toutes les villes de Lombardie; le plus grand nombre cependant attendit l'empereur en dehors du retranchement; mais tous obéirent, hommes, femmes et enfants, tous quittèrent le toit paternel, qu'ils ignoraient s'ils devaient jamais revoir, et Milan resta complétement désert.

Le 25 mars, l'empereur, à la tête de son armée, y arriva et publia la sentence longtemps suspendue. La ville devait être rasée jusqu'en ses fondements, et le nom milanais effacé d'entre les noms des peuples. Les divers quartiers de la cité furent partagés entre ses ennemis les plus acharnés, avec ordre de les détruire; chacune des six divisions de la ville, qui prenait son nom d'une porte, fut livrée à un peuple ennemi : l'Orientale aux Lodésans, la Romaine aux Crémonais, la Ticinaise aux Pavésans, la Vercelline aux Novarais, la Comacine aux Comasques, et la porte Neuve aux vassaux de Séprio et de Martésana. Pendant six jours l'armée impériale travailla avec tant d'ardeur à renverser les murailles et les édifices de Milan, que le dimanche des Rameaux, lorsque l'empereur repartit pour Pavie, la cinquantième partie de la ville ne restait pas sur pied [1].

[1] *Otto Morena*, p. 1103, 1105. — *Sire Raul*, p. 1187. — *Otto de Sancto Blasio*, c. 16, p. 875. — *Tristani Calchi hist. Patr.* L. X, p. 253. — *Galvan. Flamma Manip. Flor.* c. 189, p. 642. Voyez surtout *Epistol. Burchardi notarii Imperatoris ad Nicolaum Sigebergensium abbatem.* T. VI. *Rer Ital.* p. 915-918. On y trouve un récit très détaillé de la ruine de Milan, et de l'impression que fit sur les Allemands la victoire de l'empereur.

CHAPITRE X.

Oppression de l'Italie. — Ligue Lombarde; sa résistance à l'empereur. — Fondation d'Alexandrie.

1162-1168.

La victoire de Frédéric sur la première ville de l'Italie, et le châtiment sévère qu'il lui avait infligé, furent célébrés par tous les partisans de l'Empire, comme un triomphe noble et glorieux, comme un acte éclatant de la justice d'un grand monarque : les députés des provinces, les évêques, les comtes, les marquis, les podestats et les consuls des villes, se rendirent à Pavie pour féliciter l'empereur; et lorsqu'il parut à leurs yeux, orné, ainsi que son épouse, de la couronne impériale, qu'il avait fait vœu de ne point porter aussi longtemps que Milan lui résisterait, il fut accueilli par de bruyants applaudissements [1]. Les Bressans et les Plaisantins, qui regardaient la cause de la liberté comme perdue par la prise de Milan, cherchèrent à fléchir Frédéric, en se soumettant aux conditions les plus onéreuses : d'après ses ordres ils abattirent leurs tours, ils rasèrent leurs murailles, ils comblèrent leurs fossés, ils payèrent des contributions énormes, et reçurent un podes-

---

[1] *Otto Morena* p. 1105, 1107. — *Tristani Calchi hist. Patr.* L. X, p. 256. — *Joh. Bapt. Villanovæ hist. Laudis Pompeiæ.* L. II, p. 875.

tat de ses mains. Tout fléchissait, tout tremblait, et Frédéric pouvait croire que désormais son trône était fondé sur les bases les plus inébranlables; mais un pouvoir qui repose sur la terreur est éphémère, lorsque la nation qu'il opprime n'est pas complétement avilie; et quoique cette terreur fût alors à son comble, le caractère des Lombards n'avait pas perdu tout son ressort. Si pendant quelques années il ploya sous l'oppression, ce fut pour se relever avec plus de force. Les émigrés milanais, errants de ville en ville, racontaient, à des hommes libres comme eux autrefois, la ruine lamentable de leur patrie, la chute des murailles qu'ils avaient si vaillamment défendues, l'incendie et la profanation des temples, l'enlèvement ou la dispersion des reliques et des images sacrées, et les vexations inouïes qui, après la destruction de leur ville, prolongeaient les souffrances de leurs malheureux concitoyens. Ils répétaient, comment l'évêque de Liége et ensuite Pierre de Cunin, qu'on leur avait donnés successivement pour gouverneurs, après les avoir dispersés dans quatre bourgades qu'ils leur avaient fait bâtir à deux milles de distance de Milan, saisissaient leurs récoltes, s'appropriaient leurs possessions, augmentaient leurs tributs, et les contraignaient de transporter eux-mêmes les matériaux de leur ville détruite, pour en élever des châteaux et des palais à l'empereur [1]. Quelquefois de généreuses larmes coulaient de leurs yeux lorsqu'ils racontaient leurs combats, et ces jours de gloire où, au milieu des dangers et des privations, ils jouissaient encore en se sentant libres et armés pour la patrie.

Une grande infortune avait étouffé les anciennes inimitiés; Pavie, Crémone, Lodi, Bergame, Como, avaient ouvert leurs portes aux réfugiés : au milieu des guerres nationales, les liens de l'hospitalité unissaient les familles des villes voisines;

---

[1] *Sire Raul*, p. 1188. — Galvan. *Flamma Manipul. Flor.* c. 192, p. 644.— *Bernardino Corio, hist. Milanesi*. P. I, p. 54.

et ceux qu'on avait combattus pour l'honneur de sa cité, on les recevait ensuite avec empressement à sa table. Les récits des Milanais faisaient une impression d'autant plus profonde sur les auditeurs, que les alliés de l'Empire commençaient à éprouver eux-mêmes les funestes conséquences de leur victoire. Frédéric, il est vrai, avait permis aux Crémonais, aux Pavésans et aux Lodésans, de continuer à élire leurs consuls; mais il avait donné des podestats à Ferrare, à Bologne, à Faenza, à Imola, à Parme, à Como, à Novare, villes qui n'étaient point alliées des Milanais, ou qui même avaient envoyé leurs milices pour les combattre; et lorsque l'empereur, vers la fin de l'été, repassa en Allemagne, il laissa en Italie, pour y être son lieutenant-général, Raynaud, chancelier de l'empire et archevêque élu de Cologne, qui appesantit, sur tous les Lombards indifféremment, le joug qu'il leur avait imposé.

La terreur que ressentaient tous les Italiens, ne se manifeste nulle part plus clairement que dans les annales de Gènes. L'historien Caffaro les continuait année par année; en sorte qu'elles ont conservé au travers des siècles l'impression du moment. Aussi le même homme qui avait parlé avec enthousiasme de l'ardeur universelle des Génois, pour relever et fortifier leurs murailles, lorsqu'ils craignirent en 1158 d'être attaqués par l'empereur [1], ne le désigne-t-il quatre ans plus tard, en rendant compte de ses nouvelles victoires, que par les titres les plus pompeux. C'est *l'empereur toujours auguste, toujours triomphant, celui qui a élevé l'empire au plus haut degré de gloire* [2]. Les Génois en effet envoyèrent des députés à Frédéric pour le féliciter sur sa victoire, et l'assurer de nouveau de leur obéissance. Ils lui offrirent en même temps de mettre leurs flottes à sa disposition, pour porter la guerre en Sicile; et ils obtinrent de lui, à cette condition, une

---

[1] *Caffari Annales Genuenses.* L. I, p. 271. — [2] *Ibid.* L. I, p. 278.

charte remarquable, qui nous a été conservée. Par cette charte, l'empereur accorda en fief aux consuls de Gènes, le droit de conduire sous leurs bannières, toutes les fois qu'ils marcheraient en bataille, les habitants de la côte ligurienne, depuis Monaco jusqu'à Porto-Vénéré, c'est-à-dire, à peu près de tout le territoire actuel de la république. Cependant il réserva la fidélité que ces arrière-vassaux devaient à l'empire, et le droit de justice des comtes et des marquis. Il confirma au peuple le droit d'élire ses consuls; il inféoda aux Génois Syracuse, et deux cent cinquante fiefs de chevaliers dans la vallée de Noto, dont il promit de les mettre en possession dès qu'avec leur aide il se serait rendu maître de la Sicile. Il leur accorda, au préjudice des Provençaux, un privilége pour négocier seuls, dans tous les lieux maritimes, même dans l'état de Venise, si les Vénitiens ne rentraient pas en grâce auprès de lui. Il les dispensa du devoir de porter les armes pour lui, partout ailleurs que sur la côte de Provence, ou dans les Deux-Siciles; enfin, il s'engagea à ne point conclure de paix avec le roi Guillaume de Naples ou ses successeurs, sans le consentement libre des consuls de Gènes [1].

En même temps que, par ces concessions brillantes, Frédéric semblait exempter les Génois seuls du joug qu'il avait imposé à toutes les villes, il se chargea de terminer leur différend avec les Pisans, et de pacifier ces deux peuples dont il voulait réserver les armes pour servir ses propres querelles. La guerre entre eux avait éclaté cette année même, à l'occasion des colonies que tous deux avaient établies à Constantinople. Les Pisans étaient au nombre de mille environ dans cette capitale de l'Orient : déterminés à exclure de son commerce les Génois qui n'y avaient pas plus de trois cents hommes, ils les avaient attaqués, dépouillés et chassés de la ville, sans que le gouver-

---

[1] Ce traité est rapporté textuellement par Muratori *Antiq. Ital. Dissert.* XLVIII. T. IV, p. 253.

nement grec, témoin de ces violences, osât prendre un parti entre des marchands belliqueux qu'il ménageait et qu'il craignait. Les Génois se préparaient à venger sur les mers de Toscane l'affront fait à leurs compatriotes, lorsque Frédéric déploya son autorité pour leur faire poser les armes. Il obligea les députés des deux villes à signer, à Turin, une trêve qui devait durer jusqu'à ce qu'il prononçât sur leurs différends, à son retour d'Allemagne [1].

1163. — Lorsque l'empereur revint, à la fin de l'année 1163, visiter l'Italie, non plus en conquérant, mais en maître, il trouva ces deux villes aigries l'une contre l'autre, par un nouveau sujet de discorde. Les Pisans, comme nous l'avons vu, avaient, un siècle auparavant, conquis l'île de Sardaigne, et en avaient inféodé les diverses seigneuries à plusieurs de leurs gentilshommes. Mais ces feudataires, éloignés de la metropole, avaient presque absolument secoué sa dépendance; ils s'étaient érigés en petits souverains, et les Génois qui possédaient quelques châteaux-forts en Sardaigne, avaient contracté des alliances avec ces mêmes feudataires, tout en les encourageant à secouer le joug de la mère-patrie. Quatre seigneurs, ceux de Gallura, Logodoro ou les Tours, Arboréa et Cagliari, s'étaient partagé presque toute la Sardaigne : avec le titre de juges, ils affectaient un faste royal. L'un d'eux, le juge d'Arboréa, Barison, qu'on croit être sorti de l'ancienne famille des Sardi de Pise (mis en possession d'Arboréa, à la conquête de la Sardaigne), avait passé à Gênes vers cette époque; il y avait trouvé deux de ses compatriotes occupant les premières charges de la république : Corso Sismondi était consul de la commune, et Sismondi Muscula était consul des plaidoyers [2]. Il leur proposa de mettre l'île toute entière à la

---

[1] *Gaffari Annales Genuenses*, p. 280-283. — *Breviarum Pisanæ hist.* p. 173, 174. — *Uberti Folietæ Genuensium hist.* L. II, p. 268. — *Marangoni, Chroniche di Pisa Scr. Etrur.* T. I, p. 387. — [2] *Obertus Cancellarius Annales Genuenses*, L. II, p. 292.

disposition des Génois, pourvu que ceux-ci, de leur côté, l'aidassent à étendre sa propre autorité. Frédéric, toujours avide de reconquérir les anciennes limites de l'empire romain, n'avait point encore pu établir sa domination sur la Sardaigne. 1164. — Barison se présenta devant lui, à Fano, où l'empereur s'était rendu ; il lui offrit de lui faire hommage de toute l'île de Sardaigne, et de lui payer comme tribut une redevance annuelle de quatre mille marcs, pourvu que l'empereur, de son côté, voulût confirmer ses droits, ou plutôt ses prétentions vaniteuses, et l'investir du royaume de Sardaigne. Les consuls génois, Corso Sismondi et Baldizzo Ususmaris, envoyés par la commune en députation auprès de Frédéric, devaient répondre de la conduite de Barison, et promettre l'assistance de leur flotte pour le mettre en possession de ce nouveau royaume, qu'il leur avait promis de maintenir, en tout temps, dévoué à la république de Gênes et dépendant d'elle.

Dès que la proposition de Barison fut connue des consuls pisans, qui se trouvaient aussi auprès de l'empereur, ils réclamèrent contre la concession que Frédéric se disposait à lui faire, représentant que la Sardaigne était leur propriété, et que Barison, qui avait le sot orgueil de prétendre à une couronne, était leur vassal et leur homme-lige. Les consuls génois, qui n'avaient pas pris jusqu'alors beaucoup d'intérêt aux propositions faites par le juge d'Arborée, embrassèrent aussitôt sa défense, afin de faire valoir leurs prétentions sur la Sardaigne, et d'empêcher qu'on ne reconnût les titres de leurs rivaux [1]. Frédéric, sans approfondir davantage la cause qui lui était soumise, s'empressa d'accepter l'argent qu'on lui offrait pour une couronne qui ne lui appartenait pas : il fit dresser par les notaires impériaux un diplôme, par lequel il

---

[1] *Obertus Cancellarius Ann. Genuens.* p. 293, 294. — *Breviarum Pisanæ historiæ*, p. 175, 176. — *B. Marangoni Chron. di Pisa*, p. 394.

déclarait Barison roi de Sardaigne; et il lui demanda aussitôt en retour les quatre mille marcs que le nouveau roi avait promis.

Mais le juge d'Arborée, qui, parmi ses rustiques vassaux, avait une fortune supérieure à ses besoins, lorsqu'il eut commencé à suivre les cours dont il voulait imiter le faste, eut bientôt épuisé ses trésors. Quand Frédéric lui accorda le diplôme si longtemps désiré, le nouveau roi n'avait plus d'argent pour le payer. Il comptait bien, il est vrai, établir dans son île les impôts qu'il voyait en usage sur le continent; il assurait que ses sujets, qu'honorait sa nouvelle dignité, s'empresseraient de contribuer aux dépenses du trône : il ne demandait que de pouvoir rentrer en Sardaigne, et il promettait de s'acquitter aussitôt après; mais Frédéric lui déclara qu'il ne lui permettrait pas de s'éloigner de sa cour, jusqu'à ce qu'il eût payé jusqu'au dernier sou tout ce qu'il avait promis.

Les consuls génois qui avaient embrassé sa cause, plus par haine contre Pise que par affection pour lui, vinrent dans cette occasion à son secours. Ils lui avancèrent les quatre mille marcs dont il avait besoin pour satisfaire l'empereur; ils ajoutèrent même des sommes plus considérables pour préparer un armement, et le conduire en Sardaigne; mais, comme ils n'avaient d'autre caution que sa personne pour paiement de ses dettes, ils ne voulurent jamais le relâcher, ni lui permettre de débarquer dans son île; et, après être restés avec lui quelque temps devant Arborée, soupçonnant qu'il les trahissait, et qu'il voulait s'accommoder avec les Pisans, ils le reconduisirent à Gênes, et l'y retinrent prisonnier pour dettes [1].

Cependant les juges de Gallura et de Logodoro avaient renouvelé leur serment de fidélité à la commune de Pise; et,

---

[1] *Obertus Cancellarius*, p. 295-298. — B. *Marangoni Chron. di Pisa*, p. 398.

avec le secours qu'ils avaient reçu de cette ville, ils avaient envahi le district d'Arborée, et l'avaient mis à feu et à sang; en sorte que le nouveau roi de Sardaigne, loin de réduire ses égaux à son obéissance, avait perdu jusqu'à son ancien patrimoine. Tandis qu'on l'oubliait dans la prison, où il fut retenu pendant plusieurs années, les deux peuples rivaux continuèrent à se chercher sur les mers, à se combattre, à se brûler des vaisseaux, et à détruire les châteaux bâtis sur leurs deux rivages.

En même temps que les Génois poursuivaient avec ardeur la guerre contre Pise, ils étaient déchirés eux-mêmes par une discorde civile, dont l'historien public de cette république s'est interdit de nous transmettre les détails, pour ne pas faire déshonneur à sa patrie [1]. Nous apprenons de lui seulement que deux familles nobles, les Avogadi et les marquis de Volta, rivales peut-être en crédit et en pouvoir, s'étaient offensées, et avaient entraîné leurs amis dans leur querelle. Un marquis de Volta avait été victime de ces dissensions en 1165, quoiqu'à cette époque même il exerçât le consulat. L'année suivante, quatre nobles du premier rang, Rubaldo Barattiéri, Sismondo Sismondi, Juscello et Scotto, furent aussi tués. La haine des deux factions devenait chaque jour plus violente; et elles se refusaient à tout accommodement. 1169. — Les consuls de l'année 1169, pour rétablir la paix dans leur patrie, au milieu de factions sourdes à leur voix et plus puissantes qu'eux, furent obligés d'ourdir en quelque sorte une conspiration.

Ils commencèrent par s'assurer secrètement des dispositions pacifiques de plusieurs des citoyens, qui cependant étaient entraînés dans les émeutes par leur parenté avec les chefs de faction; puis, se concertant avec le vénérable vieillard Hugues,

---

[1] *Obertus Cancellarius*, p. 310.

leur archevêque, ils firent, longtemps avant le lever du soleil, appeler au son des cloches les citoyens au parlement : ils se flattaient que la surprise et l'alarme de cette convocation inattendue, au milieu de l'obscurité de la nuit, rendrait l'assemblée et plus complète et plus docile. Les citoyens, en accourant au parlement général virent, au milieu de la place publique, le vieil archevêque, entouré de son clergé en habit de cérémonies, et portant des torches allumées, tandis que les reliques de saint Jean-Baptiste, le protecteur de Gênes, étaient exposées devant lui, et que les citoyens les plus respectables portaient à leurs mains des croix suppliantes.

Dès que l'assemblée fut formée, le vieillard se leva ; et de sa voix cassée il conjura les chefs de parti, au nom du Dieu de paix, au nom du salut de leurs âmes, au nom de leur patrie et de la liberté, dont leurs discordes entraîneraient la ruine, de jurer sur l'Évangile l'oubli de leurs querelles, et la paix à venir. Les hérauts, dès qu'il eut fini de parler, s'avancèrent aussitôt vers Roland Avogado, le chef de l'une des factions, qui était présent à l'assemblée ; et, secondés par les acclamations de tout le peuple, et par les prières de ses parents eux-mêmes, ils le sommèrent de se conformer au vœu des consuls et de la nation.

Roland, à leur approche, déchira ses habits ; et, s'asseyant par terre en versant des larmes, il appela à haute voix les morts qu'il avait juré de venger, et qui ne lui permettaient pas de pardonner leurs vieilles offenses. Comme on ne pouvait le déterminer à s'avancer, les consuls eux-mêmes, l'archevêque et le clergé, s'approchèrent de lui ; et, renouvelant leurs prières, ils l'entraînèrent enfin, et lui firent jurer sur l'Évangile l'oubli de ses inimitiés passées.

Les chefs du parti contraire, Foulques de Castro et Ingo de Volta, n'étaient pas présents à l'assemblée ; mais le peuple et le clergé se portèrent en foule à leurs maisons : ils les trouvèrent déjà ébranlés par ce qu'ils venaient d'apprendre; et, profitant de leur émotion, ils leur firent jurer une réconciliation sincère, et donner le baiser de paix aux chefs de la faction opposée. Alors les cloches de la ville sonnèrent en témoignage d'allégresse; et l'archevêque, de retour sur la place publique, entonna un *Te Deum* avec tout le peuple, en l'honneur du Dieu de paix qui avait sauvé leur patrie [1].

Nous avons dit que Frédéric était revenu en Italie en 1163; il y conduisit avec lui son épouse et une cour brillante, mais point d'armée. Les Pavésans profitèrent de la terreur que son nom inspirait encore, pour détruire la ville de Tortone, dont ils étaient toujours jaloux : ils représentèrent à l'empereur que les Milanais ne l'avaient rebâtie que pour témoigner ainsi combien ils méprisaient ses vengeances; qu'une ville ruinée par lui, et fondée de nouveau par ses ennemis les plus acharnés, conspirerait toujours avec les factieux : ils ajoutèrent à ces motifs l'offre d'une somme considérable, et ils obtinrent de lui un ordre de raser les murailles de Tortone. En l'exécutant, ils l'outrepassèrent : après avoir, avec l'autorité de l'empire, enlevé aux habitants les moyens de se défendre, ils démolirent leurs maisons, aussi bien que les fortifications de la ville [2].

1164. — Ce fut la dernière violence à laquelle se porta le parti victorieux, pour satisfaire une haine qui commençait à se calmer. Pendant l'absence de l'empereur, les podestats qu'il avait préposés à chaque diocèse avaient abusé cruellement de leur autorité; ils exigeaient les contributions et les impôts au sextuple de ce qui était dû suivant les anciennes coutumes, et ils ne laissaient aux habitants du Milanais et du Crémasque que le tiers de leurs récoltes annuelles. Moréna lui-même, historien si partial pour l'empereur, assure qu'il n'y avait aucun Lombard qui, se souvenant de l'antique liberté

---

[1] *Obertus Cancellarius Annales Genuenses.* p. 324-327. — *Uberti Foliétœ Genuens. hist.* L. II, p. 278. — [2] *Otto Morena hist. Laudem.* p. 1123.

de sa patrie, ne regardât comme un opprobre les exactions auxquelles il se voyait exposé, et ne sentît un ardent désir d'en tirer vengeance [1]. Cependant les Italiens avaient attendu le retour de l'empereur, et ils s'étaient flattés qu'à son arrivée ils lui verraient corriger les abus dont ils gémissaient.

En effet, lorsque Frédéric se rendit de Lodi à Monza, où il faisait bâtir un palais, les Milanais, avertis de son passage, se présentèrent en foule sur le chemin qu'il devait traverser; ils l'avaient attendu de nuit, dans la fange, malgré une pluie abondante : ils se jetèrent à genoux à son approche, et supplièrent l'empereur, avec de profonds gémissements, de les traiter avec plus de douceur. Frédéric parut ému, et fit relâcher leurs otages, mais il renvoya l'examen de leurs demandes à ses ministres, et ceux-ci en prirent occasion de soumettre à de nouvelles exactions les malheureux qui avaient osé se plaindre [2].

Les habitants de la Marche Véronaise, qui jusqu'alors étaient restés presque étrangers à la guerre de Lombardie, présentèrent à leur tour leurs réclamations contre des vexations d'autant plus odieuses, que les ministres impériaux n'avaient aucune raison de les traiter en ennemis. Elles ne furent pas mieux accueillies. L'empereur s'était avancé du côté de Fano, dans l'Émilie; les villes profitèrent de son éloignement pour assembler un congrès : Vérone, Vicence, Padoue et Trévise s'engagèrent réciproquement par serment à se soutenir dans l'entreprise de restreindre les droits de l'empire, et de les réduire à ceux qu'avaient exercés les empereurs orthodoxes,

[1] *Morena historia Laudensis*, p. 1127, 1129. Nous ne savons point si Otto Morena est toujours l'auteur de cette partie de l'histoire, ou si nous sommes déjà parvenus à la continuation écrite par son fils Acerbus. La narration est continuée par le père, le fils et un inconnu, sans interruption, et sans qu'on puisse découvrir où chacun d'eux s'est arrêté. Acerbus Moréna fut employé par l'empereur dans la carrière militaire; il mourut à l'expédition de Rome, en 1167. On trouve dans Acerbus des sentiments plus généreux et plus libéraux que dans son père. — [2] *Sire Raul*, p. 1189.

prédécesseurs de Frédéric. Les confédérés se promettaient également et de résister à toute usurpation du monarque, et de reconnaître les prérogatives qui lui appartenaient de droit [1].

Les Vénitiens, qui depuis longtemps étaient vus de mauvais œil par Frédéric, s'engagèrent aussi dans cette ligue. Dès lors elle se crut assez forte pour faire cesser les vexations des gouvernements allemands ; elle attaqua les seigneurs qui, dans la Marche Véronaise, n'avaient pas voulu prêter le serment d'association, et elle mit en fuite les officiers de l'empereur les plus odieux au peuple.

Dès que Frédéric fut averti de ces mouvements, il revint en hâte à Pavie ; et, rassemblant ceux des Lombards en qui il mettait le plus de confiance, les milices de Pavie, de Novare, de Crémone, de Lodi et de Como, il s'avança sur le territoire de Vérone pour le dévaster. La ligue véronaise mit de son côté son armée en campagne, et l'envoya courageusement au-devant de lui. Frédéric s'aperçut bientôt que les Lombards qu'il conduisait ne le suivaient que contre leur gré. Effrayé de se trouver entre leurs mains, il abandonna son camp avec précipitation, et s'enfuit devant les Véronais [2]. Depuis cette époque, toutes les cités lui furent également suspectes ; et comme les marquis, les comtes et les capitaines étaient les ennemis naturels des villes libres, il fit alliance avec eux, et il logea dans leurs forteresses ses meilleurs soldats allemands [3].

Après une preuve aussi humiliante de sa faiblesse, Frédéric

---

[1] *Vita Alexandri III, a cardinali Aragonio*, p. 456. S'il faut en croire l'historien grec Cinnamus (L. V, c. 13, p. 103, *Byzant.* T. XI), l'empereur grec Manuel Comnène fut le premier instigateur de cette alliance : il était jaloux du pouvoir croissant de Frédéric ; il lui contestait le titre d'empereur, et il envoya Nicéphore Caluphi à Venise, et des agents plus obscurs dans les autres villes, avec de grandes sommes d'argent pour exciter les Lombards à prendre les armes et à défendre leurs libertés. — [2] *Acerbus Morena*, p. 1123. — [3] *Vita Alexandri III, a cardinali Aragonio*, p. 456.

ne pouvait pas rester en Italie sans s'exposer aux plus grands dangers. Il passa donc en Allemagne, peu après s'être retiré du Véronais, mais en annonçant à ses alliés qu'il ne tarderait pas à revenir avec une armée capable de faire rentrer dans le devoir ses sujets révoltés.

Quelque insupportable que pût être, pour un caractère aussi fier et aussi impétueux que le sien, le délai de ses vengeances, il fut cependant obligé de laisser aux Lombards qui l'avaient offensé, le temps de se fortifier, de relever leurs murailles, d'exercer leurs troupes, et de contracter de nouvelles alliances. L'antipape Victor III, qu'il avait opposé au pape Alexandre, était mort au commencement de cette année : le successeur qu'il lui avait fait nommer, Guido de Crême, qui prit le nom de Pascal III, n'était reconnu par aucun autre souverain ; en sorte que Frédéric se trouvait engagé dans des négociations continuelles, soit avec les rois de France et d'Angleterre, qui le pressaient de rendre la paix à l'Église, soit avec ses propres sujets en Allemagne, qui n'étaient pas toujours disposés à reconnaître des évêques schismatiques. Une guerre dans cette dernière contrée, entre les deux maisons guelfe et gibeline, réclama aussi son attention, et l'empêcha de rentrer de sitôt en Italie [1].

1165. — Cependant le vicaire d'Alexandre à Rome étant mort, ce pape lui donna pour successeur le cardinal de Saint-Jean et Saint-Paul, qui prit à tâche de ramener les Romains à l'obéissance du pontife légitime. Il répandit de l'argent à propos parmi le peuple ; il fit entrer au sénat les hommes qui lui étaient dévoués ; il en fit exclure les schismatiques ; il obtint la restitution de l'église de saint Pierre, et du comté de la Sabine, où le parti des antipapes avait dominé longtemps ; enfin, malgré l'opposition de quelques citoyens, il détermina

---

[1] *Otto de Sancto Blasio Chronic.* c. 18 et 19, T. VI. *Rer. Ital.* p. 875. — *Conradi Abbatis Uspergensis Chronic.* p. 293, apud *Pithœum.*

la majorité des Romains à envoyer une députation auprès d'Alexandre pour l'engager à revenir au milieu de son troupeau [1]. Alexandre, après avoir pris conseil des rois de France et d'Angleterre, Louis VII et Henri II, partit de Sens, où il avait établi sa résidence, et s'embarqua à Montpellier : après avoir été poussé par les vents à Messine, où il eut occasion de renouveler son alliance avec le roi Guillaume de Sicile, le pape vint débarquer à Ostie. Dès le matin, les nobles, les sénateurs, le clergé et le peuple, s'avancèrent en procession au-devant de lui, et le reçurent comme le pasteur de leurs âmes, avec l'obéissance et le respect accoutumés [2].

D'autre part, Christian, archevêque élu de Mayence, qui résidait pour l'empereur en Toscane, s'était avancé dans la campagne de Rome, avec une armée allemande : il avait soumis Viterbe et la plupart des villes du voisinage à l'antipape Pascal; mais il ne se fut pas plus tôt éloigné, que les Romains, secondés par les troupes du roi Guillaume, firent rentrer sous l'obéissance de l'Église presques toutes les places que les schismatiques lui avaient enlevées.

1166. — Peu après avoir prêté cette assistance au parti de l'Église et de la liberté, Guillaume Ier, surnommé le Mauvais, mourut [3]; il eut pour successeur un fils en bas âge, qu'on appela Guillaume-le-Bon, et qui eut pour tuteur, au commencement de son règne, sa mère Marguerite. Quoique distingués par des surnoms opposés, le père et le fils tinrent, à l'égard du reste de l'Italie, à peu près la même conduite; elle leur était indiquée par leur position et leurs intérêts les plus pressants : pour maintenir l'indépendance de leur pays, le seul parti

---

[1] *Vita Alexandri III, a cardinali Aragonio*, p. 456. — [2] *Ibid.* p. 457. — *Romualdus Salernitanus Chron.* p. 205. — [3] Guillaume Ier, couronné du vivant de son père, en 1150, mourut en 1166. *Romuald. Salernit.* p. 205. Cet historien, qui fut en même temps le principal libérateur du roi, après la conjuration de Mathieu Bonella, fut aussi un de ses premiers ministres et des premiers prélats de son royaume, le directeur de sa conscience et son médecin. Il mérite bien d'être lu, sur ce règne curieux.

qu'ils eussent à prendre, était de faire cause commune avec le pape, l'empereur d'Orient, et les villes libres.

Parmi ces dernières, celles de la Marche Véronaise continuaient leurs préparatifs pour défendre leur liberté et celle de l'Église. Les Véronais et les Padouans attaquèrent et réduisirent le château de Rivoli et la forteresse d'Appendici, qui dominaient les passages des montagnes, par lesquelles ils s'attendaient à voir descendre l'empereur. Mais celui-ci, après avoir rassemblé une forte armée, prit, contre leur attente, à la fin de l'automne, la route de Val Camonica, et déboucha en Lombardie par le territoire de Brescia. Quelle que fût son irritation contre les cités, comme il les savait toutes également indisposées, il ne voulut pas les attaquer avant d'avoir réussi à les diviser par des négociations. Au contraire, dans les comices qu'il fit assembler à Lodi, au mois de novembre, il promit de redresser les injustices dont les communes se plaignaient; et, après avoir accueilli leurs députés d'une manière favorable, et les avoir congédiés avec des témoignages de bienveillance, il s'avança vers Ferrare et Bologne, sans livrer de combat [1].

1167. — Tandis que Frédéric, par des motifs qui ne nous sont pas bien connus, ralentissait sa marche vers l'Italie méridionale, et qu'il perdait six mois entre Bologne et Ancône [2], sans avoir châtié les Lombards qu'il laissait derrière lui, et sans avancer contre Rome qui lui était rebelle, les Véronais, toujours plus vexés par les ministres impériaux, envoyèrent des députés à toutes les villes qui partageaient leurs souffrances, et les engagèrent à rassembler une diète, le 7 des ides d'avril, au monastère de Puntido entre Milan et Bergame [3],

---

[1] *Vita Alexandri III, a card. Aragon.* p. 457. — *Acerbus Morena hist. Laudens.* p. 1131. — *Otto de Sancto Blasio*, c. 20, p. 876. — [2] Frédéric était parti de Lodi le 11 janvier; il n'entreprit le siège d'Ancône qu'au commencement de juillet. — [3] *Sigonius de regno Ital.* L. XIV, p. 520. — *Acerbus Morena*, p. 1133. — *Tristani Calchi hist. Patr.* L. XI, p. 268.

pour concerter entre elles les moyens de se défendre. A cette diète assistèrent des députés de Crémone, de Bergame, de Brescia, de Mantoue et de Ferrare. Les Milanais, toujours dispersés dans leurs quatre bourgades, y envoyèrent aussi quelques-uns de leurs principaux citoyens, qui demandèrent avec instance que la première résolution de la diète fût celle de leur rendre leur patrie, afin qu'au lieu d'être exposés sans cesse aux incursions de leurs ennemis, ils pussent de nouveau combattre avec les confédérés pour la liberté italienne. Les députés de toutes les villes, se souvenant de la valeureuse résistance des Milanais, promirent d'engager leurs concitoyens à relever les murailles de Milan, et à protéger ce peuple jusqu'à ce qu'il se fût mis en état de se défendre lui-même. Les députés convinrent aussi de la formule du serment de confédération; et chacun d'eux la rapporta dans sa patrie, pour la faire adopter par ses concitoyens. Après que l'assemblée générale de chaque cité l'aurait approuvée, tous les individus qui la composaient étaient tenus de la répéter. Par ce serment, les villes contractaient une alliance qui devait durer vingt ans; elles s'engageaient à s'assister réciproquement contre quiconque voudrait attaquer les priviléges dont elles étaient en possession, depuis le règne de Henri IV, jusqu'à l'avénement au trône de Frédéric; et elles promettaient, de plus, de contribuer à la compensation des dommages que les membres de la ligue pourraient éprouver en défendant leur liberté [1].

Tandis que les consuls des villes et leurs députés, rentrés dans leurs foyers, soumettaient aux délibérations des parlements généraux l'alliance qu'ils venaient de conclure, les Milanais désarmés, divisés dans des bourgades ouvertes, assurés que la démarche qu'ils venaient de faire était publique, croyaient d'heure en heure voir arriver les milices de Pavie, auxquelles

---

[1] *Societatis Lombardiæ rudimenta prima et sacramentum civitatum in eam convenientium. Diploma apud Muratori, dissert. XLVIII. Antiq. Ital. T. IV, p. 261.*

ils n'étaient point en état de résister. Chaque nuit pouvait avoir été marquée d'avance pour le massacre et l'incendie ; l'approche des ténèbres les glaçait d'effroi : entourés d'ennemis qui, dans une demi-journée, pouvaient arriver au milieu d'eux, ils étaient encore alarmés par les avis officieux que donnaient à leurs hôtes les Pavésans, qui avaient contracté des liens d'hospitalité avec quelques Milanais [1]. La consternation était portée à son comble, lorsque le matin du 27 avril 1167, parurent à l'entrée de la bourgade de Saint-Denis, dix chevaliers de Bergame, portant les drapeaux de leur commune ; ils étaient suivis par un nombre égal de drapeaux de Brescia, de Crémone, de Mantoue, de Vérone et de Trévise ; les milices de ces villes marchaient ensuite, et elles apportaient des armes, pour les distribuer aux Milanais [2]. Tous les habitants des quatre bourgades s'assemblèrent aussitôt, et s'avancèrent vers la ville détruite, en poussant des cris de joie ; ils assignèrent à chaque troupe une portion de remparts, et, avec l'assistance des milices alliées, ils déblayèrent leurs fossés, et relevèrent leurs murailles avant de songer à rebâtir leurs maisons. Les troupes de la *Ligue lombarde* (elle commença dès lors à prendre ce nom) ne se retirèrent point que les Milanais ne se fussent mis en état de repousser les insultes de leurs ennemis, et de résister à un coup de main [3].

La ville de Pavie était tellement dévouée à l'empereur, que l'on n'espérait point pouvoir la détacher de sa cause ; mais la ligue lombarde mettait une haute importance à faire entrer les Lodésans dans la confédération. La ville de Lodi, placée entre Crémone et Milan, devenait, dans les mains de l'empereur, la place d'armes la plus dangereuse. Tant qu'il occuperait ce

---

[1] *Sire Raul*, p. 1191. — [2] *Acta Sancti Galdini, apud Bollandistas*, 18 aprilis, p. 594, n° 5, *notæ ad Morenam*, p. 1134. — [3] *Acerbus Morena*, p. 1135. — *Tristani Calchi hist. Patr.* L. XI, p. 268. — *Galvan. Flamma Manip. Flor.* c. 198, 201, p. 648. — *Jacobi Malvecii Chron. Bixian. dist. VII*, c. 46, p. 879, T. XIV.

poste, il lui serait toujours facile de couper les vivres aux Milanais, dont les campagnes avaient été tellement désolées, qu'ils devaient être longtemps encore obligés de tirer leurs approvisionnements du dehors. Les Crémonais qui, de tout temps, avaient été les alliés et les protecteurs de Lodi, furent chargés d'entrer en négociation avec cette ville.

En conséquence, des députés introduits dans le conseil de crédenza, saluèrent, selon l'usage, au nom de leurs consuls et de tout le peuple de Crémone, les consuls et le peuple lodésans ; ensuite, ils exposèrent tout ce qu'eux-mêmes avaient fait jusqu'alors pour l'empereur : ils rappelèrent comment ils en avaient été récompensés ; ils justifièrent les projets de la ligue formée pour défendre leurs droits, et terminèrent leur harangue en suppliant les Lodésans de se joindre à eux pour l'honneur de la nation lombarde, et afin de réclamer en commun le rétablissement de leurs anciens priviléges. Les Lodésans répondirent tout d'une voix à ce discours, que, plutôt de manquer de reconnaissance envers leur libérateur, contre lequel on voulait les armer, envers l'empereur qui avait relevé leurs murailles, eux tous étaient prêts à sacrifier et leurs biens et leur vie.

Les Crémonais envoyèrent une seconde ambassade qui n'eut pas plus de succès que la première : alors, convoquant les députés de Milan, de Bergame, de Brescia et de Mantoue, ils leur rendirent compte de leurs inutiles efforts. La ligue lombarde, et surtout ces quatre villes, couraient le plus grand danger, si celle de Lodi restait dévouée à l'empereur ; les confédérés résolurent donc de la forcer à s'unir à eux. Ils rassemblèrent en conséquence toutes leurs milices ; mais ils les firent précéder par une dernière députation des Crémonais, qui, joignant leurs menaces aux prières, avertirent leurs alliés que leur ruine totale serait la conséquence de leur opposition aux vœux des Lombards.

Les Lodésans répondirent qu'ils ne croiraient jamais que les Crémonais, qui avaient, à leurs propres frais, relevé leurs murailles, voulussent aujourd'hui les assiéger et les détruire; qu'ils voulussent massacrer des hommes qui leur étaient dévoués, des amis, des hôtes, parce qu'ils persistaient dans le parti qu'eux-mêmes avaient soutenu jadis; que Crémone avait toujours été l'alliée de l'antique Lodi, jusqu'à l'époque de sa ruine; qu'elle avait protégé de tout son pouvoir les bourgades où ses habitants s'étaient réfugiés pendant les quarante années de leur servitude; qu'elle avait conservé la même affection jusqu'à cette heure pour le nouveau Lodi; mais que si, aujourd'hui elle voulait accabler cette ville et ses anciens amis, les Lodésans s'exposeraient au danger qui les menaçait plutôt que de violer les serments qui les liaient à l'empereur leur bienfaiteur [1].

La politique ne pouvait permettre de céder à ces touchantes supplications : l'armée confédérée entreprit le siége de Lodi, et fit bientôt éprouver aux habitants une cruelle famine. L'empereur les avait abandonnés; loin de leur envoyer du secours, il avait conduit avec lui, dans le midi de l'Italie, une bonne partie de leurs milices. Les Lodésans, après avoir défendu sa cause de tout leur pouvoir, finirent donc par prêter le serment de ligue, et par s'unir aux confédérés. L'armée qui les avait assiégés, attaqua, en se retirant, le château de Trezzo, entre Milan et Bergame, où l'empereur avait laissé ses trésors, sous la garde d'une garnison allemande : après un siége assez long, les confédérés le prirent et le rasèrent.

Les succès de la confédération lui procuraient chaque jour de nouveaux associés : avant la fin de la campagne, Venise, Vérone, Vicence, Padoue, Trévise, Ferrare, Brescia, Bergame, Crémone, Milan, Lodi, Plaisance, Parme, Modène et Bo-

---

[1] *Acerbus Morena hist. Laudens.* p. 1137-1139.

logne, avaient souscrit l'engagement de la ligue lombarde [1].

L'empereur s'était, peu auparavant, fait donner trente otages par la dernière de ces villes, et il avait levé sur elle une grosse somme d'argent ; mais dès que l'armée allemande fut sortie de son territoire, elle chassa le podestat impérial, et s'engagea dans la ligue lombarde [2]. Les villes d'Imola, Faenza et Forli, également soumises par les Allemands à leur passage, ne purent pas de sitôt secouer leur joug.

Frédéric cependant était parvenu jusqu'à Ancône. L'empereur de Constantinople, Manuel Comnène, dont la jalousie était excitée par l'ambition du monarque allemand, avait contracté une alliance avec les citoyens de cette ville, qui faisaient un grand commerce dans ses états. Pour les aider à se défendre, il leur avait envoyé une garnison grecque, et une somme d'argent considérable. Frédéric, d'autre part, désirait chasser les Grecs d'Ancône ; mais comme des intérêts plus pressants l'appelaient à Rome, après quelques attaques infructueuses, il vendit la paix à cette république, moyennant une grosse somme d'argent [3].

Les habitants d'Albano et de Tusculum s'étaient déclarés pour l'antipape, et refusaient de payer aux Romains des tributs que ceux-ci prétendaient avoir droit de percevoir. Une haine invétérée animait le peuple de Rome contre ces deux villes : pour la satisfaire, bien plus que pour venger l'Église, les Romains, à la fin de mai, avaient marché contre les Tusculans ; et après avoir brûlé leurs moissons et leurs vignes, ils avaient attaqué leurs murailles. Rayno, comte de Tusculum, s'était senti trop faible pour les défendre, et il avait imploré l'appui de Frédéric. D'après les ordres de ce monarque, Renaud, archevêque élu de Cologne, marcha le premier au se-

---

[1] Serment des confédérés en décembre 1167. *Apud Murat. dissert.* XLVIII. T. IV, p. 261. — [2] *Sigonius de regno Italiæ,* L. XIV, p. 320. — [3] *Vita Alexandri III, a card. Aragon,* p. 457.

cours du comte, et vint s'enfermer dans la ville assiégée; peu après, Christian, archevêque élu de Mayence, et le comte de Basville, furent chargés, avec mille chevaux allemands, d'en faire lever le siége. Les milices romaines marchèrent à la rencontre de cette troupe, qui, comparée avec elles, était autant supérieure en discipline et en valeur qu'elle était inférieure en nombre. Dès la première charge, les républicains furent rompus; dans la poursuite on leur tua près de deux mille hommes, et on leur fit environ trois mille prisonniers. Jamais, dit l'historien du pape Alexandre, qui semble se croire encore au temps des guerres puniques, jamais les Romains, depuis qu'Annibal les avait défaits devant Cannes, n'avaient éprouvé une semblable déroute [1].

Rentrés dans leurs villes, ils se hâtèrent d'en relever les fortifications et se préparèrent à les défendre, tandis que le pape implorait le secours de Guillaume, roi de Sicile, et faisait avancer ses troupes. Ce furent ces événements qui déterminèrent Frédéric à lever le siége d'Ancône. Il sentit combien il lui importait de se présenter sous les murs de Rome avant que cette ville se fût mise en état de le braver. Le 24 de juillet, il arriva devant la cité Léonine, dont il commença aussitôt l'attaque. Ce quartier de Rome était défendu faiblement, et l'empereur y pénétra par la courtine de Saint-Pierre; mais la basilique du Vatican elle-même avait été transformée en forteresse, et celle-ci fit une plus longue résistance; les gardes du pape s'y étaient logées, et elles repoussèrent avec vigueur les attaques des Allemands. Frédéric, après avoir vainement employé les balistes et les machines de guerre pour la détruire, ordonna qu'on mît le feu à l'église de Sainte-Marie [2] : les flammes s'élevèrent aussitôt avec violence, et menacèrent de

---

[1] *Vita Alexandri III, a card. Aragon.* p. 458. — [2] Il y a, à Rome, cinquante églises sous l'invocation de sainte Marie. Celle-ci me paraît être Sainte-Marie-de-la-Pitié in Campo Santo, église bâtie par Léon IV, *Vasi, Itiner. di Roma*, p. 656.

gagner la basilique : ceux qui l'occupaient prirent alors le parti de se rendre. Le pape, effrayé à cette nouvelle, quitta le palais de Latran qu'il habitait, et vint s'enfermer dans le Colisée avec les Frangipani. Leur famille s'était pratiqué, au-dessous des voûtes élevées de cette ruine imposante, une forteresse que l'on regardait comme imprenable.

En même temps que Frédéric pressait le siége de Rome, il cherchait à détacher les Romains du parti d'Alexandre. Les conditions qu'il leur offrait paraissaient équitables. Pour rendre la paix à l'Église, il proposait que les deux compétiteurs au pontificat renonçassent à leur dignité : de son côté, il s'engageait à procurer l'abdication de Pascal ; tout ce qu'il demandait aux Romains, c'était de déterminer Alexandre à faire le même sacrifice, et il promettait de laisser ensuite à l'Église une pleine liberté pour l'élection d'un nouveau pape. Moyennant cet accommodement, il offrait de lever le siége et de rendre aux Romains tout ce qu'il leur avait enlevé. Dans la situation où se trouvaient les assiégés, de pareilles offres étaient trop avantageuses pour ne pas faire impression sur leur esprit : ils sollicitèrent le pape de faire un sacrifice que lui commandaient les circonstances ; mais Alexandre, dont la vertu n'était pas le désintéressement, fit répondre par ses cardinaux qu'un souverain pontife n'était soumis à aucun jugement sur la terre, ni à celui des rois, ni à celui des peuples, ni à celui de l'Église, et que rien ne le ferait jamais descendre du rang auquel Dieu l'avait élevé. Cependant il craignit qu'une sédition ne le forçât à l'abdication ; il s'évada secrètement de la retraite des Frangipani sur le Colisée, et, après être descendu par le Tibre jusqu'à la mer, il se retira d'abord à Terracine, puis à Gaëte, et enfin à Bénévent. Dès que les Romains apprirent qu'il les avait abandonnés, ils conclurent leur paix avec l'empereur ; ils admirent dans leur ville ses députés, parmi lesquels se trouvait Acerbus Moréna, et ils jurèrent entre leurs mains d'être fidèles à Frédéric, et celui-ci confirma les priviléges de leur sénat [1].

L'armée allemande avait entrepris le siége de Rome à la fin de juillet, dans un climat pestilentiel même pour ceux qui y sont nés, mais bien plus dangereux pour les hommes du Nord. Tandis qu'elle était campée hors de la ville, une maladie redoutable, la fièvre *maremmane*, qu'on y éprouve chaque année, se manifesta parmi les soldats; le trouble de leur imagination redoubla bientôt les ravages de la maladie. ils voyaient devant eux l'église de Sainte-Marie qu'ils avaient brûlée de leurs mains sacriléges, la basilique du Vatican qui n'avait échappé que par hasard à un malheur semblable, et sur la façade de laquelle les images miraculeuses de Jésus-Christ et de saint Pierre avaient été détruites par la violence des flammes. Les prêtres les menaçaient des vengeances du ciel, et ces vengeances, ils croyaient les éprouver déjà : le découragement et la terreur précédaient la maladie, et la rendaient plus funeste; elle égalait la peste par la promptitude et l'étendue de ses ravages; elle la surpassait par la prolongation du danger, et par l'état de faiblesse et d'épuisement auquel elle réduisait ceux qui échappaient à la mort. Plusieurs succombaient le jour même où ils avaient été atteints par la contagion; d'autres, tels que l'historien Moréna, ne périssaient qu'après de longues souffrances. Celui-ci, lorsqu'il se sentit atteint de la fièvre, obtint la permission de quitter l'armée. il se fit transporter en litière jusque dans le voisinage de Sienne; c'est là qu'il mourut, après avoir langui deux mois. Les hommes les plus distingués de l'armée et de l'empire furent victimes de ce fléau; l'empereur perdit son cousin Frédéric, duc de Rothenburg, fils du roi Conrad; Guelfo, duc de Bavière; Renaud, archi-chancelier, archevêque élu de Cologne; les évêques de Liége, de Spire, de Ratisbonne, de Verden; les

---

[1] *Vita Alexandri III*, p. 458. — *Annal. eccles. Baronii*, ann. 1167, § 11. — *Acerbus Morena*, p. 1151, 1153. — *Romualdus Salernitan. Chronic.* p. 208.

comtes de Nassau, d'Altemont, de Lippe, de Sultzbach, de Tubingen; plus de deux mille gentilshommes, et un nombre de soldats proportionné à celui de ces morts illustres [1].

Cette terrible épidémie fut, pour l'empereur, l'échec le plus funeste que sa cause pût éprouver. Perdre, sans combat, une armée florissante n'était encore que la moindre partie de son malheur : ce qui l'accablait, c'était le découragement de ses sujets. Ses anciens compagnons d'armes, que l'honneur et l'affection pour sa personne attachaient toujours à ses pas; ceux qui, en 1161, avaient rougi de le laisser entre les mains des Italiens, et qui, de leur propre mouvement, avaient conduit à son aide une puissante armée, étaient moissonnés par la mort : les deux chefs des maisons guelfe et gibeline, qu'il avait eu l'art de concilier et de réunir dans son camp, venaient également de perdre la vie; l'archevêque de Cologne lui était encore enlevé, lui qui depuis bien des années gouvernait la Toscane et tenait les Italiens dans le devoir. Tout lui manquait à la fois.

Aux malheurs qui l'accablaient, Frédéric opposa son courage; il confia aux Romains les malades de son armée, et il leur demanda en retour des otages, pour lui servir de garants des soins qu'ils leur rendraient. Rassemblant ensuite tout ce qu'il avait d'hommes en état de porter les armes, il s'achemina vers un climat plus sain. Il traversa la Toscane; et, gagnant par l'état de Lucques les Alpes Appuanes, il conduisit les débris de son armée dans le voisinage de Pontrémoli. Jusqu'alors il avait évité de toucher au territoire des villes confédérées avec les Lombards : il n'avait plus que soixante milles à faire pour parvenir à Pavie, et il ne devait rencontrer aucune autre cité sur sa route. Celle de Pontrémoli, qui auparavant n'avait pris aucune part à la guerre, et qu'on ne voit point

---

[1] *Continuator Acerbi Morenæ*, p. 1153, 1155. — *Vita Alexand. III*, p. 459. — *Otto de Sancto Blasio Chronicon*, c. 20, p. 878. — *Conrad Abbas Usberg. Chron.* p. 294.

depuis figurer dans la ligue, lui refusa le passage : quelque faible et peu importante qu'elle fût, Frédéric ne se trouva pas en état de la contraindre ; resserré entre la mer et les montagnes, il désespérait presque de trouver une issue pour sortir de cette position dangereuse, lorsque le marquis Malaspina vint au-devant de lui, et, le conduisant dans ses fiefs de la Lunigiane, lui fit traverser les défilés dont il était maître, et l'amena sans combat à Pavie, vers le milieu de septembre.

Dès que Frédéric fut arrivé dans cette ville, il y convoqua une diète, et il somma ses vassaux de s'y rendre avec toutes les troupes qu'ils pourraient lui fournir : mais, d'après le petit nombre de ceux qui obéirent à cette sommation, il put juger combien son crédit avait baissé. L'assemblée ne fut composée que des députés de Pavie, de Novare, de Verceil et de Como, du marquis Guillaume de Montferrat, du marquis Obizza Malaspina, du comte de Blandrate, et des seigneurs de Belfort, de Séprio et de la Martésana. Frédéric, dans son discours d'ouverture, peignit la conduite des villes liguées contre lui comme une révolte odieuse, que son honneur ne lui permettait pas de laisser impunie ; et, jetant son gant au milieu de l'assemblée, il contracta l'engagement de châtier leur insolence. Il mit ensuite au ban de l'empire toutes les villes qui avaient souscrit la confédération, à la réserve de Crémone et de Lodi, dont il voulait bien juger la conduite avec plus d'indulgence, en considération de leurs services passés [1].

Au sortir de cette assemblée, Frédéric conduisit les troupes des vassaux qui y avaient assisté sur les terres des Milanais ; il dévasta toutes les portions de leur territoire qui confinaient avec celui de Pavie, les districts de Rosate, Abbiate-Grasso, Corbetta, Maggenta, ainsi que la rive gauche du Tésin. Cependant les villes liguées, averties du décret qui les proscrivait,

---

[1] *Continuator Acerbi Morenœ*, p. 1157.

assemblèrent de leur côté une diète, où elles prirent l'engagement de chasser de l'Italie celui qui avait voulu la réduire à une servitude honteuse. Elles placèrent à Lodi un corps de cavalerie, composé de Bressans et de Bergamasques; et un autre à Plaisance, composé de Parmesans et de Crémonais; et lorsque l'empereur fut entré sur le territoire de Milan, ces deux corps, ainsi que les milices milanaises, s'avancèrent pour le combattre[1]. Mais Frédéric n'avait garde de hasarder une bataille à la tête de troupes inférieures en nombre et en zèle. Il n'avait conservé presque aucun reste de son armée allemande : ceux d'entre ses soldats qui avaient échappé à la maladie, croyant avoir été sauvés par la protection de Dieu, avaient renoncé au monde, et avaient presque tous embrassé la vie monastique; d'autres languissaient dans les hôpitaux, ou étaient repartis pour l'Allemagne. Frédéric, à la tête des Pavésans et des vassaux de Montferrat, se proposait seulement de fourrager dans le pays ennemi, et d'enrichir ses partisans par la petite guerre; il se retira donc devant les troupes de la ligue, et le jour même il traversa les ponts que les Pavésans avaient jetés sur le Tésin et sur le Pô; il entra sur le territoire de Plaisance, et il y renouvela ses ravages.

Pendant tout l'hiver il continua ainsi à insulter les Lombards, et à se retirer devant eux : mais, loin d'aguerrir ses soldats par ces escarmouches, il s'aperçut bientôt qu'un empereur ne pouvait reculer devant ceux qu'il traitait de rebelles, sans perdre de sa considération aux yeux de ses propres troupes.

1168. — Il prit donc, au mois de mars 1168, la résolution de repasser en Allemagne; et il l'exécuta avec tant de secret, que les Lombards mêmes qui servaient sous ses ordres ne surent pas son départ avant qu'il fût déjà sorti d'Italie par les terres du comte Humbert de Savoie. Les habitants de Suze cependant,

---

[1] *Vita Alexand. III*, 460. — *Continuator Acerbi Morenœ*, 1155-1159. — *Tristani Calchi hist. Pat.* L. XI. p. 271.

comme il voulait traverser leur ville, le forcèrent à relâcher tous les otages qu'il emmenait avec lui, et ne lui laissèrent prendre la route des montagnes, avec une trentaine de cavaliers, que lorsqu'ils se furent assurés que, parmi les gens de sa suite, il n'y avait aucun Italien [1].

Le parti impérial ne se soutenait que par le courage et les talents de Frédéric; son départ le jeta dans l'abattement. Les confédérés en profitèrent pour attaquer le château de Blandrate; ils le prirent et le rasèrent, après avoir délivré beaucoup d'otages qu'ils y trouvèrent enfermés. Alors, les habitants de Novare, de Verceil et de Como, et les feudataires de Belfort et de Séprio, demandèrent à être admis dans la ligue Lombarde [2]. Asti et Tortone entrèrent aussi dans l'alliance; et le marquis Obizzo Malaspina, qui, au commencement de la guerre, avait porté les armes pour la liberté, profita du souvenir de ses anciens services pour effacer la mémoire des secours qu'il avait donnés à Frédéric, et pour faire sa paix avec les Lombards [3].

Il ne restait donc plus que la ville de Pavie et le marquis Guillaume de Montferrat, dont la fidélité ne se laissait ébranler par aucun revers. Soit que les confédérés crussent la tentative de les réduire par la force au-dessus de leurs moyens, soit que les anciennes alliances de plusieurs d'entre eux arrêtassent leurs armes, ils se contentèrent de les mettre hors d'état de leur nuire, en plaçant entre eux une ville qui dépendît de la ligue, et qui coupât la communication entre leurs territoires. En conséquence, toutes les troupes de Crémone, Milan et Plaisance se portèrent sur les confins des deux états, entre le Haut-Montferrat et le Pavésan d'outre-Pô. Dans cette vaste plaine, les confédérés firent choix d'un site que la nature

---

[1] *Baronius Annal.* 1168, § 75-78. — *Epistola Johannis Saresberiensis ad Sanctum Thomam,* L. II, epist. 62. *In codice Vaticano.*—[2] *Continuator Acerbi Morenæ,* p. 1159. C'est ici que se termine le récit de cet historien, que nous sommes forcé de regretter, malgré sa partialité. — [3] Ce traité de paix est inséré dans Muratori, *Diss.* XLVIII, T. IV, p. 263.

semblait avoir fortifié ; c'était le confluent du Tanaro et de la Bormida. Ces torrents, irréguliers dans leur cours, ne se creusent pas un lit assez profond pour présenter partout aux armées un obstacle qu'elles ne puissent franchir ; mais leurs gués sont rares et variables, et leurs inondations annuelles forment une défense suffisante dans la saison que les Allemands choisissaient pour la guerre. Une terre argileuse s'oppose, pendant l'hiver, à la marche des soldats et à l'assiette d'un camp : en été, les vastes graviers que les rivières laissent à découvert réfléchissent les rayons d'un soleil brûlant, et l'absence de toute haie, de tout arbrisseau, expose de tout côté les troupes qui voudraient s'approcher aux dards lancés du haut des murs. Ce fut dans cette place, à vingt-cinq milles à l'ouest-sud-ouest de Pavie, à quinze milles au nord d'Aqui, à vingt-cinq au sud de Novare, à quinze à l'orient d'Asti, et à quarante de Milan, que les Lombards fondèrent une nouvelle ville, une ville destinée à éterniser la mémoire de leur résistance, et de leur zèle pour l'Église et la liberté. D'après le nom du chef de leur ligue, et du père des fidèles, ils l'appelèrent Alexandrie ; ils l'entourèrent d'un large fossé, dans lequel ils firent entrer l'eau des deux rivières voisines ; et, pour la rendre tout d'un coup peuplée et puissante, ils y transportèrent tous les habitants des villages environnants, Marengo, Gamundia, Bergulio, Hunilla et Solestia ; ils leur bâtirent des maisons ; ils les autorisèrent à se constituer un gouvernement libre et républicain ; ils leur assurèrent tous les priviléges pour lesquels ils combattaient eux-mêmes, et ils engagèrent le pape à fonder en leur faveur un nouvel évêché. Dès la première année, les Alexandrins purent mettre en campagne une armée de quinze mille combattants de toutes armes [1].

[1] *Vita Alexandri III, a card. Aragon.* p. 460.—*Otto de Sancto Blasio*, c. 22, p. 880. — *Benv. de S. Georgio, histor. Montisferrati*, p. 345, T. XXIII Rer. Ital. — *Tristan Calchi hist. Patr.* L. XI, p. 272. — *Oberti Cancellarii Ann. Genuens.* L. II, p. 324.

FIN DU TOME PREMIER.

TABLE CHRONOLOGIQUE.

TABLE CHRONOLOGIQUE

DU TOME PREMIER.

Ann.		Pag.
	Introduction.	1

CHAPITRE PREMIER.

Mélange des Italiens avec les peuples du Nord, depuis le règne d'Odoacre jusqu'à celui d'Othon-le-Grand. 476-961. ... 21

Ann.		Pag.
476.	Chute de l'empire d'Occident.	26
476-493.	Règne d'Odoacre.	*Ib.*
489.	Entrée des Ostrogoths en Italie.	27
489-526.	Règne de Théodoric, roi des Ostrogoths.	*Ib.*
526-553.	Successeurs de Théodoric, décadence et chute du royaume des Ostrogoths.	*Ib.*
553-567.	L'Italie soumise à Justinien.	28
568.	Entrée d'Alboin, roi des Lombards, en Italie.	*Ib.*
	Partage de l'Italie en plusieurs états indépendants.	29
568-774.	Règne des Lombards.	30
755-775.	Les princes français protégent les papes contre les rois lombards.	32
774.	Charlemagne conquiert la Lombardie.	33
800.	Charlemagne rétablit l'empire d'Occident.	*Ib.*
774-814.	Règne de Charlemagne.	33
814-888.	Décadence rapide des successeurs de Charlemagne.	37
887.	Déposition de Charles-le-Gros; puissance des grands feudataires.	*Ib.*
888.	Bérenger, marquis de Friuli, et Guido, marquis de Spolète, se disputent la couronne.	40
888-894.	Rivalité de Bérenger et de Guido.	41
888-924.	Règne de Bérenger Ier.	42
827-950.	Invasion des peuples nomades du Nord et du Midi.	*Ib.*
900-950.	Invasion des Hongrois.	43
827-851.	Conquête de la Sicile par les Sarrazins.	44
891-896.	Établissement des Sarrazins dans la Ligurie.	*Ib.*
850-950.	Les villes se fortifient, et les milices bourgeoises se forment pour résister aux barbares.	46
921.	Conjurations contre Bérenger Ier.	48
924.	Mort de Bérenger Ier.	49
926-947.	Règne tyrannique de Hugues, comte de Provence.	50

Ann.	Pag.	Ann.	Pag.
940. Fuite en Allemagne de Bérenger, marquis d'Ivrée, ou IIe.	53	774-814. Condition du peuple des campagnes.	72
945. Bérenger II rentre en Italie avec l'aide d'Othon Ier.	54	Arimanni.	73
		Hommes de masnade.	Ib.
950-966. Règne de Bérenger II, et ses guerres avec Othon Ier.	55	Aldiens.	74
		Esclaves.	Ib.
961. Couronnement d'Othon Ier comme empereur.	56	État militaire du royaume des Lombards.	75
		Jugements de Dieu.	76
		Faiblesse du lien social dans le système féodal.	77

CHAPITRE II.

Système féodal. — Gouvernement du royaume des Lombards; modifications que subit ce gouvernement, de 961 à 1039, pendant le règne des Othon, de Henri II et de Conrad-le-Salique, empereurs allemands. 58

		Dissolution de la société au Xe siècle.	97
Différence entre les systèmes de liberté des peuples du Nord et du Midi.	Ib.	Les magnats désirent l'abolition de la monarchie.	89
		Les sujets des magnats partagent ce désir.	Ib.
Influence de la distribution de la propriété sur l'état politique.	59	Les villes et les gentilshommes demeurent attachés au roi.	81
Propriété territoriale dans les pays conquis par les peuples du Nord.	62	961-965. Soumission du royaume de Lombardie à Othon-le-Grand.	82
Système féodal des Lombards reposant sur la propriété territoriale.	63	Gouvernements municipaux accordés aux villes.	84
		Création de plusieurs marquisats par Othon.	85
976. Tentatives des Lombards pour se gouverner en république.	64	973. Mort d'Othon-le-Grand, le 7 mai, près de Magdebourg.	86
Lois des Lombards.	Ib.	973-983. Règne d'Othon II.	Ib.
Assemblée nationale, ou plaids du royaume.	66	983-1002. Règne d'Othon III.	87
Élection et couronnement des rois lombards.	Ib.	961-1002. Indépendance des villes pendant le règne des Othon.	88
Prérogatives des plaids du royaume.	67	1002. Henri II couronné en Allemagne.	Ib.
		Ardoin, marquis d'Ivrée, élu roi de Lombardie.	89
Chaque citoyen pouvait choisir les lois sous lesquelles il voulait vivre.	68	1004. Henri II vient disputer l'Italie à Ardoin.	90
774-814. Institution des comtes.	69	1004. Pavie brûlée par les Allemands.	Ib.
État des hommes libres, gentilshommes, ou vavasseurs.	70	1004-1015. Guerre des villes de Milan et Pavie, au nom des deux rois Ardoin et Henri.	91
		1024. Mort de Henri II; Conrad II lui succède.	92
		1026. Conrad II, ou le Salique, tient les plaids à Roncaglia.	93

Ann.	Pag.	Ann.	Pag.
1027. Loi de Conrad sur la succession des fiefs.	94	la première fois la protection des Français contre les Lombards.	106
1027-1036. Guerre des capitaines et vavasseurs contre les villes.	Ib.	741. Les papes sanctionnent l'usurpation des Carlovingiens.	107
1039 La paix ou trêve de Dieu.	95	755. Pépin force les Lombards à céder à l'Église et à la république romaine l'Exarchat et la Pentapole.	108
1035. Guerre des gentilshommes contre Héribert, archevêque de Milan.	96		
Révolte des vavassins et des esclaves.	97	Cette donation ne s'effectue jamais.	Ib.
1039. Mort de Conrad-le-Salique.	98	774. Charlemagne confirme cette donation, et ne l'effectue pas non plus.	109

CHAPITRE III.

L'Église et la république de Rome dans la première moitié du moyen âge. — Démêlés des papes et des empereurs. — Règnes de Henri III, Henri IV et Henri V, de 1039 à 1122. — Paix de Worms. 99

		Mais il cède au pape un domaine utile ou des possessions considérables.	Ib.
		752-766. Premiers symptômes de la corruption des papes.	110
		Richesses du clergé qui augmentent sa corruption.	Ib.
		Devoirs militaires attachés aux fiefs donnés au clergé.	111
568-717. La ville de Rome n'est point soumise par les Lombards.	Ib.	Les ecclésiastiques chargés de fonctions civiles par les rois.	112
Les papes encouragent les Romains à demeurer fidèles aux empereurs grecs.	100	847-855. Pontificat glorieux de Léon IV.	113
Crédit qu'acquièrent les papes par la faiblesse des Grecs.	Ib.	Élection populaire et presque militaire du pape.	115
		Crédit des femmes dans ces élections.	Ib.
717-741. Réformation des iconoclastes.	Ib.	890-920. Pouvoir de la patricienne Théodora.	116
554. Image miraculeuse d'Edesse.	102	914. Elle donne la tiare à Jean X, son amant.	Ib.
Les Musulmans accusent les Chrétiens d'idolâtrie.	103	925-932. Pouvoir de Marozia.	117
717-741. Règne des empereurs isauriens et iconoclastes.	104	931. Le second fils de Marozia fait pape sous le nom de Jean XI.	118
726-731. Les Romains, animés par le pape Grégoire II, refusent d'obéir aux empereurs iconoclastes.	Ib.	932. Albéric de Camérino, fils de Marozia, consul de Rome.	119
		956-964. Octavien, ou Jean XII, fils d'Albéric, pape et seigneur de Rome.	Ib.
726-741. Rétablissement de la république romaine sous l'influence des papes.	105	Déclin du pouvoir sacerdotal dans le xe siècle.	120
Gouvernement incertain de cette république.	Ib.	Les gentilshommes feudataires des papes affectent l'indépendance.	Ib.
741. Grégoire III demande pour			

Ann.	Pag.	Ann.	Pag.
956-964. Esprit républicain de la ville de Rome.	121	IV, mis sous la tutelle du pape.	13
Le peuple prend la défense des papes contre les Othon.	122	1056. Caractère du moine Hildebrand.	138
963. Jean XII déposé par Othon-le-Grand.	Ib.	Il est pendant trente ans l'âme de la cour de Rome.	139
964. L'empereur lui substitue Léon VIII ; le peuple, Benoît V.	124	1058. Il fait interdire par Étienne IX le mariage des prêtres.	140
966. Jean XIII, élu par l'empereur, objet de la haine des Romains.	125	1059. Il fait défendre aux ecclésiastiques, par le concile de Latran, de recevoir aucun bénéfice d'un laïque. Investitures.	Ib.
973-983. Guerres civiles des papes ; crimes de Boniface VII.	126	Ce canon n'est pas appliqué à l'élection des papes.	141
980-998. Crescentius, consul de Rome.	127	1050. Le dogme de la présence réelle dans l'eucharistie consacré par le concile de Latran.	142
996. Othon III fait élire pape son parent Grégoire V.	128		
997. Crescentius veut ramener Rome sous la protection des empereurs de Constantinople	129	1061. Schisme de l'anti-pape Cadaloo, ou Honorius II.	143
		1073. Hildebrand pape sous le nom de Grégoire VII.	Ib.
Il donne la tiare à Jean XVI, prélat grec.	Ib.	Caractère de la comtesse Mathilde.	144
998. Victoire d'Othon III et de Grégoire V ; Jean XVI envoyé au supplice.	130	1077. Humiliation de Henri IV aux pieds de Grégoire VII.	145
Crescentius victime de la perfidie d'Othon III.	131	Guerre des partisans de l'empereur et du pape pour les investitures.	147
1002. Vengeance de Stéphanie, veuve de Crescentius.	Ib.	Maximes de Grégoire VII. Dictatus papæ.	Ib.
1010-1013. Jean, fils de Crescentius, patrice de Rome.	132	1084. Henri assiége Grégoire ; le pape délivré par Robert Guiscard.	148
1027. 4 juin. Henri III, dit le Noir, succède à Conrad-le-Salique, son père.	133	1085. Mai. Mort de Grégoire VII à Salerne.	Ib.
1012-1033. Papes simoniaques de la famille des comtes de Tusculum.	134	1093. Urbain II fait révolter Conrad contre Henri IV, son père.	149
1033-1046. Pontificat scandaleux de Benoît IX.	135	1095. Le passage de la première croisade nuit à Henri IV.	Ib.
1046. Henri III trouve à Rome trois papes.	136	1105. Pascal II fait révolter Henri V contre son père.	150
Henri III rétablit le droit des empereurs, de concourir à l'élection des papes.	Ib.	1106. Les archevêques d'Allemagne enlèvent à Henri IV les ornements royaux.	Ib.
Il ne fait jamais qu'un usage pieux de ce droit.	137	Guerre entre le père et le fils.	153
1056. Le 5 octobre. Mort de Henri III ; son fils, Henri		Mort de Henri IV, le 7 août 1106.	Ib.
		1110. Henri V vient prendre à	

CHRONOLOGIQUE.   415

Ann.		Pag.
	Rome la couronne de l'empire.	154
1110.	Il se brouille avec Pascal II.	156
1111.	12 février. Pascal arrêté par Henri V.	Ib.
	Pascal accorde les investitures à Henri V.	157
	Il est désavoué par ses cardinaux.	158
1112.	Un concile de Latran excommunie l'empereur.	Ib.
1116.	Henri V se met en possession de l'héritage de la comtesse Mathilde.	Ib.
1118.	Mort de Pascal II; schisme de Burdino.	159
1122.	Paix de Worms entre l'Église et l'Empire.	160

CHAPITRE IV.

Les Grecs, les Lombards et les Normands, du septième au douzième siècle, dans l'Italie méridionale. — Républiques de Naples, de Gaëte et d'Amalfi.   161

Ann.		Pag.
589.	Zoton fonde le grand-duché des Lombards de Bénévent.	163
	Les villes maritimes de la Campanie et de la Calabre demeurent attachées aux empereurs grecs.	164
	Guerres des Lombards contre les villes maritimes.	Ib.
	Constitutions municipales des villes grecques.	165
	Les duchés de Gaëte et de Naples.	166
600-717.	Les villes grecques relèvent de l'exarque de Ravenne.	168
	Nature de leurs guerres avec les Lombards.	Ib.
726.	Les villes plus indépendantes depuis la perte de l'Exarchat.	170
774-787.	Arichis, duc de Bénévent, maintient son indépendance contre Charlemagne.	170
787.	Grimoald Ier se défend contre toutes les forces des Français.	171
806.	Grimoald II, Store Seitz.	Ib.
817.	Sicon, duc de Bénévent.	Ib.
826-830.	Généreuse défense d'Étienne, duc de Naples, contre Sicon.	172
836.	Sorrento défendu contre Sicard, successeur de Sicon.	174
	André, maître des soldats de Naples, introduit les Sarrazins en Italie.	175
	Sicard, duc de Bénévent, soumet la ville d'Amalfi.	176
839.	Il est assassiné, et ses états partagés.	Ib.
	Les habitants d'Amalfi recouvrent leur liberté, et se gouvernent en république.	177
	Le duché lombard partagé entre Radelchise, prince de Bénévent, Siconolfe, prince de Salerne, et Landolfe, comte de Capoue.	178
	Les Sarrazins se rendent puissants dans les Calabres.	Ib.
	Ils s'établissent au Carigliano, à Cumes, à la Licosa.	179
846.	Les républiques de Naples, Gaëte et Amalfi leur font la guerre.	180
	Constitution, commerce et grandeur d'Amalfi.	Ib.
866.	Louis II, empereur, secourt les Lombards contre les Sarrazins.	183
	Basile, empereur grec, se rend puissant en Italie.	Ib.
870-980.	Thème de Lombardie des Grecs, dans la Pouille.	184
980.	Othon II veut enlever aux Grecs l'Italie méridionale.	185
982.	Sa défaite à Basentello.	Ib.
	Fait prisonnier, il s'échappe à la nage.	186
982-1002.	Les Grecs étendent leurs conquêtes dans la Capitanate.	781.

Ann.	Pag.	Ann.	Pag.
982-1002. Passion des Normands pour les pèlerinages.	188	Fai blesse et discorde des Sarrazins de Sicile.	Ib.
1000-1010. Des pèlerins normands défendent Salerne contre les Sarrazins.	189	1060-1090. Conquête de la Sicile par Roger.	Ib.
1016. Drengot amène en Italie cent aventuriers normands.	190	Sa situation critique dans la ville de Traina.	202
Mélo, émigré de Bari, les engage à faire la guerre aux Grecs.	191	1060-1080. Robert Guiscard chasse les Grecs de l'Italie.	203
1019. Mélo et les Normands battus à Cannes.	Ib.	1062. La principauté de Capoue soumise aux enfants de Drengot.	Ib.
1021. Henri II attaque les Grecs dans la Pouille.	192	1077. Celles de Bénévent et de Salerne conquises par Guiscard.	Ib.
Rainolfe, frère de Drengot, s'établit à Averse avec les Normands.	193	Guiscard nommé duc d'Amalfi.	204
1035. Les fils de Tancrède de Hauteville passent en Italie.	Ib.	1081. Guiscard attaque les Grecs en Illyrie.	205
Ils entrent au service de Guaimar IV, prince de Capoue.	Ib.	1085. Mort de Robert Guiscard, le 17 juillet.	Ib.
1041. Sous les ordres des Grecs, ils attaquent les Sarrazins de Sicile.	194	1085-1111. Roger Ier, duc de Pouille.	206
Mécontents des Grecs, ils leur déclarent la guerre, et font sur eux la conquête de la Pouille.	194	1096. Boémond, son frère, et Tancrède, son cousin, passent en Asie, avec les croisés.	Ib.
1042. La Pouille partagée par les Normands en douze comtés.	Ib.	1111-1127. Guillaume, fils de Roger, duc de Pouille.	Ib.
1044. Brigandage des Normands.	195	1127-1138. Roger II de Sicile, duc de Pouille.	207
Léon IX forme une ligue contre eux.	196	1130. L'anti-pape Anaclet II donne à Roger la couronne royale.	Ib.
1053. Le pape, défait, demeure prisonnier des Normands à la bataille de Civitella, le 18 juin.	197	1020-1098. L'ordre militaire de Saint-Jean, fondé et maintenu par les habitants d'Amalfi.	208
Il investit les Normands de leurs conquêtes comme fiefs de l'Église.	198	1131. Roger force Amalfi à se soumettre à lui.	209
1053-1057. Unfroi soumet toute l'Appulie.	199	1132. Roger fait plier sous le joug ses barons normands.	210
1057. Son frère Robert Guiscard lui succède.	Ib.	Robert, prince de Capoue, s'allie aux républiques de Naples et de Pise.	Ib.
1060. De concert avec Roger, il conquiert la Calabre.	200	1135. Les Pisans s'emparent d'Amalfi, et y trouvent les Pandectes.	211
1061. Roger passe en Sicile avec les Normands.	201	1136. Siège de Naples par Roger.	212
		L'empereur Lothaire force Roger à lever le siége.	213
		1137. Toutes les provinces deçà le	

Ann.		Pag.	Ann.		Pag.
	Phare se révoltent contre Roger.	214		prend Chiozza et Palestrina.	231
1137.	Nouveaux échecs pour la république d'Amalfi.	215	809.	Rialto devient la capitale de la république, et prend le nom de Venise.	232
	Retraite de l'empereur et des Pisans.	216	837-864.	Guerres civiles à Venise.	Ib.
1138.	Innocent II, fait prisonnier par Roger, confirme tous les droits de ce roi.	217	944-959.	Enlèvement des épouses vénitiennes par les Istriotes.	233
	La ville de Naples ouvre ses portes au roi Roger.	Ib.	961-976.	Règne tyrannique de Pierre Candiano IV.	234

CHAPITRE V.

Origine de Venise; ses révolutions avant le douzième siècle.—Pise et Gênes, nouvelles républiques maritimes; leur rivalité avec Venise, et leurs premiers progrès. 219

Ann.		Pag.	Ann.		Pag.
				Villes maritimes de l'Istrie et de l'Illyrie.	235
			997.	Elles font alliance avec les Vénitiens contre les Narentins.	236
	Nature et formation de la lagune de Venise.	220		Toutes les villes maritimes font hommage au doge.	Ib.
	Les anciens Vénètes.	222		Soumission de Norenta. Le doge, duc de Venise et de Dalmatie.	237
	La première Vénétie dévastée par les Barbares.	Ib.	980.	Othon II demande aux Pisans l'aide de leurs flottes.	238
452.	Les fugitifs de la première Vénétie se retirent dans la seconde, chassés devant Attila.	223		Sept barons d'Othon, souche des sept familles pisanes.	239
	La ville de Rialto, asile des fugitifs de Padoue.	Ib.	936-980.	Accroissement de Gênes; sa puissance maritime.	240
	Indépendance des Vénitiens réfugiés.	225	1005.	Exploits des Pisans contre les Sarrazins en Calabre.	241
476.	Affranchissement final des Vénitiens par la chute de l'empire.	226		Muset, roi sarrazin de Sardaigne, brûle un faubourg de Pise; courage de Chinzica.	242
523.	Les Vénitiens sous Théodoric.	Ib.	1017.	Première conquête de la Sardaigne par les Pisans.	243
518-527.	Invasion de la Dalmatie par les Esclavons.	227	1021.	Les Pisans défendent leur conquête contre les Génois.	244
568.	Invasion de l'Italie par les Lombards; le clergé catholique se réfugie dans la seconde Vénétie.	228	1050.	Muset enlève la Sardaigne aux Pisans.	Ib.
				Seconde conquête de la Sardaigne; mort de Muset.	245
697.	Paul-Luc Anafeste, premier doge des Vénitiens.	229	1000-1100.	Factions de Venise, les Morosini et Caloprini.	246
774-809.	Démêlés des Vénitiens avec les Francs.	230	1101.	Commencement des chroniques authentiques de Gênes.	247
809.	Pépin, fils de Charlemagne,		1100-1130.	Constitution de Gênes.	248
				Accord de la noblesse et du peuple.	250

Ann.	Pag.	Ann.	Pag.
1100-1130. Historiens de Pise et de Venise.	250	avant le règne d'Othon Ier.	268
1099. Les trois républiques prennent part à la croisade.	251	960-1002. Constitutions municipales accordées par les Othons.	Ib.
Flotte des Vénitiens, sous Vital Michiéli.	Ib.	Consuls annuels élus par le peuple.	Ib.
1100. Daimbert, archevêque de Pise, avec les Pisans et les Génois.	252	Conseil général et de Crédenza.	269
1101. Prise de Césarée par les Pisans et les Génois.	Ib.	Assemblée souveraine du peuple.	270
1108-1187. Priviléges accordés aux trois républiques par les rois de Jérusalem.	253	Division des villes en quartiers ou portes.	Ib.
1124. Brouillerie des Vénitiens avec les Grecs.	254	Corps militaires et armement des milices.	271
1124-1125. Les Vénitiens ravagent les îles de l'Archipel.	255	Droit de guerre privée accordé aux villes.	272
Nouvelles conquêtes des Vénitiens en Dalmatie.	256	1002-1024. Rivalité de Pavie et de Milan.	273
1113. Croisade des Pisans contre Nazarédech, roi de Majorque.	Ib.	1026-1039. Guerre des Milanais contre Conrad-le-Salique et contre les gentilshommes.	274
1113-1115. Soumission des îles Baléares aux Pisans.	258	Eribert, archevêque de Milan, invente le carroccio, ou char des étendards, à l'imitation de l'arche d'alliance.	Ib.
1118. Les Pisans donnent des secours au pape Gélase II, contre Henri V.	259	Commerce des Vénitiens en Lombardie.	276
1119-1133. Guerre sanglante entre Pise et Gênes.	Ib.	Développement de l'industrie en Lombardie.	277
Indépendance des feudataires pisans en Sardaigne.	260	1000-1100. Naissance de la langue italienne.	278
Les Maremmes se rangent sous la protection des Pisans.	261	Corruption et barbarisme de la langue latine.	279
Les Deux-Rivières sous celle des Génois.	262	Usage de la langue allemande chez les Francs.	Ib.
Bons offices que les Florentins rendent aux Pisans.	263	La langue *vulgaire* parlée par les roturiers, l'allemand par les nobles, et le latin par les prêtres.	Ib.

CHAPITRE VI.

Affranchissement de toutes les villes italiennes avant le douzième siècle. 264

L'Italie manque d'historiens à cette époque importante.	Ib.	Chartes latines des temps barbares.	280
Premier droit des villes ; celui d'élever des fortifications.	267	940-960. Mérite distingué de l'historien Luitprand.	281
Avilissement des citadins		Écrivains de l'Italie méridionale.	282
		Poëmes historiques.	
		1000-1050. Premiers historiens des villes, Arnolphe et Landolphe de Milan.	283

CHRONOLOGIQUE. 419

Ann.	Pag.
1039-1100. Les gentilshommes adoptés par les villes de Lombardie.	283
Politique des villes à l'égard des gentilshommes.	284
1041. Sédition à Milan contre les nobles.	285
Lanzone, chef des plébéiens, recourt à Henri III.	286
1073-1122. Silence des historiens pendant la guerre des investitures.	Ib.
Influence de la liberté sur le peuple italien.	287
L'indépendance apportée du Nord au Midi; la liberté sociale retourne du Midi au Nord.	288
La force individuelle est la vertu du sauvage.	289
La force sociale est une création des peuples policés.	Ib.
Les peuples du Nord connaissaient la liberté sans patrie; ceux du Midi avaient une patrie sans liberté.	290
Chaque révolution de l'Italie a concouru à sa régénération.	291

CHAPITRE VII.

Ambition des Milanais; leurs conquêtes en Lombardie pendant la première moitié du douzième siècle. — Règnes de Lothaire III et de Conrad. — Révolution de Rome.

1100-1152.	294
Lassitude des deux partis, de l'Empire et de l'Église.	Ib.
Le gouvernement municipal des villes s'affermit pendant le règne de Henri IV.	295
Rivalité de Milan et de Pavie.	Ib.
1100-1107. Guerres entre les villes alliées de ces deux métropoles.	Ib.
1107-1111. Les Milanais attaquent et détruisent la ville de Lodi.	297
1118. Les Milanais attaquent Como.	298
Motifs religieux et politiques de cette guerre.	299
Bataille au pied du mont Baradello.	300
1119. Ligue formée par les Milanais contre les Comasques.	301
Description de la ville de Como.	302
1118-1127. Siége de Como prolongé pendant dix ans.	303
1125-1126. Les Comasques accablés par la supériorité de leurs ennemis.	Ib.
1127. Les Milanais attaquent les murailles de Como.	304
Défense désespérée des Comasques.	305
Ils se retirent dans le château de Vico.	Ib.
Ils capitulent.	306
1129. Guerre des Milanais contre Crémone.	307
1125. Henri V meurt sans enfants.	Ib.
Rivalité entre les deux maisons Guelfe et Gibeline en Allemagne.	Ib.
Lothaire II, duc de Saxe, allié des Guelfes, élu empereur.	308
1127. Conrad III de Franconie, de la maison de Hohenstauffen, élu empereur par le parti opposé, ou des Gibelins.	Ib.
1128. Les Milanais se déclarent pour Conrad III, qui passe en Italie.	309
1127-1132. Guerre civile mollement soutenue.	Ib.
1133. 4 juin. Lothaire II couronné par le pape à Rome.	310
1130-1139. Schisme d'Innocent II et Anaclet II.	Ib.
1130. Guerre civile dans Rome entre les deux papes.	311
1134. Les deux frères de Hohens-	

27*

Ann.	Pag.	Ann.	Pag
tauffen se soumettent à Lothaire.	312	rad III, empereur élu.	Ib.
1136. Seconde expédition de Lothaire en Italie.	Ib.	1152. Frédéric-Barberousse, duc de Souabe, son neveu, élu pour lui succéder.	322
1137. Le 3 décembre. Mort de Lothaire dans les montagnes de Trente.	313	Sévérité inflexible de Frédéric.	322
1139. Prédications républicaines du moine Arnaud de Brescia.	Ib.	Frédéric sollicité de passer en Italie par le pape et le prince de Capoue.	323
Liaison d'Arnaud de Brescia avec Pierre Abailard.	314	Il s'engage à cette expédition dans la diète de Wurzbourg.	324
Arnaud, persécuté, se réfugie dans l'évêché de Constance.	Ib.	1153. Supplications de deux citoyens de Lodi à la diète de Constance.	Ib.
1140-1141. Guerre des Romains contre Tivoli.	315	Frédéric ordonne aux Milanais de remettre Lodi en liberté.	325
1143. Les Romains, révoltés contre Innocent II, rétablissent le sénat.	316	Indignation des Milanais lorsque cet ordre leur est communiqué.	326
1144. Gouvernement de Rome, un patrice et cinquante-six sénateurs.	317	Plaintes de Pavie et de Crémone contre les Milanais.	327
1144. Les tours des partisans du pape rasées par ordre du sénat.	Ib.	1154. Frédéric entre en Lombardie, et ouvre les comices à Roncaglia au mois d'octobre.	Ib.
Lettre du sénat à Conrad III, élu empereur le 6 mars 1138.	318	Il écoute les accusations formées contre Chiéri, Asti et Milan.	Ib.
L'empereur refuse de répondre au sénat de Rome.	319	Il conduit son armée du côté de Novare.	328
1145. Lucius II, pape, voulant abolir le sénat, est tué dans une émeute.	Ib.	Il pille et fait raser le château de Rosate.	329
Eugène III sanctionne la constitution du sénat.	Ib.	Les Milanais accusent et punissent leurs consuls de la colère de Frédéric.	330
Arnaud de Brescia, rappelé à Rome, y est reçu en triomphe.	320	Ils essaient vainement de l'apaiser.	Ib.
1145-1152. Nouvelle forme qu'il donne à la constitution romaine.	Ib.	Frédéric brûle les ponts du Tésin, et détruit Trécate et Galiate.	Ib.

CHAPITRE VIII.

Frédéric-Barberousse, empereur. — Sa première expédition contre les villes libres d'Italie. 1152 — 1155   321

Ann.	Pag.
1152. Le 15 février. Mort de Con-	
1155. Il livre au pillage et à l'incendie Chiéri et Asti.	331
Il entreprend, le 13 février, le siége de Tortone.	332
Les Milanais envoient des secours à Tortone.	Ib.
Frédéric livre au supplice les prisonniers comme re-	

Ann.	Pag.	Ann.	Pag.
belles.	333	1156. Ils punissent ceux de leurs voisins qui s'étaient déclarés pour l'empereur.	344
1155. Il réussit à corrompre l'eau des assiégés.	334	Le prince Robert de Capoue est livré au roi Guillaume, et périt dans ses prisons.	345
Tortone se rend à lui le 15 avril : ses habitants reçus à Milan.	334	Le pape Adrien se réconcilie avec le roi Guillaume.	Ib.
Frédéric se met en marche vers Rome.	335	1157. Il offense l'empereur par ses prétentions orgueilleuses.	346
Le pape Adrien IV avait mis Rome sous l'interdit, pour éloigner de cette ville Arnaud de Brescia.	Ib.	Frédéric annonce une seconde expédition en Italie.	347
Frédéric se fait livrer Arnaud, et l'envoie au pape qui le fait mourir.	336	1158. Assemblée de l'Empire à Ulm.	Ib.
Frédéric forcé à tenir l'étrier du pape.	337	Les Milanais veulent forcer les Lodésans à leur jurer fidélité.	348
Il renvoie avec hauteur les députés du sénat de Rome.	Ib.	Plutôt que de le faire, les Lodésans abandonnent leur bourgade.	349
1154. Il fait occuper la cité Léonine par sa cavalerie.	338	Frédéric, au mois de juillet, force Brescia à la soumission.	Ib.
Il est couronné au Vatican, sans être entré dans Rome.	339	Il porte des lois militaires sur la discipline de son armée.	Ib.
Il bat les milices de Rome, puis il se retire à Tivoli.	Ib.	Il passe l'Adda, et s'empare de Cassano, Trezzi et Mélégnano.	351
Il passe dans le duché de Spolète, et brûle la ville de ce nom.	340	Il rebâtit Lodi à quatre milles de son ancien emplacement.	352
Il n'ose rien entreprendre contre Guillaume Ier, qui avait succédé à Roger de Naples, mort le 26 février 1153.	Ib.	Il conduit, le 8 août, son armée devant les murs de Milan.	Ib.
Frédéric licencie son armée à Ancône.	341	Diverses sorties des Milanais.	353
Il échappe avec peine aux embûches des habitants de Vérone, et rentre en Bavière.	342	Siége et prise de l'arc des Romains.	Ib.
		Barbarie des soldats de Crémone et de Pavie.	354
CHAPITRE IX.		Le comte de Blandrate s'offre aux Milanais pour traiter de la paix.	355
Suite de la guerre de Frédéric-Barberousse avec les villes lombardes. — Premier siége de Milan, siége de Crème, prise et ruine de Milan, 1155—res 1162.	343	Conditions avantageuses obtenues de l'empereur, le 7 septembre.	356
		Nouvelle diète à Roncaglia.	358
1155. Les Milanais rebâtissent Tortone.	Ib.	Le clergé et les jurisconsultes d'Italie partisans du despotisme.	359
		Frédéric se fait attribuer	

Ann.		Pag.	Ann.		Pag.
	toutes les régales par la diète.	*Ib.*		avec la même issue, le 16 mars.	375
1158.	La diète lui donne le droit de créer tous les juges	360	1161.	Une nouvelle armée allemande vient rejoindre l'empereur; il brûle les moissons du Milanais.	*Ib.*
	Institution des podestats.	*Ib.*	1161.	Il entreprend le blocus de Milan.	376
	Le droit de guerre privée enlevé aux villes.	361	1162.	Les Milanais forcés par la famine à offrir de capituler.	*Ib.*
	La ville de Plaisance condamnée.	*Ib.*		Ils se rendent à discrétion le 1er mars.	377
	Frédéric demande la soumission de la Corse et de la Sardaigne.	*Ib.*		Ils apportent à l'empereur tous leurs drapeaux, et prêtent serment de fidélité.	*Ib.*
1159.	Frédéric viole le traité conclu avec les Milanais.	362		Frédéric fait sortir, le 16 mars, tous les habitants de la ville.	379
	Les Milanais prennent de nouveau les armes, et s'emparent de Trezzi.	363		Il donne ordre le 26 mars de raser Milan. Cette sentence est exécutée.	*Ib.*
	Frédéric met Milan au ban de l'Empire.	364		**CHAPITRE X.**	
	Démêlés de l'empereur avec le pape Adrien IV.	*Ib.*		*Oppression de l'Italie.— Ligue Lombarde; sa résistance à l'empereur. —Fondation d'Alexandrie.* 1162-1168.	381
	Dénuement et courage des Milanais.	355			
	Frédéric ravage le territoire de Milan.	366			
	Il entreprend le siége de Crème le 4 juillet.	*Ib.*	1162.	L'empereur reçoit à Pavie les félicitations des princes.	*Ib.*
	Les Milanais envoient des secours aux Crémasques.	367		Compassion excitée par les émigrés milanais.	382
	Cruauté de Frédéric envers les Crémasques.	368	1162.	Les villes autrefois leurs rivales leur donnent asile.	*Ib.*
	Il attache les otages de Crème à ses machines de guerre.	*Ib.*		Terreur de tous les Italiens; soumission des Génois.	383
	Belle résistance des Crémasques pendant six mois.	369		Frédéric réconcilie les Génois et les Pisans.	*Ib.*
1160.	Le mur extérieur de Crème pris par les assiégeants.	370	1163.	Les feudataires des Pisans en Sardaigne ont recours à l'empereur.	385
	Capitulation des Crémasques, le 20 janvier.	371	1164.	Barison, juge d'Arboréa, achète de lui le titre de roi.	386
1159.	Septembre. Mort d'Adrien IV. Schisme d'Alexandre III et de Victor III.	372		Opposition des consuls pisans à ce nouveau titre.	*Ib.*
	Frédéric, favorable à Victor, est excommunié par Alexandre.	373		Barison est arrêté pour dettes, par les Génois, ses alliés.	387
1160.	Frédéric, obligé de licencier son armée, se borne à la petite guerre.	*Ib.*	1164.	La guerre recommence entre Pise et Gênes pour les	
	Combat de Cassano, favorable aux Milanais, le 9 août.	*Ib.*			
1161.	Combat de Bulchignano,				

Ann.		Pag.	Ann.		Pag.
	affaires de Sardaigne.	388		la ligue.	*Ib.*
1165-1169.	Guerres civiles à Gênes.		1167.	Les Lodésans forcés par les armes à s'unir à la ligue de Lombardie.	399
1169.	Réconciliation des partis dans une assemblée nocturne.	389		Quinze villes s'engagent dans la ligue Lombarde.	*Ib.*
1163.	Frédéric fait démolir les murailles de Tortone.	390		Alliance de Manuel Comnène avec la ville d'Ancône.	400
1164.	Les podestats de l'empereur oppriment les provinces.	*Ib.*		Le comte de Tusculum, secondé par les Allemands, défait les Romains.	*Ib.*
	Les Milanais demandent grâce à l'empereur.	391		Le 24 juillet, Frédéric se présente devant la cité Léonine.	401
	Mécontentement des habitants de la Marche Véronaise.	*Ib.*		Ses soldats mettent le feu à l'église de Sainte-Marie in Campo Santo.	*Ib.*
	Confédération de Vérone, Vicence, Padoue et Trévise.	*Ib.*		Le pape Alexandre III s'échappe de Rome.	402
	Frédéric retourne en Allemagne chercher une nouvelle armée.	393		Les Romains traitent avec l'empereur, et lui ouvrent leurs portes.	*Ib.*
	Il est retenu en Allemagne par une guerre.	*Ib.*		Une épidémie se manifeste dans l'armée de l'empereur.	403
1165.	Les Romains se soumettent à Alexandre III, qui revient parmi eux.	*Ib.*		Frédéric obligé de se retirer avec les restes de son armée.	404
1166.	Mort de Guillaume-le-Mauvais, roi de Naples; Guillaume-le-Bon lui succède.	394		Il tient une diète à Pavie, et défie la ligue Lombarde.	405
	L'empereur rentre en Italie à la fin de l'automne.	395		La ligue Lombarde s'engage à chasser l'empereur d'Italie.	406
1167.	Il marche vers l'Italie méridionale.	*Ib.*	1168.	Mars. Frédéric s'échappe secrètement de l'Italie.	407
	Diète des députés des villes, le 7 avril, à Puntido, pour concerter leur défense.	*Ib.*		De nouveaux confédérés entrent dans la ligue Lombarde.	*Ib.*
	27 avril. Les Milanais reconduits dans leur ville, et leurs murs relevés par les députés de la ligue.	397		La ligue entreprend de bâtir une ville entre Pavie et le Montferrat.	408
	Les Crémonais veulent faire entrer les Lodésans dans			Fondation d'Alexandrie.	*Ib.*

FIN DE LA TABLE DU TOME PREMIER.

www.ingramcontent.com/pod-product-compliance
Lightning Source LLC
Chambersburg PA
CBHW070221240426
43671CB00007B/722